パーリ原典対照

南伝大蔵経総目録

大蔵出版編集部 編

大蔵出版

目　　次

凡　　例 ……………………………………………………… vii

南伝大蔵経総目次 ……………………………………………… 1

〔I〕律　　蔵（Vinaya-piṭaka）

第1巻　律　　蔵　一（経分別一） …………………………… 1
第2巻　律　　蔵　二（経分別二） …………………………… 5
第3巻　律　　蔵　三（犍度一〈大品〉） …………………… 29
第4巻　律　　蔵　四（犍度二〈小品〉） …………………… 49
第5巻　律　　蔵　五（附随） ………………………………… 65

〔II〕経　　蔵（Suttanta-piṭaka）

第6巻　長部経典　一（1～14） ………………………………… 73
第7巻　長部経典　二（15～23） ……………………………… 75
第8巻　長部経典　三（24～34） ……………………………… 77
第9巻　中部経典　一（1～40） ………………………………… 79
第10巻　中部経典　二（41～76） ……………………………… 81
第11巻上　中部経典　三（77～110） ………………………… 85
第11巻下　中部経典　四（111～152） ……………………… 87
第12巻　相応部経典　一（有偈篇） ………………………… 91
第13巻　相応部経典　二（因縁篇） ………………………… 111
第14巻　相応部経典　三（犍度篇） ………………………… 133
第15巻　相応部経典　四（六処篇） ………………………… 161
第16巻上　相応部経典　五（六処篇・大篇） ……………… 185
第16巻下　相応部経典　六（大篇） ………………………… 217
第17巻　増支部経典　一（一集～三集） …………………… 249

目　　次

第18巻　増支部経典　二（四集）……………………………255
第19巻　増支部経典　三（五集）……………………………257
第20巻　増支部経典　四（六集～七集）……………………259
第21巻　増支部経典　五（八集）……………………………261
第22巻上　増支部経典　六（九集～十集）…………………269
第22巻下　増支部経典　七（十集・十一集）………………281
第23巻　小部経典　一（小誦経・法句経・自説経・如是語経）…295
第24巻　小部経典　二（経集・天宮事経）…………………303
第25巻　小部経典　三（餓鬼事経・長老偈経・長老尼偈経）……315
第26巻　小部経典　四（譬喩経一）…………………………325
第27巻　小部経典　五（譬喩経二）…………………………355
第28巻　小部経典　六（本生経一 1 ～ 50）………………371
第29巻　小部経典　七（本生経二 51 ～ 150）……………375
第30巻　小部経典　八（本生経三 151 ～ 250）…………383
第31巻　小部経典　九（本生経四 251 ～ 350）…………391
第32巻　小部経典　十（本生経五 351 ～ 416）…………399
第33巻　小部経典　十一（本生経六 417 ～ 463）………403
第34巻　小部経典　十二（本生経七 464 ～ 496）………407
第35巻　小部経典　十三（本生経八 497 ～ 520）………411
第36巻　小部経典　十四（本生経九 521 ～ 532）………413
第37巻　小部経典　十五（本生経十 533 ～ 539）………415
第38巻　小部経典　十六（本生経十一 540 ～ 545）……415
第39巻　小部経典　十七（本生経十二 546 ～ 547）……415
第40巻　小部経典　十八（無礙解道一）……………………417
第41巻　小部経典　十九（無礙解道二・仏種姓経・所行蔵経）…423
第42巻　小部経典　二十（大義釈一）………………………433
第43巻　小部経典　二十一（大義釈二）……………………433
第44巻　小部経典　二十二（小義釈）………………………433

〔III〕論　　蔵（Abhidhamma-piṭaka）

第45巻　法集論……435
第46巻　分別論　一……441
第47巻　分別論二・界論・人施設論……447
第48巻上　双　論　一……453
第48巻下　双　論　二……457
第49巻　双　論　三……457
第50巻　発趣論　一……459
第51巻　発趣論　二……463
第52巻　発趣論　三……469
第53巻　発趣論　四……473
第54巻　発趣論　五……485
第55巻　発趣論　六……497
第56巻　発趣論　七……513
第57巻　論　事　一……523
第58巻　論　事　二……527

〔IV〕蔵　　外

第59巻上　弥蘭王問経　上……541
第59巻下　弥蘭王問経　下……553
第60巻　島王統史・大王統史……557
第61巻　小王統史……563
第62巻　清浄道論　一……569
第63巻　清浄道論　二……579
第64巻　清浄道論　三……587
第65巻（Ⅰ）一切善見律註序……607
第65巻（Ⅱ）摂阿毘達磨義論……609
第65巻（Ⅲ）阿育王刻文……613

目　次

パーリ原典総目次 ……………………………………2

〔I〕Vinaya-piṭaka（律蔵）

Sutta-vibhaṅga〔V 1〕……………………………………2
a　Mahāvibhaṅga〔V 1 a〕……………………………………2
b　Bhikkhunī-vibhaṅga〔V 1 b〕……………………………………20
Khandhaka〔V 2〕……………………………………30
a　Mahāvagga〔V 2 a〕……………………………………30
b　Cullavagga〔V 2 b〕……………………………………50
Parivāra〔V 3〕……………………………………66

〔II〕Suttanta-piṭaka（経蔵）

Dīgha-nikāya〔D 1 ～ 34〕……………………………………74
I　Sīlakkhandha-vagga〔D 1 ～ 13〕……………………………………74
II　Mahā-vagga〔D 14 ～ 23〕……………………………………76
III　Pāṭika-vagga〔D 24 ～ 34〕……………………………………78
Majjhima-nikāya〔M 1 ～ 152〕……………………………………80
I　Mūlapaṇṇāsa〔M 1 ～ 50〕……………………………………80
II　Majjhimapaṇṇāsa〔M 51 ～ 100〕……………………………………84
III　Uparipaṇṇāsa〔M 101 ～ 152〕……………………………………88
Saṁyutta-nikāya〔S 1 ～ 56〕……………………………………92
I　Sagātha-vagga〔S 1 ～ 11〕……………………………………92
II　Nidāna-vagga〔S 12 ～ 21〕……………………………………112
III　Khandha-vagga〔S 22 ～ 34〕……………………………………134
IV　Saḷāyatana-vagga〔S 35 ～ 44〕……………………………………162
V　Mahā-vagga〔S 45 ～ 56〕……………………………………192
Aṅguttara-nikāya〔A 1 ～ 11〕……………………………………250

1　Eka-nipāta〔A 1〕……250
2　Duka-nipāta〔A 2〕……252
3　Tika-nipāta〔A 3〕……254
4　Catukka-nipāta〔A 4〕……256
5　Pañcaka-nipāta〔A 5〕……258
6　Pañcaka-nipāta〔A 6〕……260
7　Sattaka-nipāta〔A 7〕……262
8　Aṭṭhaka-nipāta〔A 8〕……262
9　Navaka-nipāta〔A 9〕……270
10　Dasaka-nipāta〔A 10〕……276
11　Ekādasaka-nipāta〔A 11〕……294
Khuddaka-nikāya ……296
〔Khuddaka 1〕Khuddaka-pāṭha〔Khp 1～9〕……296
〔Khuddaka 2〕Dhamma-pada〔Dhp 1～26＝vv 1～423〕……296
〔Khuddaka 3〕Udāna〔Ud 1～8＝1～80〕……298
〔Khuddaka 4〕Itivuttaka〔It I～IV＝1～112〕……300
〔Khuddaka 5〕Sutta-nipāta〔Sn 1～5＝vv 1～1149〕……304
〔Khuddaka 6〕Vimāna-vatthu〔Vv 1～7＝1～85〕……310
〔Khuddaka 7〕Peta-vatthu〔Pv 1～4〕……316
〔Khuddaka 8〕Thera-gāthā〔Thag 1～21〕……320
〔Khuddaka 9〕Therī-gāthā〔Thīg 1～16〕……324
〔Khuddaka 13〕Apadāna〔Ap 1～4〕……326
〔Khuddaka 10〕Jātaka〔J. Nidāna, J. 1～547〕……372
〔Khuddaka 12〕Paṭisambhidā-magga〔Pṭs 1～3〕……418
〔Khuddaka 14〕Buddha-vaṁsa〔Bv 1～28〕……426
〔Khuddaka 15〕Cariyā-piṭaka〔Cp 1～3〕……430
〔Khuddaka 11〕Niddesa〔Nd 1～2〕……434

〔III〕Abhidhamma-piṭaka（論蔵）

［Abhidhamma 1］ Dhamma-saṅgaṇi ［§§ 1 ～ 1599］ ……………436
［Abhidhamma 2］ Vibhaṅga ［Vibh 1 ～ 18］ ……………442
［Abhidhamma 3］ Dhātu-kathā ［Dhk 1 ～ 14］ ……………450
［Abhidhamma 4］ Puggala-paññatt ［Pp 1 ～ 10］ ……………452
［Abhidhamma 6］ Yamaka ［Y 1 ～ 10］ ……………454
［Abhidhamma 7］ Paṭṭhāna ［P］ ……………460
［Abhidhamma 5］ Kathā-vatthu ［KV 1 ～ 23］ ……………524

〔IV〕蔵　　外

Milinda-pañha ［Mil 1 ～ 5］ ……………542
Dīpa-vaṁsa ［Dv 1 ～ 22］ ……………558
Mahā-vaṁsa ［Mv 1 ～ 37］ ……………562
Cūḷa-vaṁsa ［Cv 37 ～ 101］ ……………564
Visuddhi-magga ［VM 1 ～ 23］ ……………570
Samanta-pāsādikā ……………608
Abhidhammattha-saṅgaha ［Abhsaṅg 1 ～ 9］ ……………610
Inscriptions of Asoka（Dhamma-lipi） ……………614

凡　　例

本書は，利用者の利便を図り『南伝大蔵経』全65巻70冊の総目次とこれに対応したパーリ原典（PTS本を中心）の総目次を掲げ，さらにそれぞれの収載巻・ページ数を示したものである。

ただし，南伝に掲載されている章節でも原典に章節名が明示されていないものや細分に過ぎたものはこれを省略したものがあることをお断わりしておく。

* 印の附された語句については，ビルマ（ミャンマー）版による補足，あるいは訂正を示す。

また，南伝の表記には旧かなが使用されているが，特にカタカナの表記に現在なじみのない4文字が示されているが，現代表記を示しておくと次のようになる。

ヷ → ヴァ（va）	ヹー → ヴェー（ve）
ヸ → ヴィ（vi）	ヺー → ヴォー（vo）

パーリ原典に対しては，次の略字を用いた。括弧内には南伝の部門・典籍名，および巻数を示した。

A	Aṅguttara-nikāya（増支部経典 17～22下）
Abhsaṅg	Abhidhammattha-saṅgaha（摂阿毘達磨義論 65(II)）
Ap	Apadāna（譬喩経 26～27）
Bv	Buddha-vaṁsa（仏種姓経 41）
CNd	Culla-niddesa（小義釈 44）
Cp	Cariyā-piṭaka（所行蔵経 41）
Cv	Cūḷa-vaṁsa（小王統史 61）
D	Dīgha-nikāya（長部経典 6～8）
Dhk	Dhātu-kathā（界論 47）

DhkA	Dhātukathā-aṭṭhakathā（界論註）
Dhp	Dhamma-pada（法句経 23）
Dhs	Dhamma-saṅgaṇi（法集論 45）
Duka	Duka-paṭṭhāna（順二法発趣 53〜54）
Dv	Dīpa-vaṁsa（島王統史 60）
It	Itivuttaka（如是語経 23）
J	Jātaka（本生経 28〜39）
Khp	Khuddaka-pāṭha（小誦経 23）
KV	Kathā-vatthu（論事 57〜58）
M	Majjhima-nikāya（中部経典 9〜11下）
Mil	Milinda-pañha（弥蘭王問経 59上〜59下）
MNd	Mahā-niddesa（大義釈 42〜43）
Mv	Mahā-vaṁsa（大王統史 60）
Nd	Niddesa（義釈 42〜44）
P	Paṭṭhāna（発趣論 50〜56）
PA	Paṭṭhāna-aṭṭhakathā（発趣論註）
Pp	Puggala-paññatti（人施設論 47）
Pṭs	Paṭisambhidā-magga（無礙解道 40〜41）
Pv	Peta-vatthu（餓鬼事経 25）
S	Saṁyutta-nikāya（相応部経典 12〜16下）
Sn	Sutta-nipāta（経集 24）
Thag	Thera-gāthā（長老偈経 25）
Thīg	Therī-gāthā（長老尼偈経 25）
Tika	Tika-paṭṭhāna（順三法発趣 50〜52）
Ud	Udāna（自説経 23）
V	Vinaya-piṭaka（律蔵 1〜5）
VA	Samanta-pāsādikā（一切善見律註序 65(I)）
Vibh	Vibhaṅga（分別論 46〜47）
VM	Visuddhi-magga（清浄道論 62〜64）

Vv	Vimāna-vatthu（天宮事経 24）
Y	Yamaka（双論 48上～49）

. . . .

JPTS	Journal of the Pāli Text Society
PTS	Pāli Text Society
vv	verses

《付記》本書の成るにあたっては，駒沢大学教授の片山一良先生のご指導と，同大学大学院院生の越後屋正行氏にご協力を戴いた。ここに記して謝意を表したい。

南伝大蔵経総目次

〔I〕律　　蔵

第１巻　律　　蔵　一（経分別一）　上田天瑞訳

a　大分別〔比丘戒〕　1
波羅夷　1
第一波羅夷〔不浄戒〕　1
毘蘭若品　1
須提那品　17
隔　品　33
〔無題〕　52
第二波羅夷〔不与取戒〕　66
第三波羅夷〔人体戒〕　113
第四波羅夷〔上人法戒〕　144
僧残法　185
第一僧残〔出精戒〕　185
第二僧残〔身触戒〕　200
第三僧残〔麁語戒〕　213
第四僧残〔第四僧残〕　221
第五僧残〔媒嫁戒〕　227
第六僧残〔造房戒〕　244
第七僧残〔造精舎戒〕　262
第八僧残〔第一瞋不瀰戒〕　266
第九僧残〔第二瞋不瀰戒〕　280
第十僧残〔第一破僧戒〕　287
第十一僧残〔第二破僧戒〕　293
第十二僧残〔悪口戒〕　298
第十三僧残〔汚家戒〕　302

パーリ原典総目次

〔I〕 Vinaya-piṭaka

Vinaya-piṭaka (Sutta-vibhaṅga) Vol. III V. iii 1

a Mahāvibhaṅga [V 1 a 1 ～ 8] 1
1 Pārājika-kaṇḍa [V 1 a 1, 1 ～ 4] 1
(1) Paṭhama-pārājika 〔Methuna〕 1
Verañja-bhāṇavāra 1
Sudinna-bhāṇavāra 11
Santhata-bhāṇavāra 21
〔No title〕 34
(2) Dutiya-pārājika 〔Adinnādāna〕 41
(3) Tatiya-pārājika 〔Manussaviggaha〕 68
(4) Catuttha-pārājika 〔Uttarimanussadhamma〕 87
2 Terasakaṇḍa [V 1 a 2, 1 ～ 13] V. iii 110
(1) Paṭhama-saṁghādisesa 〔Vissaṭṭhi〕 110
(2) Dutiya-saṁghādisesa 〔Kayasaṁsagga〕 119
(3) Tatiya-saṁghādisesa 〔Duṭṭhulla〕 127
(4) Catuttha-saṁghādisesa 〔Attakāma〕 131
(5) Pañcama-saṁghādisesa 〔Sañcaritta〕 135
(6) Kuṭikāra-saṁghādisesa 144
(7) Vihārakāra-saṁghādisesa 155
(8) Amūlaka-saṁghādisesa 158
(9) Navama-saṁghādisesa 〔Kiñcidesa〕 166
(10) Saṁghabheda-saṁghādisesa 171
(11) Bhedānuvattaka-saṁghādisesa 174
(12) Dubbaca-saṁghādisesa 177
(13) Kuladūsaka-saṁghādisesa 179

不定法　316
　第一不定〔第一不定戒〕　316
　第二不定〔第二不定戒〕　323
捨堕法　329
　　第一迦絺那品　329
　捨堕一〔第一迦絺那衣戒〕　329
　捨堕二〔小屋戒〕　333
　捨堕三〔第三迦絺那衣戒〕　341
　捨堕四〔故衣戒〕　346
　捨堕五〔取衣戒〕　350
　捨堕六〔従非親乞戒〕　354
　捨堕七〔過量戒〕　359
　捨堕八〔第一準備戒〕　362
　捨堕九〔第二準備戒〕　367
　捨堕一〇〔王　戒〕　370
　　第二蚕綿品　380
　捨堕一一〔絹　戒〕　380
　捨堕一二〔純黒毛戒〕　382
　捨堕一三〔二分戒〕　383
　捨堕一四〔六年戒〕　385
　捨堕一五〔坐臥具戒〕　389
　捨堕一六〔羊毛戒〕　394
　捨堕一七〔洗羊毛戒〕　397
　捨堕一八〔金銀戒〕　400
　捨堕一九〔金銀売買戒〕　404
　捨堕二〇〔物品交易戒〕　407
　　第三鉢　品　410
　捨堕二一〔鉢　戒〕　410
　捨堕二二〔減五綴戒〕　414

3 Aniyata [V 1 a 3, 1 ~ 2] V. iii 187

(1) Paṭhama-aniyata 187

(2) Dutiya-aniyata 191

4 Nissaggiya-pācittiya [V 1 a 4, 1 ~ 30] V. iii 195

〔1〕 Kaṭhina-vagga [V 1 a 4, 1 ~ 10] 195

(1) 〔Dasa〕 195

(2) 〔Ekaratti〕 198

(3) 〔Māsa〕 202

(4) 〔Dhovāpana〕 205

(5) 〔Paṭiggaha〕 207

(6) 〔Aññātaka (1)〕 210

(7) 〔Aññātaka (2)〕 213

(8) 〔Uddissa〕 215

(9) 〔Ubbhinna〕 217

(10) 〔Dūtaka〕 219

〔2〕 Kosiya-vagga [V 1 a 4, 11 ~ 20] V. iii 224

(11) 〔Kosiyā〕 224

(12) 〔Suddha〕 225

(13) 〔Dvebhāgā〕 226

(14) 〔Chabbassāni〕 227

(15) 〔Nisīdana〕 230

(16) 〔Loma (1)〕 233

(17) 〔Loma (2)〕 234

(18) 〔Uggaṇha〕 236

(19) 〔Nānappakāraka (1)〕 239

(20) 〔Nānappakāraka (2)〕 240

〔3〕 Patta-vagga [V 1 a 4, 21 ~ 30] V. iii 242

(21) 〔Patta (1)〕 242

(22) 〔Patta (2)〕 244

捨堕二三〔薬　戒〕　419
捨堕二四〔雨季衣戒〕　426
捨堕二五〔奪衣戒〕　429
捨堕二六〔乞糸戒〕　432
捨堕二七〔大織師戒〕　434
捨堕二八〔特施衣戒〕　439
捨堕二九〔有難戒〕　443
捨堕三〇〔廻入戒〕　447

第２巻　律　　蔵　二（経分別二）　上田天瑞訳

波逸提法　1
　第一品　1
波逸提一〔妄語戒〕　1
波逸提二〔罵　戒〕　6
波逸提三〔離間語戒〕　18
波逸提四〔随句戒〕　22
波逸提五〔共宿戒〕　24
波逸提六〔第二共宿戒〕　28
波逸提七〔与女人説法戒〕　32
波逸提八〔実説戒〕　37
波逸提九〔説麁罪戒〕　48
波逸提一〇〔掘地戒〕　51
　第二草木品　53
波逸提一一〔草木戒〕　53
波逸提一二〔異誠戒〕　55
波逸提一三〔嫌譏戒〕　59
波逸提一四〔第一坐臥処戒〕　61
波逸提一五〔第二坐臥処戒〕　64
波逸提一六〔強入戒〕　67

(23) 〔Bhesajja〕 248
(24) 〔Vassikā〕 252
(25) 〔Dāna〕 254
(26) 〔Sāma〕 256
(27) 〔Vāyāpana〕 257
(28) 〔Acceka〕 260
(29) 〔Sāsaṅka〕 262
(30) 〔Saṁghika〕 265

Vinaya-piṭaka Vol. IV

5 Pācittiya [V 1 a 5, 1 ~ 92] V. iv 1
〔1〕 Paṭhama-vagga [V 1 a 5, 1 ~ 10] 1
(1) 〔Musā〕 1
(2) 〔Omasa〕 4
(3) 〔Pasuñña〕 12
(4) 〔Pada〕 14
(5) 〔Seyyā (1)〕 15
(6) 〔Seyyā (2)〕 17
(7) 〔Aññātra viññunā〕 20
(8) 〔Bhūtā〕 23
(9) 〔Duṭṭhullāpatti〕 30
(10) 〔Khaṇanā〕 32
〔2〕 Bhūtagāma-vagga [V 1 a 5, 11 ~ 20] V. iv 34
(11) 〔Bhūtagāma〕 34
(12) 〔Aññāya〕 35
(13) 〔Ujjhāya〕 37
(14) 〔Pakkamanta (1) or Mañca〕 39
(15) 〔Pakkamanta (2) or Seyyā〕 41
(16) 〔Pubba〕 42

波逸提一七〔牽出戒〕　69
波逸提一八〔階上戒〕　72
波逸提一九〔大精舎戒〕　74
波逸提二〇〔有虫水戒〕　77
第三教誡品　78
波逸提二一〔教誡戒〕　78
波逸提二二〔日没戒〕　86
波逸提二三〔比丘尼住処戒〕　89
波逸提二四〔利養戒〕　92
波逸提二五〔与衣戒〕　94
波逸提二六〔縫衣戒〕　97
波逸提二七〔予約戒〕　99
波逸提二八〔乗船戒〕　102
波逸提二九〔斡旋戒〕　105
波逸提三〇〔秘密坐戒〕　108
第四食　品　110
波逸提三一〔施食処食戒〕　110
波逸提三二〔別衆食戒〕　113
波逸提三三〔数数食戒〕　120
波逸提三四〔カーナ母戒〕　125
波逸提三五〔第一足食戒〕　129
波逸提三六〔第二足食戒〕　133
波逸提三七〔非時食戒〕　135
波逸提三八〔貯蔵戒〕　137
波逸提三九〔美味食戒〕　139
波逸提四〇〔楊枝戒〕　141
第五裸行品　144
波逸提四一〔裸形者戒〕　144
波逸提四二〔駆出戒〕　147

(17)	〔Nikkaddhana〕		44
(18)	〔Ahacca〕		45
(19)	〔Dvāra〕		47
(20)	〔Sappāṇaka〕		48
〔3〕	Ovāda-vagga [V 1 a 5, 21 ～ 30]	V. iv	49
(21)	〔Asammatā〕		49
(22)	〔Atthaṅgata〕		54
(23)	〔Upassaya〕		55
(24)	〔Amisa〕		57
(25)	〔Dāna〕		59
(26)	〔Sibbati〕		60
(27)	〔Addhāna or Vidhāna〕		62
(28)	〔Nāvā〕		64
(29)	〔Bhuñjeyya〕		66
(30)	〔Eko ekāya or Ekato〕		68
〔4〕	Bhojana-vagga [V 1 a 5, 31 ～ 40]	V. iv	69
(31)	〔Piṇḍa〕		69
(32)	〔Gaṇa〕		71
(33)	〔Para〕		75
(34)	〔Pūva〕		78
(35)	〔Bhuttāpavāraṇā (1)〕		81
(36)	〔Bhuttāpavāraṇā (2)〕		83
(37)	〔Vikāla〕		85
(38)	〔Sannidhi〕		86
(39)	〔Khīra〕		87
(40)	〔Dantapoṇa〕		89
〔5〕	Acelaka-vagga [V 1 a 5, 41 ～ 50]	V. iv	91
(41)	〔Pūvā or Acelaka〕		91
(42)	〔Kathā or Anupakhajja〕		92

波逸提四三〔食事家戒〕 149
波逸提四四〔屏与女坐戒〕 152
波逸提四五〔独与女坐戒〕 154
波逸提四六〔往詣戒〕 155
波逸提四七〔マハーナーマ戒〕 160
波逸提四八〔出征軍戒〕 164
波逸提四九〔宿軍中戒〕 167
波逸提五〇〔合戦戒〕 169
第六飲酒品 171
波逸提五一〔飲酒戒〕 171
波逸提五二〔指擽戒〕 175
波逸提五三〔水中戯戒〕 177
波逸提五四〔軽侮戒〕 178
波逸提五五〔恐怖戒〕 180
波逸提五六〔火　戒〕 182
波逸提五七〔沐浴戒〕 184
波逸提五八〔壊色戒〕 189
波逸提五九〔浄施戒〕 191
波逸提六〇〔隠匿衣戒〕 193
第七有虫水品 196
波逸提六一〔故意殺有情戒〕 196
波逸提六二〔飲虫水戒〕 197
波逸提六三〔発諍戒〕 198
波逸提六四〔麁罪戒〕 200
波逸提六五〔二十歳未満戒〕 202
波逸提六六〔賊隊戒〕 206
波逸提六七〔与女人期行戒〕 208
波逸提六八〔アリッタ戒（悪見違諫）〕 211
波逸提六九〔随擯戒〕 216

(43) 〔Upananda (1)〕 94
(44) 〔Upananda (2) or Paṭicchanna〕 95
(45) 〔Upananda (3) or Raha〕 97
(46) 〔Upaṭṭhāka or Nimantita〕 98
(47) 〔Mahānāma or Paccaya〕 101
(48) 〔Pasenadi or Senā〕 104
(49) 〔Senā or Vasana〕 106
(50) 〔Viddha or Uyyodhika〕 107
〔6〕 Surāpāna-vagga [V Ⅰ a 5, 51 ～ 60] V. iv 108
(51) 〔Surā〕 108
(52) 〔Aṅguli〕 110
(53) 〔Toya or ḥāsa〕 111
(54) 〔Anādariya〕 113
(55) 〔Bhiṁsana〕 114
(56) 〔Joti〕 115
(57) 〔Nahāna〕 116
(58) 〔Dubbaṇṇa〕 120
(59) 〔Apaccuddhāraka〕 121
(60) 〔Apanidha〕 122
〔7〕 Sappāṇaka-vagga [V Ⅰ a 5, 61 ～ 70] V. iv 124
(61) 〔Sañciccavadha〕 124
(62) 〔Sappāṇa or ūdaka〕 125
(63) 〔Ukkā or Kamma〕 126
(64) 〔Duṭṭhullachādana〕 127
(65) 〔Unavīsati〕 128
(66) 〔Sattha or ṭheyya〕 131
(67) 〔Saṁvidhāna or Itthī〕 132
(68) 〔Ariṭṭhaka or Avadesa〕 133
(69) 〔Unkkhitta or Saṁvāsa〕 137

波逸提七〇〔カンダカ戒（随擯沙弥）〕 218
　第八如法品 223
波逸提七一〔如法戒〕 223
波逸提七二〔疑惑戒〕 225
波逸提七三〔無知戒〕 228
波逸提七四〔打比丘戒〕 231
波逸提七五〔挙手戒〕 232
波逸提七六〔無根戒〕 234
波逸提七七〔故意戒〕 235
波逸提七八〔屏聴戒〕 237
波逸提七九〔羯磨不平戒〕 240
波逸提八〇〔不与欲出去戒〕 241
波逸提八一〔ダッバ戒（与衣後不平）〕 243
波逸提八二〔廻施戒〕 246
　第九宝　品 249
波逸提八三〔王宮戒〕 249
波逸提八四〔宝　戒〕 255
波逸提八五〔非時入聚落戒〕 260
波逸提八六〔針筒戒〕 264
波逸提八七〔臥床戒〕 266
波逸提八八〔入綿戒〕 268
波逸提八九〔尼師壇戒〕 269
波逸提九〇〔覆瘡衣戒〕 271
波逸提九一〔雨浴衣戒〕 273
波逸提九二〔難陀長老戒〕 273
提舎尼法 285
提舎尼一〔在俗家従非親尼取食戒〕 285
提舎尼二〔在俗家偏心受食戒〕 288
提舎尼三〔学家受食戒〕 290

(70) 〔Kaṇḍaka or Nāsita〕 138
〔8〕 Sahadhammika-vagga [V 1 a 5, 71 ~ 82] V. iv 141
(71) 〔Sahadhammika〕 141
(72) 〔Vivaṇṇa or Vivekhā〕 142
(73) 〔Mohāpana or Moha〕 144
(74) 〔Pahāraka or Pahāra〕 145
(75) 〔Talasatti or Uggira〕 146
(76) 〔Amūla or Amūlaka〕 147
(77) 〔Sañcicca〕 148
(78) 〔Upassuti or Sossāmi〕 150
(79) 〔Paṭibāhana or Khīya〕 151
(80) 〔Chanda or Pakkama〕 152
(81) 〔Dabba〕 154
(82) 〔Pariṇāmana〕 155
〔9〕 Ratana-vagga [V 1 a 5, 83 ~ 92] V. iv 157
(83) 〔Rañño〕 157
(84) 〔Ratana〕 161
(85) 〔Santa〕 164
(86) 〔Sūci〕 167
(87) 〔Mañca〕 168
(88) 〔Tūlika〕 169
(89) 〔Nisīdana〕 170
(90) 〔Kaṇḍu or Kaṇḍucchādi〕 171
(91) 〔Vassikā〕 172
(92) 〔Sugata〕 173
6 Pāṭidesaniya [V 1 a 6, 1 ~ 4] V. iv 175
(1) 〔Aññātikāya〕 175
(2) 〔Vosāna〕 177
(3) 〔Sekha〕 178

提舎尼四〔有難蘭若受食戒〕 295
衆学法 301
第一全円品 301
衆学一〔斉整著涅槃僧戒〕 301
衆学二〔斉整著三衣戒〕 302
衆学三〔覆身戒〕 302
衆学四〔覆身坐戒〕 302
衆学五〔正威儀戒〕 303
衆学六〔正威儀坐戒〕 303
衆学七〔下方視戒〕 303
衆学八〔下方視坐戒〕 303
衆学九〔反抄衣戒〕 303
衆学一〇〔反抄衣坐戒〕 303
第二哄笑品 304
衆学一一〔哄笑戒〕 304
衆学一二〔哄笑坐戒〕 304
衆学一三〔低声行戒〕 304
衆学一四〔低声坐戒〕 304
衆学一五〔揺身戒〕 305
衆学一六〔揺身坐戒〕 305
衆学一七〔掉臂戒〕 305
衆学一八〔掉臂坐戒〕 305
衆学一九〔揺頭戒〕 306
衆学二〇〔揺頭坐戒〕 306
第三扠腰品 306
衆学二一〔叉腰戒〕 306
衆学二二〔叉腰坐戒〕 306
衆学二三〔裹頭戒〕 307
衆学二四〔裹頭坐戒〕 307

(4) 〔Āraññaka〕 181
7 Sekhiyā dhammā [V 1 a 7, 1 ~ 75] V. iv 185
〔1〕 Parimaṇḍala-vagga [V 1 a 7, 1 ~ 10] 185
(1) 〔Parimaṇḍala (1)〕 185
(2) 〔Parimaṇḍala (2)〕 185
(3) 〔Paṭicchanna (1)〕 186
(4) 〔Paṭicchanna (2)〕 186
(5) 〔Susaṁvuta (1)〕 186
(6) 〔Susaṁvuta (2)〕 186
(7) 〔Okkhittacakkhunā (1)〕 186
(8) 〔Okkhittacakkhunā (2)〕 186
(9) 〔Ukkhitta (1)〕 187
(10) 〔Ukkhitta (2)〕 187
〔2〕 Ujjhaggika-vagga [V 1 a 7, 11 ~ 20] V. iv 187
(11) 〔Ujjhaggikā (1)〕 187
(12) 〔Ujjhaggikā (2)〕 187
(13) 〔Saddo (1)〕 187
(14) 〔Saddo (2)〕 187
(15) 〔Pacālanā (1)〕 187
(16) 〔Pacālanā (2)〕 187
(17) 〔Pacālanā (3)〕 188
(18) 〔Pacālanā (4)〕 188
(19) 〔Pacālanā (5)〕 188
(20) 〔Pacālanā (6)〕 188
〔3〕 Khambhakata-vagga [V 1 a 7, 21 ~ 30] V.iv 188
(21) 〔Khambhaṁ (1)〕 188
(22) 〔Khambhaṁ (2)〕 188
(23) 〔Oguṇṭhito (1)〕 189
(24) 〔Oguṇṭhito (2)〕 189

衆学二五〔膝行戒〕 307
衆学二六〔乱姿戒〕 307
衆学二七〔注意受食戒〕 308
衆学二八〔注視鉢戒〕 308
衆学二九〔羹食適量戒〕 308
衆学三〇〔平鉢受食戒〕 309
第四注意品 309
衆学三一〔注意取食戒〕 309
衆学三二〔注意鉢食戒〕 310
衆学三三〔以次食戒〕 310
衆学三四〔羹飯適量戒〕 311
衆学三五〔圧中取食戒〕 311
衆学三六〔飯覆羹戒〕 311
衆学三七〔為己乞羹飯戒〕 312
衆学三八〔視他鉢中戒〕 314
衆学三九〔大飯球戒〕 314
衆学四〇〔円飯球戒〕 314
第五飯球品 315
衆学四一〔大張口待食戒〕 315
衆学四二〔全手口中戒〕 315
衆学四三〔含飯語戒〕 316
衆学四四〔投入食戒〕 316
衆学四五〔齧食戒〕 317
衆学四六〔脹頬食戒〕 317
衆学四七〔振手食戒〕 317
衆学四八〔撒飯粒戒〕 318
衆学四九〔舌舐食戒〕 318
衆学五〇〔作声食戒〕 319
第六吸食品 319

(25) 〔Kuṭi〕 189
(26) 〔Pallatthikāya〕 189
(27) 〔Sakkaccaṁ〕 190
(28) 〔Pattasaññī〕 190
(29) 〔Samasūpaṁ〕 190
(30) 〔Samatitthikaṁ〕 190
〔4〕 Sakkacca-vagga 〔V 1 a 7, 31 ～ 40〕 V. iv 191
(31) 〔Sakkaccaṁ〕 191
(32) 〔Pattasaññī〕 191
(33) 〔Sapadānaṁ〕 191
(34) 〔Samasūpakaṁ〕 192
(35) 〔Thūpakato〕 192
(36) 〔Paṭicchannaṁ〕 192
(37) 〔Viññatta〕 193
(38) 〔Ujjhānasaññinā〕 194
(39) 〔Na mahantaṁ〕 194
(40) 〔Maṇḍalaṁ〕 194
〔5〕 Kabala-vagga 〔V 1 a 7, 41 ～ 50〕 V. iv 195
(41) 〔Dvāraṁ〕 195
(42) 〔Sabbahatthaṁ〕 195
(43) 〔Na byāhare〕 195
(44) 〔Ukkhepo〕 195
(45) 〔Chedanā〕 195
(46) 〔Gaṇḍo〕 196
(47) 〔Dhunaṁ〕 196
(48) 〔Sitthāvakārakaṁ〕 196
(49) 〔Jivhānicchārakaṁ〕 197
(50) 〔Capucapu〕 197
〔6〕 Surusuru-vagga 〔V 1 a 7, 51 ～ 60〕 V. iv 197

衆学五一〔吸食戒〕 319
衆学五二〔舐手食戒〕 320
衆学五三〔舐鉢食戒〕 320
衆学五四〔舐唇食戒〕 320
衆学五五〔汚手捉水瓶戒〕 320
衆学五六〔棄鉢水戒〕 321
衆学五七〔与持蓋者説法戒〕 322

衆学五八〔与持杖者説法戒〕 324
衆学五九〔与持刀者説法戒〕 324
衆学六〇〔与持武器者説法戒〕 325
第七草履品 325
衆学六一〔与著草履者説法戒〕 325
衆学六二〔与著革履者説法戒〕 326
衆学六三〔与乗車者説法戒〕 326
衆学六四〔与臥床者説法戒〕 326
衆学六五〔与乱坐者説法戒〕 326
衆学六六〔与裹頭者説法戒〕 327
衆学六七〔与覆面者説法戒〕 327
衆学六八〔人座牀己坐地上説法戒〕 328
衆学六九〔人在高座説法戒〕 328
衆学七〇〔人坐己立説法戒〕 331
衆学七一〔人在前行説法戒〕 331
衆学七二〔人在善道説法戒〕 331
衆学七三〔立小便戒〕 332
衆学七四〔青草上大小便戒〕 332
衆学七五〔水上大小便痰唾戒〕 333
滅諍法 335

(51) 〔Surusuru〕 197
(52) 〔Hattho〕 198
(53) 〔Patto〕 198
(54) 〔Oṭṭho〕 198
(55) 〔Sāmisaṁ〕 198
(56) 〔Sitthakena〕 199
(57) 〔Chattapāṇissa saddhammaṁ na desenti tathāgatā〕 199
(58) 〔Daṇḍapāṇissa〕 200
(59) 〔Satthapāṇissa〕 200
(60) 〔Āvudhapāṇissa〕 201
〔7〕 Pāduka-vagga [V 1 a 7, 61 ~ 75] V. iv 201
(61) 〔Pādukā〕 201
(62) 〔Upāhanā〕 201
(63) 〔Yānagatassa〕 201
(64) 〔Seyyāgatassa〕 202
(65) 〔Pallatthikānisinnassa〕 202
(66) 〔Veṭṭhitassa〕 202
(67) 〔Oguṇṭhitassa〕 202
(68) 〔Chamā〕 203
(69) 〔Nisīdane〕 203
(70) 〔Ṭhāne〕 204
(71) 〔Pacchato〕 205
(72) 〔Uppathena〕 205
(73) 〔Ṭhitakena na kātabbaṁ〕 205
(74) 〔Harite〕 205
(75) 〔Udakamhi〕 205
8 Adhikaraṇasamathā dhammā [V 1 a 8, 1 ~ 7] V. iv 207

b　比丘尼分別〔比丘尼戒〕 337
波羅夷法 337
波羅夷一〔摩触戒〕 337
波羅夷二〔覆比丘尼重罪戒〕 346
波羅夷三〔随順被挙比丘違諫戒〕 349
波羅夷四〔八事成重戒〕 354
僧残法 359
僧残夷一〔訴訟戒〕 359
僧残夷二〔度賊女戒〕 363
僧残夷三〔四独戒〕 367
僧残夷四〔界外解挙戒〕 372
僧残夷五〔受染心男子食戒〕 375
僧残夷六〔勧受染心男子食戒〕 377
僧残夷七〔瞋心捨三宝違諫戒〕 380
僧残夷八〔発起四諍謗僧違諫戒〕 383
僧残夷九〔親近住違諫戒〕 386
僧残夷一〇〔謗僧勧親近住違諫戒〕 388

捨堕法 393
捨堕一〔長鉢戒〕 393
捨堕二〔非時衣戒〕 397
捨堕三〔貿衣後強奪戒〕 399
捨堕四〔乞是後乞彼戒〕 402
捨堕五〔購是後購彼戒〕 404
捨堕六〔他用僧伽財戒〕 406
捨堕七〔他用自乞僧伽財戒〕 408
捨堕八〔他用別衆財戒〕 409
捨堕九〔他用自乞別衆財戒〕 411
捨堕一〇〔他用自乞別人財戒〕 411

b Bhikkhunī-vibhaṅga [V 1 b 1 ~ 7] V. iv 211
1 Pārājika-kaṇḍa [V 1 b 1, 1 ~ 4] 211
(1) Paṭhama-pārājika [Kāyasaṁsagga] 211
(2) Dutiya-Pārājika [Chādeti] 216
(3) Tatiya-Pārājika [Ukkhittā] 218
(4) Catuttha-pārājika [Aṭṭhavatthukā] 220
2 (Sattarasaka) Saṁghādisesa [V 1 b 2, 1 ~ 10] V. iv 223
(1) [Ussaya] 223
(2) [Corī] 225
(3) [Gāmanta] 227
(4) [Ukkhitta] 230
(5) [Khādana] 232
(6) [Kin te] 234
(7) [Kupitā] 235
(8) [Kismiñci] 237
(9) [Saṁsattha] 239
(10) [Aññā] 240
3 (Dvādasa) Nissaggiya-pācittiya
[V 1 b 3, 1 ~ 12] V. iv 243
(1) [Patta] 243
(2) [Akālakāla] 245
(3) [Parivatte] 246
(4) [Viññāpe] 248
(5) [Cetāpetvā] 249
(6) [Aññadatthi] 250
(7) [Saṁghika] 251
(8) [Mahājani] 252
(9) [Saññācikā] 253
(10) [Puggalikā] 254

捨堕一一〔乞重衣戒〕　413
捨堕一二〔乞軽衣戒〕　415

波逸提法　418
第一蒜　品　418
波逸提一〔食蒜戒〕　418
波逸提二〔剃隠処毛戒〕　420
波逸提三〔相拍戒〕　421
波逸提四〔樹膠生支戒〕　422
波逸提五〔洗浄過限戒〕　424
波逸提六〔供給水扇戒〕　426
波逸提七〔乞生穀戒〕　428
波逸提八〔墻外棄不浄戒〕　429
波逸提九〔青草上棄不浄戒〕　431
波逸提一〇〔歌舞観聴戒〕　432
第二闇夜品　434
波逸提一一〔共男子夜中独共語戒〕　434
波逸提一二〔共男子屏覆処独共語戒〕　436
波逸提一三〔共男子露地独共語戒〕　437
波逸提一四〔遣去伴比丘尼戒〕　437
波逸提一五〔食前入他家不語主人去戒〕　439
波逸提一六〔食後入不語主人去戒〕　442
波逸提一七〔不語主人着座戒〕　443
波逸提一八〔不審受師語戒〕　445
波逸提一九〔瞋心呪詛戒〕　447
波逸提二〇〔打己啼泣戒〕　448
第三裸形品　450
波逸提二一〔裸身沐浴戒〕　450
波逸提二二〔過量水浴衣戒〕　451

(11) 〔Catukkaṁsa〕 255

(12) 〔Addhateyyakā〕 256

4 Pācittiya (or Navavaggakhuddakā)

[V 1 b 4, 1 ～ 96] V. iv 258

〔1〕 Lasuṇa-vagga [V 1 b 4, 1 ～ 10] 258

(1) 〔Lasuṇa〕 258

(2) 〔Saṁhare lomaṁ〕 259

(3) 〔Tala〕 260

(4) 〔Maṭṭha〕 261

(5) 〔Suddhika〕 262

(6) 〔Bhuñjanta〕 263

(7) 〔Āmakadhañña〕 264

(8) 〔Vighāsa (1)〕 265

(9) 〔Vighāsa (2)〕 266

(10) 〔Dassanā〕 267

〔2〕 *Andhakāra-vagga [V 1 b 4, 11 ～ 20] V. iv 268

(11) 〔Andhakāre〕 268

(12) 〔Paṭicchanne〕 269

(13) 〔Ajjhokāse〕 270

(14) 〔Rathikāya〕 270

(15) 〔Pure〕 271

(16) 〔Pacchā〕 273

(17) 〔Vikāle〕 274

(18) 〔Duggahi〕 275

(19) 〔Niraye〕 276

(20) 〔Vadhi〕 277

〔3〕 *Nagga-vagga [V 1 b 4, 21 ～ 30] V. iv 278

(21) 〔Nagga〕 278

(22) 〔Odakā〕 278

波逸提二三〔縫衣過五日戒〕 453
波逸提二四〔不着僧伽梨過五日戒〕 455
波逸提二五〔着他衣戒〕 456
波逸提二六〔僧衣作妨難戒〕 458
波逸提二七〔遮分衣戒〕 459
波逸提二八〔与白衣外道衣戒〕 461
波逸提二九〔薄望得衣戒〕 462
波逸提三〇〔遮出切徳衣戒〕 464
第四共臥品 466
波逸提三一〔無衣同牀臥戒〕 466
波逸提三二〔同被褥戒〕 467
波逸提三三〔故意惑悩戒〕 468
波逸提三四〔不着同活尼病戒〕 470
波逸提三五〔牽他出房戒〕 471
波逸提三六〔親近居士子違諫戒〕 474
波逸提三七〔国内恐怖処遊行戒〕 477
波逸提三八〔国外恐怖処遊行戒〕 478
波逸提三九〔雨期遊行戒〕 479
波逸提四〇〔安居竟不去戒〕 480
第五品 481
波逸提四一〔観王宮園林戒〕 481
波逸提四二〔高床尾毛牀戒〕 483
波逸提四三〔紡績戒〕 484
波逸提四四〔与白衣作事戒〕 485
波逸提四五〔不与他滅諍戒〕 486
波逸提四六〔与白衣外道食戒〕 488
波逸提四七〔月華衣戒〕 489
波逸提四八〔不捨住処出遊戒〕 490
波逸提四九〔自作呪術戒〕 492

(23) 〔Visibbetvā〕 279
(24) 〔Pañcāhika〕 281
(25) 〔Saṁkamaniya〕 282
(26) 〔Gaṇa〕 283
(27) 〔Vibhaṅga〕 284
(28) 〔Samaṇa〕 285
(29) 〔Dubbala〕 286
(30) 〔Kaṭhina〕 287
〔4〕 Tuvaṭṭa-vagga [V 1 b 4, 31 ～ 40] V. iv 288
(31) 〔Ekamañca〕 288
(32) 〔Attharaṇa〕 289
(33) 〔Sañcicca〕 290
(34) 〔Sahajīvinī〕 291
(35) 〔Datvā〕 292
(36) 〔Saṁsaṭṭha〕 293
(37) 〔Anta〕 295
(38) 〔Tira〕 296
(39) 〔Vassa〕 296
(40) 〔Na Pakkame〕 297
〔5〕 Cittāgāra-vagga [V 1 b 4, 41 ～ 50] V. iv 298
(41) 〔Rājā〕 298
(42) 〔Āsandi〕 299
(43) 〔Sutta〕 299
(44) 〔Gihi〕 300
(45) 〔Vūpasama〕 301
(46) 〔Dade〕 302
(47) 〔Cīvara〕 303
(48) 〔Āvasatha〕 304
(49) 〔Pariyāpuṇa〕 305

波逸提五〇〔教人呪術戒〕 493
第六僧園品 494
波逸提五一〔有比丘僧園不問入戒〕 494
波逸提五二〔罵比丘戒〕 497
波逸提五三〔罵尼衆戒〕 499
波逸提五四〔背請戒〕 501
波逸提五五〔慳嫉俗家戒〕 503
波逸提五六〔無比丘住処安居戒〕 504
波逸提五七〔二部僧中不自恣戒〕 505
波逸提五八〔不往聴誡戒〕 507
波逸提五九〔半月不請教授戒〕 508
波逸提六〇〔使男子破癰戒〕 509
第七姙婦品 511
波逸提六一〔度姙婦戒〕 511
波逸提六二〔度乳児婦女戒〕 512
波逸提六三〔度不学六法沙弥尼戒〕 513
波逸提六四〔不乞僧度学法沙弥尼戒〕 516
波逸提六五〔度未満十二曾嫁女戒〕 518
波逸提六六〔度不与六法曾嫁女戒〕 519
波逸提六七〔不乞僧度学法曾嫁女戒〕 521
波逸提六八〔不二歳教護弟子戒〕 523
波逸提六九〔不二歳随和尚戒〕 524
波逸提七〇〔度婬女不令遠去戒〕 525
第八童女品 526
波逸提七一〔度減年童女戒〕 526
波逸提七二〔度不学六法童女戒〕 527
波逸提七三〔不乞僧度学法女戒〕 528
波逸提七四〔未満十二夏度人戒〕 530
波逸提七五〔満十二夏不乞僧度人戒〕 531

(50) 〔Vācaye〕 305

〔6〕 Ārāma-vagga [V 1 b 4, 51 ～ 60] V. iv 306

(51) 〔Ārāma〕 306

(52) 〔Akkosa〕 308

(53) 〔Caṇḍi〕 309

(54) 〔Bhuñjeyya〕 310

(55) 〔Kulamaccharī〕 312

(56) 〔Vase〕 313

(57) 〔Pavāraṇa〕 313

(58) 〔Dhamma (1)〕 314

(59) 〔Dhamma (2)〕 315

(60) 〔Pasākha〕 316

〔7〕 Gabbhinī-vagga [V 1 b 4, 61 ～ 70] V. iv 317

(61) 〔Gabbhinī〕 317

(62) 〔Pāyantī〕 318

(63) 〔Cha dhamme〕 318

(64) 〔Asammata〕 320

(65) 〔Ūnadvādasa〕 321

(66) 〔Paripuṇṇa〕 322

(67) 〔Saṁghena〕 323

(68) 〔Saha〕 324

(69) 〔Vuṭṭhā〕 325

(70) 〔Cha pañca〕 326

〔8〕 Kumāribhūta-vagga [V 1 b 4, 71 ～ 83] V. iv 327

(71) 〔Kumārī〕 327

(72) 〔Dve〕 327

(73) 〔Saṁgha〕 328

(74) 〔Dvādasa〕 329

(75) 〔Asammata〕 330

波逸提七六〔不聴度人謗僧戒〕 532
波逸提七七〔取他衣不為授具戒〕 534
波逸提七八〔令二年随学不為授具戒〕 536
波逸提七九〔度与男子交友学法女戒〕 537
波逸提八〇〔父母夫主不聴度人戒〕 538
波逸提八一〔別住者与欲度学法女戒〕 539
波逸提八二〔各年度人戒〕 541
波逸提八三〔一歳度二人戒〕 542
第九蓋　品 543
波逸提八四〔持着蓋屣戒〕 543
波逸提八五〔乗乗戒〕 545
波逸提八六〔着袴衣戒〕 546
波逸提八七〔著婦女飾身具戒〕 547
波逸提八八〔香紛塗身戒〕 548
波逸提八九〔胡麻油塗身戒〕 549
波逸提九〇〔使比丘尼摩身戒〕 550
波逸提九一〔使学法女摩身戒〕 551
波逸提九二〔使沙弥尼摩身戒〕 551
波逸提九三〔使白衣女摩身戒〕 551
波逸提九四〔比丘前着座戒〕 552
波逸提九五〔不聴問義比丘戒〕 553
波逸提九六〔不著僧祇支戒〕 554
提舎尼法 557
提舎尼一〔乞酥戒〕 557
提舎尼二～八〔乞油・蜜・砂糖・魚・肉・乳・酪戒〕 559
衆学法 561
衆学一〔斉整著涅槃僧戒〕 561
衆学七五〔水上大小便痰唾戒〕 562

(76) 〔Alaṁ〕 331
(77) 〔Sace〕 332
(78) 〔Dve vassaṁ〕 333
(79) 〔Saṁsaṭṭhā〕 333
(80) 〔Sāmika〕 334
(81) 〔Pārivāsikā〕 335
(82) 〔Anuvassaṁ〕 336
(83) 〔Duve vuṭṭhāpana〕 336
〔9〕 *Chatta-vagga [V Ⅰ b 4, 84 ～ 96] V. iv 337
(84) 〔Chatta〕 337
(85) 〔Yāna〕 338
(86) 〔Saṁghaṇī〕 339
(87) 〔Itthālaṁkāra〕 340
(88) 〔Vaṇṇaka〕 341
(89) 〔Piññāka〕 341
(90) 〔Bhikkunī〕 342
(91) 〔Sikkhā〕 342
(92) 〔Sāmaṇerikā〕 342
(93) 〔Gihi〕 342
(94) 〔Bhikkhussa purato〕 343
(95) 〔Anokāsa〕 344
(96) 〔Saṁkacchika〕 344
5 Pāṭidesaniya [V Ⅰ b 5, 1 ～ 8] V. iv 346
(1) 〔Sappi〕 346
(2) ～ (8) 〔Tela, Madhu, Phāṇita, Maccha, Maṁsa, Khīra, Dadhi〕 347
6 Sekhiyā dhammā [V Ⅰ b 6, 1 ～ 75] V. iv 349
(1) 349
(2) ～ (75) 349

滅諍法　563

第3巻　律　　蔵　三（*犍度一）　渡辺照宏訳

犍　度　1
a　大　品　1
第一大犍度　1
初誦品（一～六）　1
一　菩提樹下縁　1
二　阿闍波羅榕樹下縁　4
三　目支隣陀樹下縁　5
四　羅闍耶他那樹下縁　6
五　梵天勧請縁　7
六　〔初転法輪〕　13
第二誦品（七～一四）　26
七　耶舎出家縁　26
八　〔耶舎の母と旧婦の帰仏〕　32
九　四在家出家縁　33
一〇　〔五十人出家〕　35
一一　魔　縁　37
一二　三帰依具足戒縁　39
一三　〔魔　縁〕　40
一四　賢衆友人事　42
第三誦品　優楼頻螺神変（一五～二一）　44
一五　初神変　44
一六　第二神変　47
一七　第三神変　48
一八　第四神変　49
一九　第五神変　50
二〇　〔其他の諸神変及三迦葉の帰依〕　51

7 Adhikaraṇasamathā dhammā [V 1 b 7, 1 ~ 7] V. iv 351

Vinaya-piṭaka Vol. I

2 Khandhaka [V 2 a, b] V. i 1
a Mahāvagga [V 2 a 1 ~ 10] 1
1 Mahākhandhaka [V 2 a 1, 1 ~ 79] 1
〔1〕 Paṭhama-bhāṇavāra [V 2 a 1, 1 ~ 6] 1
(1) Bodhikathā 1
(2) Ajapālakathā 2
(3) Mucalindakathā 3
(4) Rājāyatanakathā 3
(5) Brahmayācanakathā 4
(6) 〔Dhammacakkapavattana〕 7
〔2〕 Dutiya-bhāṇavāra [V 2 a 1, 7 ~ 14] V. i 15
(7) Yasapabbajjā 15
(8) 〔No title〕 18
(9) Catugihipabbajjā 18
(10) 〔Paññāsa〕 20
(11) Mārakathā 20
(12) Tīhi saraṇagamanehi upasampadākathā 21
(13) 〔No title〕 22
(14) Bhaddavaggiyasahāyakānaṁ vatthu 23
〔3〕 Uruvelapāṭihāriya [V 2 a 1, 15 ~ 21] V. i 24
(15) Paṭhama-pāṭihāriya 24
(16) Dutiya-pāṭihāriya 26
(17) Tatiya-pāṭihāriya 26
(18) Catuttha-pāṭihāriya 27
(19) Pañcama-pāṭihāriya 27
(20) 〔Tayo Kassapā〕 28

第3巻　律　　蔵　三（犍度一）

二一　燃燈縁　61

第四誦品（二二～二四）　63

二二〔摩竭国洗尼瓶沙王の帰仏〕　63

二三，二四　舎利弗目犍連出家縁　71

第五誦品　和尚承事（二五～三〇）　79

二五　和尚に対する承事　79

二六　弟子に対する承事　89

二七〔弟子の規定〕　94

二八，二九〔白四羯磨による授戒〕　97

三〇〔出家の四依〕　101

第六誦品（三一～三三）　102

三一〔法臘十歳其他〕　102

三二　阿闍梨に対する承事　106

三三　侍者に対する承事　107

第七誦品（三四～三八）　108

三四〔侍者の規定〕　108

三五〔愚癡不聡明の阿闍梨〕　108

三六　具足戒を授くる五分十六事　109

三七　具足戒を授くる六分十四事　115

三八　旧外道縁　115

第八誦品　無　畏（三九～五三）　120

三九～五〇〔出家せしむべからざる者〕　120

五一〔前項の例外〕　133

五二〔二沙弥を蓄ふべからず〕　133

五三〔依止を要する比丘と要せざる比丘〕　134

第九誦品　余　財（五四～七一）　138

五四〔余　財〕　138

(21) Ādittapariyāya 34

〔4〕 Catutthaka-bhāṇavāra [V 2 a 1, 22 ～ 24] V. i 35

(22) 〔Seniya Bimbisāra〕 35

(23), (24) Sāriputtamoggallānapabbajjā 39

〔5〕 Upajjhāyavatta-bhāṇavāra [V 2 a 1, 25 ～ 30] V. i 44

(25) Upajjhāyavatta 44

(26) Saddhivihārikavatta 50

(27) 〔Saddhivihārika〕 53

(28), (29) 〔Ñatticatutthakammena upasampadā〕 55

(30) 〔Cattāro nissayā〕 57

〔6〕 Chaṭṭha-bhāṇavāra [V 2 a 1, 31 ～ 33] V. i 58

(31) 〔Dasa vassāni〕 58

(32) Ācariyavatta 60

(33) Antevāsikavatta 61

〔7〕 Sattama-bhāṇavāra [V 2 a 1, 34 ～ 38] V. i 61

(34) 〔Antevāsika〕 61

(35) 〔Duppañña avyatta ācariya〕 61

(36) Upasampādetabbapañcaka soḷasavāra 62

(37) Upasampādetabbachakka soḷasavāra 65

(38) Aññatitthiyapubbakathā 69

〔8〕 Abhayūvara-bhāṇavāra [V 2 a 1, 39 ～ 53] V. i 71

(39) ～ (50) 〔Na pabbājetabbā〕 71

(51) 〔Exception〕 79

(52) 〔Dve sāmaṇerā upaṭṭhāpetabbā〕 79

(53) 〔Anissitena vattabbaṁ, na anissitena vattabbaṁ〕 79

〔9〕 Dāyajja-bhāṇavāra [V 2 a 1, 54 ～ 71] V. i 82

(54) 〔Na anuññāto mātāpitūhi putto pabbājetabbo〕 82

五五　〔五一の例外〕　141
五六　〔沙弥の十戒〕　141
五七，五八　〔沙弥の〕罰事　142
五九　〔余人の会衆を連れ去るべからず〕　144
六〇　〔沙弥の滅擯〕　144
六一～七〇　〔戒を授くべからざる者〕　144
七一　出家せしむべからざる三十二人　155
第十誦品（七二～七九）　155
七二　〔無耻者〕　155
七三　〔依止無くして住すること〕　156
七四　〔二三人に戒を授くること〕　158
七五　〔入胎より二十歳にして具足戒を受くること〕　159
七六　具足戒羯磨　159
七七　四　依　163
七八　四非事　164
七九　〔挙せられて還俗せる者〕　166
摂　頌　168
第二薩犍度　180
初誦品　外　道（一～一六）　180
一　〔布薩の起源〕　180

二　〔布薩説法〕　181
三　〔布薩羯磨〕　182
四　〔布薩日〕　185
五　〔布薩界〕　186
六，七　〔布薩の選定〕　188
八　〔布薩堂〕　189
九　〔布薩場〕　191

(55) 〔Exception〕 83
(56) 〔Sāmaṇerassa dasa sikkhāpadāni〕 83
(57), (58) Daṇḍakammavatthu 84
(59) 〔Na aññassa parisā apalāḷetabbā〕 85
(60) 〔Sāmaṇerassa nāsanā〕 85
(61)～(70) 〔Naupasampādetabbakavīsati-vāra〕 85
(71) Napabbājetabbadvattiṁsavāra 91
〔10〕 Dasama-bhāṇavāra [V 2 a 1, 72 ～ 79] V. i 91
(72) 〔Alajjin〕 91
(73) 〔Anissitena vatthuṁ〕 92
(74) 〔Dve tayo ekānussāvane kātuṁ〕 92
(75) 〔Gabbha-vīsaṁ upasampādetuṁ〕 93

(76) Upasampadākamma 93
(77) Cattāro nissayā 95
(78) Cattāri akaraṇīyāni 96
(79) 〔Ukkhittako vibbhamati〕 97
Uddāna 98
2 Uposathakkhandhaka [V 2 a 2, 1 ～ 36] V. i 101
〔1〕 Aññatitthiya-bhāṇavāra [V 2 a 2, 1 ～ 16] 101
(1) 〔Cātuddase pannarase aṭṭhamiyā ca pakkhassa sannipatituṁ〕 101
(2) 〔Dhammaṁ bhāsituṁ〕 102
(3) 〔Uposatha-kamma〕 102
(4) 〔Uposatha-divasa〕 104
(5) 〔Uposatha-sīmā〕 104
(6), (7) 〔Sīmā-sammuti〕 106
(8) 〔Uposathāgāra〕 106
(9) 〔Uposatha-pamukha〕 107

一〇　〔長老比丘と新参比丘〕　192
一一　〔布薩の住処〕　192
一二　〔不失衣〕　193
一三　〔二の布薩界〕　197
一四　〔布薩の種類〕　197
一五，一六　〔波羅提木叉の読誦〕　198
第二誦品　チョーダナーヴァットゥ
（一七～二七）　205
一七　〔波羅提木叉の読誦続〕　205
一八　〔日数と比丘数〕　207
一九　〔布薩の告示〕　208
二〇　〔布薩堂の荘厳〕　209
二一　〔愚癡不聡明の比丘〕　211
二二　〔与清浄〕　213
二三　〔与楽欲〕　215
二四　〔布薩日に捕へられたる比丘〕　217
二五　〔狂比丘〕　218
二六　〔四人乃至一人の比丘〕　219
二七　〔罪〕　222
第三誦品（二八～三六）　227

二八　無罪十五事　227
二九　別衆を別衆と思ふ十五事　231
三〇　疑惑十五事　232
三一　悪作性十五事　232
三二　不和を願ふ十五事　233
三三　〔以上の詳説〕　234
三四　〔旧比丘と客比丘〕　234
三五　〔布薩日の移居〕　238

(10) 〔Therā ca navakā bhikkhū〕 108
(11) 〔Ekajjhaṁ sannipatitvā uposatho kātabbo〕 108
(12) 〔Avippavāsa-cīvara〕 109
(13) 〔Na sīmā sambhinditabbā ajjhottharitabbā〕 111
(14) 〔Uposatha-kamma-pakārā〕 111
(15), (16) 〔Pātimokkhuddesa〕 112
〔2〕 Codanāvatthu-bhāṇavāra
[V 2 a 2, 17 ~ 27] V. i 115
(17) 〔Pātimokkhuddesa〕 115
(18) 〔Gaṇanā〕 117
(19) 〔Kālaṁ āroceti〕 117
(20) 〔Uposathāgāraṁ sammajjati …〕 118
(21) 〔Bālā avyattā bhikkhū〕 119
(22) 〔Pārisuddhi-hāraka〕 120
(23) 〔Chanda-hāraka〕 121
(24) 〔Tadahuposathe gahitā bhikkhū〕 122
(25) 〔Ummattaka bhikkhu〕 123
(26) 〔Catunnaṁ … ekako uposatho kātabbo〕 124
(27) 〔Āpatti〕 125
〔3〕 Tatiya-bhāṇavāra [V 2 a 2, 28 ~ 36] V. i 128
Pañcasattatika (28 ~ 36) 128
(28) Anāpatti-pannarasaka 128
(29) Vaggāvaggasaññino-pannarasaka 130
(30) Vematikā-pannarasaka 131
(31) Kukkuccapakatā-pannarasaka 131
(32) Bhedapurekkhārā-pannarasaka 131
(33) 〔Vitthāra-kathā〕 132
(34) 〔Āvāsikā ca āgantukā bhikkhū〕 132
(35) 〔Na sabhikkhukā āvāsā abhikkhuko

三六　〔波羅提木叉を読誦すべからざる事〕 240
摂　頌 241
第三入雨安居犍度 245
初誦品　雨安居誦品（一～一八） 245
一　〔雨安居の起源〕 245
二　〔入雨安居の時期〕 246
三　〔安居中遊行すべからず〕 246
四　〔安居に入らざるべからず〕 247
五～八　〔三の例外〕 248
第二誦品（九～一四） 266
九～一一　〔三の例外続〕 266
一二　〔安居の処〕 271
一三　〔安居中の出家〕 274
一四　〔安居の約〕 274
摂　頌 278
第四自恣犍度 281
初誦品（一～六） 281
一　〔自恣の起源〕 281
二　〔自恣の時蹲居すべし〕 285
三　〔自恣日〕 286
四　〔自恣日に捕へられたる比丘〕 288
五　〔五人乃至一人の比丘〕 289
六　〔罪〕 292
第二誦品（七～一八） 293
七　無罪十五事 293
八　別衆を別衆と思ふ十五事 295
九　疑惑十五事 295

āvāso gantabbo〕 134
(36) 〔Na pātimokkhaṁ uddesitabbaṁ〕 135
Uddāna 136
3 Vassupanāyikakkhandhaka [V 2 a 3, 1 ～ 14] V. i 137
〔1〕 Vassāvāsa-bhāṇavāra [V 2 a 3, 1 ～ 8] 137
(1) 〔Vassaṁ upagantuṁ〕 137
(2) 〔Dve vassūpanāyikā〕 137
(3) 〔Vassaṁ upagantvā na cārikā pakkamitabbā〕 138
(4) 〔Na vassaṁ na upagantabbaṁ〕 138
(5) ～ (8) 〔Exception〕 139
〔2〕 Dutiya-bhāṇavāra [V 2 a 3, 9 ～ 14] V. i 148
(9) ～ (11) 〔Exception〕 148
(12) 〔Yattha vassaṁ upagantabbaṁ〕 152
(13) 〔Antarā-vassaṁ na pabbājetabbaṁ〕 153
(14) 〔Vassāvāso Paṭissuto purimikāya〕 153
Uddāna 155
4 Pavāraṇakkhandhaka [V 2 a 4, 1 ～ 18] V. i 157
〔1〕 Paṭhama-bhāṇavāra [V 2 a 4, 1 ～ 6] 157
(1) 〔Evaṁ pavāretabbaṁ〕 157
(2) 〔Ukkuṭikaṁ nisīdituṁ yāva pavāreti〕 160
(3) 〔Dve pavāraṇā〕 160
(4) 〔Tadahu-pavāraṇāya gahitā bhikkhū〕 161
(5) 〔Pañcannaṁ ··· dvinnaṁ pavāretabbaṁ...
ekena adhiṭṭhātabbaṁ〕 162
(6) 〔Āpatti〕 164
〔2〕 Dutiya-bhāṇavāra [V 2 a 4, 7 ～ 18] V. i 164
(7) Anāpatti-pannarasaka 164
(8) Vaggāvaggasaññino-pannarasaka 165
(9) Vematikā-pannarasaka 166

一〇　悪作性十五事　295
一一　不利を願ふ十五事　295
一二〔以上の詳説〕　295
一三〔旧比丘と客比丘〕　295
一四〔自恣を行ふべからざる事〕　295
一五〔自恣の障害〕　297
一六〔自恣を禁ずる事〕　300
一七〔争諍比丘〕　308
一八〔相和比丘〕　312
摂　頌　314
第五皮革犍度　317
一〔首楼那二十億の出家と履の許可〕　317
二〔種種の履の禁〕　328
三〔古き履の許可〕　330
四〔履の禁〕　331
五〔足を傷めたる比丘〕　332
六〔木履の禁〕　333
七，八〔種種の履の禁〕　334
九〔牛に戯る及び車の禁〕　337
一〇〔車乗及び床具獣皮〕　338
一一〔皮革の使用〕　342
一二〔履を著けて村に入る〕　343
一三〔首楼那億耳〕　343
摂　頌　350
第六薬犍度　353
初誦品　薬　法（一～一五）　353

(10) Kukkuccapakatā-pannarasaka 166
(11) Bhedapurekkhārā-pannarasaka 166
(12) 〔Vitthāra-kathā〕 167
(13) 〔Āvāsikā ca āgantukā bhikkhū〕 167
(14) 〔Na pavāretabbaṁ〕 167
(15) 〔Tadahu-pavāraṇāya antarāyā〕 168
(16) 〔Na pavāretabbaṁ〕 170
(17) 〔Bhaṇḍana-kārakā bhikkhū〕 175
(18) 〔Samaggā bhikkhū〕 177
Uddāna 178
5 Cammakkhandhaka [V 2 a 5, 1 ~ 13] V. i 179
(1) 〔Soṇa-koḷivisassa upāhanā anuññātā〕 179
(2) 〔Na-dhāretabba-upāhanā〕 185
(3) 〔Omukkā gaṇaṁgaṇūpāhanā anuññātā〕 186
(4) 〔Na ajjhārāme upāhanā dhāretabbā〕 187
(5) 〔Pādakhīlābādha bhikkhū〕 187
(6) 〔Na kaṭṭhapādukā dhāretabbā〕 188
(7), (8) 〔Na-dhāretabba-pādukā〕 189
(9) 〔Na gāvīnaṁ visāṇesu ··· gahetabbaṁ, na yānena yāyitabbaṁ〕 190
(10) 〔Na uccāsayana-mahāsayanāni dhāretabbāni, na kiñci cammaṁ dhāretabbaṁ〕 191
(11) 〔Bandhana-mattaṁ abhinisīdituṁ〕 194
(12) 〔Saupāhanena gāmaṁ pavisituṁ〕 194
(13) 〔Soṇa-kuṭikaṇṇa〕 194
Uddāna 198
6 Bhesajjakkhandhaka [V 2 a 6, 1 ~ 40] V. i 199
〔1〕 Bhesajja-anuññāta-bhāṇavāra [V 2 a 6, 1 ~ 15] 199

一　〔五種薬〕　353
二～八　〔種種の薬〕　355
九　〔粉　薬〕　358
一〇　〔粉薬及生肉生血〕　358

一一　〔塗薬香料〕　359

一二　〔塗薬筐〕　360
一三～一五　〔畢隣陀婆蹉〕　361
第二誦品　隷車人（一六～三〇）　370
一六　〔疑離越〕　370
一七　〔屋内に蔵する等〕　371

一八　〔新しき胡麻と蜜〕　374
一九　〔跋難陀〕　376
二〇　〔蓮　根〕　377
二一　〔侍　書〕　379
二二　〔刀　法〕　379
二三　〔蘇卑の供養及肉食〕　381

二四　〔粥と蜜丸〕　387
二五　〔粥　食〕　390
二六　〔毘羅吒迦旃延の砂糖供養〕　393
二七　〔砂　糖〕　397
二八　〔巴連弗邑の居士及摩竭国の二大臣〕　397

二九　〔拘利村〕　404
三〇　〔婬女菴婆婆梨と隷車人〕　405
第三誦品　二十四事（三一～三三）　409

(1) 〔Pañcabhesajjāni〕 199
(2)～(8) 〔Nānā-bhesajjāni〕 200
(9) 〔Cuṇṇāni bhesajjāni〕 202
(10) 〔Cuṇṇa-cālanī, dussa-cālanī, āmaka-maṁsa, āmaka-lohita〕 202
(11) 〔Candana, tagara, kālānusāriya, tālīsa, bhaddamuttaka〕 203
(12) 〔Añjanī〕 203
(13)～(15) 〔Pilindavaccha〕 204
〔2〕 Licchavi-bhāṇavāra [V 2 a 6, 16 ～ 30] V. i 210
(16) 〔Kaṅkhā-ṛevata〕 210
(17) 〔Puna-pākaṁ pacituṁ, uggahituṁ, paṭiggahituṁ〕 210
(18) 〔Anatirittaṁ paribhuñjituṁ〕 212
(19) 〔Upananda〕 213
(20) 〔Bhisā, muḷālikā〕 214
(21) 〔Abījaṁ nibbatta-bījaṁ paribhuñjituṁ〕 215
(22) 〔Sattha-kamma, vatthi-kamma〕 215
(23) 〔Suppiyā, na appaṭivekkhitvā maṁsaṁ paribhuñjitabbaṁ〕 216
(24) 〔Yāgu, madhugoḷaka〕 220
(25) 〔Bhojja-yāgu〕 222
(26) 〔Belaṭṭha-kaccānassa guḷa-dānaṁ〕 224
(27) 〔Guḷa, guḷodaka〕 226
(28) 〔Pāṭaligāmikā upāsakā, dve Magadha-mahāmattā〕 226
(29) 〔Koṭigāma〕 230
(30) 〔Ambapālī gaṇikā, Licchavī〕 231
〔3〕 Catuvīsati-bhāṇavāra [V 2 a 6, 31 ～ 33] V. i 233

三一　〔私呵将軍〕　409
三二　〔一七～二〇の廃止〕　417
三三　〔相応地〕　419
第四誦品（三四～四〇）　420
三四　〔旻荼居士〕　420
三五　〔翅　膣〕　429
三六　〔盧　夷〕　432
三七　〔老出家〕　436
三八　〔果　実〕　438
三九　〔種　子〕　438
四〇　〔許可不許可及時分薬等〕　438

摂　頌　440
第七迦絺那衣犍度　444
初誦品　所　持（一～七）　444
一　〔波利邑比丘と迦絺那衣の制定〕　444
二　持する七事　449
三　受持する七事　450
四　持する六事　452
五　受持する六事　452
六，七　〔迦絺那衣の捨棄〕　452
第二誦品（八～一三）　456
八　非望十二事　456
九　望十二事　458
一〇　所用十二事　460
一一　蓄ふる九事　462
一二　安楽住処五事　464
一三　〔迦絺那衣の執受〕　466
摂　頌　467

(31) 〔Sīha senāpati〕 233
(32) 〔Na anatirittaṁ paribhuñjitabhaṁ〕 238
(33) 〔Catasso kappiya-bhūmiyo〕 238
〔4〕 Catuttha-bhāṇavāra [V 2 a 6, 34 ~ 40] V. i 240
(34) 〔Meṇḍaka gahapati〕 240
(35) 〔Keniya jaṭila〕 245
(36) 〔Roja Malla〕 247
(37) 〔Vuḍḍha-pabbajita〕 249
(38) 〔Phala- khādaniya〕 250
(39) 〔Bīja〕 250
(40) 〔Kappiyākappiya, yāvakālika, yāmakālika, sattāhakālika〕 250
Uddāna 251
7 Kaṭhinakkhandhaka [V 2 a 7, 1 ~ 13] V. i 253
〔1〕 Ādāya-bhāṇavāra [V 2 a 7, 1 ~ 7] 253
(1) 〔Pāṭheyyakā bhikkhū, kaṭhinassa ubbhāro〕 253
(2) Ādāyasattaka 255
(3) Samādāyasattaka 256
(4) Ādāyachakka 257
(5) Samādāyachakka 257
(6), (7) 〔Kaṭhinuddhāra〕 257, 259
〔2〕 Dutiya-bhāṇavāra [V 2 a 7, 8 ~ 13] V. i 259
(8) Anāsādoḷasaka 259
(9) Āsādoḷasaka 260
(10) Karaṇīyadoḷasaka 262
(11) Apacinanavaka 263
(12) Phāsuvihārapañcaka 264
(13) 〔Kaṭhinassa palibodhā, apalibobhā〕 265
Uddāna 265

第八衣犍度　472
初誦品（一）　472
一　〔衣を受く〕　472
第二誦品　毘舍佉（二～一五）　491
二，三　〔衣を受く〕　491
四　〔糞掃衣〕　492
五　〔衣の受納人〕　495
六　〔衣の收蔵人〕　495
七　〔衣の庫〕　496
八　〔守庫人〕　497
九　〔衣の配分〕　497
一〇　〔染　料〕　499
一一　〔染むること〕　500
一二　〔三法の製法〕　501
一三　〔三衣の制定〕　502
一四　〔補　帖〕　505
一五　〔毘舍佉鹿母の供養〕　506
第三誦品（一六～三二）　513
一六　〔夢〕　513
一七　〔覆瘡衣〕　514
一八　〔拭面巾〕　515
一九　〔委　托〕　516
二〇　〔個人の所有と僧伽の所有〕　516
二一　〔三衣の製法に就て〕　517
二二　〔父母に与ふ〕　518
二三　〔三衣を脱ぐに就て〕　518
二四　〔僧伽に施す〕　520
二五　〔跋難陀〕　522
二六　〔病比丘と看病比丘〕　525

8 Cīvarakkhandhaka [V 2 a 8, 1 ~ 32] V. i 268
[1] Paṭhama-bhāṇavāra [V 2 a 8, 1] 268
(1) [Cīvara-paṭiggahaṇa] 268
[2] Visākhābhāṇavāra [V 2 a 8, 2 ~ 15] V. i 281
(2), (3) [Cīvara-paṭiggahaṇa, cha cīvarāni] 281
(4) [Paṁsukūlika] 282
(5) [Cīvara-paṭiggāhaka] 283
(6) [Cīvara-nidāhaka] 284
(7) [Bhaṇḍāgāra] 284
(8) [Bhaṇḍāgārika] 284
(9) [Cīvara-bhājana] 285
(10) [Cha rajanāni] 286
(11) [Rajana] 286
(12) [Chinnaka ti-cīvara] 287
(13) [Ti-cīvara, atireka-cīvara] 287
(14) [Daḷha-kamma] 289
(15) [Visākhāya Migāramātuyā dānaṁ] 290
[3] Tatiya-bhāṇavāra [V 2 a 8, 16 ~ 32] V. i 294
(16) [Supinantassa asuci] 294
(17) [Kaṇḍu-Paṭicchādī] 295
(18) [Mukhapuñcana-colaka] 296
(19) [Vissāsaṁ gahetuṁ] 296
(20) [Parikkhāra-colaka] 296
(21) [Na acchinnakaṁ dhāretabbaṁ] 297
(22) [Mātāpitunnaṁ dadāti] 297
(23) [Ti-cīvarassa nikkhepāya paccayā] 298
(24) [Saṅghassa dadāti] 298
(25) [Upananda] 300
(26) [Gilāna, gilānupaṭṭhāka] 301

二七　〔死せる比丘の衣鉢〕　528
二八　〔裸形及種種の衣〕　531
二九　〔種種の衣〕　533
三〇　〔衣の配分に就て〕　533
三一　〔親厚意〕　536
三二　〔衣の施与〕　538
摂　頌　539
第九瞻波犍度　544
初誦品　婆娑婆村（一～四）　544
一　〔迦葉姓比丘〕　544
二，三　〔非法別衆等の羯磨〕　548
四　〔五種僧伽の羯磨〕　555
第二誦品　優波離所問（五～六）　560
五　〔不見罪等の羯磨〕　560
六　〔優波離の所問〕　565
第三誦品（七）　570
七　〔非法別衆等の羯磨の種種の場合〕　570

摂　頌　579
第十拘睒弥犍度　587
初誦品　長生王子（一～二）　587
一，二　〔拘睒弥比丘の分裂〕　587

第二誦品（三～六）　606
三　〔仏の偈〕　606
四　〔婆咎等〕　607
五　〔拘睒弥比丘の和合〕　612
六　〔優波離所問〕　619
摂　頌　621

(27) 〔Matassa patta-cīvaraṁ〕 303
(28) 〔Nagga, nānā-cīvarāni〕 305
(29) 〔Nānā-cīvarāni〕 306
(30) 〔Cīvara-bhājana〕 307
(31) 〔Svādhiṭṭhita〕 308
(32) 〔Cīvara-dāna〕 309
Uddāna 310
9 Campeyyakkhandhaka [V 2 a 9, 1 ～ 7] V. i 312
〔1〕 Vāsabhagāma-bhāṇavāra [V 2 a 9, 1 ～ 4] 312
(1) 〔Kassapagotta〕 312
(2), (3) 〔Adhammena vaggakammādayo〕 315
(4) 〔Pañca saṅghā, dve nissāraṇā, dve osāraṇā〕 319
〔2〕 Upālipucchā-bhāṇavāra [V 2 a 9, 5 ～ 6] V. i 322
(5) 〔Āpattiyā adassane...kammaṁ〕 322
(6) 〔Upāli-pucchā〕 325
〔3〕 Tatiya-bhāṇavāra [V 2 a 9, 7] V. i 328
(7) 〔Adhammena vaggakammādayo nānā-kammāni〕 328
Uddāna 333
10 Kosambakkhandhaka [V 2 a 10, 1 ～ 6] V. i 337
〔1〕 Dīghāvu-bhāṇavāra [V 2 a 10, 1 ～ 2] 337
(1), (2) 〔Kosambiyaṁ dve samāna-saṁvāsaka-bhūmiyo〕 337
〔2〕 Dutiya-bhāṇavāra [V 2 a 10, 3 ～ 6] V. i 349
(3) 〔Buddhassa gāthāyo〕 349
(4) 〔Bhagu, Anuruddhādayo〕 350
(5) 〔Kosambaka-bhikkhūnaṁ saṅgha-sāmaggī〕 353
(6) 〔Upāli-pucchā〕 358
Uddāna 360

第4巻　律　　蔵　四（*犍度二）　　宮本正尊・渡辺照宏訳

b　小　品　1
第一羯磨犍度　1
初誦品　苦切羯磨（一～八）　1
一　〔因　縁〕　1
二　非法羯磨十二事　3
三　如法羯磨十二事　5
四　「若し欲せば」の六事　6
五　苦切羯磨十八事　7
六　解くべからざる十八事　8
七　解くべき十八事　9
八　〔解　除〕　10
第二誦品　依止羯磨（九～一二）　10
九　〔因　縁〕　10
一〇　依止羯磨十八事　12
一一　解くべき十八事　12
一二　〔解　除〕　13
第三誦品　駆出羯磨（一三～一七）　14
一三　〔因　縁〕　14
一四　〔非法羯磨乃至若し欲せば〕　19
一五　駆出羯磨十八事　20
一六　駆出羯磨を解くべき十八事　20

一七　〔解　除〕　22
第四誦品　下意羯磨（一八～二四）　22
一八　〔因　縁〕　22
一九　〔非法羯磨乃至若し欲せば〕　26
二〇　「若し欲せば」の二十事　26

Vinaya-piṭaka Vol. II

b Cullavagga [V 2 b 1 ～ 12] V. ii 1
1 Kammakkhandhaka [V 2 b 1, 1 ～ 35] 1
[1] Tajjaniyakamma [V 2 b 1, 1 ～ 8] 1
(1) [Nidāna] 1
(2) Adhammakamma-dvādasaka 3
(3) Dhammakamma-dvādasaka 3
(4) Ākaṅkhamāna-chakka 4
(5) Tajjaniyakamme aṭṭhārasavatta 5
(6) Nappaṭippassambhetabba-aṭṭhārasaka 5
(7) Paṭippassambhetabba-aṭṭhārasaka 6
(8) [Paṭippassaddha] 6
[2] Nissayakamma [V 2 b 1, 9 ～ 12] V. ii 7
(9) [Nidāna] 7
(10) Nissayakamme aṭṭhārasavatta 8
(11) Paṭippassambhetabba-aṭṭhārasaka 8
(12) [Paṭippassaddha] 9
[3] Pabbājaniyakamma [V 2 b 1, 13 ～ 17] V. ii 9
(13) [Nidāna] 9
(14) [Adhamma-kamma ··· ākaṅkhamāna] 13
(15) Pabbājaniyakamme aṭṭhārasavatta 14
(16) Pabbājaniyakamme paṭippassambhetabba-aṭṭhārasaka 14
(17) [Paṭippassaddha] 15
[4] Paṭisāraṇiyakamma [V 2 b 1, 18 ～ 24] V. ii 15
(18) [Nidāna] 15
(19) [Adhamma-kamma ··· ākaṅkhamāna] 18
(20) Ākaṅkhamānacatupañcaka 18

二一　下意羯磨十八事　27
二二　〔同伴比丘〕　28
二三　下意羯磨を解くべき十八事　29

二四　〔解　除〕　30
第五誦品　罪を見ざるによる挙罪羯磨（二五～三〇）　30
二五　〔因　縁〕　30
二六　「非法羯磨乃至若し欲せば」の六事　31
二七　挙罪羯磨四十三事　32
二八　解くべからざる四十三事　33
二九　解くべき四十三事　35
三〇　〔解　除〕　35
第六誦品　罪を懺悔せざるによる挙罪羯磨（三一）　35
第七誦品　悪見を捨てざるによる挙罪羯磨（三二～三五）　36

三二　〔因　縁〕　36
三三　十八事　39
三四　解くべき十八事　39
三五　〔解　除〕　40
摂　頌　40
第二別住犍度　47
一，二，三　別住行法　47

四　〔本日治を受くべき比丘の行法〕　52

五　〔摩那埵を受くべき比丘の行法〕　53

(21) Paṭisāraṇiyakammamhi aṭṭhārasavatta 19
(22) 〔Anudūta〕 19
(23) Paṭisāraṇiyakamme paṭippassambhetabba-aṭṭhārasaka 20
(24) 〔Paṭippassaddha〕 21
〔5〕 Āpattiyā adassane ukkhepaniya-kamma [V 2 b 1, 25 ~ 30] V. ii 21
(25) 〔Nidāna〕 21
(26) Ākaṅkhamānachakka 22
(27) Ukkhepaniyakamme tecattārīsa-vatta 22
(28) Nappaṭippassambhetabba-tecattārīsaka 23
(29) Paṭippassambhetabba-tecattārīsaka 24
(30) 〔Paṭippassaddha〕 24
〔6〕 Āpattiyā appaṭikamme ukkhepaniyakamma [V 2 b 1, 31] V. ii 25
〔7〕 Pāpikāya diṭṭhiyā appaṭinissagge ukkhepaniya-*kamme aṭṭhārasavatta [V 2 b 1, 32 ~ 35] V. ii 25
(32) 〔Nidāna〕 25
(33) Ukkhepaniyakamme aṭṭhārasavatta 27
(34) Paṭippassambhetabba-aṭṭhārasaka 27
(35) 〔Paṭippassaddha〕 28
Uddāna 28
2 Pārivāsikakkhandhaka [V 2 b 2, 1 ~ 9] V. ii 31
(1) Catunavutipārivāsikavatta 31
(2), (3) Pārivāsikavatta 31
(4) 〔Mūlāya Paṭikassanāraha-bhikkhunā karaṇīyaṁ〕 34
(5) 〔Mānattāraha-bhikkhunā karaṇīyaṁ〕 35

六～八　〔摩那埵を受くる比丘の行法〕　53
九　〔出罪を受くべき比丘の行法〕　55
摂　頌　56
第三集犍度　59
初誦品　失　精（一～一九）　59
一　〔摩那埵〕　59
二　〔出　罪〕　60
三　〔別　住〕　62
四　〔摩那埵〕　63
五　〔出　罪〕　65
六　〔別　住〕　67
七，八　〔本日治〕　67
九　〔摩那埵〕　70
一〇，一一　〔本日治と摩那埵〕　71
一二　〔出　罪〕　73
一三　〔半月覆蔵〕　75
一四，一五　〔本日治と合一別住〕　75
一六　〔摩那埵〕　78
一七，一八　〔本日治と合一別住と摩那埵〕　78
一九　〔出　罪〕　80
第二誦品　別　住（二〇～二六）　80
二〇，二一　〔合一別住〕　80
二二，二三　〔二月別住〕　83
二四，二五　〔第二月別住〕　87
二六　〔清浄辺別住〕　92
第三誦品（二七～三六）　94
二七　四十事　94

(6)～(8) 〔Mānattacārika-bhikkhunā karaṇīyaṁ〕 35

(9) 〔Abbhānāraha-bhikkhunā karaṇīyaṁ〕 36

Uddāna 37

3 Samuccayakkhandhaka [V 2 b 3, 1 ～ 36] V. ii 38

〔1〕 Sukkavisaṭṭhi [V 2 b 3, 1 ～ 19] 38

(1) 〔Mānatta〕 38

(2) 〔Abbhāna〕 39

(3) 〔Parivāsa〕 40

(4) 〔Mānatta〕 41

(5) 〔Abbhāna〕 42

(6) 〔Parivāsa〕 43

(7), (8) 〔Mūlāya paṭikassanaṁ〕 43

(9) 〔Mānatta〕 45

(10), (11) 〔Mūlāya paṭikassanaṁ, mānatta〕 46

(12) 〔Abbhāna〕 46

(13) 〔Pakkha-paṭicchanna〕 48

(14), (15) 〔Mūlāya Paṭikassanaṁ, samodhāna-parivāsa〕 48

(16) 〔Mānatta〕 49

(17), (18) 〔Mūlāya paṭikassanaṁ, samodhāna-parivāsa, mānatta〕 50

(19) 〔Abbhāna〕 51

〔2〕 Parivāsa [V 2 b 3, 20 ～ 26] V. ii 51

(20), (21) 〔Samodhāna-parivāsa〕 51

(22), (23) 〔Dvemāsa-parivāsa〕 53

(24), (25) 〔Itaram pi māsaṁ parivāso〕 56

(26) 〔Suddhanta-parivāsa〕 58

〔3〕 Visuddha [V 2 b 3, 27 ～ 36] V. ii 60

(27) Cattālīsaka 60

二八　三十六事　97
二九，三〇　摩那埵百事　98
三一～三三　〔中間の還俗等〕　102
三四　〔二比丘〕　104
三五　根本未清浄九事　107
三六　〔未清浄と清浄〕　110
摂　頌　113
第四滅諍犍度　115
一　〔六群比丘の非法なる羯磨〕　115
二　黒分九事　115
三　白分九事　116
四　〔憶念毘尼〕　117
五，六　〔不癡毘尼〕　125
七，八　〔自　言〕　128
九　〔多覓毘尼〕　130
一〇　〔行籌の非法と如法〕　131
一一，一二　〔覓罪相羯磨〕　132
一三　〔如草覆地法〕　134
一四　〔諍事の種種なる場合〕　136
第五小事犍度　162
初誦品及第二誦品（一～二一）　162
一　〔洗浴の資具〕　162
二　〔装　身〕　164
三　〔読　誦〕　166
四　〔毛　衣〕　167
五　〔菴婆果〕　167
六　〔蛇に対する護呪〕　168

(28) Chattiṁsaka 62
(29), (30) Mānattasata 62
(31) ~ (33) 〔Antarā vibbhamanādayo〕 65
(34) 〔Dve bhikkhū〕 67
(35) Mūlāvisuddhanavaka 68
(36) 〔Avisuddha, visuddha〕 70
Uddāna 72
4 Samathakkhandhaka [V 2 b 4, 1 ~ 14] V. ii 73
(1) 〔Chabbaggiya-bhikkhūnaṁ adhammena-kammāni〕 73
(2) Kaṇhapakkhanavaka 73
(3) Sukkapakkhanavaka 74
(4) 〔Sativinaya〕 74
(5), (6) 〔Amūḷha-vinaya〕 80
(7), (8) 〔Paṭiññātakaraṇa〕 83
(9) 〔Yebhuyyasikā〕 84
(10) 〔Salākagāha-dhammika, -adhammika〕 85
(11), (12) 〔Tassapāpiyyasikā-kammā〕 85
(13) 〔Tiṇavatthāraka〕 86
(14) 〔Cattāri adhikaraṇāni〕 88
5 Khuddakavatthukkhandhaka [V 2 b 5, 1 ~ 37] V. ii 105
〔1〕, 〔2〕 Paṭhama-dutiya-bhāṇavāra [V 2 b 5, 1 ~ 21] 105
(1) 〔Nahāya-naya〕 105
(2) 〔Dhāraṇa...nacca-gīta-vādita-dassana〕 106
(3) 〔Sarabhañña〕 108
(4) 〔Bāhiralomī uṇṇī〕 108
(5) 〔Ambā phalitā〕 108
(6) 〔Ahi — paritta〕 109

七　〔男根を断つ〕　170
八　〔栴檀木の鉢〕　170
九　〔鉢〕　173
一〇　〔瓠　壷〕　176
一一　〔衣〕　177
一二　〔袋〕　180
一三　〔灑水嚢其他〕　181
一四　〔経行・温浴〕　182
一五　〔裸　形〕　186
一六　〔暖　房〕　186
一七　〔洗　浴〕　187
一八　〔六群比丘〕　188
一九　〔刀窖・枕其他〕　189
二〇　〔覆　鉢〕　190
二一　〔布を踏む〕　194
第三誦品（二二～三七）　197
二二　〔毘舎佉鹿母〕　197
二三　〔蚊払其他〕　198
二四　〔杖と絡嚢〕　200
二五　〔呵〕　201
二六　〔食落つ〕　202
二七　〔爪髪其他〕　202
二八　〔金属器其他〕　205
二九　〔帯〕　206
三〇　〔天秤棒〕　209
三一　〔楊　子〕　209
三二　〔草　木〕　210
三三　〔雅語其他〕　211
三四　〔蒜〕　213

(7) [Na aṅgajātaṁ chetabbaṁ] 110
(8) [Candana-gaṇṭhī...dāru-patta] 110
(9) [Patta] 112
(10) [Tumba-kaṭāha] 114
(11) [Cīvara] 115
(12) [Bhesajjatthavikā, bandhanasuttaka] 117
(13) [Kaṭacchu-parissāvana...makasa-kuṭikā] 118
(14) [Caṅkama, jantāghara ··· udaka-niddhamana] 119
(15) [Nagga] 121
(16) [Jantāghara-sālā ··· udaka-kaṭāha] 121
(17) [Nahāna-naya] 122
(18) [Chabbaggiyā bhikkhū] 123
(19) [Namataka ··· maḷorika ···] 123
(20) [Pata-nikkujjana] 124
(21) [Cetapattikaṁ ··· dhotapādakaṁ akkamituṁ] 127
[3] Tatiya-bhāṇavāra [V 2 b 5, 22 ~ 37] V. ii 129
(22) [Visākhā migāramātā] 129
(23) [Makasa-vījanī, chatta] 130
(24) [Daṇḍa, sikkā] 131
(25) [Romanthana] 132
(26) [Yaṁ diyyamānaṁ patati] 132
(27) [Nakha-chedana, khura-bhaṇḍa ···] 133
(28) [Loha-bhaṇḍa, kaṁsa-bhaṇḍa ···] 135
(29) [Kāyabandhana ···] 135
(30) [Ubhatokāja] 137
(31) [Dantakaṭṭha] 137
(32) [Rukkha ···] 138
(33) [Chanda, saka-nirutti] 139
(34) [Lasuna] 140

三五　〔大小便所〕 213
三六　〔非　行〕 216
三七　〔器　物〕 216
摂　頌 217
第六臥坐具犍度 225
初誦品（一～三） 225
一　〔精舎建立の因縁〕 225
二　〔精舎の家具〕 228
三　〔壁・床其他〕 232
第二誦品（四～一一） 237
四　〔給孤独居士の入信〕 237
五　〔営　事〕 244
六　〔第一座・第一水・第一食〕 245
七　〔故作の廷堂〕 249
八　〔高床大床〕 249
九　〔祇陀林〕 250
一〇　〔僧次食の座〕 252
一一　〔分臥坐具人〕 254
第三誦品（一二～二一） 256
一二　〔一人にて二臥処を取る〕 256
一三　〔優波離の持律〕 257
一四　〔殿楼と不相応物〕 259
一五　〔不可捨物〕 260
一六　〔不可分物〕 261
一七　〔営事を与ふ〕 262
一八　〔臥坐具を移す〕 266
一九　〔臥坐具の資具〕 266
二〇　〔臥坐具を踏む〕 267
二一　〔食事其他の差配〕 268

(35) 〔Passāva-vacca〕 140
(36) 〔Anācāra〕 142
(37) 〔Bhaṇḍa〕 142
Uddāna 143
6 Senāsanakkhandhaka [V 2 b 6, 1 ~ 21] V. ii 146
〔1〕 Paṭhama-bhāṇavāra [V 2 b 6, 1 ~ 3] 146
(1) 〔Pañca leṇāni〕 146
(2) 〔Vihāra-parikkhāra〕 148
(3) 〔Bhitti … chadana〕 151
〔2〕 Dutiya-bhāṇavāra [V 2 b 6, 4 ~ 11] V. ii 154
(4) 〔Anāthapiṇḍika — ñetavana-vihāra〕 154
(5) 〔Nava-kamma〕 159
(6) 〔Aggāsana, aggodaka, aggapiṇḍa〕 160
(7) 〔Maṇḍapa, santhara, okāsa〕 162
(8) 〔Uccāsayana-mahāsayana〕 163
(9) 〔Jetavana〕 163
(10) 〔Na lesakappena senāsanaṁ paṭibāhitabbaṁ〕 165
(11) 〔Senāsana-gāhāpaka〕 166
〔3〕 Tatiya-bhāṇavāra [V 2 b 6, 12 ~ 21] V. ii 168
(12) 〔Na ekena dve paṭibāhitabbā〕 168
(13) 〔Upāli — vinaya-dhara〕 168
(14) 〔Pāsāda-paribhoga〕 169
(15) 〔Pañca avissajjiyāni〕 170
(16) 〔Pañca avebhaṅgiyāni〕 171
(17) 〔Navakammāni dadāti〕 172
(18) 〔Senāsanaṁ aññatra paribhuñjati〕 174
(19) 〔Senāsana-parikkhāra〕 174
(20) 〔Senāsanaṁ akkamati, dussati〕 174
(21) 〔Bhattuddesakādiṁ sammannituṁ〕 175

摂　頌　270
第七破僧犍度　278
初誦品（一～二）　278
一〔釈種諸童子の出家〕　278
二〔提婆達多と阿闍世王〕　284
第二誦品（三）　289
三〔提婆達多の暴戻〕　289
第三誦品（四～五）　304
四〔提婆達多の破僧〕　304
五〔優波離所問〕　311
摂　頌　315
第八儀法犍度　318
初誦品（一～四）　318
一〔客比丘〕　318
二〔旧比丘〕　322
三〔遠行比丘〕　323
四〔食　堂〕　324
第二誦品（五～一二）　329
五〔乞食比丘〕　329
六〔阿練若比丘〕　331
七〔臥坐具〕　332
八〔暖　房〕　335
九〔洗　浄〕　337
一〇〔大小便〕　337
一一〔弟　子〕　339
一二〔和　尚〕　340
第三誦品（一三～一四）　340
一三〔侍　者〕　340
一四〔阿闍梨〕　341

Uddāna 177

7 Saṁghabhedakkhandhaka [V 2 b 7, 1 ~ 5] V. ii 180

〔1〕 Paṭhama-bhāṇavāra [V 2 b 7, 1 ~ 2] 180

(1) 〔Sakya-kumārā pabbajanti〕 180

(2) 〔Devadatta, Ajātasattu〕 184

〔2〕 Dutiya-bhāṇavāra [V 2 b 7, 3] V. ii 188

(3) 〔Devadattassa āghātā〕 188

〔3〕 Tatiya-bhāṇavāra [V 2 b 7, 4 ~ 5] V. ii 199

(4) 〔Devadattassa saṅghabhedo〕 199

(5) 〔Upāli-pucchā〕 203

Uddāna 206

8 Vattakkhandhaka [V 2 b 8, 1 ~ 14] V. ii 207

〔1〕 Paṭhama-bhāṇavāra [V 2 b 8, 1 ~ 4] 207

(1) 〔Āgantuka〕 207

(2) 〔Āvāsika〕 210

(3) 〔Gamika〕 211

(4) 〔Bhattagga〕 212

〔2〕 Dutiya-bhāṇavāra [V 2 b 8, 5 ~ 12] V. ii 215

(5) 〔Piṇḍacārika〕 215

(6) 〔Āraññaka〕 216

(7) 〔Senāsana〕 218

(8) 〔Jantāghara〕 220

(9) 〔Ācametabba〕 221

(10) 〔Vacca-passāva〕 221

(11) 〔Saddhivihārika〕 222

(12) 〔Upajjhāya〕 230

〔3〕 Tatiya-bhāṇavāra [V 2 b 8, 13 ~ 14] V. ii 231

(13) 〔Antevāsika〕 231

(14) 〔Ācariya〕 231

摂　頌　341
第九遮説戒犍度　353
初誦品（一～三）　353
第二誦品（四～五）　367
摂　頌　374
第十比丘尼犍度　378
初誦品（一～四）　378
一　比丘尼八重法　378
二　〔諸釈女の出家〕　383
三　〔女人に敬礼等〕　384
四　〔比丘尼の学処〕　385
五　〔摩訶波闍波提瞿曇弥所問〕　385
六　〔説戒其他〕　386
七　〔滅　諍〕　388
八　〔蓮華色比丘尼〕　389
第二誦品（九～一六）　389
九　〔比丘と比丘尼〕　389
一〇　〔装　身〕　395
一一　〔資　具〕　398
一二　〔摩羅女〕　399
一三　〔鉢中の胎児〕　399
一四　〔男　根〕　400
一五　〔飲　食〕　401
一六　〔臥坐具〕　402
第三誦品（一七～二七）　403
一七　〔二十四障法〕　403
一八　〔座の次第〕　408
一九　〔自　恣〕　409
二〇　〔比丘と比丘尼〕　410

Uddāna 231

9 Pātimokkhaṭṭhapanakkhandhaka [V 2 b 9, 1 ~ 5] V. ii 236

〔1〕 Paṭhama-bhāṇavāra [V 2 b 9, 1 ~ 3] 236

〔2〕 Dutiya-bhāṇavāra [V 2 b 9, 4 ~ 5] V. ii 247

Uddāna 251

10 Bhikkhunīkkhandhaka [V 2 b 10, 1 ~ 27] V. ii 253

〔1〕 Paṭhama-bhāṇavāra [V 2 b 10, 1 ~ 8] 253

(1) Bhikkhunīnaṁ aṭṭhagarudhammaṁ 253

(2) 〔Sākiyānī pabbajanti〕 256

(3) 〔Na mātugāmassa abhivādanaṁ kātabbaṁ〕 257

(4) 〔Bhikkhunī-sikkhāpadāni〕 258

(5) 〔Mahāpajāpati-ṅotamī-pucchā〕 258

(6) 〔Pāṭimokkhuddesa...〕 259

(7) 〔Adhikaraṇa-samathā〕 261

(8) 〔Uppalavaṇṇā〕 261

〔2〕 Dutiya-bhāṇavāra [V 2 b 10, 9 ~ 16] V. ii 261

(9) 〔Bhikkhu, bhikkhunī〕 261

(10) 〔Dhāraṇa〕 266

(11) 〔Parikkhāra〕 267

(12) 〔Mallī〕 268

(13) 〔Patte gabbhaṁ〕 268

(14) 〔Purisa-vyañjana〕 269

(15) 〔Āmisa〕 269

(16) 〔Senāsana〕 270

〔3〕 Tatiya-bhāṇavāra [V 2 b 10, 17 ~ 27] V. ii 271

(17) 〔Tayo nissaye aṭṭha akaraṇīyāni ācikkheyya〕 271

(18) 〔Yathā-vuḍḍhaṁ〕 274

(19) 〔Pavāraṇā〕 275

(20) 〔Bhikkhu, bhikkhunī〕 276

二一　〔車　乗〕 411
二二　〔受使比丘尼〕 412
二三　〔阿練若〕 414
二四　〔小屋其他〕 414
二五　〔随伴比丘尼〕 414
二六　〔還俗其他〕 416
二七　〔雑　法〕 416
摂　頌 418
第十一五百〔結集〕犍度 426
摂　頌 437
第十二七百〔結集〕犍度 439
初誦品（一） 439
第二誦品（二） 450
摂　頌 460

第５巻　律　　蔵　五（附随）　上田天瑞訳

附　随 1
一　大分別 1
（読誦道によりて説く八章）
一　制処章 1
二　罪数章 53
三　失壊章 77
四　摂在章 78
五　等起章 78
六　諍事章 79
七　滅諍章 79
八　集合章 79
（「縁りて」の語を附する八章）
九　制処章 81

(21) 〔Yāna〕 276
(22) 〔Dūtena upasampādetuṁ〕 277
(23) 〔Na araññe vatthabbaṁ〕 278
(24) 〔Uddosita, upassaya〕 278
(25) 〔Dutiyā bhikkhunī〕 278
(26) 〔Sikkhaṁ paccakkhāya vibbhamati〕 279
(27) 〔Pakiṇṇaka〕 279
Uddāna 281
11 Pañcasatikakkhandhaka [V 2 b 11] V. ii 284
Uddāna 292
12 Sattasatikakkhandhaka [V 2 b 12, 1 ~ 2] V. ii 294
〔1〕 Paṭhama-bhāṇavāra [V 2 b 12, 1] 294
〔2〕 Dutiya-bhāṇavāra [V 2 b 12, 2] V. ii 301
Uddāna 308

Vinaya-piṭaka Vol. V

3 Parivāra [V 3 1 ~ 19] V. v 1
1 Mahāvibhaṅga [V 3 1, 1 ~ 16] 1

(1) Katthapaññatti-vāra 1
(2) Katāpatti-vāra 33
(3) Vipatti-vāra 46
(4) Saṁgahita-vāra 46
(5) Samuṭṭhāna-vāra 47
(6) Adhikaraṇa-vāra 47
(7) Samatha-vāra 47
(8) Samuccaya-vāra 47

(9) Katthapaññatti-vāra 48

一〇　罪数章　85
一一　失壊章　86
一二　摂在章　87
一三　等起章　87
一四　諍事章　88
一五　滅諍章　88
一六　集合章　88
二　比丘尼分別　91
一　制処章　91
二　罪数章　121
三　失壊章　135
四　摂在章　136
五　等起章　136
六　諍事章　137
七　滅諍章　137
八　集合章　137
九　制処章　138
一〇　罪数章　141
一一　失壊章　143
一二　摂在章　144
一三　等起章　144
一四　諍事章　144
一五　滅諍章　144
一六　集合章　144
三　等起の摂頌　146
四　〔一〕無間省略　156
一　問数章　156
二　六種犯罪等起章　159
三　六種犯罪等起罪数章　160

(10) Katāpatti-vāra 51
(11) Vipatti-vāra 52
(12) Saṁgahita-vāra 52
(13) Samuṭṭhāna-vāra 52
(14) Adhikaraṇa-vāra 52
(15) Samatha-vāra 52
(16) Samuccaya-vāra 52
2 Bhikkhunīvibhaṅga [V 3 2, 1 ～ 16] V. v 54
(1) Katthapaññatti-vāra 54
(2) Katāpatti-vāra 71
(3) Vipatti-vāra 80
(4) *Saṁgaha-vāra 80
(5) Samuṭṭhāna-vāra 80
(6) Adhikaraṇa-vāra 80
(7) Samatha-vāra 80
(8) Samuccaya-vāra 81
(9) Katthapaññatti-vāra 81
(10) Katāpatti-vāra 83
(11) Vipatti-vāra 84
(12) *Saṁgaha-vāra 84
(13) Samuṭṭhāna-vāra 85
(14) Adhikaraṇa-vāra 85
(15) Samatha-vāra 85
(16) Samuccaya-vāra 85
3 Samuṭṭhānassa uddānaṁ [V 3 3] V. v 86
4 〔1〕 Anantarapeyyāla [V 3 4, 1 ～ 6] V. v 91
(1) Katipucchā-vāra 91
(2) Cha-āpattisamuṭṭhāna-vāra 93
(3) Cha-āpattisamuṭṭhānānaṁ katāpatti-vāraṁ 94

四　犯罪等起論　165
五　失壊縁章　166
六　諍事縁章　168
〔二〕　滅諍分解　172
七　方便章　172
八　結合章　174
九　同分章　175
一〇　滅法結合章　175
一一　滅法同分章　176
一二　滅法現前毘尼章　176
一三　毘尼章　177
一四　善〔悪〕章　178
一五　処　章　178
一六　時　章　179
一七　親近章　180
一八　滅法章　181
一九　滅不滅章　182
二〇　滅諍章　185
二一　等起章　188
二二　〔随伴章〕　189
五　問犍度章　192
六　増一法　196
一　一　法　196
二　二　法　197
三　三　法　204
四　四　法　213
五　五　法　219
六　六　法　227
七　七　法　229

(4) Āpattisamuṭṭhāna-kathā 97
(5) Vipattipaccaya-vāra 98
(6) Adhikaraṇapaccaya-vāra 99
〔2〕 Samathabheda [V 3 4, 7 ～ 22] V. v 101
(7) Pariyāya-vāra 101
(8) Sādhāraṇa-vāra 103
(9) Tabbhāgiya-vāra 103
(10) Samathā samathassa sādhāraṇa-vāraṁ 104
(11) Samathā samathassa tabbhāgiya-vāraṁ 104
(12) Samathasammukhāvinaya-vāra 104
(13) Vinaya-vāra 105
(14) Kusala-vāra 105
(15) Yattha-vāra 106
(16) Samaya-vāra 106
(17) Saṁsaṭṭha-vāra 107
(18) Sammati-vāra 107
(19) Sammanti-na-sammanti-vāra 108
(20) Samathādhikaraṇa-vāra 109
(21) Samuṭṭhāpana-vāra 111
(22) 〔Bhajanti-vāra〕 112
5 Khandhakapucchā-vāra [V 3 5] V. v 114
6 *Ekuttaraka [V 3 6, 1 ～ 11] V. v 115
(1) Ekaka 115
(2) Duka 116
(3) Tika 119
(4) Catukka 124
(5) Pañcaka 128
(6) Chakka 133
(7) Sattaka 134

八　八　法　232
九　九　法　234
一〇　十　法　235
一一　十一法　238
七〔一〕　布薩初〔中後〕解答章　243
〔二〕〔制戒の〕義利論　244
八　伽陀集　247
九　諍事分解　257
一〇　別の伽陀集　269
一一　呵責品　273
一二　小　諍　278
一三　大　諍　283
一四　迦絺那衣分解　293
一五　優波離〔問〕五法　305
一　依止品　305
二　不解〔羯磨〕品　309
三　決断品　312
四　異見提示品　316
五　自取品　321
六　頭陀支品　325
七　妄語品　326
八　比丘尼教誡品　328
九　断事人品　332
一〇　滅諍品　335
一一　破僧者品　339
一二　第二破僧者品　341
一三　旧住比丘品　342
一四　迦絺那衣受持品　344
一六　等　起　349

(8) Aṭṭhaka 136
(9) Navaka 137
(10) Dasaka 138
(11) Ekādasaka 140
7 〔1〕 Uposathādivissajjanā [V 3 7, 1] V. v 142
〔2〕 Atthavase pakaraṇa [V 3 7, 2] 143
8 Gāthāsaṁgaṇika [V 3 8] V. v 144
9 Adhikaraṇabheda [V 3 9] 150
10 Apara Gāthāsaṁgaṇika [V 3 10] 158
11 Codanā-kaṇḍa [V 3 11] 160
12 Cūḷasaṁgāma [V 3 12] 163
13 Mahāsaṁgāma [V 3 13] 166
14 Kaṭhinabheda [V 3 14] 172
15 Upālipañcaka [V 3 15, 1 ～ 14] V. v 180
(1) Anissita-vagga 180
(2) Napaṭippassambhana-vagga 182
(3) Vohāra-vagga 185
(4) Diṭṭhāvikamma-vagga 187
(5) Attādāna-vagga 190
(6) Dhūtaṅga-vagga 193
(7) Musāvāda-vagga 193
(8) Bhikkhunī-ovāda-vagga 195
(9) Ubbāhika-vagga 197
(10) Adhikaraṇavūpasama-vagga 199
(11) Saṁghabhedaka-vagga 202
(12) Dutiyasaṁghabhedaka-vagga 203
(13) Āvāsika-vagga 203
(14) Kaṭhinatthāra-vagga 205
16 Samuṭṭhāna [V 3 16] V. v 207

一七　第二伽陀集　354
一八　発汗偈　368
一九　五　品　377
　一　羯磨品　377
　二　義利品　381
　三　制戒品　382
　四　所制品　382
　五　九聚会品　383

〔II〕経　　蔵

第6巻　長部経典　一

戒蘊篇（一～一三）　1
一　梵網経　宇井伯寿訳　1
　第一誦品　1
　第二誦品　20
　第三誦品　45
二　沙門果経　羽溪了諦訳　73
三　阿摩昼経　長井真琴訳　131
　第一誦品　131
　第二誦品　149
四　種徳経　久野芳隆訳　165
五　究羅檀頭経　長井真琴訳　189
六　摩訶梨経　赤沼智善訳　217
七　闍利経　木村泰賢訳　229
八　迦葉師子吼経　金倉円照訳　231
九　布吒婆楼経　木村泰賢訳　255
一〇　須婆経　荻原雲来訳　291
　第一誦品　291

17 Dutiyagāthāsaṁgaṇika [V 3 17] 210
18 Sedamocakagāthā [V 3 18] 216
19 Pañca vaggā [V 3 19, 1 ～ 5] V. v 220
(1) Kamma-vagga 220
(2) Atthavasa-vagga 223
(3) Paññatti-vagga 223
(4) Paññatta-vagga 223
(5) Navasaṁgaha-vagga 224

〔II〕 Suttanta-piṭaka

Dīgha-nikāya Vol. I

I Sīlakkhandha-vagga [D 1 ～ 13] 1
1 Brahmajāla-sutta D. i 1
〔1〕 Paṭhama-bhāṇavāra 1
〔2〕 Dutiya-bhāṇavāra 17
〔3〕 Tatiya-bhāṇavāra 32
2 Sāmaññaphala-sutta D. i 47
3 Ambaṭṭha-sutta D. i 87
〔1〕 Paṭhama-bhāṇavāra 87
〔2〕 Dutiya-bhāṇavāra 99
4 Soṇadaṇḍa-sutta D. i 111
5 Kūṭadanta-sutta D. i 127
6 Mahāli-sutta D. i 150
7 Jāliya-sutta D. i 159
8 Kassapasīhanāda-sutta D. i 161
9 Poṭṭhapāda-sutta D. i 178
10 Subha-sutta D. i 204
〔1〕 Paṭhama-bhāṇavāra 204

	第二誦品		295
一一	堅固経	坂本幸男訳	301
一二	露遮経	花山信勝訳	317
一三	三明経	山田龍城訳	333

大　篇（一四～二三） 361

一四	大本経	平等通昭訳	361
	第一誦品		361
	第二誦品		385
	第三誦品		403

第７巻　長部経典　二

一五	大縁経	寺崎修一訳	1
一六	大般涅槃経	平等通昭訳	27
	第一誦品		27
	第二誦品		54
	第三誦品		70
	第四誦品		97
	第五誦品		120
	第六誦品		142
一七	大善見王経	干潟龍祥訳	165
	第一誦品		165
	第二誦品		183
一八	闍尼沙経	干潟龍祥訳	205
一九	大典尊経	山本快龍訳	231
	第一誦品		231
	第二誦品		250
二〇	大会経	阿部文雄訳	271

〔2〕 Dutiya-bhāṇavāra 207
11 Kevaddha-sutta（*Kevaṭṭa-sutta） D. i 211
12 Lohicca-sutta D. i 224
13 Tevijja-sutta D. i 235

Dīgha-nikāya Vol. II

II Mahā-vagga [D 14 ～ 23] 1
14 Mahāpadāna-suttanta D. ii 1
〔1〕 Jāti-khaṇḍa 1
〔2〕 Dutiyaka-bhāṇavāra 21
〔3〕 Tatiyaka-bhāṇavāra 35

15 Mahānidāna-suttanta D. ii 55
16 Mahāparinibbāna-suttanta D. ii 72
〔1〕 Paṭhamaka-bhāṇavāra 72
〔2〕 Dutiyaka-bhāṇavāra 90
〔3〕 Tatiyaka-bhāṇavāra 102
〔4〕 Āḷāravedalla-bhāṇavāra 122
〔5〕 Hiraññavatiya-bhāṇavāra 137
〔6〕 Chaṭṭha-bhāṇavāra 154
17 Mahāsudassana-suttanta D. ii 169
〔1〕 Paṭhamaka-bhāṇavāra 169
〔2〕 Dutiyaka-bhāṇavāra 185
18 Janavasabha-suttanta D. ii 200
19 Mahāgovinda-suttanta D. ii 220
〔1〕 Paṭhama-bhāṇavāra 220
〔2〕 Dutiya-bhāṇavāra 236
20 Mahāsamaya-suttanta D. ii 253

二一　帝釈所問経　小野島行忍訳　297
第一誦品　297
第二誦品　317
二二　大念処経　石川海浄訳　335
二三　弊宿経　水野弘元訳　365

第８巻　長部経典　三

波梨篇（二四～三四）　1
二四　波梨経　中野義照訳　1
第一誦品　1
第二誦品　25
二五　優曇婆邏師子吼経　青原慶哉訳　47
二六　転輪聖王師子吼経　青原慶哉訳　73
二七　起世因本経　久野芳隆訳　97
二八　自歓喜経　西　義雄訳　121
二九　清浄経　成田昌信訳　149
三〇　三十二相経　逸見梅栄訳　183
第一誦品　183
第二誦品　211
三一　教授尸伽羅越経　神林隆浄訳　237
三二　阿吒曩胝経　立花俊道訳　259
三三　等誦経　渡辺楳雄訳　285
第一誦品　285
第二誦品　312
第三誦品　333
三四　十上経　渡辺楳雄訳　357
第一誦品　357
第二誦品　372

21 Sakkapañha-suttanta D. ii 263
〔1〕 Paṭhamaka-bhāṇavāra 263
〔2〕 Dutiyaka-bhāṇavāra 276
22 Mahāsatipaṭṭhāna-suttanta D. ii 290
23 Pāyāsi-suttanta D. ii 316

Dīgha-nikāya Vol. III

III Pāṭika-vagga [D 24 ～ 34] 1
24 Pāṭika-suttanta D. iii 1
〔1〕 Paṭhamaka-bhāṇavāra 1
〔2〕 Dutiyaka-bhāṇavāra 19
25 Udumbarikasīhanāda-suttanta D. iii 36
26 Cakkavattisīhanāda-suttanta D. iii 58
27 Aggañña-suttanta D. iii 80
28 Sampasādanīya-suttanta D. iii 99
29 Pāsādika-suttanta D. iii 117
30 Lakkhaṇa-suttanta D. iii 142
〔1〕 Paṭhamaka-bhāṇavāra 142
〔2〕 Dutiyaka-bhāṇavāra 162
31 Siṅgālovāda-suttanta D. iii 180
32 Āṭānāṭiya-suttanta D. iii 194
33 Saṅgīti-suttanta D. iii 207
〔1〕 Paṭhamaka-bhāṇavāra 207
〔2〕 Dutiyaka-bhāṇavāra 233
〔3〕 Tatiyaka-bhāṇavāra 254
34 Dasuttara-suttanta D. iii 272
〔1〕 Paṭhamaka-bhāṇavāra 272
〔2〕 Dutiyaka-bhāṇavāra 284

第 9 巻　中部経典　一　　干潟龍祥訳

第一篇　根本五十経篇（一～五〇）　1
初品　根本法門品（一～一〇）　1
一　根本法門経　1
二　一切漏経　7
三　法嗣経　17
四　怖駭経　23
五　無穢経　36
六　願　経　50
七　布喩経　55
八　削減経　62
九　正見経　74
一〇　念処経　90
第二品　師子吼品（一一～二〇）　102
一一　師子吼小経　102
一二　師子吼大経　110
一三　苦蘊大経　138
一四　苦蘊小経　149
一五　思量経　159
一六　心荒野経　177
一七　林藪経　185
一八　蜜丸経　192
一九　双考経　206
二〇　考想息止経　216
第三品　譬喩法品（二一～三〇）　223
二一　鋸喩経　223
二二　蛇喩経　237
二三　蟻垤経　261

Majjhima-nikāya Vol. I

	I Mūlapaṇṇāsa [M 1 ～ 50]	1
	〔1〕 Mūlapariyāya-vagga [M 1 ～ 10]	1
1	Mūlapariyāya-sutta	M. i 1
2	Sabbāsava-sutta	M. i 6
3	Dhammadāyāda-sutta	M. i 12
4	Bhayabherava-sutta	M. i 16
5	Anaṅgaṇa-sutta	M. i 24
6	Ākaṅkheyya-sutta	M. i 33
7	Vatthūpama-sutta	M. i 36
8	Sallekha-sutta	M. i 40
9	Sammādiṭṭhi-sutta	M. i 46
10	Satipaṭṭhāna-sutta	M. i 55
	〔2〕 Sīhanāda-vagga [M 11 ～ 20]	63
11	Cūḷasīhanāda-sutta	M. i 63
12	Mahāsīhanāda-sutta	M. i 68
13	Mahādukkhakkhandha-sutta	M. i 83
14	Cūḷadukkhakkhandha-sutta	M. i 91
15	Anumāna-sutta	M. i 95
16	Cetokhila-sutta	M. i 101
17	Vanapattha-sutta	M. i 104
18	Madhupiṇḍika-sutta	M. i 108
19	Dvedhāvitakka-sutta	M. i 114
20	Vitakkasanthāna-sutta	M. i 118
	〔3〕 Opammadhamma-vagga [M 21 ～ 30]	122
21	Kakacūpama-sutta	M. i 122
22	Alagaddūpama-sutta	M. i 130
23	Vammīka-sutta	M. i 142

二四　伝車経　266
二五　撒餌経　275
二六　聖求経　290
二七　象跡喩小経　314
二八　象跡喩大経　329
二九　心材喩大経　340
三〇　心材喩小経　350
第四品　双大品（三一～四〇）　362
三一　牛角林小経　362
三二　牛角林大経　371
三三　牧牛者大経　383
三四　牧牛者小経　390
三五　薩遮迦小経　394
三六　薩遮迦大経　409
三七　愛尽小経　438
三八　愛尽大経　445
三九　馬邑大経　469
四〇　馬邑小経　486

第10巻　中部経典　二　　干潟龍祥訳

第五品　双小品（四一～五〇）　1
四一　薩羅村婆羅門経　1
四二　鞞蘭若村婆羅門経　9
四三　有明大経　11
四四　有明小経　22
四五　得法小経　31
四六　得法大経　37
四七　思察経　49
四八　憍賞弥経　54

24	Rathavinīta-sutta	M. i 145
25	Nivāpa-sutta	M. i 151
26	Ariyapariyesana-sutta	M. i 160
27	Cūḷahatthipadopama-sutta	M. i 175
28	Mahāhatthipadopama-sutta	M. i 184
29	Mahāsāropama-sutta	M. i 192
30	Cūḷasāropama-sutta	M. i 198
	〔4〕 Mahāyamaka-vagga [M 31 ～ 40]	205
31	Cūḷagosiṅga-sutta	M. i 205
32	Mahāgosiṅga-sutta	M. i 212
33	Mahāgopālaka-sutta	M. i 220
34	Cūḷagopālaka-sutta	M. i 225
35	Cūḷasaccaka-sutta	M. i 227
36	Mahāsaccaka-sutta	M. i 237
37	Cūḷataṇhāsaṅkhaya-sutta	M. i 251
38	Mahātaṇhāsaṅkhaya-sutta	M. i 256
39	Mahā-assapura-sutta	M. i 271
40	Cūḷa-assapura-sutta	M. i 281
	〔5〕 Cūḷayamaka-vagga [M 41 ～ 50]	285
41	Sāleyyaka-sutta	M. i 285
42	Verañjaka-sutta	M. i 290
43	Mahāvedalla-sutta	M. i 292
44	Cūḷavedalla-sutta	M. i 299
45	Cūḷadhammasamādāna-sutta	M. i 305
46	Mahādhammasamādāna-sutta	M. i 309
47	Vīmaṁsaka-sutta	M. i 317
48	Kosambiya-sutta	M. i 320

四九　梵天請経　62
五〇　魔訶責経　72
第二篇　中分五十経篇（五一～一〇〇）　85
初品　居士品（五一～六〇）　85
五一　カンダラカ経　85
五二　アッタカ城人経　100
五三　有学経　107
五四　哺多利経　115
五五　ヂーヴカ経　131
五六　優波離経　136
五七　狗行者経　162
五八　無畏王子経　169
五九　多受経　177
六〇　無戯論経　183
第二品　比丘品（六一～七〇）　204
六一　教誡羅睺羅菴婆蘗林経　204
六二　教誡羅睺羅大経　214
六三　摩羅迦小経　222
六四　摩羅迦大経　232
六五　跋陀利経　239
六六　鶉喩経　254
六七　車頭聚落経　268
六八　那羅伽波寧村経　277
六九　瞿尼師経　288
七〇　枳吒山邑経　295
第三品　普行者品（七一～八〇）　308
七一　婆蹉衢多三明経　308
七二　婆蹉衢多火〔喩〕経　312
七三　婆蹉衢多大経　320

49	Brahmanimantaṇika-sutta	M. i 326
50	Māratajjaniya-sutta	M. i 332
	II Majjhimapaṇṇāsa [M 51 ～ 100]	339
	〔1〕 Gahapati-vagga [M 51 ～ 60]	339
51	Kandaraka-sutta	M. i 339
52	Aṭṭhakanāgara-sutta	M. i 349
53	Sekha-sutta	M. i 353
54	Potaliya-sutta	M. i 359
55	Jīvaka-sutta	M. i 368
56	Upāli-sutta	M. i 371
57	Kukkuravatika-sutta	M. i 387
58	Abhayarājakumāra-sutta	M. i 392
59	Bahuvedaniya-sutta	M. i 396
60	Apaṇṇaka-sutta	M. i 400
	〔2〕 Bhikkhu-vagga [M 61 ～ 70]	414
61	Ambalaṭṭhikārāhulovāda-sutta	M. i 414
62	Mahārāhulovāda-sutta	M. i 420
63	Cūḷamāluṅkya-sutta	M. i 426
64	Mahāmāluṅkya-sutta	M. i 432
65	Bhaddāli-sutta	M. i 437
66	Laṭukikopama-sutta	M. i 447
67	Cātuma-sutta	M. i 456
68	Naḷakapāna-sutta	M. i 462
69	Gulissāni-sutta	M. i 469
70	Kīṭāgiri-sutta	M. i 473
	〔3〕 Paribbājaka-vagga [M 71 ～ 80]	481
71	Tevijjavacchagotta-sutta	M. i 481
72	Aggivacchagotta-sutta	M. i 483
73	Mahāvacchagotta-sutta	M. i 489

七四	長爪経	333
七五	摩犍提経	339
七六	サンダカ経	358

第11巻上　中部経典　三　青原慶哉訳

七七	善生優陀夷大経	1
七八	沙門文祁子経	27
七九	善生優陀夷小経	36
八〇	鞞摩那修経	51
第四品	王　品（八一～九〇）	59
八一	陶師経	59
八二	頼吒惒羅経	72
八三	大天㮈林経	99
八四	摩偸羅経	111
八五	菩提王子経	122
八六	鴦掘摩経	130
八七	愛生経	142
八八	鞞訶提経	150
八九	法荘厳経	157
九〇	普棘刺林経	166
第五品	婆羅門品（九一～一〇〇）	178
九一	梵摩経	178
九二	施羅経	194
九三	阿摂惒経	194
九四	瞿哆牟伽経	209
九五	商伽経	217
九六	鬱瘦歌邏経	234
九七	陀然経	244
九八	婆私吒経	256

74	Dīghanakha-sutta	M. i 497
75	Māgandiya-sutta	M. i 501
76	Sandaka-sutta	M. i 513

Majjhima-nikāya Vol. II

77	Mahāsakuludāyi-sutta	M. ii 1
78	Samaṇamaṇḍikā-sutta	M. ii 22
79	Cūḷasakuludāyi-sutta	M. ii 29
80	Vekhanassa-sutta	M. ii 40
	〔4〕 Rāja-vagga [M 81 ～ 90]	45
81	Ghaṭīkāra-sutta	M. ii 45
82	Raṭṭhapāla-sutta	M. ii 54
83	Makhādeva-sutta	M. ii 74
84	Madhura-sutta	M. ii 83
85	Bodhirājakumāra-sutta	M. ii 91
86	Aṅgulimāla-sutta	M. ii 97
87	Piyajātika-sutta	M. ii 106
88	Bāhitika-sutta	M. ii 112
89	Dhammacetiya-sutta	M. ii 118
90	Kaṇṇakatthala-sutta	M. ii 125
	〔5〕 Brāhmaṇa-vagga [M 91 ～ 100]	133
91	Brahmāyu-sutta	M. ii 133
92	Sela-sutta	M. ii 146
93	Assalāyana-sutta	M. ii 147
94	Ghoṭamukha-sutta	M. ii 157
95	Caṅkī-sutta	M. ii 164
96	Esukāri-sutta	M. ii 177
97	Dhānañjāni-sutta	M. ii 184
98	Vāseṭṭha-sutta	M. ii 196

九九　須婆経　257
一〇〇　傷歌邏経　274
第三篇　後分五十経篇（一〇一～一五二）　279
初品　天臂品（一〇一～一一〇）　279
一〇一　天臂経　279
一〇二　五三経　297
一〇三　如何経　310
一〇四　舎弥村経　317
一〇五　善星経　328
一〇六　不動利益経　340

渡辺楳雄訳

一〇七　算数家目犍連経　347
一〇八　瞿黙目犍連経　356
一〇九　満月大経　370
一一〇　満月小経　378

第11巻下　中部経典　四　渡辺楳雄訳

第二品　不断品（一一一～一二〇）　1
一一一　不断経　1
一一二　六浄経　8
一一三　善士経　19
一一四　応習不応習経　31
一一五　多界経　56
一一六　仙呑経　66
一一七　大四十経　72
一一八　入出息念経　83
一一九　身行念経　96
一二〇　行生経　112

99	Subha-sutta	M. ii 196
100	Saṅgārava-sutta	M. ii 209
	III Uparipaṇṇāsa [M 101 ~ 152]	214
	〔1〕 Devadaha-vagga [M 101 ~ 110]	214
101	Devadaha-sutta	M. ii 214
102	Pañcattaya-sutta	M. ii 228
103	Kinti-sutta	M. ii 238
104	Sāmagāma-sutta	M. ii 243
105	Sunakkhatta-sutta	M. ii 252
106	Āṇañjasappāya-sutta	M. ii 261
	Majjhima-nikāya Vol. III	
107	Gaṇakamoggallāna-sutta	M. iii 1
108	Gopakamoggallāna-sutta	M. iii 7
109	Mahāpuṇṇama-sutta	M. iii 15
110	Cūḷapuṇṇama-sutta	M. iii 20
	〔2〕 Anupada-vagga [M 111 ~ 120]	25
111	Anupada-sutta	M. iii 25
112	Chabbisodhana-sutta	M. iii 29
113	Sappurisa-sutta	M. iii 37
114	Sevitabba-asevitabba-sutta	M. iii 45
115	Bahudhātuka-sutta	M. iii 61
116	Isigili-sutta	M. iii 68
117	Mahācattārīsaka-sutta	M. iii 71
118	Ānāpānasati-sutta	M. iii 78
119	Kāyagatāsati-sutta	M. iii 88
120	Saṁkhāruppatti-sutta	M. iii 99

第11巻下　中部経典　四

第三品　空品（一二一～一三〇）　119
一二一　空小経　119
一二二　空大経　127
一二三　希有未曾有法経　139
一二四　薄拘羅経　149
一二五　調御地経　154
一二六　浮弥経　168
一二七　阿那律経　179
一二八　随煩悩経　190
一二九　賢愚経　207
一三〇　天使経　230
第四品　分別品（一三一～一四二）　246
一三一　一夜賢者経　246
一三二　阿難一夜賢者経　251
一三三　大迦旃延一夜賢者経　255
一三四　盧夷強耆一夜賢者経　269
一三五　小業分別経　275
一三六　大業分別経　282
一三七　六処分別経　296
一三八　総説分別経　308
一三九　無諍分別経　319
一四〇　界分別経　332
一四一　諦分別経　349
一四二　施分別経　356
第五品　六処品（一四三～一五二）　365
一四三　教給孤独経　365
一四四　教闡陀経　374
一四五　教富楼那経　380
一四六　教難陀迦経　385

	〔3〕 Suññata-vagga [M 121 ~ 130]	104
121	Cūḷasuññata-sutta	M. iii 104
122	Mahāsuññata-sutta	M. iii 109
123	Acchariyabbhutadhamma-sutta	M. iii 118
124	Bakkula-sutta	M. iii 124
125	Dantabhūmi-sutta	M. iii 128
126	Bhūmija-sutta	M. iii 138
127	Anuruddha-sutta	M. iii 144
128	Upakkilesa-sutta	M. iii 152
129	Bālapaṇḍita-sutta	M. iii 163
130	Devadūta-sutta	M. iii 178
	〔4〕 Vibhaṅga-vagga [M 131 ~ 142]	187
131	Bhaddekaratta-sutta	M. iii 187
132	Ānandabhaddekaratta-sutta	M. iii 189
133	Mahākaccānabhaddekaratta-sutta	M. iii 192
134	Lomasakaṅgiyabhaddekaratta-sutta	M. iii 199
135	Cūḷakammavibhaṅga-sutta	M. iii 202
136	Mahākammavibhaṅga-sutta	M. iii 207
137	Saḷāyatanavibhaṅga-sutta	M. iii 215
138	Uddesavibhaṅga-sutta	M. iii 223
139	Araṇavibhaṅga-sutta	M. iii 230
140	Dhātuvibhaṅga-sutta	M. iii 237
141	Saccavibhaṅga-sutta	M. iii 248
142	Dakkhiṇāvibhaṅga-sutta	M. iii 253
	〔5〕 Saḷāyatana-vagga [M 143 ~ 152]	258
143	Anāthapiṇḍikovāda-sutta	M. iii 258
144	Channovāda-sutta	M. iii 263
145	Puṇṇovāda-sutta	M. iii 267
146	Nandakovāda-sutta	M. iii 270

一四七　教羅睺羅小経　400
一四八　六六経　404
一四九　大六処経　415
一五〇　頻頭城経　420
一五一　乞食清浄経　426
一五二　根修習経　433

第12巻　相応部経典　一（有偈篇）　赤沼智善訳

有偈篇（一一相応）　1
第一　諸天相応　1
第一　葦　品（一～一〇）　1
一　暴　流　1
二　解　脱　2
三　導かるるもの　3
四　時は過ぎ行く　3
五　幾何を断ぜん　4
六　不　眠　4
七　不了知　5
八　迷　乱　5
九　慢の欲　5
一〇　森に住みて　6
第二　歓喜園品（一一～二〇）　7
一一　歓喜園　7
一二　歓　ぶ　8
一三　子に等しきものなし　8
一四　刹帝利　9
一五　大林鳴りつつ(寂静身)　9
一六　睡眠，懶惰　9
一七　作し難し(亀)　10

147	Cūḷarāhulovāda-sutta	M. iii 277
148	Chachakka-sutta	M. iii 280
149	Mahāsaḷāyatanika-sutta	M. iii 287
150	Nagaravindeyya-sutta	M. iii 290
151	Piṇḍapātapārisuddhi-sutta	M. iii 293
152	Indriyabhāvanā-sutta	M. iii 298

Saṁyutta-nikāya Vol. I

I	**Sagātha-vagga** [S 1 ～ 11]		1
1	Devatā-saṁyutta [S 1 1 ～ 81]	S. i	1
	〔1〕 Naḷa-vagga [S 1 1 ～ 10]		1
	1 Ogha		1
	2 Nimokkha		2
	3 Upaneyya		2
	4 Accenti		3
	5 Kati chinde		3
	6 Jāgara		3
	7 Appaṭividitā		4
	8 Susammuṭṭhā		4
	9 Mānakāma		4
	10 Araññe		5
	〔2〕 Nandana-vagga [S 1 11 ～ 20]	S. i	5
	11 Nandana		5
	12 Nandati		6
	13 Natthi puttasamaṁ		6
	14 Khattiya		6
	15 Saṇamāna (or ṣantikāya)		7
	16 Niddā tandi		7
	17 Dukkara (or Kumma)		7

一八　慚　10
一九　茅　屋　11
二〇　三弥提　11
第三　剣　品（二一〜三〇）　18
二一　剣に依りて　18
二二　触るる　19
二三　纒　縺　19
二四　心の制止　20
二五　阿羅漢　20
二六　光　明　21
二七　流　れ　22
二八　大　富　22
二九　四　輪　23
三〇　䴥鹿の蹲　23
第四　サトゥッラパ天群品（三一〜四〇）　24
三一　善人と共に　24
三二　慳　貪　26
三三　善い哉　28
三四　あらず　31
三五　嫌責天　33
三六　信　35
三七　会　36
三八　岩の破片　37
三九　雲天の姫（其一）　40
四〇　雲天の姫（其二）　41
第五　燃焼品（四一〜五〇）　42
四一　燃えつつ　43
四二　何を与へて　44
四三　食　44

18 Hirī 7
19 Kuṭikā 8
20 Samiddhi 8
〔3〕 Satti-vagga [S 1 21 ～ 30] S. i 13
21 Sattiyā 13
22 Phusati 13
23 Jaṭā 13
24 Mano-nivāraṇā 14
25 Arahaṁ 14
26 Pajjota 15
27 Sarā 15
28 Mahaddhana 15
29 Catucakka 16
30 Enijaṅgha 16
〔4〕 Satullapakāyika-vagga [S 1 31 ～ 40] S. i 16
31 Sabbhi 16
32 Macchari 18
33 Sādhu 20
34 Na ṣanti 22
35 Ujjhānasaññino 23
36 Saddhā 25
37 Samaya 26
38 Sakalika 27
39 Pajjunna-dhītā (1) 29
40 Pajjunna-dhītā (2) 30
〔5〕 Āditta-vagga [S 1 41 ～ 50] S. i 31
41 Āditta 31
42 Kiṁdada 32
43 Anna 32

四四　一　根　45
四五　完き人　45
四六　天　女　45
四七　植　林　46
四八　祇　園　46
四九　慳　貪　47
五〇　陶　師　49
第六　老　品（五一〜六〇）　51
五一　老　51
五二　不老に依りて　51
五三　友　52
五四　支　持　52
五五　生　因（其一）　53
五六　生　因（其二）　53
五七　生　因（其三）　53
五八　非　道　54
五九　伴　54
六〇　詩　人　54
第七　勝　品（六一〜七〇）　55
六一　名　55
六二　心　56
六三　渇　愛　56
六四　結　56
六五　縛　57
六六　窘　迫　57
六七　継がる　57
六八　閉ぢ込めらる　58
六九　欲　望　58
七〇　世　間　58

44 Ekamūla 32
45 Anomiya 33
46 Accharā 33
47 Vanaropa (or Vacanaṁ) 33
48 Jetavana 33
49 Macchari 34
50 Ghaṭīkāra 35
〔6〕 Jarā-vagga [S 1 51 ~ 60] S. i 36
51 Jarā 36
52 Ajarasā 36
53 Mitta 37
54 Vatthu 37
55 Jana (1) 37
56 Jana (2) 37
57 Jana (3) 38
58 Uppatha 38
59 Dutiya 38
60 Kavi 38
〔7〕 Addha-vagga [S 1 61 ~ 70] S. i 39
61 Nāma 39
62 Citta 39
63 Taṇhā 39
64 Saṁyojana 39
65 Bandhana 39
66 Abbhāhata 40
67 Uḍḍita 40
68 Pihita 40
69 Icchā 40
70 Loka 41

第八　断　品（七一～八一）　59
七一　殺して　59
七二　車　60
七三　富　60
七四　雨　60
七五　恐　怖　61
七六　不　老　61
七七　主　62
七八　欲　愛　63
七九　糧　食　63
八〇　光　炎　64
八一　無　諍　65
第二　天子相応　77
第一　第一品（一～一〇）　77
一　迦　葉（其一）　77
二　迦　葉（其二）　78
三　摩　佉　78
四　摩掲陀　79
五　陀摩利　79
六　迦摩陀　80
七　般闍羅旃陀　81
八　多耶那　82
九　月天子　84
一〇　日天子　85
第二　給孤独品（一一～二〇）　87
一一　月自在　87
一二　毘　紐　88
一三　提伽羅低　88
一四　難陀那天子　89

〔8〕 Chetvā-vagga [S 1 71 ～ 81] S. i 41
71 Chetvā 41
72 Ratha 41
73 Vitta 42
74 Vuṭṭhi 42
75 Bhīta 42
76 Na jīrati 43
77 Issara 43
78 Kāma 44
79 Pātheyya 44
80 Pajjota 44
81 Araṇa 44
2 Devaputta-saṁyutta [S 2 1 ～ 30] S. i 46
〔1〕 Paṭhama-vagga [S 2 1 ～ 10] 46
1 Kassapa (1) 46
2 Kassapa (2) 46
3 Māgha 47
4 Māgadha 47
5 Dāmali 47
6 Kāmada 48
7 Pañcālacaṇḍa 48
8 Tāyana 49
9 Candima 50
10 Suriya 51
〔2〕 Anāthapiṇḍika-vagga [S 2 11 ～ 20] S. i 51
11 Candimasa 51
12 Veṇḍu 52
13 Dīghalaṭṭhi 52
14 Nandana 52

一五　栴　檀　89
一六　須達多　90
一七　須　梵　90
一八　覚　陀　91
一九　優多羅　92
二〇　給孤独　93
第三　種種外道品（二一～三〇）　95
二一　湿　婆　95
二二　差　摩　97
二三　世　理　98
二四　陶　師　101
二五　ヂャントゥ　103
二六　赤　馬　104
二七　難　陀　106
二八　難提毘舎羅　107
二九　須尸摩　107
三〇　種種の外道師　110
第三　拘薩羅相応　118
第一　第一品（一～一〇）　118
一　幼　少　118
二　人　121
三　王　122
四　愛　者　123
五　自　護　125
六　少　数　127
七　裁　断　128
八　末　利　129
九　供　犠　130
一〇　縛　132

15 Candana 53
16 Sudatta 53
17 Subrahmā 53
18 Kakudha 54
19 Uttara 54
20 Anāthapiṇḍika 55
〔3〕 Nānātitthiya-vagga [S 2 21 ~ 30] S. i 56
21 Siva 56
22 Khema 57
23 Serī 57
24 Ghaṭīkāra 60
25 Jantu 61
26 Rohita 61
27 Nanda 62
28 Nandivisāla 63
29 Susīma 63
30 Nānātitthiyā 65
3 Kosala-saṁyutta [S 3 1 ~ 25] S. i 68
〔1〕 Paṭhama-vagga [S 3 1 ~ 10] 68
1 Dahara 68
2 Purisa 70
3 Rāja 71
4 Piya 71
5 *Attarakkhita 72
6 Appaka 73
7 Atthakaraṇa 74
8 Mallika 75
9 Yañña 75
10 Bandhana 76

第12巻　相応部経典　一（有偈篇）

第二　第二品（一一～二〇）　133

一一　結髪行者　133

一二　五　王　136

一三　大　食　139

一四　戦について二つの語（其一）　140

一五　戦について二つの語（其二）　142

一六　姫　144

一七　不放逸（其一）　145

一八　不放逸（其二）　146

一九　子持たず（其一）　150

二〇　子持たず（其二）　153

第三　第三品（二一～二五）　156

二一　人　156

二二　祖　母　161

二三　世　間　163

二四　弓　術　164

二五　山の比喩　167

第四　悪魔相応　176

第一　第一品（一～一〇）　176

一　苦　業　176

二　象　177

三　浄　178

四　係　蹄（其一）　179

五　係　蹄（其二）　180

六　蛇　181

七　睡　眠　182

八　歓　喜　183

九　寿　命（其一）　183

一〇　寿　命（其二）　184

〔2〕 Dutiya-vagga [S 3 11 ～ 20] S. i 77
11 Jaṭila 77
12 Pañca-rājāno 79
13 Doṇapāka 81
14 Saṅgāme dve vuttāni (1) 82
15 Saṅgāme dve vuttāni (2) 83
16 Dhītā 86
17 Appamāda (1) 86
18 Appamāda (2) 87
19 Aputtaka (1) 89
20 Aputtaka (2) 91
〔3〕 Tatiya-vagga [S 3 21 ～ 25] S. i 93
21 Puggala 93
22 Ayyakā 96
23 Loka 98
24 Issattha 98
25 Pabbatūpamā 100
4 Māra-saṁyutta [S 4 1 ～ 25] S. i 103
〔1〕 Paṭhama-vagga [S 4 1 ～ 10] 103
1 Tapo kammañ ca 103
2 Nāga 103
3 Subha 104
4 Pāsa (1) 105
5 Pāsa (2) 105
6 Sappa 106
7 Suppati 107
8 Nandana 107
9 Āyu (1) 108
10 Āyu (2) 108

第二　第二品（一一〜二〇）　185
一一　岩　186
一二　獅　子　186
一三　岩の破片　187
一四　相応はしき　189
一五　意　189
一六　鉢　190
一七　処　191
一八　団　食　193
一九　農　夫　194
二〇　統　治　196
第三　第三品（二一〜二五）　198
二一　多　数　198
二二　三弥提　201
二三　瞿低迦　203
二四　七　年　207
二五　娘　達　209
第五　比丘尼相応　219
一　阿臈毘迦　219
二　蘇　摩　220
三　瞿曇弥　221
四　毘闍耶　223
五　蓮華色　224
六　遮　羅　225
七　優波遮羅　226
八　尸須波遮羅　228
九　世　羅　229
一〇　金　剛　230
第六　梵天相応　234

〔2〕 Dutiya-vagga [S 4 11 ～ 20] S. i 109
11 Pāsāṇa 109
12 Sīha 109
13 Sakalika 110
14 Paṭirūpa 111
15 Mānasa 111
16 Patta 112
17 Āyatana 112
18 Piṇḍa 113
19 Kassaka 114
20 Rajja 116
〔3〕 Tatiya-vagga [S 4 21 ～ 25] S. i 117
21 Sambahulā 117
22 Samiddhi 119
23 Godhika 120
24 Sattavassāni 122
25 Dhītaro 124
5 Bhikkhunī-saṁyutta [S 5 1 ～ 10] S. i 128
1 Āḷavikā 128
2 Somā 129
3 Gotamī 129
4 Vijayā 130
5 Uppalavaṇṇā 131
6 Cālā 132
7 Upacālā 133
8 Sīsupacālā 133
9 Selā 134
10 Vajirā 134
6 Brahma-saṁyutta [S 6 1 ～ 15] S. i 136

第12巻　相応部経典　一（有偈篇）

第一　第一品（一～一〇）　234
一　勧　請　234
二　恭　敬　238
三　梵　天　240
四　婆迦梵天　243
五　他の見　247
六　放　逸　250
七　瞿迦利迦　253
八　低沙迦　253
九　都頭梵天　254
一〇　瞿迦利迦　255
第二　第二品（一一～一五）　260
一一　常童子　260
一二　提婆達多　260
一三　闍陀迦頻陀　261
一四　アルナヴティー　262
一五　般涅槃　266
第七　婆羅門相応　274
第一　阿羅漢品（一～一〇）　274
一　陀然闍仁　274
二　讒　謗　276
三　阿修羅王　279
四　毘蘭耆迦　280
五　不　害　281
六　縈　髻　282
七　浄　者　283
八　拝　火　284
九　孫陀利迦　286
一〇　婆富提低　291

〔1〕 Paṭhama-vagga [S 6 1 ～ 10] 136
1 Āyācana 136
2 Gārava 138
3 Brahmadeva 140
4 Baka brahmā 142
5 Aparā diṭṭhi 144
6 Pamāda 146
7 Kokālika (or Kokāliya) (1) 148
8 Tissaka 148
9 Tudu brahmā 149
10 Kokālika (2) 149
〔2〕 Dutiya-vagga [S 6 11 ～ 15] S. i 153
11 Sanaṁkumāra 153
12 Devadatta 153
13 Andhakavinda 154
14 Aruṇavatī 155
15 Parinibbāna 157
7 Brāhmaṇa-saṁyutta [S 7 1 ～ 22] S. i 160
〔1〕 Arahanta-vagga [S 7 1 ～ 10] 160
1 Dhanañjanī 160
2 Akkosa 161
3 Asurinda 163
4 Bilaṅgika 164
5 Ahiṁsaka 164
6 Jaṭā 165
7 Suddhika 165
8 Aggika 166
9 Sundarika 167
10 Bahudhīti 170

第二　優婆塞品（一一～二二）	294
一一　耕　田	294
一二　優陀耶	297
一三　提婆比多	299
一四　大富者	301
一五　憍　傲	303
一六　違　義	306
一七　木　匠	307
一八　採　薪	308
一九　孝　養	310
二〇　乞　食	311
二一　参伽羅婆	312
二二　コーマドゥッサ邑	314
第八　婆耆沙長老相応	320
一　出　離	320
二　不　快	321
三　温和者をさげすむ	323
四　阿　難	324
五　善　説	325
六　舎利弗	327
七　自　恣	329
八　千以上	331
九　憍陳如	334
一〇　目犍連	335
一一　伽伽羅池	336
一二　婆耆沙	337
第九　森相応	342
一　遠　離	342
二　看　護	343

〔2〕 Upāsaka-vagga [S 7 11 ~ 22] S. i 172
11 Kasi 172
12 Udaya 173
13 Devahita 174
14 Mahāsāla (or Lūkhapāpuraṇa) 175
15 Mānatthadda 177
16 Paccanīka 179
17 Navakammika 179
18 Kaṭṭhahāra 180
19 Mātuposaka 181
20 Bhikkhaka 182
21 Saṅgārava 182
22 Khomadussa 184
8 Vaṅgīsathera-saṁyutta [S 8 1 ~ 12] S. i 185
1 Nikkhanta 185
2 Arati 186
3 Pesalā-atimaññanā 187
4 Ānanda 188
5 Subhāsita 188
6 Sāriputta 189
7 Pavāraṇā 190
8 Parosahassa 192
9 Koṇḍañña 193
10 Moggallāna 194
11 Gaggarā 195
12 Vaṅgīsa 196
9 Vana-saṁyutta [S 9 1 ~ 14] S. i 197
1 Viveka 197
2 Upaṭṭhāna 197

三　迦葉氏(猟夫)　344
四　多　数(遊行者)　345
五　阿　難　346
六　阿那律　346
七　那伽達多　347
八　家　婦　348
九　跋耆子(毘舎離)　349
一〇　誦　経(法)　350
一一　不正思惟(思惟)　351
一二　真　昼(鳴動)　352
一三　不制御根(多比丘)　352
一四　紅　蓮(白蓮)　353
第十　夜叉相応　359
一　因陀迦　359
二　釈　羅　359
三　針　毛　360
四　摩尼跋陀　362
五　左　奴　363
六　ピヤンカラ　365
七　富那婆藪　366
八　須達多　367
九　叔迦羅（其一）　370
一〇　叔迦羅（其二）　370
一一　毘　羅　371
一二　阿臈毘　371
第十一　帝釈相応　378
第一　第一品（一～一〇）　378
一　須毘羅　378
二　須師摩　380

	3	Kassapagotta (or Cheta)	198
	4	Sambahulā (or Cārika)	199
	5	Ānanda	199
	6	Anuruddha	200
	7	Nāgadatta	200
	8	Kulagharaṇī (or Ogāḷha)	201
	9	Vajjiputta (or Vesālī)	201
	10	Sajjhāya (or Dhamma)	202
	11	Ayoniso (or Vitakkita)	203
	12	Majjhantika (or Saṇika)	203
	13	Pākatindriya (or Sambahulā bhikkhū)	203
	14	Paduma-puppha (or Puṇḍarīka)	204
10	Yakkha-saṁyutta [S 10 1 ～ 12]		S. i 206
	1	Indaka	206
	2	Sakka	206
	3	Sūciloma	207
	4	Maṇibhadda	208
	5	Sānu	208
	6	Piyaṅkara	209
	7	Punabbasu	209
	8	Sudatta	210
	9	Sukkā (1)	212
	10	Sukkā (2)	212
	11	Cīrā (or Vīrā)	213
	12	Āḷava	213
11	Sakka-saṁyutta [S 11 1 ～ 25]		S. i 216
	〔1〕	Paṭhama-vagga [S 11 1 ～ 10]	216
	1	Suvīra	216
	2	Susīma	217

三　旗の先　382
四　吠波質底(忍辱)　386
五　善き語の勝利　389
六　鳥の巣　392
七　誳詐なき　393
八　毘留奢那阿修羅王　394
九　森の聖者(香)　395
一〇　海辺の聖者(参婆羅)　396
第二　第二品（一一～二〇）　399
一一　諸　天(禁戒足)（其一）　399
一二　諸　天（其二）　400
一三　諸　天（其三）　401
一四　貧　人　402
一五　楽しきところ　404
一六　供犠者に　404
一七　敬　礼　405
一八　帝釈の礼敬（其一）　406
一九　帝釈の礼敬（其二）　407
二〇　帝釈の礼敬（其三）　409
第三　第三品（二一～二五）　411
二一　殺して　411
二二　醜　陋　412
二三　幻　術　414
二四　罪　過(無忿)　415
二五　無　忿(無害)　416

第13巻　相応部経典　二（因縁篇）　林　五邦訳

因縁篇（一〇相応）　1
第一　因縁相応　1

3 Dhajagga 218
4 Vepacitti (or Khanti) 220
5 Subhāsitaṁ-jaya 222
6 Kulāvaka 224
7 Na dubbhiya 225
8 Virocana-asurinda (or Attha) 225
9 Isayo araññakā (or Gandha) 226
10 Isayo samuddakā (or Sambara) 227
〔2〕 Dutiya-vagga [S 11 11 ~ 20] S. i 228
11 Devā (or Vatapada) (1) 228
12 Devā (2) 229
13 Devā (3) 230
14 Daliddo 231
15 Rāmaṇeyyakaṁ 232
16 Yajamānaṁ 233
17 Vandanā 233
18 Sakka-namassana (1) 234
19 Sakka-namassana (2) 235
20 Sakka-namassana (3) 235
〔3〕 Tatiya-vagga [S 11 21 ~ 25] S. i 237
21 Chetvā 237
22 Dubbaṇṇiya 237
23 Māyā 238
24 Accaya (Akodhana) 239
25 Akodha (Avihiṁsā) 240

Saṁyutta-nikāya Vol. II

II Nidāna-vagga [S 12 ~ 21] 1
12 Nidāna-saṁyutta [S 12 1 ~ 93] S. ii 1

第13巻　相応部経典　二（因縁篇）

第一　仏陀品（一～一〇）	1
一　法　説	1
二　分　別	2
三　道　跡	5
四　毘婆尸	6
五　尸　棄	12
六　毘舎浮	12
七　拘留孫	13
八　拘那含	13
九　迦　葉	13
一〇　大釈迦牟尼瞿曇	13
第二　食　品（一一～二〇）	15
一一　食	15
一二　破群那	17
一三　沙門婆羅門（其一）	20
一四　沙門婆羅門（其二）	21
一五　迦旃延氏	23
一六　説法者	25
一七　阿支羅	26
一八　玷牟留	31
一九　愚と賢	34
二〇　縁	36
第三　十力品（二一～三〇）	39
二一　十　力（其一）	39
二二　十　力（其二）	40
二三　縁	42
二四　異　学	46
二五　浮　弥	54
二六　優波摩耶	58

〔1〕 Buddha-vagga [S 12 1 ～ 10] 1
1 Desanā 1
2 Vibhaṅga 2
3 Paṭipadā 4
4 Vipassī 5
5 Sikhī 9
6 Vessabhū 9
7 Kakusandha 9
8 Koṇāgamana 9
9 Kassapa 9
10 Mahā-ṣakyamuni-Gotama 10
〔2〕 Āhāra-vagga [S 12 11 ～ 20] S. ii 11
11 Āhārā 11
12 Phagguno 12
13 Samaṇa-brāhmaṇā (1) 14
14 Samaṇa-brāhmaṇā (2) 15
15 Kaccāyanagotta 16
16 Dhammakathika 18
17 Acela 18
18 Timbaruka 22
19 Bālena paṇḍito 23
20 Paccaya 25
〔3〕 Dasabala-vagga [S 12 21 ～ 30] S. ii 27
21 Dasabalā (1) 27
22 Dasabalā (2) 28
23 Upanisā 29
24 Aññatitthiyā 32
25 Bhūmija 37
26 Upavāna 41

二七　縁　60
二八　比　丘　62
二九　沙門婆羅門（其一）　64
三〇　沙門婆羅門（其二）　65
第四　カラーラ刹利品（三一～四〇）　67
三一　生ぜるもの　67
三二　カラーラ　72
三三　智　事（其一）　82
三四　智　事（其二）　86
三五　無明縁（其一）　88
三六　無明縁（其二）　92
三七　汝のものに非ず　95
三八　思（其一）　96
三九　思（其二）　97
四〇　思（其三）　98
第五　家主品（四一～五〇）　99
四一　五罪畏（其一）　99
四二　五罪畏（其二）　103
四三　苦　105
四四　世　間　107
四五　那提迦　109
四六　異　111
四七　生　聞　112
四八　順世派　113
四九　聖弟子（其一）　115
五〇　聖弟子（其二）　116
第六　樹　品（五一～六〇）　118
五一　思　量　118
五二　取　124

27	Paccaya		42
28	Bhikkhū		43
29	Samaṇa-brāhmaṇā (1)		45
30	Samaṇa-brāhmaṇā (2)		46
〔4〕	Kaḷārakhattiya-vagga [S 12 31 ~ 40]	S. ii	47
31	Bhūtaṁ		47
32	Kaḷāra		50
33	Ñāṇassa vatthūni (1)		56
34	Ñāṇassa vatthūni (2)		59
35	Avijjāpaccayā (1)		60
36	Avijjāpaccayā (2)		63
37	Na tumhā		64
38	Cetanā (1)		65
39	Cetanā (2)		66
40	Cetanā (3)		66
〔5〕	Gahapati-vagga [S 12 41 ~ 50]	S. ii	68
41	Pañcaverabhayā (1)		68
42	Pañcaverabhayā (2)		70
43	Dukkha		71
44	Loka		73
45	Ñātika		74
46	Aññatara		75
47	Jānussoṇi		76
48	Lokāyatika		77
49	Ariyasāvaka (1)		77
50	Ariyasāvaka (2)		79
〔6〕	Rukkha-vagga [S 12 51 ~ 60]	S. ii	80
51	Parivīmaṁsana		80
52	Upādāna		84

五三　結（其一）　126
五四　結（其二）　127
五五　大　樹（其一）　128
五六　大　樹（其二）　129
五七　幼　樹　130
五八　名　色　132
五九　識　133
六〇　因　134
第七　大　品（六一〜七〇）　136
六一　無　聞（其一　136
六二　無　聞（其二）　138
六三　子　肉　141
六四　有　貪　146
六五　城　邑　150
六六　触　155
六七　蘆　束　163
六八　憍賞弥　167
六九　膨　張　172
七〇　須尸摩　173
第八　沙門婆羅門品（七一〜八一）　188
七一〜八一　188
第九　中略品（八二〜九三）　190
八二　師　190
八三　学　192
八四　瑜　伽　192
八五　欲　192
八六　努　力　192
八七　不退転　193
八八　熱　心　193

53	Saññojana (1)		86
54	Saññojana (2)		87
55	Mahārukkha (1)		87
56	Mahārukkha (2)		88
57	Taruṇa		89
58	Nāmarūpa		90
59	Viññāṇa		91
60	Nidāna		92
〔7〕	Mahā-vagga [S 12 61 ～ 70]	S. ii	94
61	Assutavato (1)		94
62	Assutavato (2)		95
63	Puttamaṁsa		97
64	Atthi rāgo		101
65	Nagaraṁ		104
66	Sammasaṁ		107
67	Nalakalapiyaṁ		112
68	Kosambi		115
69	Upayanti		118
70	Susīma		119
〔8〕	Samaṇabrāhmaṇa-vagga [S 12 71 ～ 81]	S. ii	129
71 ～ 81	Samaṇa-brāhmaṇa (1) ～ (11)		129
〔9〕	Antara-peyyāla [S 12 82 ～ 93]	S. ii	130
82	Satthā		130
83	Sikkhā		131
84	Yogo		131
85	Chando		132
86	Ussoḷhī		132
87	Appaṭivāni		132
88	Ātappaṁ		132

八九　精　進　193
九〇　不　抜　193
九一　正　念　193
九二　正　心　193
九三　不放逸　193
第二　現観相応　200
一　爪　先　200
二　蓮　池　201
三　合流する水（其一）　202
四　合流する水（其二）　202
五　地（其一）　203
六　地（其二　204
七　海（其一）　205
八　海（其二）　205
九　山　喩（其一）　206
一〇　山　喩（其二）　207
一一　山　喩（其三）　208
第三　界相応　210
第一　種種品（一～一〇）　210
（第一　内の五）
一　界　210
二　触　211
三　これに非ず　211
四　受（其一）　212
五　受（其二）　213
（第二　外の五）
六　界　214
七　想　214
八　これに非ず　216

89 Viriyaṁ 132
90 Sātaccaṁ 132
91 Sati 132
92 Sampajaññaṁ 132
93 Appamāda 132
13 Abhisamaya-saṁyutta [S 13 1 ～ 11] S. ii 133
1 Nakhasikhā 133
2 Pokkharaṇī 133
3 Sambhejja udaka (1) 134
4 Sambhejja udaka (2) 135
5 Pathavī (1) 135
6 Pathavī (2) 136
7 Samudda (1) 136
8 Samudda (2) 137
9 Pabbatupamā (1) 137
10 Pabbatupamā (2) 138
11 Pabbatupamā (3) 138
14 Dhātu-saṁyutta [S 14 1 ～ 39] S. ii 140
〔1〕 Nānatta-vagga [S 14 1 ～ 10] 140

1 Dhātu 140
2 Samphassaṁ 140
3 No c' etaṁ 141
4 Vedanā (1) 141
5 Vedanā (2) 142

6 Dhātu 143
7 Saññā 143
8 No c' etaṁ 144

九　触（其一）　218
一〇　触（其二）　219
第二品（一一～二二）　222
一一　これらの七　222
一二　有　因　223
一三　煉瓦の家　226
一四　劣意志　227
一五　業　228
一六　有　偈　231
一七　不　信　234
一八　不信の根本五　236
一九　無慚の根本四　239
二〇　無愧の根本三　240
二一　少聞によるの二　241
二二　懈　怠　242
第三　業道品（二三～二九）　243
二三　不寂静　243
二四　悪　戒　244
二五　五学処　244
二六　七業道　245
二七　十業道　245
二八　八　支　246
二九　十　支　246
第四品（三〇～三九）　248
三〇　四　248
三一　前　248
三二　〔我〕行ぜり　250
三三　もしこれなかりせば　251
三四　苦　253

9 Phassa (1) 146

10 Phassa (2) 147

〔2〕 Dutiya-vagga [S 14 11 ～ 22] S. ii 149

11 Sattimā 149

12 Sanidānaṁ 151

13 Giñjakāvasatha 153

14 Hīnādhimutti 154

15 Kamma 155

16 Sagātha 157

17 Asaddha 159

18 Asaddhamūlakā pañca 160

19 Ahirikamūlakā cattāro 162

20 Anotappamūlakā tīni 163

21 Appassutena dve 164

22 Kusīta 165

〔3〕 Kammapatha-vagga [S 14 23 ～ 29] S. ii 166

23 Asamāhita 166

24 Dussīlya 166

25 Pañcasikkhāpadāni 167

26 Sattakammapathā 167

27 Dasakammapathā 167

28 Aṭṭhaṅgiko 168

29 Dasaṅga 168

〔4〕 Catuttha-vagga [S 14 30 ～ 39] S. ii 169

30 Catasso 169

31 Pubbe 169

32 Acariṁ 171

33 Yo no cedaṁ 172

34 Dukkha 173

三五　随　喜　254
三六　生　起　256
三七　沙門婆羅門（其一）　256
三八　沙門婆羅門（其二）　257
三九　沙門婆羅門（其三）　258
第四　無始相応　261
第一品（一～一〇）　261
一　薪　草　261
二　地　262
三　涙　263
四　乳　265
五　山　266
六　芥　子　267
七　声　聞　268
八　恒　河　269
九　杖　270
一〇　人　271
第二品（一一～二〇）　273
一一　苦　悩　273
一二　安　楽　274
一三　約三十　274
一四　母　277
一五　父　277
一六　兄　弟　278
一七　姉　妹　278
一八　子　278
一九　娘　278
二〇　毘富羅山　279
第五　迦葉相応　285

	35	Abhinandaṁ	174
	36	Uppādo	175
	37	Samaṇabrāhmaṇa (1)	175
	38	Samaṇabrāhmaṇa (2)	176
	39	Samaṇabrāhmaṇa (3)	176
15	Anamatagga-saṁyutta [S 15 1 ~ 20]		S. ii 178
	〔1〕	Paṭhama-vagga [S 15 1 ~ 10]	178
	1	Tiṇakaṭṭhaṁ	178
	2	Pathavī	179
	3	Assu	179
	4	Khīraṁ	180
	5	Pabbata	181
	6	Sāsapā	182
	7	Sāvakā	182
	8	Gaṅgā	183
	9	Daṇḍa	184
	10	Puggala	185
	〔2〕	Dutiya-vagga [S 15 11 ~ 20]	S. ii 186
	11	Duggataṁ	186
	12	Sukhitaṁ	186
	13	Tiṁsamattā	187
	14	Mātā	189
	15	Pitā	189
	16	Bhātā	189
	17	Bhaginī	189
	18	Putto	190
	19	Dhītā	190
	20	Vepullapabbataṁ	190
16	Kassapa-saṁyutta [S 16 1 ~ 13]		S. ii 194

一　満　足　285
二　無　愧　287
三　月　喩　290
四　在家に入る　294
五　老　297
六　教　誡（其一）　299
七　教　誡（其二）　302
八　教　誡（其三）　305
九　定と勝智　309
一〇　止住処　314
一一　衣　318
一二　死　後　324
一三　像　法　326
第六　利得と供養相応　331
第一品（一～一〇）　331
一　恐ろし　331
二　鉤　針　331
三　亀　333
四　長　毛　334
五　糞　虫　335
六　雷　電　337
七　毒を含める　337
八　豺　338
九　毘嵐風　339
一〇　偈頌ある経　340
第二品（一一～二〇）　341
一一　鉢（其一）　341
一二　鉢（其二）　342
一三～二〇　金環～地方の美人　343

1 Santuṭṭhaṁ 194
2 Anottāpī 195
3 Candupamaṁ 197
4 Kulupamaṁ 200
5 Jiṇṇaṁ 202
6 Ovādo (1) 203
7 Ovādo (2) 205
8 Ovādo (3) 208
9 Jhānābhiññā 210
10 Upassayaṁ 214
11 Cīvaraṁ 217
12 Paraṁmaraṇaṁ 222
13 Saddhammapaṭirūpakaṁ 223
17 Lābhasakkāra-saṁyutta [S 17 1 ～ 43] S. ii 225
〔1〕 Paṭhama-vagga [S 17 1 ～ 10] 225
1 Dāruno 225
2 Balisaṁ 226
3 Kumma 226
4 Dīghalomi 228
5 Piḷhika (or Miḷhaka ?) 228
6 Asani 229
7 Diṭṭhaṁ 229
8 Siṅgālo 230
9 Verambā 231
10 Sagāthakaṁ 231
〔2〕 Dutiya-vagga [S 17 11 ～ 20] S. ii 233
11 Pāti (1) 233
12 Pāti (2) 233
13 ～ 20 Suvaṇṇanikkha ～ Janapadakalyāṇī 233

第三品（二一〜三〇）　344
二一　女　344
二二　美　人　345
二三　子　345
二四　一　女　347
二五　沙門婆羅門（其一）　348
二六　沙門婆羅門（其二）　348
二七　沙門婆羅門（其三）　349
二八　皮　349
二九　紐　350
三〇　比　丘　351
第四品（三一〜四三）　352
三一　截れり　352
三二　根　352
三三　法　353
三四　白　353
三五　去りて　354
三六　車　356
三七　母　357
三八〜四三　父・兄弟・姉妹・子・娘・妻　358

第七　羅睺羅相応　361
第一品（一〜一〇）　361
一　眼　361
二　色　363
三　識　364
四　触　365
五　受　365
六　想　366

〔3〕 Tatiya-vagga [S 17 21 ～ 30] S. ii 234
21 Mātugāmo 234
22 Kalyāṇī 235
23 Putto 235
24 Ekadhītu 236
25 Samaṇabrāhmaṇā (1) 236
26 Samaṇabrāhmaṇā (2) 237
27 Samaṇabrāhmaṇā (3) 237
28 Chavi 237
29 Rajju 238
30 Bhikkhu 238
〔4〕 Catuttha-vagga [S 17 31 ～ 43] S. ii 239
31 Chindi 239
32 Mūla 240
33 Dhamma 240
34 Sukko 240
35 Pakkanta 241
36 Ratha 242
37 Mātari 242
38 ～ 43 Pitā, Bhātā, Bhaginī, Puttā,
Dhītā, Pajāpati 243
18 Rāhula-saṁyutta [S 18 1 ～ 22] S. ii 244
〔1〕 Paṭhama-vagga [S 18 1 ～ 10] 244
1 Cakkhu 244
2 Rūpa 245
3 Viññāṇa 246
4 Samphassa 246
5 Vedanā 247
6 Saññā 247

七　思　367
八　愛　367
九　界　368
一〇　蘊　368
第二品（一一～二二）　369
一一　眼　370
一二　色　371
一三　識　372
一四　触　372
一五　受　372
一六　想　372
一七　思　372
一八　愛　373
一九　界　373
二〇　蘊　373
二一　使　373
二二　遠　離　374
第八　勒叉那相応　377
第一品（一～一〇）　377
一　骨　鎖　377
二　屠牛者　379
三　一塊と捕鳥者　379
四　皮膚なき屠羊者　380
五　刀の屠猪者　380
六　刃の猟師　380
七　矢の裁き　380
八　針の調師　381
九　間　諜　381
一〇　腐敗せる判官　381

7 Sañcetanā 247
8 Taṇhā 248
9 Dhātu 248
10 Khandha 249
〔2〕 Dutiya-vagga [S 18 11 ~ 22] S. ii 249
11 Cakkhu 249
12 Rūpa 250
13 Viññāṇa 251
14 Samphassa 251
15 Vedanā 251
16 Saññā 251
17 Sañcetanā 251
18 Taṇhā 251
19 Dhātu 251
20 Khandha 252
21 Anusaya 252
22 Apagataṁ 253
19 Lakkhaṇa-saṁyutta [S 19 1 ~ 21] S. ii 254
〔1〕 Paṭhama-vagga [S 19 1 ~ 10] 254
1 Aṭṭhīpesi 254
2 Gāvaghāṭaka 256
3 Piṇḍasakuṇiyaṁ 256
4 Nicchavorabbhi 256
5 Asi-sūkariko 257
6 Satti-māgavi 257
7 Usu-kāraṇiyo 257
8 Sūci-sārathi 257
9 Sūcako 257
10 Aṇḍabharī-gāmakūṭako 258

第二品（一一～二一） 382
一一　坑に沈める不義者 382
一二　糞を喰ふ邪悪の婆羅門 382
一三　皮膚を剥がれし女―姦婦 383
一四　醜女卜占女 383
一五　炙らるる女，仲間の一人に炭火を投ぐ 384
一六　断頭，司獄 384
一七　比　丘 384
一八　比丘尼 385
一九　式叉摩那 385
二〇　沙　弥 385
二一　沙弥尼 386
第九　譬喩相応 389
一　棟 389
二　爪　頭 389
三　家 390
四　釜 391
五　刃 392
六　弓術師 393
七　鼓　輻 394
八　藁 395
九　象 397
一〇　猫 399
一一　豺（其一） 400
一二　豺（其二） 401
第十　比丘相応 404
一　拘離多 404
二　優波低沙 405
三　瓮 406

〔2〕 Dutiya-vagga [S 19 11 ～ 21] S. ii 259
11 Kūpe-nimuggo-paradāriko 259
12 Gūthakhādi — Duṭṭhabrāhmaṇo 259
13 Nicchavitthi-aticārinī 259
14 Maṅgulitthi ikkhanitthi 260
15 Okilini-sapattaṅgārakokiri 260
16 Sīsachinno-coraghātako 260
17 Bhikkhu 260
18 Bhikkhunī 261
19 Sikkhamānā 261
20 Sāmaṇera 261
21 Sāmaṇeriyo 261
20 Opamma-saṁyutta [S 20 1 ～ 12] S. ii 262
1 Kūṭaṁ 262
2 Nakhasikhā 263
3 Kulaṁ 263
4 Ukkā 264
5 Satti 265
6 Dhanuggaho 265
7 Āṇi 266
8 Kaliṅgaro 267
9 Nāgo 268
10 Bilāro 270
11 Siṅgālaka (1) 271
12 Siṅgālaka (2) 272
21 Bhikkhu-saṁyutta [S 21 1 ～ 12] S. ii 273
1 Kolito 273
2 Upatisso 274
3 Ghaṭo 275

四　年　少　409
五　善　生　411
六　抜　提　413
七　毘舎佉　414
八　難　陀　416
九　低　沙　417
一〇　長老と名づくる　418
一一　劫賓那　420
一二　僚　友　422

第14巻　相応部経典　三（犍度篇）　渡辺照宏訳

犍度篇（一三相応）　1
第一　蘊相応　1
第一　根本五十経　1
第一　那拘羅父品（一〜一一）　1
一　那拘羅父　1
二　天　現　7
三　訶　梨（一）　13
四　訶　梨（二）　19
五　三　昧　20
六　宴　黙　23
七　取著恐懼（一）　24
八　取著恐懼（二）　27
九　過去未来現在（一）　29
一〇　過去未来現在（二）　30
一一　過去未来現在（三）　31
第二　無常品（一二〜二一）　32
一二　無　常　32
一三　苦　33

4 Navo 277
5 Sujāto 278
6 Bhaddi 279
7 Visākho 280
8 Nando 281
9 Tisso 281
10 Theranāmo 282
11 Kappino 284
12 Sahāya 285

Saṁyutta-nikāya Vol. III

III Khandha-vagga [S 22 ～ 34] 1
22 Khandha-saṁyutta [S 22 1 ～ 158] S. iii 1
I Mūlapaññāsa [S 22 1 ～ 52] 1
〔1〕 Nakulapitā-vagga [S 22 1 ～ 11] 1
1 Nakulapitā 1
2 Devadaha 5
3 Hāliddikāni (1) 9
4 Hāliddikāni (2) 12
5 Samādhi 13
6 Paṭisallāṇā 15
7 Upādāparitassanā (1) 15
8 Upādāparitassanā (2) 18
9 Atītānāgatapaccuppanna (1) 19
10 Atītānāgatapaccuppanna (2) 19
11 Atītānāgatapaccuppanna (3) 20
〔2〕 Anicca-vagga [S 22 12 ～ 21] S. iii 21
12 Anicca 21
13 Dukkha 21

一四　無　我　33
一五　無常なるもの（一）　33
一六　無常なるもの（二）　34
一七　無常なるもの（三）　35
一八　因（一）　35
一九　因（二）　36
二〇　因（三）　37
二一　阿　難　38
第三　重担品（二二～三二）　39
二二　重　担　40
二三　遍　智　41
二四　遍智（証知）　42
二五　欲　貪　43
二六　味（一）　44
二七　味（二）　45
二八　味（三）　47
二九　歓　喜　49
三〇　生　50
三一　通　根　50
三二　壊　法　51
第四　非汝所応法品（三三～四二）　53
三三　非汝所応法（一）　53
三四　非汝所応法（二）　54
三五　比　丘（一）　55
三六　比　丘（二）　58
三七　阿　難（一）　60
三八　阿　難（二）　61
三九　随　法（一）　63
四〇　随　法（二）　64

14 Anattā 21
15 Yad anicca (1) 22
16 Yad anicca (2) 22
17 Yad anicca (3) 22
18 Hetu (1) 23
19 Hetu (2) 23
20 Hetu (3) 24
21 Ānanda 24
〔3〕 Bhāra-vagga [S 22 22 ~ 32] S. iii 25
22 Bhāraṁ 25
23 Pariññā 26
24 Parijānaṁ (or Abhijānaṁ) 26
25 Chandarāga 27
26 Assāda (1) 27
27 Assāda (2) 29
28 Assāda (3) 29
29 Abhinandanaṁ 31
30 Uppādaṁ 31
31 Aghamūlaṁ 32
32 Pabhaṅgu 32
〔4〕 Natumhāka-vagga [S 22 33 ~ 42] S. iii 33
33 Natumhākaṁ (1) 33
34 Natumhākaṁ (2) 34
35 Bhikkhu (1) 34
36 Bhikkhu (2) 36
37 Ānanda (1) 37
38 Ānanda (2) 38
39 Anudhamma (1) 40
40 Anudhamma (2) 41

四一　随　法（三）　64
四二　随　法（四）　65
第五　自洲品（四三〜五二）　66
四三　自　洲　66
四四　道　68
四五　無　常（一）　70
四六　無　常（二）　71
四七　観　見　72
四八　蘊　74
四九　輸屢那（一）　75
五〇　輸屢那（二）　79
五一　喜　尽（一）　80
五二　喜　尽（二）　81
第二　中五十経　83
第一　封滞品（五三一〜六二）　83
五三　封　滞　83
五四　種　子　84
五五　優陀那　87
五六　取　転　92
五七　七　処　96
五八　等覚者　102
五九　五群比丘　104
六〇　摩訶利　107
六一　熾　然　111
六二　言　路　111
第二　阿羅漢品（六三一〜七二）　115
六三　取　115
六四　思　118
六五　歓　喜　119

41	Anudhamma (3)		41
42	Anudhamma (4)		41
〔5〕	Attadīpa-vagga [S 22 43 ～ 52]	S. iii	42
43	Attadīpa		42
44	Paṭipadā		43
45	Aniccatā (1)		44
46	Aniccatā (2)		45
47	Samanupassanā		46
48	Khandha		47
49	Soṇo (1)		48
50	Soṇo (2)		50
51	Nandikkhaya (1)		51
52	Nandikkhaya (2)		51
II	Majjhimapaññāsa [S 22 53 ～ 102]	S. iii	53
〔1〕	Upāya-vagga [S 22 53 ～ 62]		53
53	Upāya		53
54	Bīja		54
55	Udānaṁ		55
56	Upādānaṁ parivaṭṭaṁ		58
57	Sattaṭṭhāna		61
58	Sambuddha		65
59	Pañca		66
60	Mahāli		68
61	Āditta		71
62	Niruttipatha		71
〔2〕	Arahatta-vagga [S 22 63 ～ 72]	S. iii	73
63	Upādiyamāna		73
64	Maññamāna		74
65	Abhinandamāna		75

六六　無　常　120
六七　苦　121
六八　無　我　123
六九　非自所応　124
七〇　所染止住　125
七一　羅　陀　126
七二　修羅陀　127
第三　所食品（七三一～八二）　129
七三　味　129
七四　集（一）　130
七五　集（二）　130
七六　阿羅漢（一）　131
七七　阿羅漢（二）　135
七八　師　子（一）　135
七九　師　子（二）　138
八〇　乞　食　146
八一　波陀聚落　152
八二　満　月　159
第四　長老品（八三一～九二）　167
八三　阿　難　167
八四　低　舎　169
八五　焔摩迦　173
八六　阿牓羅度　183
八七　跋迦梨　188
八八　阿湿波誓　196
八九　差　摩　200
九〇　闡　陀　207
九一　羅睺羅（一）　212
九二　羅睺羅（二）　213

66	Anicca		76
67	Dukkha		77
68	Anattā		77
69	Anattaniya		78
70	Rajanīyasaṇṭhitaṁ		79
71	Rādha		79
72	Surādha		80
〔3〕	Khajjaniya-vagga [S 22 73 ～ 82]	S. iii	81
73	Assāda		81
74	Samudaya (1)		82
75	Samudaya (2)		82
76	Arahanta (1)		82
77	Arahanta (2)		84
78	Sīha (1)		84
79	Sīha (2) (*Khajjani)		86
80	Piṇḍolyaṁ		91
81	Pārileyya		94
82	Puṇṇamā		100
〔4〕	Thera-vagga [S 22 83 ～ 92]	S. iii	105
83	Ānando		105
84	Tisso		106
85	Yamako		109
86	Anurādho		116
87	Vakkali		119
88	Assaji		124
89	Khemo		126
90	Channo		132
91	Rāhulo (1)		135
92	Rāhulo (2)		136

第五　華　品（九三一～一〇二）　215
九三　河　流　215
九四　華（増長）　216
九五　泡　沫　219
九六　牛　糞　224
九七　爪　頂　230
九八　清　浄（海）　233
九九　繋　縄（一）　234
一〇〇　繋　縄（二）　236
一〇一　手斧の柄（船舶）　238
一〇二　無常性（想）　242
第三　後五十経　245
第一　辺　品（一〇三一～一一二）　245
一〇三　封　滞　246
一〇四　苦　247
一〇五　有　身　247
一〇六　所遍知　248
一〇七　沙　門（一）　249
一〇八　沙　門（二）　250
一〇九　預　流　251
一一〇　阿羅漢　251
一一一　欲　貪（一）　252
一一二　欲　貪（二）　252
第二　説法品（一一三一～一二五）　253
一一三　無　明（比丘）　253
一一四　明（比丘）　254
一一五　説法者（一　255
一一六　説法者（二）　256
一一七　縛　257

〔5〕 Puppha-vagga [S 22 93 ～ 102] S. iii 137

93 Nadī 137

94 Puppha (or Vaddha) 138

95 Pheṇa 140

96 Gomaya 143

97 Nakhasikhā 147

98 Suddhika (or Samuddaka) 149

99 Gaddula (or Bhaddula) (1) 149

100 Gaddula (2) 151

101 Vāsijaṭa (or Nāvā) 152

102 Aniccatā (or Saññā) 155

III Uparipaṇṇāsaka [S 22 103 ～ 158] S. iii 157

〔1〕 Anta-vagga [S 22 103 ～ 112] 157

103 Ante 157

104 Dukkha 158

105 Sakkāyo 159

106 Pariññeyya 159

107 Samaṇā (1) 160

108 Samaṇā (2) 160

109 Sotāpanna 160

110 Arahaṁ 161

111 Chanarāgī (1) 161

112 Chanarāgī (2) 161

〔2〕 Dhammakathika-vagga [S 22 113 ～ 125] S. iii 162

113 Avijjā (or Bhikkhu) 162

114 Vijjā (or Bhikkhu) 163

115 Kathika (1) 163

116 Kathika (2) 164

117 Bandhanā 164

一一八　解　脱（一）　258
一一九　解　脱（二）　259
一二〇　結　260
一二一　取　261
一二二　戒　262
一二三　有　聞　264
一二四　劫　波（一）　264
一二五　劫　波（二）　265
第三　無明品（一二六一～一三五）　267
一二六　集　法（一）　267
一二七　集　法（二）　269
一二八　集　法（三）　270
一二九　味（一）　271
一三〇　味（二）　271
一三一　集（一）　272
一三二　集（二）　272
一三三　拘絺羅（一）　273
一三四　拘絺羅（二）　274
一三五　拘絺羅（三）　275
第四　煻煨品（一三六一～一四八）　277
一三六　煻　煨　277
一三七　無　常（一）　278
一三八　無　常（二）　278
一三九　無　常（三）　279
一四〇　苦（一）　279
一四一　苦（二）　279
一四二　苦（三）　279
一四三　無　我（一）　280
一四四　無　我（二）　280

118 Parimucchita (1) 165
119 Parimucchita (2) 166
120 Saññojana 166
121 Upādāna 167
122 Sīla 167
123 Sutavā 169
124 Kappo (1) 169
125 Kappo (2) 170
〔3〕 Avijjā-vagga [S 22 126 ～ 135] S. iii 170
126 Samudayadhamma (1) 170
127 Samudayadhamma (2) 172
128 Samudayadhamma (3) 173
129 Assāda (1) 173
130 Assāda (2) 173
131 Samudaya (1) 174
132 Samudaya (2) 174
133 Koṭṭhita (1) 175
134 Koṭṭhita (2) 175
135 Koṭṭhita (3) 176
〔4〕 Kukkuḷa-vagga [S 22 136 ～ 148] S. iii 177
136 Kukkuḷa 177
137 Aniccena (1) 177
138 Aniccena (2) 178
139 Aniccena (3) 178
140 Dukkhena (1) 178
141 Dukkhena (2) 178
142 Dukkhena (3) 178
143 Anattena (1) 178
144 Anattena (2) 178

一四五　無　我（三）　280
一四六　善男子・苦（一）　280
一四七　善男子・苦（二）　281
一四八　善男子・苦（三）　281
第五　見　品（一四九～一五八）　282
一四九　内　283
一五〇　我　所　284
一五一　我　286
一五二　無我所　288
一五三　邪　289
一五四　有　身　291
一五五　我　292
一五六　現　貪（一）　293
一五七　現　貪（二）　294
一五八　阿　難　294
第二　羅陀相応　297
初品（一～一〇）　297
一　魔　297
二　衆　生　299
三　有　綱　300
四　所遍知　301
五　沙　門（一）　302
六　沙　門（二）　303
七　預　流　303
八　阿羅漢　304
九　欲　貪（一）　304
一〇　欲　貪（二）　305
第二品（一一～二二）　306
一一　魔　306

145 Anattena (3) 178
146 Kulaputtena dukkhā (1) 179
147 Kulaputtena dukkhā (2) 179
148 Kulaputtena dukkhā (3) 180
〔5〕 Diṭṭhi-vagga [S 22 149 ～ 158] S. iii 180
149 Ajjhattikaṁ 180
150 Etaṁ mama 181
151 Eso attā 182
152 No ca me siyā 183
153 Micchā 184
154 Sakkāya 185
155 Attānu 185
156 Abhinivesa (1) 186
157 Abhinivesa (2) 187
158 Ānanda 187
23 Rādha-saṁyutta [S 23 1 ～ 46] S. iii 188
〔1〕 Paṭhama-vagga [S 23 1 ～ 10] 188
1 Māro 188
2 Satto 189
3 Bhavanetti 190
4 Pariññeyya 191
5 Samaṇā (1) 191
6 Samaṇā (2) 192
7 Sotāpanna 192
8 Arahā 193
9 Chandarāga (1) 193
10 Chandarāga (2) 194
〔2〕 Dutiya-vagga [S 23 11 ～ 22] S. iii 195
11 Māro 195

一二　魔　法　307
一三　無　常（一）　308
一四　無　常（二）　308
一五　苦（一）　308
一六　苦（二）　309
一七　無　我（一）　309
一八　無　我（二）　310
一九　尽　法　310
二〇　壊　法　311
二一　集　311
二二　滅　法　312
第三　所問品（二三〜三四）　313
二三　魔　313
二四　魔　法　314
二五　無　常（一）　314
二六　無　常（二）　314
二七　苦（一）　314
二八　苦（二）　314
二九　無　我（一）　314
三〇　無　我（二）　314
三一　尽　法　315
三二　壊　法　315
三三　集　315
三四　滅　法　315
第四　侍坐品（三五〜四六）　316
三五　魔　316
三六　魔　法　317
三七　無　常（一）　317
三八　無　常（二）　317

12 Māradhamma 195
13 Anicca (1) 195
14 Anicca (2) 195
15 Dukkha (1) 196
16 Dukkha (2) 196
17 Anatta (1) 196
18 Anatta (2) 196
19 Khaya 197
20 Vaya 197
21 Samudaya 197
22 Nirodhadhamma 197
〔3〕 Āyācana-vagga [S 23 23 ～ 34] S. iii 198
23 Māro 198
24 Māradhamma 198
25 Anicca (1) 199
26 Anicca (2) 199
27 Dukkha (1) 199
28 Dukkha (2) 199
29 Anatta (1) 199
30 Anatta (2) 199
31 Khaya 199
32 Vaya 199
33 Samudaya 199
34 Nirodhadhamma 199
〔4〕 Upanisinna-vagga [S 23 35 ～ 46] S. iii 200
35 Māro 200
36 Māradhamma 200
37 Anicca (1) 200
38 Anicca (2) 200

三九　苦（一）　317
四〇　苦（二）　317
四一　無　我（一）　318
四二　無　我（二）　318
四三　尽　法　318
四四　壊　法　318
四五　集　318
四六　滅　法　318
第三　見相応　320
第一　預流品（一～一八）　320
一　風　320
二　我　所　323
三　我　325
四　無我所　327
五　無　328
六　作　331
七　因　334
八　（大）見　336
九　世間常　339
一〇　世間無常　340
一一　有　辺　342
一二　無　辺　342
一三　命即身　342
一四　命身異　343
一五　如来有　343
一六　如来無　344
一七　如来有無　344
一八　如来非有非無　345
第二　重説品（一九～九六）　347

	39	Dukkha (1)	201
	40	Dukkha (2)	201
	41	Anatta (1)	201
	42	Anatta (2)	201
	43	Khaya	201
	44	Vaya	201
	45	Samudaya	201
	46	Nirodhadhamma	201
24	Diṭṭhi-saṁyutta [S 24 1 ~ 96]		S. iii 202
	〔1〕	Sotāpatti-vagga [S 24 1 ~ 18]	202
	1	Vātā	202
	2	Etaṁ mamaṁ	203
	3	So attā	204
	4	No ca me siyā	205
	5	Natthi	206
	6	Karoto	208
	7	Hetu	210
	8	(Mahā) Diṭṭhena	211
	9	Sassato loko	213
	10	Asassato loko	214
	11	Antavā	214
	12	Anantavā	215
	13	Taṁ jīvaṁ taṁ sarīraṁ	215
	14	Aññaṁ jīvaṁ aññaṁ sarīraṁ	215
	15	Hoti tathāgato	215
	16	Na hoti tathāgato	215
	17	Hoti ca na ca hoti tathāgato	215
	18	Neva hoti na na hoti tathāgato	216
	〔2〕	Peyyāla-vagga [S 24 19 ~ 96]	S. iii 217

第一章　347

一九　風　347
二〇～三五　349
三六　非有非無　349
第二章　350
三七　有色我　350
三八　無色我　351
三九　有色無色　351
四〇　非有色非無色　351
四一　一向楽　352
四二　一向苦　352
四三　楽　苦　352
四四　非苦非楽　352
第三章　355
四五　〔風〕　355
四六～六九　356
七〇　〔非苦非楽〕　356
第四章　358
七一　〔風〕　358
七二～九五　359
九六　〔非苦非楽〕　359
第四　入相応　362
一　眼　362
二　色　363
三　識　364
四　触　364
五　受　364
六　想　365

Purimagamana (aṭṭhārasa-veyyākaraṇāni) [S 24 19 ~ 36] 217
19 Vātā 217
20 ~ 35 218
36 Neva hoti na na hoti 218
Dutiyagamana (or Dutiyavāra) [S 24 37 ~ 44] 218
37 Rūpī attā 218
38 Arūpī attā 219
39 Rūpī ca arūpī ca 219
40 Neva rūpī nārūpī 219
41 Ekanta-sukhī 219
42 Ekanta-dukkhī 220
43 Sukhadukkhī 220
44 Adukkhamasukhī 220
Tatiyagamana [S 24 45 ~ 70] 221
45 Vātā 221
46 ~ 69 221
70 [Adukkhamasukhī] 222
Catutthagamana [S 24 71 ~ 96] 222
71 [Vātā] 222
72 ~ 95 223
96 [Adukkhamasukhī] 223
25 Okkantika-saṁyutta [S 25 1 ~ 10] S. iii 225
1 Cakkhu 225
2 Rūpa 225
3 Viññāṇa 226
4 Phassa 226
5 Vedanāya 226
6 Saññā 227

	七　思	365
	八　愛	365
	九　界	366
	一〇　蘊	366
第五	生相応	369
	一　眼	369
	二　色	369
	三　識	370
	四　触	370
	五　受	371
	六　想	371
	七　思	371
	八　愛	372
	九　界	372
	一〇　蘊	372
第六	煩悩相応	374
	一　眼	374
	二　色	374
	三　識	375
	四　触	375
	五　受	376
	六　想	376
	七　思	377
	八　愛	377
	九　界	377
	一〇　蘊	378
第七	舎利弗相応	380
	一　離	380
	二　無　尋	381

	7	Cetanā	227
	8	Taṇhā	227
	9	Dhātu	227
	10	Khandhena	227
26	Uppāda-saṁyutta [S 26 1 ～ 10]		S. iii 228
	1	Cakkhu	228
	2	Rūpa	229
	3	Viññāṇa	229
	4	Phassa	230
	5	Vedanāya	230
	6	Saññā	230
	7	Cetanā	230
	8	Taṇhā	230
	9	Dhātu	231
	10	Khandhena	231
27	Kilesa-saṁyutta [S 27 1 ～ 10]		S. iii 232
	1	Cakkhu	232
	2	Rūpa	232
	3	Viññāṇa	232
	4	Phassa	233
	5	Vedanāya	233
	6	Saññā	233
	7	Cetanā	233
	8	Taṇhā	234
	9	Dhātu	234
	10	Khandhena	234
28	Sāriputta-saṁyutta [S 28 1 ～ 10]		S. iii 235
	1	Vivekaṁ	235
	2	Avitakkaṁ	236

三　喜　382
四　捨　383
五　虚　空　383
六　識　383
七　無所有処　384
八　有　想　384
九　滅　384
一〇　浄　口　385
第八　龍相応　389
一　品　類　389
二　妙　勝　389
三　布　薩（一）　390
四　布　薩（二）　391
五　布　薩（三）　391
六　布　薩（四）　392
七　聞（一）　393
八　聞（二）　394
九　聞（三）　394
一〇　聞（四）　395
一一～二〇　布施利益（一）　396
二一～五〇　布施利益（二～四）　396
第九　金翅鳥相応　399
一　品　類　399
二　取　399
三　善悪業（一）　400
四～六　善悪業（二～四）　401
七～一六　布施利益（一）　402
一七～四六　布施利益（二～四）　402
第十　乾達婆相応　405

3 Pīti 236
4 Upekkhā 237
5 Ākāsa 237
6 Viññāṇa 237
7 Ākiñcañña 237
8 Saññī 238
9 Nirodha 238
10 Sucimukhī 238
29 Nāga-saṁyutta [S 29 1 ~ 50] S. iii 240
1 Suddhika 240
2 Paṇītatara 240
3 Uposatha (1) 241
4 Uposatha (2) 242
5 Uposatha (3) 242
6 Uposatha (4) 242
7 Tassa sutaṁ (1) 243
8 Tassa sutaṁ (2) 243
9 Tassa sutaṁ (3) 244
10 Tassa sutaṁ (4) 244
11 ~ 20 Dānupakāra (1) 244
21 ~ 50 Dānupakāra (2 ~ 4) 245
30 Supaṇṇa-saṁyutta [S 30 1 ~ 46] S. iii 246
1 Suddhaka 246
2 Haranti 247
3 Dvayakārī (1) 247
4 ~ 6 Dvayakārī (2 ~ 4) 247
7 ~ 16 Dānupakārā (1) 248
17 ~ 46 Dānupakārā (2 ~ 4) 248
31 Gandhabbakāya-saṁyutta [S 31 1 ~ 112] S. iii 249

一　品　類　405
二　善　行　405
三　施　者（一）　406
四〜一二　施　者（二〜一〇）　407
一三〜二二　布施利益（一）　408
二三〜一一二　布施利益（二〜一〇）　409
第十一　雲相応　411
一　説　示　411
二　善　行　411
三〜二二　布施利益（一）　412
二三〜五二　布施利益（二〜五）　413
五三　寒　414
五四　熱　414
五五　闇　415
五六　風　415
五七　雨　416
第十二　婆蹉種相応　418
一　無　知（一）　418
二　無　知（二）　419
三　無　知（三）　420
四　無　知（四）　420
五　無　知（五）　421
六〜一〇　無見（一〜五）　422
一一〜一五　不現観（一〜五）　423
一六〜二〇　不了悟（一〜五）　423
二一〜二五　不通達（一〜五）　424
二六〜三〇　不等観（一〜五）　424
三一〜三五　不随観（一〜五）　425
三六〜四〇　不近観（一〜五）　425

1 Suddhika 249
2 Sucarita 250
3 Dātā (1) 250
4 ~ 12 Dātā (2 ~ 10) 251
13 ~ 22 Dānupakārā (1) 252
23 ~ 112 Dānupakārā (2 ~ 10) 253
32 Valāha-saṁyutta [S 32 1 ~ 57] S. iii 254
1 Desanā 254
2 Sucarita 254
3 ~ 22 Dānupakārā (1) 254
23 ~ 52 Dānupakārā (2 ~ 5) 255
53 Sīta 256
54 Uṇha 256
55 Abbha 256
56 Vātā 256
57 Vassa 257
33 Vacchagotta-saṁyutta [S 33 1 ~ 55] S. iii 257
1 Aññāṇa (1) 257
2 Aññāṇa (2) 258
3 Aññāṇa (3) 258
4 Aññāṇa (4) 259
5 Aññāṇa (5) 259
6 ~ 10 Adassanā (1 ~ 5) 260
11 ~ 15 Anabhisamayā (1 ~ 5) 261
16 ~ 20 Ananubodhā (1 ~ 5) 261
21 ~ 25 Appaṭivedhā (1 ~ 5) 261
26 ~ 30 Asallakkhaṇā (1 ~ 5) 261
31 ~ 35 Anupalakkhaṇā (1 ~ 5) 261
36 ~ 40 Apaccupalakkhaṇā (1 ~ 5) 261

四一～四五　不等察（一～五）　425
四六～五〇　不近観（一～五）　425
五一　不現見（一）　426
五二～五四　不現見（二～四）　426
五五　不現見（五）　427
第十三　禅定相応　429
一　三昧―等至　429
二　止　住　430
三　出　起　431
四　安　楽　432
五　所　縁　433
六　行　境　434
七　引　発　435
八　恭敬〔作〕　436
九　常　作　437
一〇　随　応　438
一一　等至―止住　439
一二　等至―出起　440
一三　等至―安楽　441
一四　等至―所縁　442
一五　等至―行境　443
一六　等至―引発　433
一七　等至―恭敬　444
一八　等至―常作　444
一九　等至―随応　445
二〇　止住―出起　446
二一～二七　止住―安楽―　447
二八　出起―安楽―　448
二九～三四　出起―　449

41 ～ 45 Asamapekkhaṇā (1 ～ 5) 261
46 ～ 50 Apaccupekkhaṇā (1 ～ 5) 262
51 Apaccakkhakammaṁ (1) 262
52 ～ 54 Apaccakkhakammaṁ (2 ～ 4) 262
55 Apaccakkhakammaṁ (5) 262
34 Jhāna (or Samādhi)-saṁyutta [S 34 1 ～ 55] S. iii 263
1 Samādhi — samāpatti 263
2 Ṭhiti 264
3 Vuṭṭhāṇa 265
4 Kallavā 265
5 Ārammaṇa 266
6 Gocara 266
7 Abhinīhāra 267
8 Sakkacca 267
9 Sātaccakārī 268
10 Sappāya 268
11 (Samāpatti — ṭhiti) 269
12 (Samāpatti — vuṭṭhāna) 269
13 Samāpatti — kallita 270
14 (Samāpatti — ārammaṇa) 270
15 (Samāpatti — gocara) 270
16 (Samāpatti — abhinīhāra) 271
17 (Samāpatti — sakkacca) 271
18 (Samāpatti — sātaccakārī) 271
19 (Samāpatti — sappāyakārī) 271
20 (Ṭhiti — vuṭṭhāna) 272
21 ～ 27 (Ṭhiti — ārammaṇa —) 273
28 (Vuṭṭhāna — kallita —) 273
29 ～ 34 (Vuṭṭhāna —) 274

三五　安楽—所縁　450
三六～四〇　安楽—　451
四一　所縁—行境　451
四二～四五　所縁—　452
四六　行境—引発　452
四七～四九　行境—　453
五〇　引発—〔恭敬〕　453
五一～五二　〔引発〕　454
五三　恭敬作—常作　454
五四　恭敬作—随応作　454
五五　常作—随応作　454

第15巻　相応部経典　四（六処篇一）　立花俊道訳

六処篇（一〇相応）　1
第一　六処相応　1
第一　根本五十品　1
第一　無常品（一～一二）　1
一　無　常（一）内　1
二　苦（一）内　3
三　無　我（一）内　4
四　無　常（二）外　4
五　苦（二）外　5
六　無　我（二）外　6
七　無　常（三）内　7
八　苦（三）内　8
九　無　我（三）内　8
一〇　無　常（四）外　9
一一　苦（四）外　10
一二　無　我（四）外　11

35 (Kallita — ārammaṇa) 275
36 ～ 40 (Kallita —) 275
41 (Ārammaṇa — gocara) 275
42 ～ 45 (Ārammaṇa —) 276
46 (Gocara — abhinīhāra) 276
47 ～ 49 (Gocara —) 276
50 (Abhinīhāra —) 276
51 ～ 52 277
53 (Sakkaccakārī — sātaccakārī) 277
54 (Sakkaccakārī — sappāyakārī) 277
55 (Sātaccakārī — sappāyakārī) 277

Saṁyutta-nikāya Vol. IV

IV Saḷāyatana-vagga [S 35 ～ 44] 1
35 Saḷāyatana-saṁyutta [S 35 1 ～ 207] S. iv 1
I Mūlapaññāsa [S 35 1 ～ 52] 1
〔1〕 Anicca-vagga [S 35 1 ～ 12] 1
1 Anicca (1) ajjhattaṁ 1
2 Dukkha (1) ajjhattaṁ 2
3 Anattā (1) ajjhattaṁ 2
4 Anicca (2) bāhiraṁ 2
5 Dukkha (2) bāhiraṁ 3
6 Anattā (2) bāhiraṁ 3
7 Anicca (3) ajjhattaṁ 4
8 Dukkha (3) ajjhattaṁ 4
9 Anattā (3) ajjhattaṁ 4
10 Anicca (4) bāhiraṁ 5
11 Dukkha (4) bāhiraṁ 5
12 Anattā (4) bāhiraṁ 6

第二　双双品（一三一～二二）　12
一三　正覚によりて（一）　12
一四　正覚によりて（二）　14
一五　甘味によりて（一）　15
一六　甘味によりて（二）　16
一七　若しなかりせば（一）　18
一八　若しなかりせば（二）　20
一九　歓悦によりて（一）　22
二〇　歓悦によりて（二）　23
二一　生起によりて（一）　23
二二　生起によりて（二　24
第三　一切品（二三一～三二）　25
二三　一　切　25
二四　捨　棄（一）　26
二五　捨　棄（二）　27
二六　暁　了（一）　28
二七　暁　了（二）　30
二八　燃　焼　32
二九　盲　闇　33
三〇　適　宜　35
三一　有　験（一）　37
三二　有　験（二）　39
第四　生法品（三三一～四二）　43
三三　生　43
三四　老　44
三五　病　44
三六　死　44
三七　憂　44
三八　汚　穢　45

〔2〕 Yamaka-vagga [S 35 13 ~ 22] S. iv 6
13 Sambodhena (1) 6
14 Sambodhena (2) 8
15 Assādena (1) 8
16 Assādena (2) 9
17 No śetena (1) 10
18 No śetena (2) 12
19 Abhinandena (1) 13
20 Abhinandena (2) 13
21 Uppādena (1) 14
22 Uppādena (2) 14
〔3〕 Sabba-vagga [S 35 23 ~ 32] S. iv 15
23 Sabba 15
24 Pahāna (1) 15
25 Pahāna (2) 16
26 Parijānanā (1) 17
27 Parijānanā (2) 18
28 Aditta 19
29 Andhabhūta 20
30 Sāruppa 21
31 Sappāya (1) 23
32 Sappāya (2) 24
〔4〕 Jātidhamma-vagga [S 35 33 ~ 42] S. iv 26
33 Jāti 26
34 Jarā 27
35 Vyādhi 27
36 Maraṇa 27
37 Soko 27
38 Saṅkilesa 27

三九　破　壊　45
四〇　消　亡　45
四一　生　起　45
四二　滅　尽　45
第五　無常品（四三一～五二）　46
四三　無　常　46
四四　苦　46
四五　無　我　46
四六　可所了解　46
四七　可所知悉　46
四八　可所捨棄　47
四九　可所実証　47
五〇　知解而可所暁了　47
五一　所　累　47
五二　所　圧　47
第二　五十品　49
第一　無明品（五三～六二）　49
五三　無　明　49
五四　繫　縛（一）　50
五五　繫　縛（二）　51
五六，五七　諸　漏（一，二）　51
五八，五九　随　眠（一，二）　52
六〇　暁　了　52
六一　了　悟（一）　53
六二　了　悟（二）　54
第二　鹿網品（六三一～七三）　57
六三　鹿　網（一）　57
六四　鹿　網（二）　60
六五　三弥離提（一）　62

39 Khaya 28
40 Vaya 28
41 Samudaya 28
42 Nirodha 28
〔5〕 Anicca-vagga [S 35 43 ~ 52] S. iv 28
43 Anicca 28
44 Dukkha 28
45 Anattā 28
46 Abhiññeyya 29
47 Pariññeyya 29
48 Pahātabba 29
49 Sacchikātabba 29
50 Abhiññāpariññeyya 29
51 Upadduta 29
52 Upassaṭṭha 29
II Dutiyapaññāsaka [S 35 53 ~ 103] S. iv 30
〔1〕 Avijjā-vagga [S 35 53 ~ 62] 30
53 Avijjā 30
54 Saṁyojana (1) 31
55 Saṁyojana (2) 31
56, 57 Āsavā (1, 2) 32
58, 59 Anusayā (1, 2) 32
60 Pariññā 32
61 Pariyādinna (1) 33
62 Pariyādinna (2) 34
〔2〕 Migajāla-vagga [S 35 63 ~ 73] S. iv 35
63 Migajālena (1) 35
64 Migajālena (2) 37
65 Samiddhi (1) 38

六六　三弥離提（二）　63
六七　三弥離提（三）　63
六八　三弥離提（四）　64
六九　優波先那　64
七〇　優波婆那　66
七一　六触処（一）　69
七二　六触処（二）　70
七三　六触処（三）　71
第三　病　品（七四一～八三）　73
七四　病（一）　73
七五　病（二）　77
七六　羅　陀（一）　78
七七　羅　陀（二）　79
七八　羅　陀（三）　79
七九　無　明（一）　80
八〇　無　明（二）　81
八一　比　丘　82
八二　世　間　83
八三　頗勒具那　84
第四　闡陀品（八四一～九三）　86
八四　壊　敗　86
八五　空　87
八六　簡　約　88
八七　闡　陀　91
八八　富楼那　97
八九　婆醯迦　103
九〇　動　著（一）　106
九一　動　著（二）　108
九二　二〔法〕（一）　110

66 Samiddhi (2) 39
67 Samiddhi (3) 39
68 Samiddhi (4) 39
69 Upasena 40
70 Upavāna 41
71 Chaphassāyatanikā (1) 43
72 Chaphassāyatanikā (2) 44
73 Chaphassāyatanikā (3) 44
〔3〕 Gilāna-vagga [S 35 74 ～ 83] S. iv 46
74 Gilāna (1) 46
75 Gilāna (2) 47
76 Rādha (1) 48
77 Rādha (2) 49
78 Rādha (3) 49
79 Avijjā (1) 49
80 Avijjā (2) 50
81 Bhikkhu 50
82 Loka 52
83 Phagguno 52
〔4〕 Channa-vagga [S 35 84 ～ 93] S. iv 53
84 Paloka 53
85 Suñña 54
86 Saṅkhitta 54
87 Channa 55
88 Puṇṇa 60
89 Bāhiya 63
90 Eja (1) 64
91 Eja (2) 66
92 Dvayaṁ (1) 67

九三　二〔法〕（二）　111
第五　棄捨品（九四～一〇三）　114
九四　所摂取（一）　114
九五　所摂取（二）　117
九六　退　122
九七　不放逸住者　125
九八　摂　護　126
九九　三　昧　128
一〇〇　独　想　129
一〇一　非汝等有（一）　130
一〇二　非汝等有（二）　132
一〇三　優陀羅　132
第三　五十品　136
第一　安穏者品（一〇四～一五四）　136
一〇四　安穏者　136
一〇五　執　取　138
一〇六　苦　139
一〇七　世　間　141
一〇八　勝　142
一〇九　繋　縛　144
一一〇　執　取　145
一一一　了　知（一）　145
一一二　了　知（二）　146
一一三　侍　聞　146
第二　世間欲類品（一一四一～一二三）　149
一一四　魔　索（一）　149
一一五　魔　索（二）　150
一一六　世間欲類（一）　151
一一七　世間欲類（二）　158

93 Dvayaṁ (2) 67

〔5〕 Saḷa-vagga [S 35 94 ~ 103] S. iv 70

94 Saṅgayha (1) 70

95 Saṅgayha (2) 72

96 Parihānaṁ 76

97 Pamādavihārī 78

98 Saṁvara 79

99 Samādhi 80

100 Paṭisallāṇa 80

101 Natumhākaṁ (1) 81

102 Natumhākaṁ (2) 82

103 Uddako 83

III Tatiyapaññāsaka [S 35 104 ~ 154] S. iv 85

〔1〕 Yogakkhemi-vagga [S 35 104 ~ 113] 85

104 Yogakkhemi 85

105 Upādāya 85

106 Dukkha 86

107 Loko 87

108 Seyyo 88

109 Saṁyojana 89

110 Upādāna 89

111 Pajāna (1) 89

112 Pajāna (2) 90

113 Upassuti 90

〔2〕 Lokakāmaguṇa-vagga [S 35 114 ~ 123] S. iv 91

114 Mārapāsa (1) 91

115 Mārapāsa (2) 92

116 Lokakāmaguṇa (1) 93

117 Lokakāmaguṇa (2) 97

一一八　帝　釈　164
一一九　五結乾闥婆子　166
一二〇　舎利弗　167
一二一　羅睺羅　169
一二二　縛　縛　174
一二三　取　執　175
第三　居士品（一二四一～一三三）　176
一二四　毘舎離　176
一二五　伐　地　178
一二六　那爛陀　179
一二七　婆羅陀闍　180
一二八　須　那　183
一二九　瞿史羅　184
一三〇　訶梨提迦尼　185
一三一　ナクラピター　187
一三二　魯醯遮　188
一三三　毘紐迦旃延婆羅門尼　194
第四　提婆陀訶品（一三四～一四四）　199
一三四　提婆陀訶　199
一三五　執　著　201
一三六　不執著　202
一三七　悪意者（一）　205
一三八　悪意者（二）　206
一三九　内の因（一）　207
一四〇　内の因（二）　207
一四一　内の因（三）　208
一四二　外の因（一）　209
一四三　外の因（二）　209
一四四　外の因（三）　210

118 Sakka 101
119 Pañcasikha 103
120 Sāriputta 103
121 Rāhula 105
122 Saṁyojana 107
123 Upādāna 108
〔3〕 Gahapati-vagga [S 35 124 ～ 133] S. iv 109
124 Vesāli 109
125 Vajji 110
126 Nālanda 110
127 Bhāradvāja 110
128 Soṇo 113
129 Ghosita 113
130 Hāliddaka 115
131 Nakulapitā 116
132 Lohicca 116
133 Verahaccāni 121
〔4〕 Devadaha-vagga [S 35 134 ～ 144] S. iv 124
134 Devadahakhaṇa 124
135 Saṅgayha 126
136 Agayha 126
137 Palāsinā (1) 128
138 Palāsinā (2) 129
139 Hetunā ajjhatta (1) 129
140 Hetunā ajjhatta (2) 130
141 Hetunā ajjhatta (3) 130
142 Hetunā bāhira (1) 131
143 Hetunā bāhira (2) 131
144 Hetunā bāhira (3) 131

第五　新古品（一四五～一五四） 211
一四五　業 211
一四六　有　験（一） 213
一四七　有　験（二） 213
一四八　有　験（三） 214
一四九　有　験（四） 214
一五〇　内　住 216
一五一　何功徳 219
一五二　因由ありや 221
一五三　諸　根 223
一五四　説法者 224
第四　五十品 226
第一　悦喜消尽品（一五五～一六六） 226
一五五　悦喜消尽（一） 226
一五六　悦喜消尽（二） 227
一五七　悦喜消尽（三） 227
一五八　悦喜消尽（四） 228
一五九　耆婆菴羅林（一） 229
一六〇　耆婆菴羅林（二） 230
一六一　拘瑟他迦（一） 231
一六二　拘瑟他迦（二） 232
一六三　拘瑟他迦（三） 233
一六四　邪　見 234
一六五　己身見 235
一六六　我 235
第二　六十乃至広説〔品〕（一六七～一八六） 237
一六七　欲念にて（一～三） 237
一六八　欲念にて（四～六） 238
一六九　欲念にて（七～九） 239

〔5〕 Navapurāṇa-vagga [S 35 145 ～ 154] S. iv 132
145 Kamma 132
146 Sappāya (1) 133
147 Sappāya (2) 134
148 Sappāya (3) 134
149 Sappāya (4) 135
150 Antevāsi 136
151 Kimatthiya 138
152 Atthi nu kho pariyāyo 138
153 Indriya 140
154 Kathika 141
IV Catutthapaññāsaka [S 35 155 ～ 207] S. iv 142
〔1〕 Nandikkhaya-vagga [S 35 155 ～ 166] 142
155 Nandikkhaya (1) 142
156 Nandikkhaya (2) 142
157 Nandikkhaya (3) 142
158 Nandikkhaya (4) 143
159 Jīvakambavane (1) 143
160 Jīvakambavane (2) 144
161 Koṭṭhika (1) 145
162 Koṭṭhika (2) 146
163 Koṭṭhika (3) 146
164 Micchādiṭṭhi 147
165 Sakkāya 147
166 Attano 148
〔2〕 Saṭṭhipeyyāla-vagga [S 35 167 ～ 186] S. iv 148
167 Chandena (1 ～ 3) 148
168 Chandena (4 ～ 6) 149
169 Chandena (7 ～ 9) 150

一七〇　欲念にて（一〇〜一二）　240
一七一　欲念にて（一三〜一五）　240
一七二　欲念にて（一六〜一八）　241
一七三　過去にて（一〜三）　242
一七四　過去にて（四〜六）　243
一七五　過去にて（七〜九）　243
一七六　過去にて（一〇〜一二）　243
一七七　過去にて（一三〜一五）　244
一七八　過去にて（一六〜一八）　244
一七九　凡そ無常なるもの（一〜三）　245
一八〇　凡そ無常なるもの（四〜六）　246
一八一　凡そ無常なるもの（七〜九）　247
一八二　凡そ無常なるもの（一〇〜一二）　248
一八三　凡そ無常なるもの（一三〜一五）　248
一八四　凡そ無常なるもの（一六〜一八）　249
一八五　内（一〜三）　249
一八六　外（一〜三）　250
第三　海　品（一八七〜一九六）　251
一八七　海（一）　251
一八八　海（二）　253
一八九　漁　夫　254
一九〇　乳樹にて　256
一九一　拘絺羅　259
一九二　迦摩浮　262
一九三　優陀夷　263
一九四　燃焼にて　266
一九五　手足喩（一）　270
一九六　手足喩（二）　270
第四　毒蛇品（一八七〜一九六）　271

170 Chandena (10 ~ 12) 150
171 Chandena (13 ~ 15) 150
172 Chandena (16 ~ 18) 151
173 Atītena (1 ~ 3) 151
174 Atītena (4 ~ 6) 152
175 Atītena (7 ~ 9) 152
176 Atītena (10 ~ 12) (nava) 152
177 Atītena (13 ~ 15) 152
178 Atītena (16 ~ 18) 152
179 Yadanicca (1 ~ 3) (aṭṭhārasa) 152
180 Yadanicca (4 ~ 6) 154
181 Yadanicca (7 ~ 9) 154
182 Yadanicca (10 ~ 12) 154
183 Yadanicca (13 ~ 15) 155
184 Yadanicca (16 ~ 18) 155
185 Ajjhatta (1 ~ 3) (tayo) 155
186 Bāhira (1 ~ 3) (tayo) 156
〔3〕 Samudda-vagga [S 35 187 ~ 196] S. iv 157
187 Samudda (1) 157
188 Samudda (2) 158
189 Bālisika 158
190 Khīrarukkhena 159
191 Koṭṭhiko 162
192 Kāmabhū 165
193 Udāyī 166
194 Ādittena 168
195 Hatthapādupamā (1) 171
196 Hatthapādupamā (2) 172
〔4〕 Āsīvisa-vagga [S 35 197 ~ 207] S. iv 172

一九七　毒　蛇　271
一九八　喜　楽　276
一九九　亀　279
二〇〇　木　塊（一）　281
二〇一　木　塊（二）　285
二〇二　漏　泄　286
二〇三　苦　法　294
二〇四　緊叔迦　299
二〇五　琵　琶　304
二〇六　六生物　308
二〇七　麦　把　312
第二　受相応　318
第一　有偈品（一～一〇）　318
一　三　昧　318
二　楽　318
三　捨　棄　319
四　嶮　崖　320
五　当　見　321
六　箭　322
七　疾　病（一）　326
八　疾　病（二）　330
九　無　常　333
一〇　触を根本とするもの　333
第二　独坐品（一一～二〇）　335
一一　独　坐　335
一二　虚　空（一）　338
一三　虚　空（二）　339
一四　客　舎　339
一五　止　息（一）　340

197	Āsīvisa	172
198	Rato	175
199	Kumma	177
200	Dārukkhandha (1)	179
201	Dārukkhandha (2)	181
202	Avassuta	182
203	Dukkhadhammā	188
204	Kiṁsukā	191
205	Vīṇā	195
206	Chapāṇa	198
207	Yavakalāpi	201
36	Vedanā-saṁyutta [S 36 1 ~ 29]	S. iv 204
〔1〕	Sagātha-vagga [S 36 1 ~ 10]	204
1	Samādhi	204
2	Sukhāya	204
3	Pahānena	205
4	Pātāla	206
5	Daṭṭhabbena	207
6	Sallattena	207
7	Gelañña (1)	210
8	Gelañña (2)	213
9	Anicca	214
10	Phassamūlaka	215
〔2〕	Rahogata-vagga [S 36 11 ~ 20]	S. iv 216
11	Rahogataka	216
12	Ākāsa (1)	218
13	Ākāsa (2)	219
14	Agāra	219
15	Santaka (1)	219

一六　止　息（二）　341
一七　八　支（一）　342
一八　八　支（二）　344
一九　パンチャカンガ　345
二〇　比　丘　352
第三　百八理品（二一～二九）　354
二一　尸　婆　354
二二　百　八　356
二三　比　丘　358
二四　宿　智　359
二五　比　丘　361
二六　沙門婆羅門（一）　361
二七　沙門婆羅門（二）　362
二八　沙門婆羅門（三）　363
二九　清浄の無食楽　363
第三　女人相応　369
第一　中略品　第一（一～一四）　369
一　可意，不可意（一）　369
二　可意，不可意（二）　369
三　特　殊　370
四　三〔法〕（阿難律一　黒分）　371
五　有　忿　372
六　有　恨　373
七　有　嫉　373
八　有　慳　373
九　犯　行　373
一〇　劣　戒　374
一一　寡　聞　374
一二　懈　怠　374

16 Santaka (2) 221
17 Aṭṭhaka (1) 221
18 Aṭṭhaka (2) 222
19 Pañcakaṅga 223
20 Bhikkhunā 228
〔3〕 Aṭṭhasatapariyāya-vagga [S 36 21 ~ 29] S. iv 230
21 Sīvako 230
22 Aṭṭhasata 231
23 Bhikkhu 232
24 Pubbeñāṇaṁ 233
25 Bhikkhunā 234
26 Samaṇabrāhmaṇā (1) 234
27 Samaṇabrāhmaṇā (2) 235
28 Samaṇabrāhmaṇā (3) 235
29 Suddhikaṁ nirāmisaṁ 235
37 Mātugāma-saṁyutta [S 37 1 ~ 34] S. iv 238
〔1〕 Peyyāla-vagga (1) [S 37 1 ~ 14] 238
1 Manāpā amanāpā (1) 238
2 Manāpā amanāpā (2) 238
3 Āveṇikā 239
4 Tīhi (Anuruddho 1. Kaṇhapakkha) 240
5 Kodhano 240
6 Upanāhī 241
7 Issukī 241
8 Maccharena 241
9 Aticārī 242
10 Dussīla 242
11 Appassuta 242
12 Kusīta 242

一三　忘　念　375
一四　五　禁　375
第二　中略品　第二（一五～二四）
（阿難律二　白分）　375
一五　無　忿　376
一六　無　恨　376
一七　無　嫉　377
一八　無　慳　377
一九　無犯行　377
二〇　持　戒　377
二一　多　聞　378
二二　精　進　378
二三　有　念　378
二四　五　戒　378
第三　第三品（二五～三四）　380
二五　無所畏　380
二六　抑　制　380
二七　克　服　381
二八　単　一　381
二九　部　分　381
三〇　放　逐　382
三一　因　384
三二　位　処　384
三三　無所畏　386
三四　増　張　387
第四　閻浮車相応　389
一　涅　槃　389
二　阿羅漢果　390
三　法語者　391

13 Muṭṭhassati 242
14 Pañcavera 243
〔2〕 Peyyāla-vagga (2) (Anuruddho 2. Sukkapakkha) [S 37 15 ~ 24] S. iv 243
15 Akodhano 243
16 Anupanāhī 244
17 Anissukī 244
18 Amaccharī 244
19 Anaticārī 244
20 Sīlavā 244
21 Bahussuto 244
22 Viriya 244
23 Sati 245
24 Pañcasīla 245
〔3〕 Tatiya-vagga [S 37 25 ~ 34] S. iv 246
25 Visāradā 246
26 Pasayhā 246
27 Abhibhūyya 246
28 Eka 246
29 Aṅga 247
30 Nāsenti 247
31 Hetu 248
32 Ṭhāna 249
33 Visāradā 250
34 Vaḍḍhi 250
38 Jambukhādaka-saṁyutta [S 38 1 ~ 16] S. iv 251
1 Nibbāna 251
2 Arahattaṁ 252
3 Dhammavādī 252

四　何　在	392
五　安　息	393
六　最上安息	394
七　受	395
八　漏	395
九　無　明	396
一〇　愛	396
一一　暴　流	397
一二　取	397
一三　有	398
一四　苦	398
一五　己　身	399
一六　難　為	400
第五　沙門出家相応	402
一　涅　槃	402
二〜一五	403
一六　難　為	403
第六　目犍連相応	405
一　有　尋	405
二　無　尋	406
三　楽	407
四　捨	408
五　虚　空	410
六　識	411
七　無所有	412
八　非非想	413
九　無　相	414
一〇　帝　釈	415
一一　栴檀天子	424

	4	Kimatthi	253
	5	Assāso	254
	6	Paramassāso	254
	7	Vedanā	255
	8	Āsavā	256
	9	Āvijjā	256
	10	Taṇhā	257
	11	Ogha	257
	12	Upādāna	258
	13	Bhava	258
	14	Dukkha	259
	15	Sakkāya	259
	16	Dukkara	260
39	Sāmaṇḍaka-saṁyutta [S 39 1 ～ 16]		S. iv 261
	1	Nibbāna	261
	2 ～ 15		262
	16	Dukkara	262
40	Moggallāna-saṁyutta [S 40 1 ～ 15]		S. iv 262
	1	Savitakka	262
	2	Avitakka	263
	3	Sukhena	264
	4	Upekkhako	265
	5	Ākāsa	266
	6	Viññāṇa	266
	7	Ākiñcañña	267
	8	Nevasaññī	268
	9	Animitto	268
	10	Sakko	269
	11	Candano	280

一二　須夜摩天　425
一三　删兜率陀(兜率)天　425
一四　善化楽天　425
一五　婆舎抜提天　425
第七　質多相応　427
一　繋　縛　427
二　隷犀達多（一）　430
三　隷犀達多（二）　433
四　摩訶迦　439
五　迦摩浮（一）　442
六　迦摩浮（二）　445
七　牛達多　449
八　尼乾陀　453
九　裸　形　456
一〇　見　病　460

第16巻上　相応部経典　五（六処篇・大篇）　立花俊道訳

第八　聚落主相応　1
一　暴　悪　1
二　布　吒　3
三　戦　士　7
四　象　9
五　馬　9
六　西地〔方〕人（死歿者）　10
七　説　教　14
八　螺　18
九　家　24
一〇　頂　髻　28
一一　驢　姓　30

	12	〔Suyāmo〕	280
	13	〔Santusito〕	280
	14	〔Sunimitto〕	280
	15	〔Vasavatti〕	280
41	Citta-saṁyutta [S 41 1 ～ 10]		S. iv 281
	1	Saññojana	281
	2	Isidatta (1)	283
	3	Isidatta (2)	285
	4	Mahaka	288
	5	Kāmabhū (1)	291
	6	Kāmabhū (2)	293
	7	Godatta	295
	8	Nigaṇṭha	297
	9	Acela	300
	10	Gilānadassana	302

42	Gāmaṇi-saṁyutta [S 42 1 ～ 13]		S. iv 305
	1	Caṇḍo	305
	2	Puṭo	306
	3	Yodhājīvo	308
	4	Hatthi	310
	5	Assa (or Haya)	310
	6	Pacchābhūmako (or Matako)	311
	7	Desanā	314
	8	Saṅkha	317
	9	Kulaṁ	322
	10	Maṇicūḷaṁ	325
	11	Bhadra (or Bhagandha-Haṭṭhaka)	327

一二　王　髪　35
一三　波羅牢（可意）　54
第九　無為相応　77
第一品（一～一一）　77
一　身　77
二　止　観　78
三　有　尋　78
四　空　79
五　念　処　79
六　正　勤　79
七　如意足　80
八　根　80
九　力　80
一〇　覚　支　80
一一　道　81
第二品（一二～四四）　82
一二　無　為　82
一　止　82
二　観　83
三～八　六種三昧　84
九～一二　四念処　85
一三～一六　四正勤　86
一七～二〇　四如意足　86
二一～二五　五　根　86
二六～三〇　五　力　87
三一～三七　七覚支　87
三八～四五　八正道　88
一三　終　極（無下）　89
一四　無　漏（無流）　89

	12 Rāsiyo	330
	13 Pāṭali (or Manāpo)	340
43	Asaṁkhata-saṁyutta [S 43 1 ～ 44]	S. iv 359
	〔1〕 Paṭhama-vagga [S 43 1 ～ 11]	359
	1 Kāyo	359
	2 Samatho	360
	3 Vitakko	360
	4 Suññatā	360
	5 Satipaṭṭhānā	360
	6 Sammappadhānā	360
	7 Iddhipādā	360
	8 Indriya	361
	9 Bala	361
	10 Bojjhaṅgā	361
	11 Maggena	361
	〔2〕 Dutiya-vagga [S 43 12 ～ 44]	S. iv 362
	12 Asaṅkhataṁ	362
	(1) Samatho	362
	(2) Vipassanā	362
	(3) ～ (8) Cha-samādhi	362
	(9) ～ (12) Cattāro satipaṭṭhānā	363
	(13) ～ (16) Cattāro sammappadhānā	364
	(17) ～ (20) Cattāro iddhipādā	365
	(21) ～ (25) Pañcindriyāni	365
	(26) ～ (30) Pañcabalāni	366
	(31) ～ (37) Sattabojjhaṅgā	367
	(38) ～ (45) Aṭṭhaṅgika-maggo	367
	13 Antaṁ	368
	14 Anāsavaṁ	368

一五　真　諦　90
一六　彼　岸　90
一七　巧　妙（聴細）　90
一八　極難見（難見）　90
一九　不　老（無壊）　90
二〇　堅　牢（無争）　91
二一　照　見（無失）　91
二二　無　譬　91
二三　無戯論　91
二四　寂　静　91
二五　甘　露　92
二六　極　妙　92
二七　安　泰（止）　92
二八　安　穏（安）　92
二九　愛　尽　93
三〇　不思議（希有）　93
三一　希　有（未曾有）　93
三二　無　災（無枉）　93
三三　無災法（無災）　93
三四　涅　槃　94
三五　無　損　94
三六　離　欲　94
三七　清　浄（浄）　94
三八　解　脱　95
三九　非　住　95
四〇　燈　明（洲）　95
四一　窟　宅　95
四二　庇　護　95
四三　帰　依　96

15	Saccaṁ	369
16	Pāraṁ	369
17	Nipuṇaṁ	369
18	Sududdasaṁ	369
19	Ajajjaraṁ	369
20	Dhuvaṁ	370
21	Apalokitaṁ (Apalokanaṁ)	370
22	Anidassanaṁ	370
23	Nippapañcaṁ	370
24	Santaṁ	370
25	Amataṁ	370
26	Paṇītaṁ	370
27	Sivaṁ	370
28	Khemaṁ	371
29	Taṇhakkhayo	371
30	Acchariyo	371
31	Abbhutaṁ	371
32	Anītika	371
33	Anītikadhamma	371
34	Nibbānaṁ	371
35	Avyāpajjho	371
36	Virāgo	371
37	Suddhi	372
38	Mutti	372
39	Anālayo	372
40	Dīpa	372
41	Lena	372
42	Tāṇaṁ	372
43	Saraṇaṁ	372

四四　到彼岸（能度）　96
第十　無記説相応　99
一　識摩長老尼　99
二　阿腟羅陀　105
三　舎利弗—拘絺羅第一（住著）　112
四　舎利弗—拘絺羅第二（生起）　113
五　舎利弗—拘絺羅第三（愛情）　115
六　舎利弗—拘絺羅第四（悦喜）　116
七　目犍連（処）　120
八　婆　蹉（繋縛）　125
九　論議堂　129
一〇　阿　難（我は有り）　132
一一　詵　陀　134

大　篇（一二相応）　渡辺照宏訳
第一　道相応　139
第一　無明品（一～一〇）　139
一　無　明　139
二　半　140
三　舎利弗　142
四　婆羅門　144
五　何　義　148
六　一比丘（一）　149
七　一比丘（二）　150
八　分　別　151
九　芒　154
一〇　難　提　156
第二　住　品（一一～二〇）　158

44 Parāyaṇaṁ 373

44 Avyākata-saṁyutta [S 44 1 ~ 11] S. iv 374

1 Khemātherī 374

2 Anurādho 380

3 Sāriputta — Koṭṭhika (or Pagataṁ) (1) 384

4 Sāriputta — Koṭṭhika (or Samudaya) (2) 386

5 Sāriputta — Koṭṭhika (or Pema) (3) 387

6 Sāriputta — Koṭṭhika (or Arāma) (4) 388

7 Moggallāna (or Āyatana) 391

8 Vaccho (or Bandhaṁ) 395

9 Kutūhalasālā 398

10 Ānando (or Atthatto) 400

11 Sabhiyo 401

Saṁyutta-nikāya Vol. V

V Mahā-vagga [S 45 ~ 56] 1

45 Magga-saṁyutta [S 45 1 ~ 180] S. v 1

〔1〕 Avijjā-vagga [S 45 1 ~ 10] 1

1 Avijjā 1

2 Upaḍḍha 2

3 Sāriputta 3

4 Brāhmaṇa 4

5 Kimattha 6

6 Aññataro bhikkhu (1) 7

7 Aññataro bhikkhu (2) 8

8 Vibhaṅga 8

9 Suka 10

10 Nandiya 11

〔2〕 Vihāra-vagga [S 45 11 ~ 20] S. v 12

一一　住（一）　158
一二　住（二）　160
一三　有　学　162
一四　生　起（一）　163
一五　生　起（二）　163
一六　清　浄（一）　164
一七　清　浄（二）　164
一八　雞林精舎（一）　165
一九　雞林精舎（二）　166
二〇　雞林精舎（三）　167
第三　邪性品（二一～三〇）　168
二一　邪　性　168
二二　不善法　169
二三　道（一）　169
二四　道（二）　170
二五　不善士（一）　171
二六　不善士（二）　172
二七　瓶　173
二八　定　173
二九　受　174
三〇　鬱低迦　175
第四　行　品（三一～四〇）　176
三一　行　176
三二　行　者　177
三三　失　177
三四　到彼岸　178
三五　沙門法（一）　180
三六　沙門法（二）　180
三七　婆羅門法（一）　181

11 Vihāra (1) 12
12 Vihāra (2) 13
13 Sekha 14
14 Uppāde (1) 14
15 Uppāde (2) 14
16 Parisuddha (1) 15
17 Parisuddha (2) 15
18 Kukkuṭārāma (1) 15
19 Kukkuṭārāma (2) 16
20 Kukkuṭārāma (3) 16
〔3〕 Micchatta-vagga [S 45 21 ~ 30] S. v 17
21 Micchatta 17
22 Akusala-dhamma 18
23 Paṭipadā (1) 18
24 Paṭipadā (2) 18
25 Asappurisa (1) 19
26 Asappurisa (2) 20
27 Kumbha 20
28 Samādhi 21
29 Vedanā 21
30 Uttiya (or Uttika) 22
〔4〕 Paṭipatti-vagga [S 45 31 ~ 40 ; 41 ~ 138] S. v 23
31 Paṭipatti 23
32 Paṭipanna 23
33 Viraddha 23
34 Pāraṅgama 24
35 Sāmañña (1) 25
36 Sāmañña (2) 25
37 Brahmañña (1) 25

三八　婆羅門法（二）　181
三九　梵　行（一）　182
四〇　梵　行（二）　183
異学広説（四一～四八）　184
四一　遠　離　184
四二　結　185
四三　随　眠　186
四四　行　路　186
四五　漏　尽　186
四六　明解脱　187
四七　智　187
四八　無　取　187
日輪広説（四九～六二）　189
　一　遠離依止（四九～五五）　189
四九　善　友（一）　189
五〇　戒（一）　190
五一　志　欲（一）　190
五二　我（一）　190
五三　見（一）　191
五四　不放逸（一）　191
五五　如　理（一）　191
　二　貪欲調伏（五六～六二）　192
五六　善　友（二）　192
五七　戒（二）　193
五八　志　欲（二）　194
五九　我（二）　194
六〇　見（二）　194
六一　不放逸（二）　194
六二　如　理（二）　194

38	Brahmañña (2)	26
39	Brahmacariya (1)	26
40	Brahmacariya (2)	26
〔a〕	Aññatitthiya-peyyāla [S 45 41 ~ 48]	S. v 27
41	Virāga	27
42	Saṁyojana	28
43	Anusaya	28
44	Addhāna	28
45	Āsavakhaya	28
46	Vijjāvimutti	28
47	Ñāṇa	28
48	Anupādāya	29
〔b〕	Suriyassa-peyyāla [S 45 49 ~ 62]	S. v 29
	〔i〕 Viveka-nissita [S 45 49 ~ 55]	29
49	Kalyāṇamittatā (1)	29
50	Sīla (1)	30
51	Chanda (1)	30
52	Atta (1)	30
53	Diṭṭhi (1)	30
54	Appamāda (1)	30
55	Yoniso (1)	31
	〔ii〕 Rāga-vinaya [S 45 56 ~ 62]	S. v 31
56	Kalyāṇamittatā (2)	31
57	Sīla (2)	31
58	Chanda (2)	32
59	Atta (2)	32
60	Diṭṭhi (2)	32
61	Appamāda (2)	32
62	Yoniso (2)	32

一法広説（一）（六三～七六） 196
　一　遠離依止（六三～六九） 196
六三　善　友（一） 196
六四　戒（一） 197
六五　志　欲（一） 197
六六　我（一） 197
六七　見（一） 197
六八　不放逸（一） 198
六九　如　理（一） 198
　二　貪欲調伏（五六～六二） 198
七〇　善　友（二） 198
七一　戒（二） 199
七二　志　欲（二） 199
七三　我（二） 200
七四　見（二） 200
七五　不放逸（二） 200
七六　如　理（二） 200
一法広説（二）（七七～九〇） 202
　一　遠離依止（四九～五五） 202
七七　善　友（一） 202
七八　戒（一） 203
七九　志　欲（一） 203
八〇　我（一） 203
八一　見（一） 203
八二　不放逸（一） 203
八三　如　理（一） 203
　二　貪欲調伏（八四～九〇） 204
八四　善　友（二） 204
八五　戒（二） 205

〔c〕 Ekadhamma-peyyāla 1 [S 45 63 ～ 76] S. v 32
〔i〕 Viveka-nissita [S 45 63 ～ 69] 32
63 Kalyāṇamitta (1) 32
64 Sīla (1) 33
65 Chanda (1) 33
66 Atta (1) 33
67 Diṭṭhi (1) 33
68 Appamāda (1) 33
69 Yoniso (1) 33
〔ii〕 Rāga-vinaya [S 45 70 ～ 76] S. v 34
70 Kalyāṇamittatā (2) 34
71 Sīla (2) 34
72 Chanda (2) 34
73 Atta (2) 34
74 Diṭṭhi (2) 34
75 Appamāda (2) 35
76 Yoniso (2) 35
〔d〕 Ekadhamma-peyyāla 2 [S 45 77 ～ 90] S. v 35
〔i〕 Viveka-nissita [S 45 77 ～ 83] 35
77 Kalyāṇamitta (1) 35
78 Sīla (1) 36
79 Chanda (1) 36
80 Atta (1) 36
81 Diṭṭhi (1) 36
82 Appamāda (1) 36
83 Yoniso (1) 36
〔ii〕 Rāga-vinaya [S 45 84 ～ 90] S. v 37
84 Kalyāṇamittatā (2) 37
85 Sīla (2) 37

八六　志　欲（二）　205
八七　我（二）　205
八八　見（二）　205
八九　不放逸（二）　206
九〇　如　理（二）　206
恒河広説（九一～一三八）　207
一　遠離依止（九一～一〇二）　207
九一　東（一）　207
九二　東（二）　208
九三　東（三）　208
九四　東（四）　208
九五　東（五）　209
九六　東（六）　209
九七　海（一）　209
九八　海（二）　209
九九　海（三）　210
一〇〇　海（四）　210
一〇一　海（五）　210
一〇二　海（六）　210
二　貪欲調伏（一〇三～一一四）　211
一〇三～一〇八　東（一～六）　211
一〇九～一一四　海（一～六）　211
三　不死究竟（一一五～一二六）　212
一一五～一二〇　東（一～六）　212
一二一～一二六　海（一～六）　212
四　涅槃趣向（一二七～一三八）　212
一二七～一三二　東（一～六）　212
一三三～一三八　海（一～六）　212
第五　不放逸品（一三九～一四八）　213

86 Chanda (2) 37
87 Atta (2) 37
88 Diṭṭhi (2) 37
89 Appamāda (2) 37
90 Yoniso (2) 37
〔e〕 Gaṅgā-peyyāla [S 45 91 ～ 138] S. v 38
〔i〕 Viveka-nissita [S 45 91 ～ 102] 38
91 Pācīna (1) 38
92 Pācīna (2) 38
93 Pācīna (3) 39
94 Pācīna (4) 39
95 Pācīna (5) 39
96 Pācīna (6) 39
97 Samudda (1) 39
98 Samudda (2) 39
99 Samudda (3) 39
100 Samudda (4) 40
101 Samudda (5) 40
102 Samudda (6) 40
〔ii〕 Rāga-vinaya [S 45 103 ～ 114] S. v 40
103 ～ 108 Pācīna (1 ～ 6) 40
109 ～ 114 Samudda (1 ～ 6) 40
〔iii〕 Amatogadha [S 45 115 ～ 126] S. v 41
115 ～ 120 Pācīna (1 ～ 6) 41
121 ～ 126 Samudda (1 ～ 6) 41
〔iv〕 Nibbāna-ninna [S 45 127 ～ 138] S. v 41
127 ～ 132 Pācīna (1 ～ 6) 41
133 ～ 138 Samudda (1 ～ 6) 41
〔5〕 Appamāda-vagga [S 45 139 ～ 148] S. v 41

一三九　如　来（一～四）　213
一四〇　足　跡（一～四）　215
一四一　屋　頂（一～四）　216
一四二　根〔香〕（一～四）　216
一四三　核〔香〕（一～四）　217
一四四　夏生花（一～四）　217
一四五　王（一～四）　217
一四六　月（一～四）　217
一四七　日（一～四）　217
一四八　衣（一～四）　218
第六　力所作品（一四九～一六〇）　219
一四九　力　219
一五〇　種　子　220
一五一　龍　221
一五二　樹　222
一五三　瓶　223
一五四　芒　223
一五五　虚　空　224
一五六　雲（一）　225
一五七　雲（二）　226
一五八　船　舶　227
一五九　客　228
一六〇　河　230
第七　尋覓品（一六一～一七〇）　232
一六一　尋　覓　232
一　証　知　232
二　遍　知　233
三　遍　尽　233
四　断　234

139 Tathāgata 41
140 Pada 43
141 Kūṭa 43
142 Mūla 44
143 Sāro 44
144 Vassika 44
145 Rājā 44
146 Canda 44
147 Suriya 44
148 Vattha 45
〔6〕 Balakaraṇīya-vagga [S 45 149 ～ 160] S. v 46
149 Bala 46
150 Bīja 46
151 Nāga 47
152 Rukkha 47
153 Kumbha 48
154 Sūkiya 49
155 Akāsa 49
156 Megha (1) 50
157 Megha (2) 51
158 Nāvā 51
159 Āgantukā 51
160 Nadī 53
〔7〕 Esanā-vagga [S 45 161 ～ 170] S. v 54
161 Esanā 54
(1) Abhiññā 54
(2) Pariññā 55
(3) Parikkhaya 55
(4) Pahāna 55

一六二　次　第（一〜四）　234
一六三　漏（一〜四）　235
一六四　有（一〜四）　235
一六五　苦（一〜四）　236
一六六　礙（一〜四）　236
一六七　垢（一〜四）　236
一六八　搖（一〜四）　237
一六九　受（一〜四）　237
一七〇　渴　愛（一〜四）　238
一七〇　渴　愛（一〜四）　238
第八　暴流品（一七一〜一八〇）　239
一七一　暴　流　240
一七二　軛　240
一七三　取　240
一七四　繫　241
一七五　随　眠　241
一七六　妙　欲　242
一七七　蓋　242
一七八　蘊　243
一七九　下分〔結〕　243
一八〇　上分〔結〕　243
第二　覚支相応　246
第一　山　品（一〜一〇）　246
一　雪　山　246
二　身　247
三　戒　251
四　転　254
五　比　丘　257
六　クンダリ　258

162 Vidhā 56
163 Āsava 56
164 Bhava 56
165 Dukkhatā 56
166 Khilā 57
167 Mala 57
168 Nighā 57
169 Vedanā 57
170 Taṇhā (Viveka) 57
170 Tasinā or Taṇhā 2 ～ 4 (Rāgavinaya) 57
〔8〕 Ogha-vagga [S 45 171 ～ 180] S. v 59
171 Ogha 59
172 Yoga 59
173 Upādāna 59
174 Gantha 59
175 Anusaya 60
176 Kāmaguṇa 60
177 Nīvaraṇāni 60
178 Khandha 60
179 Orambhāgiya 61
180 Uddhambhāgiya 61
46 Bojjhaṅga-saṁyutta [S 46 1 ～ 175] S. v 63
〔1〕 Pabbata-vagga [S 46 1 ～ 10] 63
1 Himavanta 63
2 Kāya 64
3 Sīla 67
4 Vatta 70
5 Bhikkhu 72
6 Kuṇḍali 73

七　屋　頂　262
八　優波摩　263
九　生（一）　264
一〇　生（二）　264
第二　病　品（一一～二〇）　265
一一　生　類　265
一二　日輪喩（一）　266
一三　日輪喩（二）　267
一四　病（一）　268
一五　病（二）　269
一六　病（三）　269
一七　到彼岸　270
一八　失　271
一九　聖　272
二〇　厭　患　272
第三　優陀夷品（二一～三〇）　273
二一　覚　273
二二　説　274
二三　処　274
二四　非如理　275
二五　不　損　276
二六　尽　277
二七　滅　278
二八　決　択　279
二九　一　法　280
三〇　優陀夷　281
第四　蓋　品（三一～四〇）　284
三一　善（一）　284
三二　善（二）　284

7 Kūṭa 75
8 Upavāna 76
9 Uppannā (or Uppāda) (1) 77
10 Uppannā (or Uppāda) (2) 77
〔2〕 Gilāna-vagga [S 46 11 ～ 20] S. v 78
11 Pāṇa 78
12 Suriyassa upamā (1) 78
13 Suriyassa upamā (2) 79
14 Gilāna (1) 79
15 Gilāna (2) 80
16 Gilāna (3) 81
17 Pāraṅgāmi (or Aparaṁ) 81
18 Viraddha (or Āraddha) 82
19 Ariya 82
20 Nibbidā 82
〔3〕 Udāyi-vagga [S 46 21 ～ 30] S. v 83
21 Bodhanā 83
22 Desanā 83
23 Ṭhāna 84
24 Ayoniso 84
25 Aparihāni 85
26 Khaya 86
27 Nirodha 87
28 Nibbedha 87
29 Ekadhamma 88
30 Udāyi 89
〔4〕 Nīvaraṇa-vagga [S 46 31 ～ 40] S. v 91
31 Kusalā (1) 91
32 Kusalā (2) 91

三三　煩　悩（一）　285
三四　煩　悩（二）　287
三五　如　理（一）　288
三六　如　理（二）　288
三七　増　長　288
三八　障　蓋　289
三九　樹　291
四〇　蓋　292
第五　転輪品（四一～五〇）　294
四一　類　294
四二　転　輪　295
四三　魔　296
四四　愚　癡　296
四五　有　慧　297
四六　貧　窮　297
四七　不　貧　298
四八　日　輪　298
四九　支　分（一）　299
五〇　支　分（二）　300
第六　覚支総摂品（五一～五六）　301
五一　食　301
一　蓋の食　301
二　覚支の食　302
三　涅槃の不食　304
四　覚支の不食　305
五二　理　趣　307
一　五，十となる　309
二　七，十四となる　310
五三　火　312

33	Kilesa (1)	92
34	Kilesa (2)	93
35	Yoniso (1)	93
36	Yoniso (2)	94
37	Vuddhi (or Aparihāni ?)	94
38	Āvaraṇa-nīvaraṇa (or Nīvaraṇāvaraṇa)	94
39	Rukkha	96
40	Nīvaraṇa	97
〔5〕	Cakkavatti-vagga [S 46 41 ~ 50]	S. v 98
41	Vidhā	98
42	Cakkavatti	99
43	Māro	99
44	Duppañña	99
45	Paññavā	100
46	Dalidda	100
47	Adalidda	100
48	Ādicco	101
49	Aṅga (1)	101
50	Aṅga (2)	102
〔6〕	Bojjhaṅga-sākacca [S 46 51 ~ 56]	S. v 102
51	Āhāra	102
(1)	Āhāro nīvaraṇānaṁ	102
(2)	Āhāro bojjhaṅgānaṁ	103
(3)	Anāhāro nīvaraṇānaṁ	105
(4)	Anāhāro bojjhaṅgānaṁ	106
52	Pariyāya	108
(1)	Pañca dasa honti	110
(2)	Satta catuddasa honti	110
53	Aggi	112

一　非　時　313
二　時　313
三　非　時　314
四　時　315
五四　慈　316
五五　傷歌邏　324
五六　無　畏　331
第七　入出息品（五七～六六）　335
五七　骨　335
一　大果大功徳　335
二　若しくは　336
三　大義利　336
四　大安穏　337
五　大厭背　337
六　楽　住　338
五八　噉　338
五九　青　瘀　339
六〇　壊　339
六一　膖　脹　339
六二　慈　339
六三　悲　339
六四　喜　340
六五　捨　340
六六　入出息　340
第八　滅　品（六七～七六）　341
六七　不　浄　341
六八　死　341
六九　違　逆　341
七〇　不可楽　341

(1) Akāla 112
(2) Kāla 113
(3) Akāla 113
(4) Kāla 114
54 Mettaṁ 115
55 Saṅgārava 121
56 Abhaya 126
〔7〕 Ānāpāna-vagga [S 46 57 ~ 66] S. v 129
57 Aṭṭhika 129
(1) Mahapphala-mahānisaṁsā 129
(2) Aññāsativā 129
(3) Mahato attha 130
(4) Mahato yogakkhema 130
(5) Mahato saṁvega 130
(6) Phāsuvihāra 131
58 Puḷavaka 131
59 Vinīḷaka 131
60 Vicchiddaka 131
61 Uddhumātaka 131
62 Mettā 131
63 Karuṇā 131
64 Muditā 131
65 Upekhā 131
66 Ānāpāna 132
〔8〕 Nirodha-vagga [S 46 67 ~ 76] S. v 132
67 Asubha 132
68 Maraṇa 132
69 Paṭikkūla 132
70 Anabhirati (or Sabbaloke) 132

七一　無　常　341
七二　苦　342
七三　無　我　342
七四　断　342
七五　離　貪　342
七六　滅　343
第九　恒河広説（七七～八八）　345
七七～八八　345

第十　不放逸品（遠離）（八九～九八）　346
八九～九八　346

第十一　力所作品（遠離）（九九，一〇〇）　347
九九，一〇〇　347
第十二　尋覓品（遠離）（一〇一～一一〇）　348
一〇一～一一〇　348
第十三　暴流品（遠離）（一一一～一二〇）　349
一一一～一一九　349
一二〇　（*上分〔結〕）　349

第十四　恒河広説（欲貪調伏）（一二一～一三二）　350
一二一　350
一二二～一三二　351

第十五　不放逸品（欲貪調伏）（一三三～一四二）　352
一三三～一四二　352

第十六　力所作品（欲貪調伏）（一四三～一五四）　353
一四三～一五四　353

71 Anicca 132
72 Dukkha 132
73 Anatta 133
74 Pahāna 133
75 Virāga 133
76 Nirodha 133
〔9〕 Gaṅgā-peyyāla (Viveka) [S 46 77 ～ 88] S. v 134
77 ～ 88 134
〔10〕 Appamāda-vagga (Viveka)
[S 46 89 ～ 98] S. v 135
89 ～ 98 135
〔11〕 Balakaraṇīya-vagga (Viveka)
[S 46 99, 100] S. v 135
99, 100 135
〔12〕 Esanā-vagga (Viveka) [S 46 101 ～ 110] S. v 136
101 ～ 110 136
〔13〕 Ogha-vagga (Viveka) [S 46 111 ～ 120] S. v 136
111 ～ 119 136
120 (*Uddhambhāgiyāni) 136
〔14〕 Gaṅgā-peyyāla (Rāga-vinaya)
[S 46 121 ～ 132] S. v 137
121 137
122 ～ 132 138
〔15〕 Appamāda-vagga (Rāga-vinaya)
[S 46 133 ～ 142] S. v 138
133 ～ 142 138
〔16〕 Balakaraṇīya-vagga (Rāga-vinaya)
[S 46 143 ～ 154] S. v 138
143 ～ 154 138

第十七　尋覓品（欲貪調伏）（一五五〜一六五）　353
一五五〜一六五　354

第十八　暴流品（欲貪調伏）（一六六〜一七五）　354
一六六〜一七五　（*一七五　上分〔結〕）　354
第三　念処相応　357
第一　菴羅品（一〜一〇）　357
一　菴　羅　357
二　正　念　358
三　比　丘　359
四　薩　羅　361
五　善　聚　363
六　鷹　364
七　獶　猴　366
八　厨　士　369
九　病　371
一〇　比丘尼（*比丘尼住）　374
第二　那羅揵陀品（一一〜二〇）　379
一一　大丈夫　379
一二　那羅揵陀　380
一三　純　陀　383
一四　支　羅　387
一五　婆醯迦　389
一六　欝低迦　391
一七　聖　392
一八　梵天王　393
一九　私伽陀　395
二〇　国　土　397

〔17〕 Esanā-vagga (Rāga-vinaya)
[S 46 155 ～ 165] S. v 139
155 ～ 165 139
〔18〕 Ogha-vagga (Rāga-vinaya)
[S 46 166 ～ 175] S. v 139
166 ～ 175 (*175 Uddhambhāgiyāni) 139
47 Satipaṭṭhāna-saṁyutta [S 47 1 ～ 102] S. v 141
〔1〕 Ambapāli-vagga [S 47 1 ～ 10] 141
1 Ambapāli 141
2 Sato 142
3 Bhikkhu 142
4 Salla 144
5 Kusalarāsi 145
6 Sakuṇagghi 146
7 Makkaṭa 148
8 Sūda 149
9 Gilāna 152
10 Bhikkhunī (*Bhikkhunivāsako) 154
〔2〕 Nālanda-vagga [S 47 11 ～ 20] S. v 158
11 Mahāpurisa 158
12 Nālandā 159
13 Cuṇḍa 161
14 Ceḷa 163
15 Bāhiya (or Bāhika) 165
16 Uttiya 166
17 Ariya 166
18 Brahmā 167
19 Sedaka (or Ekantaka ?) 168
20 Janapada (or Ekantaka ?) 169

第三　戒住品（二一～三〇）　398
二一　戒　398
二二　住　400
二三　損　減　401
二四　清　浄　402
二五　婆羅門　403
二六　一　分　404
二七　悉　皆　405
二八　世　界　406
二九　尸利阿荼　407
三〇　摩那提那　409
第四　未聞品（三一～四〇）　410
三一　未　聞　410
三二　離　貪　411
三三　失　412
三四　修　習　413
三五　正　念　413
三六　開　悟　414
三七　欲　415
三八　遍　知　416
三九　修　習　416
四〇　分　別　417
第五　不死品（四一～五〇）　419
四一　不　死　419
四二　集　起　419
四三　道　420
四四　正　念　422
四五　善　聚　423
四六　波羅提木叉　423

〔3〕 Sīlaṭṭhiti-vagga [S 47 21 ～ 30] S. v 171
21 Sīla 171
22 Ṭhiti 172
23 Parihāna 173
24 Suddhaka 173
25 Brāhmaṇa 174
26 Padesa 174
27 Samatta 175
28 Loka 175
29 Sirivaḍḍha 176
30 Mānadinna 178
〔4〕 Ananussuta-vagga [S 47 31 ～ 40] S. v 178
31 Ananussuta 178
32 Virāga 179
33 Viraddha 179
34 Bhāvanā 180
35 Sato 180
36 Aññaṁ 181
37 Chando 181
38 Pariññāya 182
39 Bhāvanā 182
40 Vibhaṅga 183
〔5〕 Amata-vagga [S 47 41 ～ 50] S. v 184
41 Amata 184
42 Samudaya 184
43 Magga 185
44 Sato 186
45 Kusalarāsi 186
46 Pātimokkha 187

四七　悪　行　425
四八　友　426
四九　受　427
五〇　漏　428
第六　恒河広説（五一～六二）　429
五一～六二　429
第七　不放逸品（六三～七二）　430
六三～七二　430
第八　力所作品（七三～八二）　431
七三～八二　431
第九　尋覓品（八三～九二）　432
八三～九二　432
第十　暴流品（九三～一〇二）　432
九三～一〇二　432

第16巻下　相応部経典　六（大篇）　渡辺照宏訳

第四　根相応　1
第一　清浄品（一～一〇）　1
一　清　浄　1
二　預　流（一）　1
三　預　流（二）　2
四　阿羅漢（一）　2
五　阿羅漢（二）　3
六　沙門婆羅門（一）　4
七　沙門婆羅門（二）　4
八　応　観　5
九　分　別（一）　6
一〇　分　別（二）　8
第二　軟弱品（一一～二〇）　11

47 Duccaritaṁ 188
48 Mittā 189
49 Vedanā 189
50 Āsava 189
〔6〕 Gaṅgā-peyyāla [S **47** 51 ～ 62] S. v 190
51 ～ 62 190
〔7〕 Appamāda-vagga [S **47** 63 ～ 72] S. v 191
63 ～ 72 191
〔8〕 Balakaraṇīya-vagga [S **47** 73 ～ 82] S. v 191
73 ～ 82 191
〔9〕 Esanā-vagga [S **47** 83 ～ 92] S. v 191
83 ～ 92 191
〔10〕 Ogha-vagga [S **47** 93 ～ 102] S. v 191
93 ～ 102 191

48 Indriya-saṁyutta [S **48** 1 ～ 185] S. v 193
〔1〕 Suddhika-vagga [S **48** 1 ～ 10] 193
1 Suddhika 193
2 Sotāpanna (1) 193
3 Sotāpanna (2) 193
4 Arahaṁ (1) 194
5 Arahaṁ (2) 194
6 Samaṇabrāhmaṇā (1) 194
7 Samaṇabrāhmaṇā (2) 195
8 Daṭṭhabbaṁ 196
9 Vibhaṅga (1) 196
10 Vibhaṅga (2) 197
〔2〕 Mudutara-vagga [S **48** 11 ～ 20] S. v 199

一一　獲　得　11
一二　略　説（一）　13
一三　略　説（二）　13
一四　略　説（三）　14
一五　広　説（一）　15
一六　広　説（二）　15
一七　広　説（三）　16
一八　向　17
一九　寂　静　18
二〇　漏　尽　18
第三　六根品（二一〜三〇）　19
二一　後　有　19
二二　命　20
二三　知　20
二四　一　種　21
二五　清　浄　21
二六　預　流　22
二七　阿羅漢（一）　22
二八　阿羅漢（二）　22
二九　沙門婆羅門（一）　23
三〇　沙門婆羅門（二）　24

第四　楽根品（三一〜四〇）　25
三一　清　浄　25
三二　預　流　26
三三　阿羅漢　26
三四　沙門婆羅門（一）　26
三五　沙門婆羅門（二）　27
三六　広　説（一）　28

11 Paṭilābha 199
12 Saṅkhitta (1) 200
13 Saṅkhitta (2) 200
14 Saṅkhitta (3) 201
15 Vitthāra (1) 201
16 Vitthāra (2) 201
17 Vitthāra (3) 202
18 Paṭipanna 202
19 Upasama 202
20 Āsavānaṁ khayo 203
〔3〕 Chaḷindriya-vagga [S 48 21 ～ 30] S. v 203
21 Nabbhava (or Ñāṇavā) 203
22 Jīvita 204
23 Ñāya 204
24 Ekābhiññaṁ (or Ekabījī) 204
25 Suddhakaṁ 205
26 Sota (or Sotāpanna) 205
27 Arahatā (1) 205
28 Arahatā (2) (or Buddho) 205
29 Samaṇabrāhmaṇā (1) 206
30 Samaṇabrāhmaṇā (2) 206
〔4〕 Sukhindriya (or Uppaṭi)-vagga
[S 48 31 ～ 40] S. v 207
31 Suddhika 207
32 Sota 207
33 Arahā 208
34 Samaṇabrāhmaṇā (1) 208
35 Samaṇabrāhmaṇā (2) 208
36 Vibhaṅga (1) 209

三七　広　説（二）　29
三八　広　説（三）　31
三九　鑽　木　32
四〇　生　34
第五　老　品（四一～五〇）　38
四一　老　38
四二　ウンナーバ婆羅門　39
四三　沙祇城　42
四四　東　河　44
四五　東　園（一）　46
四六　東　園（二）　47
四七　東　園（三）　48
四八　東　園（四）　49
四九　賓頭盧　50
五〇　信　52
第六品（五一～六〇）　55
五一　拘薩羅　55
五二　末　羅　56
五三　有　学　57
五四　足　迹　59
五五　核　60
五六　依　止　61
五七　梵　天　61
五八　スーカラカター　63
五九　生（一）　65
六〇　生（二）　66
第七　覚分品（五一～六〇）　66
六一　結　67
六二　随　眠　67

37 Vibhaṅga (2) 209
38 Vibhaṅga (3) 210
39 Araṇi 211
40 Uppatika 213
〔5〕 Jarā-vagga [S 48 41 ~ 50] S. v 216
41 Jarā 216
42 Uṇṇābha-brāhmaṇa 217
43 Sāketa 219
44 Pubbakoṭṭhaka 220
45 Pubbārāma (1) 222
46 Pubbārāma (2) 222
47 Pubbārāma (3) 223
48 Pubbārāma (4) 223
49 Piṇḍolo 224
50 Saddha (or Āpaṇa) 225
〔6〕 Chaṭṭha-vagga [S 48 51 ~ 60] S. v 227
51 Sālā 227
52 Mallika 228
53 Sekha 229
54 Pade 231
55 Sāre 231
56 Patiṭṭhita 232
57 Brahmā 232
58 Sūkarakhatā 233
59 Uppāde (1) 235
60 Uppāde (2) 235
〔7〕 Bodhipakkhiya-vagga [S 48 61 ~ 70] S. v 236
61 Saṁyojana 236
62 Anusaya 236

六三　遍　知　67
六四　漏　尽　67
六五　果（一）　67
六六　果（二）　68
六七　樹（一）　69
六八　樹（二）　70
六九　樹（三）　71
七〇　樹（四）　71

第八　恒河広説（遠離依止）（七一～八二）　73
七一　遠　離　73
七二～八八　73

第九　不放逸品（遠離依止）（八三～九二）　74
八三～九二　74

第十　力所作品（遠離依止）（九三～一〇四）　75
九三～一〇四　75

第十一　尋覓品（遠離依止）（一〇五～一一七）　75
一〇五～一一七　75

第十二　暴流品（遠離依止）（一一八～一二八）　76
一一八～一二七　76
一二八　上分〔結〕　76

第十三　恒河広説（貪欲調伏）（一二九～一四〇）　78
一二九　78
一三〇～一四〇　78

63 Pariññā (or Addhāna) 236
64 Āsavakkhaya 236
65 Dve phalā 236
66 Sattānisaṁsā 237
67 Rukkha (1) 237
68 Rukkha (2) 238
69 Rukkha (3) 238
70 Rukkha (4) 238
〔8〕 Gaṅgā-peyyāla (Viveka-nissita)
[S **48** 71 ~ 82] S. v 239
71 (*Viveka) 239
72 ~ 88 240
〔9〕 Appamāda-vagga (Viveka-nissita)
[S **48** 83 ~ 92] S. v 240
83 ~ 92 240
〔10〕 Balakaraṇīya-vagga (Viveka-nissita)
[S **48** 93 ~ 104] S. v 240
93 ~ 104 240
〔11〕 Esanā-vagga (Viveka-nissita)
[S **48** 105 ~ 117] S. v 240
105 ~ 117 240
〔12〕 Ogha-vagga (Viveka-nissita)
[S **48** 118 ~ 128] S. v 241
118 ~ 127 241
128 (*Uddhambhāgiya) 241
〔13〕 Gaṅgā-peyyāla (Rāga-vinaya)
[S **48** 129 ~ 140] S. v 241
129 241
130 ~ 140 242

第十四　不放逸品（貪欲調伏）（一四一～一五〇）　79
一四一～一五〇　79

第十五　力所作品（貪欲調伏）（一五一～一六二）　79
一五一～一六二　79

第十六　尋覓品（貪欲調伏）（一六三～一七五）　79
一六三～一七五　79

第十七　暴流品（貪欲調伏）（一七六～一八五）　79
一七六～一八四　79
一八五　上分〔結〕　79
第五　正勤相応　81
第一　恒河広説（一～一二）　81
一～一二　81
第二　不放逸品（一三～二二）　83
一三～二二　83
第三　力所作品（二三～三四）　84
二三～三四　84
第四　尋覓品（三五～四四）　85
三五～四四　85
第五　暴流品（四五～五四）　86
四五～五三　86
五四　上分〔結〕　86
第六　力相応　89

第一　恒河広説（遠離依止）（一～一二）　89
一　89

〔14〕 Appamāda-vagga (Rāga-vinaya)
[S 48 141 ~ 150] S. v 242
141 ~ 150 242
〔15〕 Balakaraṇīya-vagga (Rāga-vinaya)
[S 48 151 ~ 162] S. v 242
151 ~ 162 242
〔16〕 Esanā-vagga (Rāga-vinaya)
[S 48 163 ~ 175] S. v 242
163 ~ 175 242
〔17〕 Ogha-vagga (Rāga-vinaya)
[S 48 176 ~ 185] S. v 242
176 ~ 184 242
185 (*Uddhambhāgiyāni) 242
49 Sammappadhāna-saṁyutta [S 49 1 ~ 54] S. v 244
〔1〕 Gaṅgā-peyyāla [S 49 1 ~ 12] 244
1 ~ 12 244
〔2〕 Appamāda-vagga [S 49 13 ~ 22] S. v 245
13 ~ 22 245
〔3〕 Balakaraṇīya-vagga [S 49 23 ~ 34] S. v 246
23 ~ 34 246
〔4〕 Esanā-vagga [S 49 35 ~ 44] S. v 246
35 ~ 44 246
〔5〕 Ogha-vagga [S 49 45 ~ 54] S. v 247
45 ~ 53 247
54 (*Uddhambhāgiyāni) 247
50 Bala-saṁyutta [S 50 1 ~ 110] S. v 249
〔1〕 Gaṅgā-peyyāla (Viveka-nissita)
[S 50 1 ~ 12] 249
1 249

二～一二　90

第二　不放逸品（遠離依止）（一三～二二）　90
一三～二二　90
第三　力所作品（*力品）（遠離依止）（二三～三四）　91
二三～三四　91

第四　尋覓品（遠離依止）（三五～四六）　91
三五～四六　91

第五　暴流品（遠離依止）（四七～五六）　92
四七～五五　92
五六　上分〔結〕　92

第六　恒河広説（貪欲調伏）（五七～六八）　93
五七　93
五八～六八　94

第七　不放逸品（貪欲調伏）（六九～七八）　95
六九～七八　95
第八　力所作品（*力品）（貪欲調伏）（七九～九〇）　95
七九～九〇　95
第九　尋覓品（貪欲調伏）（九一～一〇〇）　96

九一～一〇〇　96

第十　暴流品（貪欲調伏）（一〇一～一一〇）　97

2 ～ 12 250
〔2〕 Appamāda-vagga (Viveka-nissita)
[S 50 13 ～ 22] S. v 250
13 ～ 22 250
〔3〕 Balakaraṇīya (*Bala)-vagga
(Viveka-nissita) [S 50 23 ～ 34] S. v 250
23 ～ 34 250
〔4〕 Esanā-vagga (Viveka-nissita)
[S 50 35 ～ 46] S. v 250
35 ～ 46 250
〔5〕 Ogha-vagga (Viveka-nissita)
[S 50 47 ～ 56] S. v 251
47 ～ 55 251
56 (*Uddhambhāgiyāni) 251
〔6〕 Gaṅgā-peyyāla (Rāga-vinaya)
[S 50 57 ～ 68] S. v 251
57 251
58 ～ 68 252
〔7〕 Appamāda-vagga (Rāga-vinaya)
[S 50 69 ～ 78] S. v 252
69 ～ 78 252
〔8〕 Balakaraṇīya (*Bala)-vagga
(Rāga-vinaya) [S 50 79 ～ 90] S. v 252
79 ～ 90 252
〔9〕 Esanā-vagga (Rāga-vinaya)
[S 50 91 ～ 100] S. v 252
91 ～ 100 252
〔10〕 Ogha-vagga (Rāga-vinaya)
[S 50 101 ～ 110] S. v 253

一〇一〜一〇九　97
一一〇　上分〔結〕　97
第七　神足相応　99
第一　遮婆羅品（一〜一〇）　99
一　此　岸　99
二　失　99
三　聖　100
四　厭　患　101
五　一　分　101
六　悉　皆　102
七　比　丘　103
八　仏　104
九　智　105
一〇　塔　106
第二　鹿母殿震動品（一一〜二〇）　112
一一　前　112
一二　大　果　116
一三　欲　117
一四　目犍連　119
一五　婆羅門　122
一六　沙門婆羅門（一）　125
一七　沙門婆羅門（二）　126
一八　比　丘　128
一九　説　示　128
二〇　分　別　129
第三　鉄丸品（二一〜三二）　137
二一　道　137
二二　鉄　丸　138
二三　比　丘　140

101 ～ 109 253
110 (*Uddhambhāgiyāni) 253
51 Iddhipāda-saṁyutta [S 51 1 ～ 86] S. v 254
〔1〕 Cāpāla-vagga [S 51 1 ～ 10] 254
1 Aparā 254
2 Viraddha 254
3 Ariyā 255
4 Nibbidā 255
5 Padesa 255
6 Samatta 256
7 Bhikkhū 257
8 Buddha (or Arahaṁ) 257
9 Ñāṇa 258
10 Cetiya 258
〔2〕 Pāsādakampana-vagga [S 51 11 ～ 20] S. v 263
11 Pubbe (or Hetu) 263
12 Mahapphala 267
13 Chando 268
14 Moggallāna 269
15 Brahmaṇa 271
16 Samaṇabrāhmaṇā (1) (or Mahiddhi) 273
17 Samaṇabrāhmaṇā (2) (or Vidhā) 274
18 Bhikkhu 275
19 Desanā (or Bhāvanā) 276
20 Vibhaṅga 276
〔3〕 Ayoguḷa-vagga [S 51 21 ～ 32] S. v 281
21 Magga 281
22 Ayoguḷa 282
23 Bhikkhu 284

二四　清　浄　141
二五　果（一）　141
二六　果（二）　142
二七　阿　難（一）　143
二八　阿　難（二）　144
二九　比　丘（一）　144
三〇　比　丘（二）　145
三一　目犍連　146
三二　如　来　148
第四　恒河広説（三三～四四）　149
三三　149
三四～四四　150
第五　不放逸品（四五～五四）　151
第六　力所作品（五五～六六）　152
第七　尋覓品（六七～七六）　152
第八　暴流品（七七～八五）　153
*八六　上分〔結〕（八六）　154
第八　阿那律相応　156
第一　独一品（一～一〇）　156
一　独（一）　156
二　独（二）　159
三　手成浴池　160
四　カンタキー（一）　161
五　カンタキー（二）　162
六　カンタキー（三）　163
七　愛　尽　164
八　松林精舎　165
九　一　切　166
一〇　重　患　167

	24	Suddhaka	284
	25	Phalā (1)	285
	26	Phalā (2)	285
	27	Ānanda (1)	285
	28	Ānanda (2)	286
	29	Bhikkhū (1)	287
	30	Bhikkhū (2)	287
	31	Moggallāna	288
	32	Tathāgata	289
	〔4〕	Gaṅgā-peyyāla [S 51 33 ～ 44]	S. v 290
	33		290
	34 ～ 44		291
	〔5〕	Appamāda-vagga [S 51 45 ～ 54]	S. v 291
	〔6〕	Balakaraṇīya-vagga [S 51 55 ～ 66]	S. v 291
	〔7〕	Esanā-vagga [S 51 67 ～ 76]	S. v 291
	〔8〕	Ogha-vagga [S 51 77 ～ 85]	S. v 292
	86	*Uddhambhāgiyāni [S 51 86]	292
52	Anuruddha-saṁyutta [S 52 1 ～ 24]		S. v 294
	〔1〕	Rahogata-vagga [S 52 1 ～ 10]	294
	1	Rahogata (1)	294
	2	Rahogata (2)	296
	3	Sutanu	297
	4	Kaṇṭakī (1)	298
	5	Kaṇṭakī (2)	299
	6	Kaṇṭakī (3)	299
	7	Taṇhakkhaya	300
	8	Salaḷāgāra	300
	9	Sabba (or Ambapāla)	301
	10	Bāḷhagilāna (or Gihīnayo)	302

第二品（一一～二四） 169
一一　千 169
一二　神　変 170
一三　〔天耳界〕 170
一四　心 170
一五　処 170
一六　〔業〕 171
一七　道 171
一八　世　間 171
一九　種種勝解 171
二〇　根 171
二一　静　慮 172
二二　明（一） 172
二三　明（二） 172
二四　明（三） 172
第九　静慮相応 174
第一　恒河広説（一～一二） 174
第二　不放逸品（一三～二二） 176
第三　力所作品（二三～三四） 177
第四　尋覓品（三五～四四） 177
第五　暴流品（四五～五三） 178
*五四　上分〔結〕（五四） 178
第十　入出息相応 181
第一　一法品（一～一〇） 181
一　一　法 181
二　覚　支 183
三　清　浄 183
四　果（一） 184
五　果（二） 185

〔2〕 Dutiya-vagga [S 52 11 ~ 24] S. v 303
11 Sahassa 303
12 Iddhi (1) 303
13 Iddhi (2) 304
14 Cetoparicca 304
15 Ṭhāna (1) 304
16 Ṭhāna (2) 304
17 Paṭipadā 304
18 Loka 304
19 Nānādhimutti 305
20 Indriya 305
21 Jhāna 305
22 Vijjā (1) 305
23 Vijjā (2) 305
24 Vijjā (3) 305
53 Jhāna-saṁyutta [S 53 1 ~ 54] S. v 307
〔1〕 Gaṅgā-peyyāla [S 53 1 ~ 12] 307
〔2〕 Appamāda-vagga [S 53 13 ~ 22] S. v 308
〔3〕 Balakaraṇīya-vagga [S 53 23 ~ 34] S. v 308
〔4〕 Esanā-vagga [S 53 35 ~ 44] S. v 309
〔5〕 Ogha-vagga [S 53 45 ~ 53] S. v 309
*54 Uddhambhāgiyāni [S 53 54] 309
54 Anāpāna-saṁyutta [S 54 1 ~ 20] S. v 311
〔1〕 Ekadhamma-vagga [S 54 1 ~ 10] 311
1 Ekadhamma 311
2 Bojjhaṅga 312
3 Suddhaka 313
4 Phalā (1) 313
5 Phalā (2) 314

六　阿梨瑟吒　186
七　罽賓那　187
八　燈　189
九　毘舎離　193
一〇　金毘羅　196
第二品（一一～二〇）　201
一一　一奢能伽羅　201
一二　盧夷強耆　202
一三　阿　難（一）　205
一四　阿　難（二）　210
一五　比　丘（一）　211
一六　比　丘（二）　212
一七　結　218
一八　随　眠　218
一九　行　路　218
二〇　漏　尽　218
第十一　預流相応　220
第一　鞞紐多羅品（一～一〇）　220
一　王　220
二　預　流　221
三　長　寿　223
四　舎利弗（一）　226
五　舎利弗（二）　227
六　大　工　228
七　鞞紐多羅　234
八　繁耆迦精舎（一）　240
九　繁耆迦精舎（二）　242
一〇　繁耆迦精舎（三）　243

6	Ariṭṭha	314
7	Kappina	315
8	Dīpa	316
9	Vesālī	320
10	Kimbila	322
〔2〕	Dutiya-vagga [S 54 11 〜 20]	S. v 325
11	Icchānaṅgala	325
12	Kaṅkheyya	327
13	Ānanda (1)	328
14	Ānanda (2)	333
15	Bhikkhū (1)	334
16	Bhikkhū (2)	335
17	Saṁyojana	340
18	Anusaya	340
19	Addhāna	340
20	Āsavakkhaya	340
55	Sotāpatti-saṁyutta [S 55 1 〜 74]	S. v 342
〔1〕	Veḷudvāra-vagga [S 55 1 〜 10]	342
1	Rājā	342
2	Ogadha (or Saṭayhaṁ)	343
3	Dīghāvu	344
4	Sāriputta (1)	346
5	Sāriputta (2)	347
6	Thapatayo	348
7	Veḷudvāreyyā	352
8	Giñjakāvasatha (1)	356
9	Giñjakāvasatha (2)	358
10	Giñjakāvasatha (3)	358
〔2〕	Sahassaka (or Rājakārāma)-vagga	

第二　千　品（王園品）（一一～二〇）　246
一一　千　246
一二　婆羅門　247
一三　阿　難　248
一四　悪　趣（一）　251
一五　悪　趣（二）　251
一六　朋　友（一）　252
一七　朋　友（二）　253
一八　天上遊行（一）　254
一九　天上遊行（二）　256
二〇　天上遊行（三）　256
第三　百手品（二一～三〇）　258
二一　摩訶男（一）　258
二二　摩訶男（二）　261
二三　沙　陀　262
二四　百　手（一）　266
二五　百　手（二）　270
二六　破　戒（一）　275
二七　破　戒（二）　282
二八　怨　讎　286
二九　怖　畏　289
三〇　離　車　289
第四　福徳潤沢品（三一～四〇）　292
三一　潤　沢（一）　292
三二　潤　沢（二）　293
三三　潤　沢（三）　294
三四　天　道（一）　294
三五　天　道（二）　295
三六　朋　輩　297

[S 55 11 ～ 20] S. v 360
11 Sahassa 360
12 Brāhmaṇa 361
13 Ānanda 362
14 Duggati (1) 364
15 Duggati (2) 364
16 Mittenāmaccā (1) 364
17 Mittenāmaccā (2) 365
18 Devacārika (1) 366
19 Devacārika (2) 367
20 Devacārika (3) 367
〔3〕 Saraṇāni-vagga [S 55 21 ～ 30] S. v 369
21 Mahānāma (1) 369
22 Mahānāma (2) 371
23 Godhā (or Mahānāma) (3) 371
24 Sarakāni (or Saraṇāni) (1) 375
25 Sarakāni (or Saraṇāni) (2) 378
26 Dussīlya (or Anāthapiṇḍika) (1) 380
27 Dussīlya (or Anāthapiṇḍika) (2) 385
28 Duvera (or Anāthapiṇḍika) (3) 387
29 Bhaya (or Bhikkhu) 389
30 Licchavi (or Nandaka) 389
〔4〕 Puññābhisanda-vagga [S 55 31 ～ 40] S. v 391
31 Abhisanda (1) 391
32 Abhisanda (2) 391
33 Abhisanda (3) 392
34 Devapada (1) 392
35 Devapada (2) 393
36 Sabhāgata 394

三七　摩訶男　298
三八　雨　300
三九　沙　陀　300
四〇　難　提　302

第五　有偈福徳潤沢品（四一～五〇）　305
四一　潤　沢（一）　305
四二　潤　沢（二）　307
四三　潤　沢（三）　309
四四　大　宝（一）　310
四五　大　宝（二）　311
四六　比　丘　311
四七　難　提　312
四八　抜　提　313
四九　摩訶男　313
五〇　支　314
第六　有慧品（五一～六一）　315
五一　有　偈　315
五二　雨安居　317
五三　達摩提那　319
五四　疾　病　320
五五　果（一）　324
五六　果（二）　324
五七　果（三）　324
五八　果（四）　324
五九　獲　得　325
六〇　増　長　325
六一　広　大　325
第七　大慧品（六二～七四）　326

37 Mahānāma 395
38 Vassa 396
39 Kāḷi 396
40 Nandiya 397
〔5〕 Sagāthapuññābhisanda-vagga
[S 55 41 ~ 50] S. v 399
41 Abhisanda (or Sayhaka) (1) 399
42 Abhisanda (or Sayhaka) (2) 401
43 Abhisanda (or Sayhaka) (3) 401
44 Mahaddhana (or Aḍḍha) (1) 402
45 Mahaddhana (or Aḍḍha) (2) 402
46 Bhikkhū (or Suddaka) 403
47 Nandiya 403
48 Bhaddiya 403
49 Mahānāma 404
50 Aṅga 404
〔6〕 Sappañña-vagga [S 55 51 ~ 61] S. v 404
51 Sagāthaka 404
52 Vassavuttha 405
53 Dhammadinna 406
54 Gilāyana 408
55 Caturo phalā (1) 410
56 Caturo phalā (2) 411
57 Caturo phalā (3) 411
58 Caturo phalā (4) 411
59 Paṭilābha 411
60 Vuḍḍhi 411
61 Vepullatā 411
〔7〕 Mahāpaññā-vagga [S 55 62 ~ 74] S. v 412

六二　大　326
六三　広　326
六四　広　大　326
六五　深　326
六六　無　等　326
六七　宏　慧　327
六八　多　多　327
六九　迅　327
七〇　軽　327
七一　捷　327
七二　速　327
七三　利　327
七四　決　択　328
第十二　諦相応　329
第一　定　品（一～一〇）　329
一　定　329
二　宴　黙　329
三　善男子（一）　330
四　善男子（二）　331
五　沙門婆羅門（一）　332
六　沙門婆羅門（二）　333
七　尋　334
八　思　335
九　諍　336
一〇　論　337

第二　転法輪品（一一～二〇）　339
一一　如来所説（一）　339
一二　如来所説（二）　344

62 Mahā 412
63 Puthu 412
64 Vipula 412
65 Gambhīra 412
66 Asamatta (or Appamatta) 412
67 Bhūri 412
68 Bahula 412
69 Sīgha 412
70 Lahu 412
71 Hāsa (or Hāsu) 412
72 Javana 413
73 Tikkha 413
74 Nibbedhika 413
56 Sacca-saṁyutta [S 56 1 ～ 131] S. v 414
〔1〕 Samādhi-vagga [S 56 1 ～ 10] 414
1 Samādhi 414
2 Paṭisallāna 414
3 Kulaputta (1) 415
4 Kulaputta (2) 415
5 Samaṇabrāhmaṇā (1) 416
6 Samaṇabrāhmaṇā (2) 417
7 Vitakka 417
8 Cintā 418
9 Viggāhikā 419
10 Kathā 419
〔2〕 Dhammacakkapavattana-vagga
[S 56 11 ～ 20] S. v 420
11 Tathāgatena vutta (1) 420
12 Tathāgatena vutta (2) 424

一三　蘊　345
一四　処　346
一五　受　持（一）　348
一六　受　持（二）　349
一七　無　明　351
一八　明　352
一九　辯　352
二〇　如　353
第三　拘利村品（二一〜三〇）　354
二一　跋　耆（一）　354
二二　跋　耆（二）　356
二三　正等覚者　358
二四　阿羅漢　359
二五　漏　尽　360
二六　友　360
二七　如　361
二八　世　間　362
二九　応遍知　362
三〇　伽梵婆提　363
第四　申恕林品（三一〜四〇）　364
三一　申　恕　364
三二　佉提羅　366
三三　杖　367
三四　衣　368
三五　百　槍　368
三六　生　類　369
三七　日　喩（一）　370
三八　日　喩（二）　371
三九　因陀羅柱　372

13 Khandha 425
14 Āyatana 426
15 Dhāraṇa (1) 426
16 Dhāraṇa (2) 427
17 Avijjā 429
18 Vijjā 429
19 Saṅkāsanā 430
20 Tathā 430
〔3〕 Koṭigāma-vagga [S 56 21 ～ 30] S. v 431
21 Vijjā (1) 431
22 Vijjā (2) 432
23 Sammāsambuddha 433
24 Arahaṁ 433
25 Āsavakkhaya 434
26 Mitta 434
27 Tathā 435
28 Loka 435
29 Pariññeyya (or Abhiññeyya) 436
30 Gavampati 436
〔4〕 Siṁsapāvana-vagga [S 56 31 ～ 40] S. v 437
31 Siṁsapā 437
32 Khadira 438
33 Daṇḍa 439
34 Ceḷa 440
35 Sattisata 440
36 Pāṇa 441
37 Suriyupamā (1) 442
38 Suriyupamā (2) 442
39 Indakhīla 443

四〇　論　師　374
第五　深嶮品（四一～五〇）　376
四一　思　惟　376
四二　深　嶮　379
四三　熱　煩　381
四四　重閣堂　384
四五　毛　385
四六　闇　黒　387
四七　孔（一）　390
四八　孔（二）　391
四九　須　弥（一）　392
五〇　須　弥（二）　393
第六　現観品（五一～六〇）　395
五一　爪　頂　395
五二　湖　池　396
五三　合　流（一）　396
五四　合　流（二）　397
五五　地（一）　398
五六　地（二）　398
五七　海（一）　399
五八　海（二）　399
五九　山　喩（一）　400
六〇　山　喩（二）　400

第七　生穀広説品（一）（六一～七〇）　402
六一　余　処　402
六二　辺　地　403
六三　慧　404
六四　酒　404

40 Vādino 445

〔5〕 Papāta-vagga [S 56 41 ~ 50] S. v 446

41 Cintā 446

42 Papāta 448

43 Pariḷāha 450

44 Kūṭāgāra 452

45 Chiggaḷa (1) 453

46 Andhakāra 454

47 Chiggaḷa (2) 455

48 Chiggaḷa (3) 456

49 Sineru (1) 457

50 Sineru (2) 458

〔6〕 Abhisamaya-vagga [S 56 51 ~ 60] S. v 459

51 Nakhasikhā 459

52 Pokkharaṇī 460

53 Sambhejja (1) 460

54 Sambhejja (2) 461

55 Pathavī (1) 462

56 Pathavī (2) 462

57 Samudda (1) 463

58 Samudda (2) 463

59 Pabbatupamā (1) 464

60 Pabbatupamā (2) 464

〔7〕 Āmakadhañña-peyyāla (1) or Cakkapeyyāla [S 56 61 ~ 70] S. v 465

61 Aññatra 465

62 Paccanta 466

63 Paññā 467

64 Surāmeraya 467

六五　水　404
六六　母　404
六七　父　404
六八　沙　門　405
六九　婆羅門　405
七〇　尊　重　405

第八　生穀広説品（二）（七一〜八〇）　406
七一　生　406
七二　不　与　406
七三　欲　406
七四　妄　語　407
七五　離間語　407
七六　麁悪語　407
七七　雑穢語　407
七八　種　子　407
七九　非　時　408
八〇　薫香塗香　408
第九　生穀広説品（三）（八一〜九〇）　409
八一　舞　踊　409
八二　床　409
八三　銀　409
八四　穀　409
八五　肉　409
八六　童　女　410
八七　婢　410
八八　山羊・羊　410
八九　雞・豕　410
九〇　象　411

65 Odakā 467
66 Matteyyā 467
67 Petteyyā 467
68 Sāmañña 468
69 Brahmañña 468
70 Pacāyika 468
〔8〕 Āmakadhañña-peyyāla (2) or
Appakā-virata [S 56 71 ~ 80] S. v 468
71 Pāṇa 468
72 Adinnaṁ 469
73 Kāmesu 469
74 Musāvāda 469
75 Pesuṇaṁ 469
76 Pharusaṁ 469
77 Samphappalāpaṁ 469
78 Bīja 470
79 Vikāle 470
80 Gandhavilepanaṁ 470
〔9〕 Āmakadhañña-peyyāla (3) [S 56 81 ~ 90] S. v 470
81 Nacca 470
82 Sayana 471
83 Rajata 471
84 Dhañña 471
85 Maṁsa 471
86 Kumāriyā 471
87 Dāsī 472
88 Ajeḷaka 472
89 Kukkuṭasūkara 472
90 Hatthino 472

第十　生穀広説品（四）（九一～一〇一）　411
九一　田　411
九二　売　買　412
九三　使　412
九四　偽　秤　412
九五　虚　偽　412
九六～一〇一　掠奪強盗　413
第十一　五　趣（一〇二～一三一）　413
一〇二　五　趣（一）　413
一〇三　五　趣（二）　414
一〇四　五　趣（三）　414
一〇五～一〇七　五　趣（四～六）　414
一〇八～一一〇　五　趣（七～九）　415
一一一～一一三　五　趣（一〇～一二）　415
一一四～一一六　五　趣（一三～一五）　415
一一七～一一九　五　趣（一六～一八）　416
一二〇～一二二　五　趣（一九～二一）　416
一二三～一二五　五　趣（二二～二四）　416
一二六～一二八　五　趣（二五～二七）　416
一二九　五　趣（二八）　417
一三〇　五　趣（二九）　417
一三一　五　趣（三〇）　417

第17巻　増支部経典　一（一集～三集）　荻原雲来訳

一　**集**　1
第一　色等品（一～一〇）　1
第二　断蓋品（一～一〇）　4
第三　無堪忍品（一～一〇）　6

〔10〕 Āmakadhañña-peyyāla (4) or
Bahutarā-sattā [S 56 91 ～ 101] S. v 473
91 Khetta 473
92 Kayavikkaya 473
93 Dūteyya 473
94 Tulākūṭa 473
95 Ukkoṭana 473
96 ～ 101 Vadha-ālopa-sāhasakāraṁ 473
〔11〕 Gatiyo Pañcakā [S 56 102 ～ 131] S. v 474
102 Pañcagati (1) 474
103 Pañcagati (2) 474
104 Pañcagati (3) 475
105 ～ 107 Pañcagati (4 ～ 6) 475
108 ～ 110 Pañcagati (7 ～ 9) 475
111 ～ 113 Pañcagati (10 ～ 12) 475
114 ～ 116 Pañcagati (13 ～ 15) 475
117 ～ 119 Pañcagati (16 ～ 18) 476
120 ～ 122 Pañcagati (19 ～ 21) 476
123 ～ 125 Pañcagati (22 ～ 24) 476
126 ～ 128 Pañcagati (25 ～ 27) 476
129 Pañcagati (28) 476
130 Pañcagati (29) 477
131 Pañcagati (30) 477

Aṅguttara-nikāya Vol. I

1 Eka-nipāta [A 1 (1) ～ (21)] A. i 1
(1) Rūpādi-vagga [A 1 (1) 1 ～ 10] 1
(2) Nīvaraṇa-pahāna-vagga [A 1 (2) 1 ～ 10] 3
(3) Akammanīya-vagga [A 1 (3) 1 ～ 10] 5

第四　無調品（一〜一〇）　9
第五　向と隠覆との品（一〜一〇）　11
第六　弾指品（一〜一〇）　14
第七　発精進等品（一〜一〇）　17
第八　善友等品（一〜一〇）　19
第九　放逸等品（一〜一七）　21
第十　非法等品（一〜四二）　23
第十一　非法等品（一〜一〇）　27
第十二　無犯等品（一〜二〇）　29
第十三　一人品（一〜七）　31
第十四　是第一品（一〜七）　33
第十五　無処品（一〜二八）　38
第十六　一法品（一〜一〇）　44
第十七　種子品（一〜一〇）　44
第十八　末伽梨品（一〜一七）　48
第十九　不放逸品（一〜一七）　52
第二十　静慮品（一〜一八二）　56
第二十一　静慮品（一〜七〇）　65
二　集　71
初の五十　71
第一　科刑罰品（一〜一〇）　71
第二　諍論品（一〜一〇）　78
第三　愚人品（一〜一〇）　90
第四　等心品（一〜一〇）　93
第五　衆会品（一〜一〇）　107
第二の五十　118
第六　人　品（一〜一二）　118
第七　楽　品（一〜一三）　124
第八　有　品（一〜一〇）　129

(4) Adanta-vagga [A 1 (4) 1 ~ 10] 6
(5) Paṇihita-acchanna-vagga [A 1 (5) 1 ~ 10] 8
(6) Accharāsaṅghāta-vagga [A 1 (6) 1 ~ 10] 10
(7) Viriyārambhādi-vagga [A 1 (7) 1 ~ 10] 12
(8) Kalyāṇamittādi-vagga [A 1 (8) 1 ~ 10] 14
(9) Pamādādi-vagga [A 1 (9) 1 ~ 17] 15
(10) Adhammādi-vagga [A 1 (10) 1 ~ 42] 16
(11) Ekādasama-vagga [A 1 (11) 1 ~ 10] 19
(12) Anāpattādi-vagga [A 1 (12) 1 ~ 20] 20
(13) Ekapuggala-vagga [A 1 (13) 1 ~ 7] 22
(14) Etadagga-vagga [A 1 (14) 1 ~ 7] 23
(15) Aṭṭhāna-vagga [A 1 (15) 1 ~ 28] 26
(16) 〔Ekadhamma-vagga〕 [A 1 (16) 1 ~ 10] 30
(17) Bīja-vagga [A 1 (17) 1 ~ 10] 30
(18) 〔Makkhali-vagga〕 [A 1 (18) 1 ~ 17] 33
(19) 〔Appamattaka-vagga〕 [A 1 (19) 1 ~ 25] 35
(20) 〔Jhāna-vagga〕 [A 1 (20) 1 ~ 192] 38
(21) Jhāna-vagga [A 1 (21) 1 ~ 70] 43

2 **Duka-nipāta** [A 2 (1) ~ (17)] A. i 47

〔I〕 Paṭhama-paṇṇāsaka [A 2 (1) ~ (5)] 47
(1) Kammakaraṇa-vagga [A 2 (1) 1 ~ 10] 47
(2) Adhikaraṇa-vagga [A 2 (2) 1 ~ 10] 52
(3) Bāla-vagga [A 2 (3) 1 ~ 10] 59
(4) Samacitta-vagga [A 2 (4) 1 ~ 10] 61
(5) Parisā-vagga [A 2 (5) 1 ~ 10] 70

〔II〕 Dutiya-paṇṇāsaka [A 2 (6) ~ (10)] A. i 76
(6) Puggala-vagga [A 2 (6) 1 ~ 12] 76
(7) Sukha-vagga [A 2 (7) 1 ~ 13] 80
(8) Nimitta-vagga [A 2 (8) 1 ~ 10] 82

第九　法　品（一～一一）　130
第十　愚者品（一～二〇）　132
第三の五十　138
第十一　希望品（一～一二）　138
第十二　希求品（一～一一）　141
第十三　施　品（一～一〇）　147
第十四　覆護品（一～一二）　150
第十五　入定品（一～一七）　153
154
第十六　忿　品（一～一〇〇）　154
第十七品（一～五）　160
三　集　165
初の五十　165
第一　愚人品（一～一〇）　165
第二　車匠品（一一～二〇）　172
第三　人　品（二一～三〇）　191
第四　天使品（三一～四〇）　214
第五　小　品（四一～五〇）　243
第二の大五十　251
第一　婆羅門品（五一～六〇）　251
第二　大　品（六一～七〇）　280
第三　阿難品（七一～八〇）　352
第四　沙門品（八一～九〇）　374
第五　一掬塩品（九一～一〇〇）　394
第三の小五十　426
第一　等覚品（一〇一～一一〇）　426
第二　悪趣品（一一一～一二〇）　438
第三　拘尸那掲羅品（一二一～一三〇）　452
第四　戦士品（一三一～一四〇　469

(9) Dhamma-vagga [A 2 (9) 1 ～ 11] 83

(10) Bāla-vagga [A 2 (10) 1 ～ 20] 84

〔III〕 Tatiya-paṇṇāsaka [A 2 (11) ～ (15)] A. i 86

(11) Āsā-vagga [A 2 (11) 1 ～ 12] 86

(12) Āyācana-vagga [A 2 (12) 1 ～ 11] 88

(13) Dāna-vagga [A 2 (13) 1 ～ 10] 91

(14) Santhāra-vagga [A 2 (14) 1 ～ 12] 93

(15) Samāpatti-vagga [A 2 (15) 1 ～ 17] 94

〔IV〕 Paṇṇāsāgahita [A 2 (16) ～ (17)] A. i 95

(16) Kodha-vagga [A 2 (16) 1 ～ 100] 95

(17) 〔Atthavasa-vagga〕 [A 2 (17) ı ～ V] 98

3 Tika-nipāta [A 3 1 ～ 163] A. i 101

〔I〕 Paṭhama-paṇṇāsaka [A 3 1 ～ 50] 101

(1) Bāla-vagga [A 3 1 ～ 10] 101

(2) Rathakāra-vagga [A 3 11 ～ 20] 106

(3) Puggala-vagga [A 3 21 ～ 30] 118

(4) Devadūta-vagga [A 3 31 ～ 40] 132

(5) Cūḷa-vagga [A 3 41 ～ 50] 150

〔II〕 Mahāpaṇṇāsaka [A 3 51 ～ 100] A. i 155

(6) Brāhmaṇa-vagga [A 3 51 ～ 60] 155

(7) Mahā-vagga [A 3 61 ～ 70] 173

(8) Ānanda-vagga [A 3 71 ～ 80] 215

(9) Samaṇa-vagga [A 3 81 ～ 90] 229

(10) Loṇaphala-vagga [A 3 91 ～ 100] 239

〔III〕 Khuddakapaṇṇāsaka [A 3 101 ～ 150] A. i 258

(11) Sambodhi-vagga [A 3 101 ～ 110] 258

(12) Āpāyika-vagga [A 3 111 ～ 120] 265

(13) Kusināra-vagga [A 3 121 ～ 130] 274

(14) Yodhājīva-vagga [A 3 131 ～ 140] 284

第五　吉祥品（一四一～一五〇 483

488

裸形品（一五一～一六三） 488

摂句一 497

摂句二 499

摂句三 501

第18巻　増支部経典　二（四集）　荻原雲来訳

四　集 1

初の五十 1

第一　バンダガーマ品（一～一〇） 1

第二　行　品（一一～二〇） 22

第三　優楼比螺品（二一～三〇） 35

第四　輪　品（三一～四〇） 59

第五　赤馬品（四一～五〇） 80

第二の五十 97

第一　福生品（五一～六〇） 97

第二　適切業品（六一～七〇） 113

第三　無戯論品（七一～八〇） 132

第四　不動品（八一～九〇） 145

第五　阿修羅品（九一～一〇〇） 160

第三の五十 179

第一　雲　品（一〇一～一一〇） 179

第二　只尸品（一一一～一二〇） 198

第三　怖畏品（一二一～一三〇） 215

第四　補特伽螺品（一三一～一四〇） 235

第五　光　品（一四一～一五〇） 244

第四の大五十 249

第一　根　品（一五一～一六〇） 249

(15) Maṅgala-vagga [A 3 141 ~ 150] 292
[IV] Paṇṇāsāgahita [A 3 151 ~ 163] A. i 295
(16) Acelaka-vagga [A 3 151 ~ 163] 295
Uddāna — Ekanipāta 300
Uddāna — Dukanipāta 301
Uddāna — Tikanipāta 302

Aṅguttara-nikāya Vol. II

4 **Catukka-nipāta** [A 4 1 ~ 271] A. ii 1
[I] Paṭhama-paññāsaka [A 4 1 ~ 50] 1
(1) Bhaṇḍagāma-vagga [A 4 1 ~ 10] 1
(2) Cara-vagga [A 4 11 ~ 20] 13
(3) Uruvela-vagga [A 4 21 ~ 30] 20
(4) Cakka-vagga [A 4 31 ~ 40] 32
(5) Rohitassa-vagga [A 4 41 ~ 50] 44
[II] Dutiya-paññāsaka [A 4 51 ~ 100] A. ii 54
(6) Puññābhisandana-vagga [A 4 51 ~ 60] 54
(7) Pattakamma-vagga [A 4 61 ~ 70] 65
(8) Apaṇṇaka-vagga [A 4 71 ~ 80] 76
(9) Macala-vagga [A 4 81 ~ 90] 83
(10) Asura-vagga [A 4 91 ~ 100] 91
[III] Tatiya-paññāsaka [A 4 101 ~ 150] A. ii 102
(11) [Valāhaka-]vagga [A 4 101 ~ 110] 102
(12) [Kesi-]vagga [A 4 111 ~ 120] 112
(13) [Bhaya-]vagga [A 4 121 ~ 130] 121
(14) Puggala-vagga [A 4 131 ~ 140] 133
(15) Abhā-vagga [A 4 141 ~ 150] 139
[IV] Mahā-paṇṇāsaka [A 4 151 ~ 200] A. ii 141
(16) [Indriya-]vagga [A 4 151 ~ 160] 141

第二　行　品（一六一～一七〇）　262
第三　故思品（一七一～一八〇）　277
第四　戦士品（一八一～一九〇）　298
第五　大　品（一九一～二〇〇）　324
第五の五十　380
第一　善士品（二〇一一～二一〇）　380
第二　荘飾品（二一一～二二〇）　395
第三　妙行品（二二一～二三〇）　400
第四　業　品（二三一～二四〇）　404
第五　犯畏品（二四一～二五〇）　418
第六　通慧品（二五一～二六〇）　431
第七　業道品（二六一～二七〇）　442
畢　品（二七一）　446

第19巻　増支部経典　三（五集）　荻原雲来訳

五　集　1
初の五十　1
第一　学力品（一～一〇）　1
第二　力　品（一一～二〇）　12
第三　五支品（二一～三〇）　20
第四　須摩那品（三一～四〇）　42
第五　文荼王品（四一～五〇）　61
第二の五十　85
第六　蓋　品（五一～六〇）　85
第七　想　品（六一～七〇）　108
第八　戦士品（七一～八〇）　115
第九　長老品（八一～九〇）　152
第十　カクダ品（九一～一〇〇）　164
第三の五十　176

(17) 〔Paṭipadā-〕vagga [A 4 161 ~ 170] 149
(18) 〔Sañcetaniya-〕vagga [A 4 171 ~ 180] 157
(19) Yodhajīva-vagga [A 4 181 ~ 190] 170
(20) Mahā-vagga [A 4 191 ~ 200] 185
〔V〕 Pañcama-paññāsaka [A 4 201 ~ 271] 217
(21) Sappurisa-vagga [A 4 201 ~ 210] 217
(22) Sobhaṇa-vagga [A 4 211 ~ 220] 225
(23) Sucarita-vagga [A 4 221 ~ 230] 228
(24) 〔Kamma-〕vagga [A 4 231 ~ 240] 230
(25) Āpattibhaya-vagga [A 4 241 ~ 250] 239
(26) Abhiññā-vagga [A 4 251 ~ 260] 246
(27) Kammapatha-vagga (II) [A 4 261 ~ 270] 253
(28) 〔Pariyosāna-〕vagga [A 4 271] 256

Aṅguttara-nikāya Vol. III

5 **Pañcaka-nipāta** [A 5 1 ~ 271] A. iii 1
〔I〕 Paṭhama-paṇṇāsaka [A 5 1 ~ 50] 1
(1) Sekhabala-vagga [A 5 1 ~ 10] 1
(2) Bala-vagga [A 5 11 ~ 20] 9
(3) Pañcaṅgika-vagga [A 5 21 ~ 30] 14
(4) Sumana-vagga [A 5 31 ~ 40] 32
(5) Muṇḍarāja-vagga [A 5 41 ~ 50] 45
〔II〕 Dutiya-paṇṇāsaka [A 5 51 ~ 100] A. iii 63
(6) Nīvaraṇa-vagga [A 5 51 ~ 60] 63
(7) Saññā-vagga [A 5 61 ~ 70] 79
(8) Yodhājīva-vagga [A 5 71 ~ 80] 84
(9) Thera-vagga [A 5 81 ~ 90] 110
(10) Kakudha-vagga [A 5 91 ~ 100] 118
〔III〕 Tatiya-paṇṇāsaka [A 5 101 ~ 150] A. iii 127

第十一　安穏住品（一〇一～一一〇）　176
第十二　アンダカンギンダ品（一一一～一二〇）　188
第十三　病　品（一二一～一三〇）　198
第十四　王　品（一三一～一四〇）　206
第十五　ティカンダキ品（一四一～一五〇）　229
第四の五十　244
第十六　妙法品（一五一～一六〇）　244
第十七　嫌根品（一六一～一七〇）　258
第十八　優婆塞品（一七一～一八〇）　282
第十九　阿蘭若品（一八一～一九〇）　305
第二十　婆羅門品（一九一～二〇〇）　309
第五の五十　342
第二十一　金毗羅品（二〇一～二一〇）　342
第二十二　罵詈品（二一一～二二〇）　349
第二十三　長遊行品（二二一～二三〇）　356
第二十四　旧住品（二三一～二四〇）　363
第二十五　悪行品（二四一～二五〇）　371
第六の五十　378
第二十六　近円品（二五一～二七一）　378

第20巻　増支部経典　四（六集～七集）　荻原雲来訳

六　集　1
第一の五十　1
第一　応請品（一～一〇）　1
第二　可念品（一一～二〇）　14
第三　無上品（二一～三〇）　42
第四　天　品（三一～四二）　67
第五　曇弥品（四三～五四）　87
第二の五十　128

(11) Phāsuvihāra-vagga [A 5 101 ~ 110] 127
(12) Andhakavinda-vagga [A 5 111 ~ 120] 136
(13) Gilāna-vagga [A 5 121 ~ 130] 142
(14) Rāja-vagga [A 5 131 ~ 140] 147
(15) Tikaṇḍaki-vagga [A 5 141 ~ 150] 164
〔IV〕 Catuttha-paṇṇāsaka [A 5 151 ~ 200] A. iii 174
(16) Saddhamma-vagga [A 5 151 ~ 160] 174
(17) Āghāta-vagga [A 5 161 ~ 170] 185
(18) Upāsaka-vagga [A 5 171 ~ 180] 203
(19) Arañña-vagga [A 5 181 ~ 190] 219
(20) Brāhmaṇa-vagga [A 5 191 ~ 200] 221
〔V〕 Pañcama-paṇṇāsaka [A 5 201 ~ 250] A. iii 247
(21) Kimbila-vagga [A 5 201 ~ 210] 247
(22) Akkosaka-vagga [A 5 211 ~ 220] 252
(23) Dīghacārika-vagga [A 5 221 ~ 230] 257
(24) Āvāsika-vagga [A 5 231 ~ 240] 261
(25) Duccarita-vagga [A 5 241 ~ 250] 267
〔VI〕 Paṇṇāsakāsaṅgahīta [A 5 251 ~ 271] A. iii 271
(26) Upasampadā-vagga [A 5 251 ~ 271] 271

6 Pañcaka-nipāta [A 6 1 ~ 124] A. iii 279
〔I〕 Paṭhama-paṇṇāsaka [A 6 1 ~ 54] 279
(1) Āhuneyya-vagga [A 6 1 ~ 10] 279
(2) Sārāṇīya-vagga [A 6 11 ~ 20] 288
(3) Anuttariya-vagga [A 6 21 ~ 30] 309
(4) Devatā-vagga [A 6 31 ~ 42] 329
(5) Dhammika-vagga [A 6 43 ~ 54] 344
〔II〕 Dutiya-paṇṇāsaka [A 6 55 ~ 106] A. iii 374

第六　大　品（五五～六四）　128
第七　天神品（六五～七四）　187
第八　阿羅漢果品（七五～八四）　197
第九　清涼品（八五～九五）　205
第十　勝利品（九六～一〇六）　213
五十所不摂品　220
第十一　三法品（一〇七～一一六）　220
第十二　品所不摂(経)品（一一七～一二四）　226

七　集　土田勝弥訳
第一の五十　231
第一　財　品（一～一〇）　231
第二　随眠品（一一～一八）　241
第三　跋耆品（一九～三〇）　252
第四　天　品（三一～四〇）　268
第五　大供犠品（四一～五〇）　283
五十所不摂品　315
第六　無記品（五一～六〇）　315
第七　大　品（六一～七〇）　352
第八　律　品（七一～八〇）　399
第九　品所不摂(品)（八一～九〇）　405

第21巻　増支部経典　五（八集）　渡辺照宏訳

八　集　1
五十経　1
第一　慈　品（一～一〇）　1
一　慈　1
二　慧　4

(6) Mahā-vagga [A 6 55 ~ 64] 374
(7) Devatā-vagga [A 6 65 ~ 74] 421
(8) Arahatta-vagga [A 6 75 ~ 84] 429
(9) Sīti-vagga [A 6 85 ~ 95] 435
(10) Anisaṁsa-vagga [A 6 96 ~ 106] 441
〔III〕 Paṇṇāsāgahīta [A 6 107 ~ 124] A. iii 445
(11) Tika-vagga [A 6 107 ~ 116] 445
(12) Vaggāsaṅgahitā-vagga [A 6 117 ~ 124] 449

Aṅguttara-nikāya Vol. IV

7 **Sattaka-nipāta** [A 7 1 ~ 90] A. iv 1
〔I〕 Paṭhama-paṇṇāsaka [A 7 1 ~ 50] 1
(1) Dhana-vagga [A 7 1 ~ 10] 1
(2) Anusaya-vagga [A 7 11 ~ 18] 9
(3) Vajjī-vagga [A 7 19 ~ 30] 16
(4) Devatā-vagga [A 7 31 ~ 40] 27
(5) Mahāyañña-vagga [A 7 41 ~ 50] 39
〔II〕 Paṇṇāsāsaṅgahīta [A 7 51 ~ 90] A. iv 67
(6) Avyākata-vagga [A 7 51 ~ 60] 67
(7) Mahā-vagga [A 7 61 ~ 70] 99
(8) Vinaya-vagga [A 7 71 ~ 80] 140
(9) Vaggāsaṅgahitā(-suttantā) [A 7 81 ~ 90] 144

8 **Aṭṭhaka-nipāta** [A 8 1 ~ 95] A. iv 150

(1) Mettā-vagga [A 8 1 ~ 10] 150
1 Mettā 150
2 Paññā 151

三　敬　愛（一）　8
四　敬　愛（二）　9
五　世間の失（一）　10
六　世間の失（二）　11
七　提婆達多　15
八　欝多羅　17
九　難　陀　22
一〇　莠　25
第二　大　品（一一～二〇）　31
一一　鞞蘭若　31
一二　師　子　40
一三　良　馬　51
一四　未調馬　53
一五　垢　穢　59
一六　使　命　60
一七　繋　縛（一）　61
一八　繋　縛（二）　62
一九　波呵羅　63
二〇　布　薩　70
第三　居士品（二一～三〇）　81
二一　郁　伽（一）　81
二二　郁　伽（二）　85
二三　呵　哆（一）　90
二四　呵　哆（二）　93
二五　摩訶男　95
二六　耆　婆　97
二七　力（一）　99
二八　力（二）　100
二九　難　102

3	Piya (1)	155
4	Piya (2)	156
5	Lokavipatti (1)	156
6	Lokavipatti (2)	157
7	Devadatta	160
8	Uttara	162
9	Nanda	166
10	Kāraṇḍava	168
(2)	Mahā-vagga [A 8 11 ~ 20]	A. iv 172
11	Verañjā	172
12	Sīha	179
13	Ājañña	188
14	Khaḷuṅka	190
15	Mala	195
16	Dūteyya	196
17	Bandhanti (1)	196
18	Bandhanti (2)	197
19	Pahārāda (or Asurinda)	197
20	Uposatha	204
(3)	Gahapati-vagga [A 8 21 ~ 30]	A. iv 208
21	Ugga (1)	208
22	Ugga (2)	212
23	Hatthaka (1)	216
24	Hatthaka (2)	218
25	Mahānāma	220
26	Jīvaka	222
27	Bala (1)	223
28	Bala (2)	223
29	Akkhaṇa	225

三〇　阿那律　109
第四　布施品（三一～四〇）　120
三一　布　施（一）　120
三二　布　施（二）　120
三三　布施事　121
三四　田　121
三五　布施受生　124
三六　福業事　129
三七　善　士（一）　131
三八　善　士（二）　133
三九　等　流　135
四〇　極　軽　139
第五　布薩品（四一～五〇）　141
四一　略布薩　141
四二　広布薩　144
四三　毘舎佉　150
四四　婆私吒　157
四五　ボッヂャー　166
四六　阿那律　173
四七　毘舎佉　179
四八　那拘羅母　182
四九　此　世（一）　184
五〇　此　世（二）　189
五十経余品　194
第六　瞿曇弥品（五一～六〇）　194
五一　瞿曇弥　194
五二　教　誡　202
五三　略　説　204
五四　長　膝　205

30 Anuruddha 228
(4) Dāna-vagga [A 8 31 ~ 40] A. iv 236
31 Dāna (1) 236
32 Dāna (2) 236
33 Vatthu 236
34 Khetta 237
35 Dānūpapatti 239
36 Puññakiriyavatthu 241
37 Sappurisa (1) 243
38 Sappurisa (2) 244
39 Abhisanda 245
40 Sabbalahuso 247
(5) Uposatha-vagga [A 8 41 ~ 50] A. iv 248
41 Saṅkhitta 〔uposatho〕 248
42 Vitthata 〔uposatho〕 251
43 Visākhā 255
44 Vāseṭṭha 258
45 Bojjha 259
46 Anuruddha 262
47 Visākhā 267
48 Nakulamātā 268
49 Idhaloka (1) 269
50 Idhaloka (2) 271

(6) Sa-ādhāna-vagga [A 8 51 ~ 60] A. iv 274
51 Gotamī 274
52 Ovāda 279
53 Saṅkhitta 280
54 Dīghajānu 281

五五　鬱闍迦	212
五六　怖　畏	219
五七　応　請（一）	222
五八　応　請（二）	224
五九　八　輩（一）	225
六〇　八　輩（二）	226
第七　地震品（六一～七〇）	228
六一　欲	228
六二　有　能	231
六三　略　説	235
六四　伽　耶	240
六五　勝　処	246
六六　解　脱	248
六七　言　説（一）	249
六八　言　説（二）	250
六九　衆	250
七〇　地　震	254
第八　双　品（七一～八〇）	264
七一　信（一）	264
七二　信（二）	267
七三　念　死（一）	269
七四　念　死（二）	274
七五　具　足（一）	278
七六　具　足（二）	279
七七　欲	284
七八　有　能	287
七九　退　失	292
八〇　懈怠事・精進事	293
第九　念　品（八一～九一）	299

55 Ujjaya 285
56 Bhaya 289
57 Āhuneyya (1) 290
58 Āhuneyya (2) 291
59 Aṭṭhapuggala (1) 292
60 Aṭṭhapuggala (2) 292
(7) Bhūmicāla-vagga [A 8 61 ~ 70] A. iv 293
61 Icchā 293
62 Alaṁ 296
63 Saṅkhitta 299
64 Gayā 302
65 Abhibhāyatana 305
66 Vimokha 306
67 Vohāra (1) 307
68 Vohāra (2) 307
69 Parisā 307
70 Bhūmicāla 308
(8) Yamaka-vagga [A 8 71 ~ 80] A. iv 314
71 Saddhā (1) 314
72 Saddhā (2) 315
73 Maraṇasati (1) 316
74 Maraṇasati (2) 320
75 Sampadā (1) 322
76 Sampadā (2) 322
77 Icchā 325
78 Alaṁ 328
79 Parihāna 331
80 Kusīta 332
(9) Sati-vagga [A 8 81 ~ 95] A. iv 336

第22巻上　増支部経典　六（九集）

八一　念　299
八二　プンニャ　301
八三　根　本　303
八四　賊　304
八五　沙　門　305
八六　名　称　306
八七　鉢　311
八八　喜　悦　312
八九　下　意　313
九〇　行　314
〔附　優婆夷名〕　315
第十　貪　品（九二〜九五）　317
第一章　貪　317
317
323
323

第22巻上　増支部経典　六（九集〜十集）　渡辺照宏訳

九　集　1
初の五十経　1
第一　等覚品（一〜一〇）　1
一　等　覚　1
二　依　止　5
三　弥　醯　6
四　難　陀　12
五　力　18
六　親　近　22
七　スタヴン　27
八　サッヂャ　29

81 Sati 336
82 Puṇṇiya 337
83 Mūla 338
84 Cora 339
85 Samaṇa 340
86 Yasa 340
87 Patta 344
88 Pasāda 345
89 Paṭisāraṇīya 346
90 Vattati 347
91 (Bojjhā …) 347
(*Rāgapeyyāla) 348
92 (Aṭṭha-sammattā) 348
93 (Aṭṭha-abhibhāyatanāni) 348
94 (Aṭṭha-vimokkhā) 349
95 ? 349

9 Navaka-nipāta [A 9 1 ～ 100] A. iv 351

(1) Sambhoga-vagga [A 9 1 ～ 10] 351
1 Sambodhi 351
2 Nissaya 353
3 Meghiya 354
4 Nandaka 358
5 Bala 363
6 Sevanā 365
7 Sutavat 369
8 Sajjha 371

九　補特伽羅	31
一〇　応　請	31
第二　師子吼品（一一〜二〇）	33
一一　〔安居〕住	33
一二　有余依	39
一三　拘絺羅	44
一四　三弥提	49
一五　癰	52
一六　想	53
一七　家	53
一八　慈	54
一九　天	57
二〇　毘羅摩	61
第三　有情居品（二一〜三一）	67
二一　処	67
二二　未調馬	68
二三　渇　愛	76
二四　有情居	77
二五　慧	78
二六　石　柱	80
二七　怨　讎（一）	84
二八　怨　讎（二）	87
二九　嫌　恨（一）	90
三〇　嫌　恨（二）	91
三一　次第滅	92
第四　大　品（三二〜四一）	94
三二　次第住（一）	94
三三　次第住（二）	95
三四　涅　槃	100

9	Puggala	372
10	Āhuneyya	373
(2)	Sīhanāda-vagga [A 9 11 ~ 20]	A. iv 373
11	Vuttha	373
12	Sa-upādisesa	378
13	Koṭṭhita	382
14	Samiddhi	385
15	Gaṇḍa	386
16	Saññā	387
17	Kula	387
18	Mettā	388
19	Devatā	390
20	Velāma	392
(3)	Sattāvāsa-vagga [A 9 21 ~ 31]	A. iv 396
21	Thāna	396
22	Khaluṅka	397
23	Taṇhā	400
24	Sattāvāsa	401
25	Paññā	402
26	Silāyūpa	402
27	Vera (1)	405
28	Vera (2)	407
29	Āghāta (1)	408
30	Āghāta (2)	408
31	Anupubbanirodha	409
(4)	Mahā-vagga [A 9 32 ~ 41]	A. iv 410
32	Anupubbavihāra (1)	410
33	Anupubbavihāra (2)	410
34	Nibbāna	414

三五　牛　105
三六　静　慮　112
三七　阿　難　125
三八　婆羅門　127
三九　天　133
四〇　大　象　137
四一　多梨富沙　141
第五　般闍羅健品（四二～五一）　157
四二　般闍羅健　157
四三　身証者　161
四四　慧解脱者　163
四五　倶分解脱者　165
四六　現見法　168
四七　現見涅槃　170
四八　涅　槃　170
四九　般涅槃　170
五〇　一向涅槃　170
五一　現法涅槃　171
五十経余品　174
第六　安穏品（五二～六二）　174
五二　安　穏　174
五三　安穏逮得者　174
五四　不　死　174
五五　不死逮得者　174
五六　無　畏　175
五七　無畏逮得者　175
五八　軽　安　175
五九　次第軽安　175
六〇　滅　尽　175

35 Gāvī 418
36 Jhāna 422
37 Ānanda 426
38 Brāhmaṇa 428
39 Deva 432
40 Nāga 435
41 Tapussa 438
(5) Pañcāla-vagga [A 9 42 ～ 51] A. iv 449
42 Pañcāla 451
43 Kāyasakkhi 451
44 (Paññā-vimutta) 452
45 (Ubhatobhāga-vimutta) 453
46 Sandiṭṭhika nibbāna (1) 453
47 Sandiṭṭhika nibbāna (2) 453
48 Nibbāna 454
49 Parinibbāna 454
50 Tadaṅga 454
51 Diṭṭhadhammika 454

(6) Khema-vagga [A 9 52 ～ 62] A. iv 455
52 Khema 455
53 (Khemappatta) 455
54 Amata 455
55 (Amatappatta) 455
56 Abhaya 455
57 (Abhayappatta) 455
58 Passaddhi 455
59 (Anupubbapassaddhi) 456
60 Nirodha 456

六一　次第滅尽　176
六二　能　178
第七　念処品（六三〜七二）　179
六三　学　179
六四　蓋　180
六五　妙　欲　180
六六　取　蘊　181
六七　順下結分　182
六八　趣　182
六九　慳　183
七〇　順上結分　183
七一　心　栽　184
七二　心　縛　185
第八　正勤品（七三〜八二）　189
七三〜八一　189
八二　心　縛　190
第九　神足品（八三〜九二）　191
八三〜九一　191
九二　心　縛　191
第十　貪　品（九二〜九五）　193
第一章　貪　193
第二〜十六章　194
第十七章　放　逸　194

十　集　196
初の五十経　196
第一　功徳品（一〜一〇）　196
一　何　義　196

61 Anupubbanirodha 456
62 Bhabba 456
(7) Satipaṭṭhāna-vagga [A 9 63 ~ 72] A. iv 457
63 Sikkhā 457
64 Nīvaraṇa 457
65 Kāma 458
66 Khandha 458
67 Orambhāgiya 459
68 Gati 459
69 Macchera 459
70 Uddhambhāgiya 460
71 Cetokhila 460
72 Vinibandha 461
(8) Sammappadhāna-vagga [A 9 73 ~ 82] A. iv 462
73 ~ 81 (Vitthāra) 462
82 (Vinibandhā) 463
(9) Iddhipāda-vagga [A 9 83 ~ 100] A. iv 463
83 ~ 91 (Vitthāra) 463
92 (Vinibandha) 464
(*Rāgapeyyāla) 465
93 (Nava saññā) 465
94 (Nava anupubba-samāpatti) 465
95 ~ 100 ? 465

Aṅguttara-nikāya Vol. V

10 Dasaka-nipāta [A 10 1 ~ 219] A. v 1
〔I〕 Paṭhama-paṇṇāsaka [A 10 1 ~ 50] 1
(1) Ānisaṁsa-vagga [A 10 1 ~ 10] 1
1 Kimatthiya 1

二　思	198
三　戒	200
四　所　依	202
五　阿　難	204
六　三　昧	206
七　舎利弗	208
八　信	210
九　寂　静	214
一〇　明	218
第二　救護品（一一～二〇）	224
一一　坐臥処	224
一二　分	225
一三　結	227
一四　栽	228
一五　不放逸	235
一六　応　請	237
一七　救　護（一）	238
一八　救　護（二）	241
一九　聖　居（一）	246
二〇　聖　居（二）	247
第三　大　品（二一～三〇）	252
二一　師　子	252
二二　勝　解	256
二三　身	259
二四　周　陀	264
二五　遍　処	269
二六　迦　梨	270
二七　大　問（一）	272
二八　大　問（二）	280

2	Cetanā		2
3	Sīla		4
4	Upanisā		5
5	Ānanda		6
6	Samādhi		7
7	Sāriputta		8
8	Saddhā		10
9	Santa		11
10	Vijjā		12
(2)	Nātha-vagga [A 10 11 ~ 20]	A. v	15
11	Senāsana		15
12	Aṅga		16
13	Saṁyojana		17
14	Khila		17
15	Appamāda		21
16	Āhuneyya		23
17	Nātha (1)		23
18	Nātha (2)		25
19	Ariyavāsa (1)		29
20	Ariyavāsa (2)		29
(3)	Mahā-vagga [A 10 21 ~ 30]	A. v	32
21	Sīha		32
22	Adhimutti		36
23	Kāya		39
24	Cunda		41
25	Kasiṇāyatana		46
26	Kālī		46
27	Mahāpañha (1)		48
28	Mahāpañha (2)		54

二九　拘薩羅（一）　287
三〇　拘薩羅（二）　295
第四　優波離品（三一～四〇）　301
三一　優波離・遮説戒　301
三二　断事人　302
三三　具足戒　303
三四　依止・沙弥　304
三五　破　僧　305
三六　和合僧　306
三七　破　僧（一）　307
三八　破　僧（二）　308
三九　阿　難（一）　308
四〇　阿　難（二）　309
第五　罵詈品（四一～五〇）　311
四一　諍　論　311
四二　諍　根（一）　311
四三　諍　根（二）　312
四四　拘　尸　313
四五　入後宮　316
四六　釈　氏　319
四七　摩訶離　323
四八　法　324
四九　住　身　325
五〇　訴　訟　326
第二の五十経　331
第六　己心品（五一～六〇）　331
五一　己　心　331
五二　舎利弗　333
五三　止　住　336

29	Kosala (1)		59
30	Kosala (2)		65
(4)	Upāli-vagga [A 10 31 ~ 40]	A. v	70
31	Upāli		70
32	Ubbāhika		71
33	Upasampadā		72
34	Nissaya		73
35	Saṅghabheda		73
36	Saṅghasāmaggī		74
37	Bheda (1)		75
38	Bheda (2)		75
39	Ānanda (1)		76
40	Ānanda (2)		76
(5)	Akkosa-vagga [A 10 41 ~ 50]	A. v	77
41	Vivāda		77
42	Vivādamūla (1)		78
43	Vivādamūla (2)		78
44	Kusinārā		79
45	Rājantepurapavesana		81
46	Sakka		83
47	Mahāli		86
48	Dhamma		87
49	Sarīraṭṭha		88
50	Bhaṇḍana		88
	〔II〕 Dutiya-paṇṇāsaka [A 10 51 ~ 100]	A. v	92
(6)	Sacitta-vagga [A 10 51 ~ 60]		92
51	Sacitta		92
52	Sāriputta		94
53	Ṭhiti		96

五四　寂　止　339
五五　衰　退　345
五六　想（一）　348
五七　想（二）　349
五八　根　本　349
五九　出　家　351
六〇　耆利摩難　353

第22巻下　増支部経典　七（十集・十一集）　渡辺照宏訳

第七　双　品（六一～七〇）　1
六一　無　明　1
六二　有　愛　6
六三　究　竟　10
六四　証　浄　11
六五　楽（一）　12
六六　楽（二）　13
六七　那羅伽波寧（一）　14
六八　那羅伽波寧（二）　18
六九　論　事（一）　21
七〇　論　事（二）　23
第八　願　品（七一～八〇）　26
七一　願　26
七二　刺　28
七三　可　愛　31
七四　増　長　32
七五　鹿　住　34
七六　不　能　41
七七　鴉　48
七八　尼犍子　48

54 Samatha 98
55 Parihāna 102
56 Saññā (1) 105
57 Saññā (2) 106
58 Mūla 106
59 Pabbajita 107
60 Girimānanda 108

(7) Yamaka-vagga [A 10 61 ~ 70] A. v 113
61 Avijjā (āhāra) 113
62 Taṇhā (āhāra) 116
63 Niṭṭhā 119
64 Aveccappasanna 120
65 Sukha (1) 120
66 Sukha (2) 121
67 Naḷakapāna (1) 122
68 Naḷakapāna (2) 125
69 Kathāvatthu (1) 128
70 Kathāvatthu (2) 129
(8) Ākaṅkha-vagga [A 10 71 ~ 80] A. v 131
71 Ākaṅkha 131
72 Kaṇṭaka 133
73 Iṭṭhā 135
74 Vaḍḍhi 137
75 Migasālā 137
76 Abhabba 144
77 Kāka 149
78 Nigaṇṭha 150

七九　事（一）　49
八〇　事（二）　50
第九　長老品（八一～九〇）　52
八一　婆醯迦　52
八二　阿　難　53
八三　プンニャ　55
八四　記　説　58
八五　誇　60
八六　悟　了　65
八七　闘　諍　68
八八　〔難〕　74
八九　拘迦利　75
九〇　力　82
第十　優婆塞品（九一～一〇〇）　86
九一　行欲人　86
九二　怨　讎　94
九三　見　98
九四　ヴッチヤ　104
九五　鬱低迦　109
九六　倶迦那　112
九七　応　請　116
九八　長　老　119
九九　優波離　120
一〇〇　不　能　129
第三の五十経　131
第十一　沙門想品（一〇一～一一二）　131
一〇一　想　131
一〇二　覚　支　131
一〇三　邪　性　133

79 Āghāta-vatthu (1) 150
80 Āghāta-vatthu (2) 150
(9) Thera-vagga [A 10 81 ～ 90] A. v 151
81 Bāhuna 151
82 Ānanda 152
83 Puṇṇiya 154
84 Vyākaraṇa 155
85 Kaṭṭhī 157
86 Aññā 161
87 Adhikaraṇa 164
88 (Vyasana) 169
89 Kokālika 170
90 Bala 174
(10) Upāsaka-vagga [A 10 91 ～ 100] A. v 176
91 Kāmabhogī 176
92 Vera 182
93 Diṭṭhi 185
94 Vajjiya 189
95 Uttiya 193
96 Kokanuda 196
97 Āhuneyya 198
98 Thera 201
99 Upāli 201
100 Abhabba 209
〔III〕 Tatiya-paṇṇāsaka [A 10 101 ～ 154] A. v 210
(11) Samaṇasaññā-vagga [A 10 101 ～ 112] 210
101 Saññā 210
102 Bojjhaṅgā 211
103 Micchatta 211

一〇四　種　子　134
一〇五　明　135
一〇六　滅　136
一〇七　洗　滌　137
一〇八　医（一）　139
一〇九　医（二）　141
一一〇　消　143
一一一　無　学（一）　144
一一二　無　学（二）　144
第十二　捨法品（一一三～一二二）　146
一一三　非　法（一）　146
一一四　非　法（二）　147
一一五　非　法（三）　148
一一六　阿夷那　155
一一七　傷歌邏　158
一一八　此　岸　159
一一九　捨　法（一）　161
一二〇　捨　法（二）　164
一二一　先　駆　165
一二二　漏　165
第十三　清浄品（一二三～一三三）　167
一二三　〔清　浄〕　167
一二四　〔未　生（一）〕　167
一二五　〔大　果（一）〕　167
一二六　〔貪欲調伏（一）〕　168
一二七　〔一向厭患（一）〕　168
一二八　〔未　生（二）〕　169
一二九　〔大　果（二）〕　169
一三〇　〔貪欲調伏（二）〕　169

104 Bīja 212
105 Vijjā 214
106 Nijjarā 215
107 Dhovana 216
108 Tikicchā (1) 218
109 Tikicchā (2) 219
110 Niddhamana 220
111 Asekha (1) 221
112 Asekha (2) 222
(12) Paccorohaṇi-vagga [A 10 113 ～ 122] A. v 222
113 Adhamma (1) 222
114 Adhamma (2) 223
115 Adhamma (3) 223
116 Ajita 229
117 Saṅgārava 232
118 Orima 233
119 Paccorohaṇi (1) 233
120 Paccorohaṇi (2) 236
121 Pubbaṅgama 236
122 Āsava 237
(13) Parisuddha-vagga [A 10 123 ～ 133] A. v 237
123 (Parisuddha) 237
124 (Anuppanna) (1) 237
125 (Mahāpphala) (1) 238
126 (Rāgavinaya) (1) 238
127 (Ekantanibbidā) (1) 238
128 (Anuppanna) (2) 238
129 (Mahāpphala) (2) 239
130 (Rāgavinaya) (2) 239

一三一　〔一向厭患（二）〕　170
一三二　〔邪　性〕　170
一三三　〔正　性〕　171
第十四　善良品（一三四～一四四）　172
一三四　善　良　172
一三五　聖　法　172
一三六　善　173
一三七　義　174
一三八　法　175
一三九　無　漏　175
一四〇　無　過　176
一四一　煩　苦　177
一四二　積　集　177
一四三　引　苦　178
一四四　苦　報　179
第十五　聖道品（一四五～一五四）　180
一四五　聖　道　180
一四六　黒　道　180
一四七　正　法　181
一四八　善士法　182
一四九　応　記　183
一五〇　応　習　183
一五一　応修習　184
一五二　応多修　185
一五三　応憶念　186
一五四　応現証　186
第四の五十経　188
第十六　人　品（一五五～一六六）　188
一五五　〔応依附〕　188

131 (Ekantanibbidā) (2) 239
132 (Dasa-micchattā) 240
133 (Dasa-sammattā) 240
(14) Sādhu-vagga [A 10 134 ～ 144] A. v 240
134 Sādhu 240
135 Ariya-dhamma 241
136 Kusala 241
137 Attha 241
138 Dhamma 242
139 Anāsava 242
140 Sāvajja 242
141 Tapanīya 243
142 Ācayabāmī 243
143 Dukkhudraya 243
144 Dukkhavipāka 244
(15) Ariyamagga-vagga [A 10 145 ～ 154] A. v 244
145 Ariyamagga 244
146 Kaṇhamagga 244
147 Saddhamma 245
148 Sappurisadhamma 245
149 Uppādetabba 245
150 Āsevitabba 246
151 Bhāvetabba 246
152 Bahulīkātabba 246
153 (Anussaritabba) 247
154 Sacchikātabba 247
[IV] Catuttha-paṇṇāsaka [A 10 155 ～ 199] A. v 247
(16) Puggala-vagga [A 10 155 ～ 166] 247
155 (Sevitabba) 247

一五六～一六六　〔応親近―大福〕　188
第十七　生聞品（一六七～一七七）　190
一六七　〔捨　法（一）〕　190
一六八　〔捨　法（二）〕　193
一六九　〔傷歌邏〕　193
一七〇　〔岸〕　195
一七一　略　197
一七二　迦旃延　198
一七三　〔非　法〕　205
一七四　〔因〕　206
一七五　出　離　207
一七六　淳　陀　208
一七七　生　聞　216
第十八　善良品（一七八～一八八）　222
一七八　善　良　222
一七九　聖　法　222
一八〇　善　223
一八一　義　224
一八二　法　224
一八三　無　漏　225
一八四　無　過　226
一八五　煩　苦　226
一八六　積　集　227
一八七　引　苦　228
一八八　苦　報　228
第十九　聖道品（一八九～一九八）　230
一八九　聖　道　230
一九〇　黒　道　230
一九一　正　法　231

156 ~ 166 (Bhajitabba)—(Bahupuñña) 248

(17) Jāṇussoṇi-vagga [A 10 167 ~ 177] A. v 249

167 (Paccorohaṇī 1) 249

168 (Paccorohaṇī 2) 251

169 (Saṅgārava) 252

170 (Tira) 253

171 Saṅkhitta 254

172 Kaccāna 255

173 (Adhamma ?) 260

174 (Hetu) 261

175 Parikkama 262

176 Cunda 263

177 Jāṇussoṇi 269

(18) Sādhu-vagga [A 10 178 ~ 188] A. v 273

178 Sādhu 273

179 Ariya-dhamma 274

180 Kusala 274

181 Attha 275

182 Dhamma 275

183 Anāsava 275

184 Sāvajja 276

185 Tapanīya 276

186 Apacayagāmī 276

187 Dukkhudraya 277

188 Dukkhavipāka 277

(19) Ariyamagga-vagga [A 10 189 ~ 198] A. v 278

189 Ariyamagga 278

190 Kaṇhamagga 278

191 Saddhamma 278

一九二　善士法　232
一九三　応　記　233
一九四　応　習　233
一九五　応修習　234
一九六　応多修　235
一九七　応憶念　235
一九八　応現証　236
第二十　人　品（一九九）　238
一九九〔応依附—大福〕　238
〔余　経〕　240
第二十一　業所生身品（二〇〇〜二〇九）　240
二〇〇　地獄天界（一）　240
二〇一　地獄天界（二）　243
二〇二　婦　女　243
二〇三　優婆夷（一）　244
二〇四　優婆夷（二）　245
二〇五　蛇行法　246
二〇六　摩尼珠　250
二〇七〔思〕　257
二〇八〔業所生身〕　260
二〇九　婆羅門　262
〔広　説〕（*第二十二　第一品）
（二一〇〜二一六）　265
二一〇　十　法　265
二一一　二十法　266
二一二　三十法　268
二一三　四十法　269
二一四〔損　害〕　272
二一五〔悪生・善趣〕　272

192 Sappurisadhamma 279
193 Uppādetabba 279
194 Āsevitabba 279
195 Bhāvetabba 280
196 Bahulīkātabba 280
197 Anussaritabba 280
198 Sacchikātabba 281
(20) Puggala-vagga [A 10 199] A. v 281
199 [Sevitabba — Bahupuñña] 281
[V] Paṇṇāsāsaṅgahīta [A 10 200 ~ 219] A. v 283
(21) Karajakāya-vagga [A 10 200 ~ 209] 283
200 Niraya-sugati (1) 283
201 Niraya-sugati (2) 285
202 Mātugāma 286
203 Upāsikā (1) 287
204 Upāsikā (2) 288
205 Saṁsappaniya 288
206 Maṇi 292
207 (Cetanā) 297
208 (Karaja-kāya) 299
209 Brāhmaṇa 301
(22) [No title] (*Sāmaññavayya)
[A 10 210 ~ 219] A. v 303
210 Dasa-dhammā 303
211 Vīsati-dhammā 304
212 Tiṁsa-dhammā 305
213 Cattārīsa-dhammā 306
214 (Khata-upahata) 308
215 (Apāya-duggati) 308

二一六　〔賢　愚〕 273
〔貪　品〕（二一七～二一九） 274
二一七　不浄想 274
二一八　正　見 274
二一九　遍　知 275
十一集 276
第一　依止品（一～一一） 276
一　何　義 276
二　思 278
三　所　依（一） 280
四　所　依（二） 282
五　所　依（三） 285
六　難 287
七　想（一） 287
八　想（二） 289
九　作　意 292
一〇　詵　陀 294
一一　孔雀林 299
第二　憶念品（一二～二二） 303
一二　摩訶男（一） 303
一三　摩訶男（二） 308
一四　難　提 311
一五　須菩提 314
一六　慈 322
一七　第　十 323
一八　放牛者 329
一九　三　昧（一） 338
二〇　三　昧（二） 340
二一　三　昧（三） 343

216 (Bāla-paṇḍita) 309
(*Rāgapeyyāla) 309
217 Asubhasaññā 309
218 Sammādiṭṭhi 310
219 Pariññā 310
11 Ekādasaka-nipāta [A 11 1 ~ 25] A. v 311
(1) Nissaya-vagga [A 11 1 ~ 11] 311
1 Kimatthiyaṁ 311
2 Cetanā 312
3 Upanisā (1) 313
4 Upanisā (2) 315
5 Upanisā (3) 316
6 Vyasana 317
7 Saññā (1) 318
8 Saññā (2) 319
9 Manasikāra 321
10 Sandha 322
11 Moranivāpa 326
(2) Anussati-vagga [A 11 12 ~ 22] A. v 328
12 Mahānāma (1) 328
13 Mahānāma (2) 332
14 Nandiya 334
15 Subhūti 337
16 Mettā 342
17 Dasama 342
18 Gopāla 347
19 Samādhi (1) 353
20 Samādhi (2) 354
21 Samādhi (3) 356

二二　三　昧（四）　345
〔広　説〕（二三）　348
348
〔貪　品〕（二四，二五）　351
〔第一証知〕　351
〔第二証知〕　351

第23巻　小部経典　一
（小誦経・法句経・自説経・如是語経）

小誦経　宮田菱道訳
一　三帰文　1
二　十戒文　1
三　三十二身分　2
四　問沙弥文　2
五　吉祥経　3
六　三宝経　5
七　戸外経　9
八　伏蔵経　11
九　慈悲経　13

法句経　辻直四郎訳
一　双　品　17
二　不放逸品　20
三　心　品　22
四　華　品　24
五　愚　品　26
六　賢　品　28
七　阿羅漢品　30

22 Samādhi (4) 357
(3) [No title] [A 11 23 ~ 25] A. v 359
23 Gopālaka 359
(*Rāgapeyyāla) 360
24 (Paṭhama-jhāna) 360
25 (Pariññā) 360

Khuddaka-nikāya [Khuddaka 1 ~ 4]

[Khuddaka 1]

Khuddaka-pāṭha [Khp 1 ~ 9] Khp. 1
1 Saraṇattaya [Khp 1] 1
2 Dasasikkhāpada [Khp 2] 1
3 Dvattiṁsākāra [Khp 3] 2
4 Kumārapañha [Khp 4] 2
5 Maṅgala-sutta [Khp 5 = Sn 2 4 Mahāmaṅgala-sutta] 2
6 Ratana-sutta [Khp 6 = Sn 2 1] 3
7 Tirokuḍḍa-sutta [Khp 7] 6
8 Nidhikaṇḍa-sutta [Khp 8] 7
9 Metta-sutta [Khp 9 = Sn 1 8] 8

[Khuddaka 2]

Dhamma-pada [Dhp 1 ~ 26 = vv 1 ~ 423] Dhp. 1
1 Yamaka-vagga [Dhp 1 = vv 1 ~ 20] 1
2 Appamāda-vagga [Dhp 2 = vv 21 ~ 32] 4
3 Citta-vagga [Dhp 3 = vv 33 ~ 43] 5
4 Puppha-vagga [Dhp 4 = vv 44 ~ 59] 7
5 Bāla-vagga [Dhp 5 = vv 60 ~ 75] 9
6 Paṇḍita-vagga [Dhp 6 = vv 76 ~ 89] 11
7 Arahanta-vagga [Dhp 7 = vv 90 ~ 99] 13

八　千　品　32
九　悪　品　35
一〇　刀杖品　37
一一　老　品　39
一二　自己品　41
一三　世　品　43
一四　仏陀品　44
一五　安楽品　47
一六　愛好品　49
一七　忿怒品　51
一八　垢穢品　53
一九　法住品　56
二〇　道　品　59
二一　雑　品　62
二二　地獄品　64
二三　象　品　67
二四　愛欲品　69
二五　比丘品　73
二六　婆羅門品　77

自説経　増永霊鳳訳

第一品　菩提品　85
第二品　目真隣陀品　98
第三品　難陀品　117
第四品　弥醯品　138
第五品　蘇那長老品　160
第六品　生盲品　185
第七品　小　品　207
第八品　波吒離村人品　217

8 Sahassa-vagga [Dhp 8 = vv 100 ~ 115] 15
9 Pāpa-vagga [Dhp 9 = vv 116 ~ 128] 17
10 Daṇḍa-vagga [Dhp 10 = vv 129 ~ 145] 19
11 Jarā-vagga [Dhp 11 = vv 146 ~ 156] 22
12 Atta-vagga [Dhp 12 = vv 157 ~ 166] 23
13 Loka-vagga [Dhp 13 = vv 167 ~ 178] 25
14 Buddha-vagga [Dhp 14 = vv 179 ~ 196] 27
15 Sukha-vagga [Dhp 15 = vv 197 ~ 208] 30
16 Piya-vagga [Dhp 16 = vv 209 ~ 220] 31
17 Kodha-vagga [Dhp 17 = vv 221 ~ 234] 33
18 Mala-vagga [Dhp 18 = vv 235 ~ 255] 35
19 Dhammaṭṭha-vagga [Dhp 19 = vv 256 ~ 272] 38
20 Magga-vagga [Dhp 20 = vv 273 ~ 289] 40
21 Pakiṇṇaka-vagga [Dhp 21 = vv 290 ~ 305] 42
22 Niraya-vagga [Dhp 22 = vv 306 ~ 319] 44
23 Nāga-vagga [Dhp 23 = vv 320 ~ 333] 46
24 Taṇhā-vagga [Dhp 24 = vv 334 ~ 359] 48
25 Bhikkhu-vagga [Dhp 25 = vv 360 ~ 382] 52
26 Brāhmaṇa-vagga [Dhp 26 = vv 383 ~ 423] 55

[Khuddaka 3]

Udāna [Ud 1 ~ 8 = 1 ~ 80] Ud. 1
1 Bodhi-vagga [Ud 1 1 ~ 10] 1
2 Mucalinda-vagga [Ud 2 1 ~ 10] 10
3 Nanda-vagga [Ud 3 1 ~ 10] 21
4 Meghiya-vagga [Ud 4 1 ~ 10] 34
5 Sonattherassa-vagga [Ud 5 1 ~ 10] 47
6 Jaccandha-vagga [Ud 6 1 ~ 10] 62
7 Cūḷa-vagga [Ud 7 1 ~ 10] 74
8 Pāṭaligāmiya-vagga [Ud 8 1 ~ 10] 80

如是語経　石黒弥致訳
一　集　241
第一品（十経）　241
一貪　二瞋　三癡
四忿　五覆　六慢
七一切　八慢　九貪
一〇瞋
第二品（十経）　249
一一癡　一二忿　一三覆
一四無明　一五愛　一六，一七学
一八僧破　一九僧和　二〇汚心
第三品（七経）　259
二一浄心　二二福　二三二利
二四愛欲　二五妄語　二六施
二七慈
二　集　269
第一品（十経）　269
二八，二九根門・飯食　三〇，三一善・善・悪
三二，三三戒・見　三四無勤・無愧
三五，三六梵行・非梵行　三七動乱・精進
第二品（十二経）　279
三八安楽・孤独　三九見・厭　四〇無慚・無愧
四一滅・不滅　四二慚・愧　四三無生・生
四四涅槃　四五独居　四六学勝利
三　集　294
第一品（十経）　294
五〇不善根　五一界　五二，五三受
五四，五五求　五六，五七漏　五八愛

[Khuddaka 4]
Itivuttaka [It I ～ IV= 1 ～ 112] It. 1
I Ekanipāta [It I= 1 ～ 27] 1
1 Pāṭibhoga-vagga [It 1 ～ 10] 1
1 Rāga 2 Dosa 3 Moha
4 Kodha 5 Makkha 6 Mānaṁ
7 Sabbaṁ 8 Mānato 9 Rāga
10 Dosa
2 Dutiya-vagga [It 11 ～ 20] 6
11 Moha 12 Kodha 13 Makkha
14 Moha 15 Kāma 16, 17 Sekkhā
18 Saṁgha-bheda 19 Moda 20 Puggala
3 Tatiya-vagga [It 21 ～ 27] 13
21 Cittaṁ jhāyi 22 Puñña 23 Ubho atthā
24 Veputtapabbata 25 Sampajāna-musāvāda
26 Dāna 27 Mettabhāvanā
II Dukanipāta [It II= 28 ～ 49] It. 22
1 Paṭhama-vagga [It 28 ～ 37] 22
28, 29 Dve indriyā 30, 31 Dve tapanīyā
32, 33 Sīlena duve 34 Anottappī 35, 36 Kuhanā
37 Saṁvejanīya
2 Dutiya-vagga [It 38 ～ 49] 31
38 Vitakka 39 Desanā 40 Vijjā
41 Paññā 42 Dhamma 43 Ajāta
44 Dhātu 45 Sallānaṁ 46 Sikkhā
47 Jāgariya 48 Apāya 49 Diṭṭhi
III Tikanipāta [It III= 50 ～ 99] It. 45
1 Paṭhama-vagga [It 50 ～ 59] 45
50, 51 Mūladhātu 52, 53 Vedanā duve

四七悟	四八無幸処	四九見	
六三時	六四悪行	六五妙行	
六六浄	六七寂	六八，六九貪等	
第三品（十経）			310
七〇悪行	七一妙行	七二出離	
七三色等	七四児	七五人	
七六楽	七七身等	七八衆生	
七九法			
第四品（十経）			324
八〇不善尋	八一恭敬	八二天声	
八三天	八四三人	八五不浄観等	
八六法	八七尋	八八貪等	
八九提婆			
第五品（十経）			340
九〇勝信	九一托鉢	九二和合衣	
九三火	九四考察	九五欲生	
九六欲繋	九七善戒等	九八施等	
九九三明			
四　集			353
第一品（十三経）			353
一〇〇梵志	一〇一四事	一〇二漏	
一〇三沙門	一〇四比丘	一〇五起愛	
一〇六尊敬	一〇七外護	一〇八欺瞞	
一〇九河	一一〇行等	一一一具足戒	
一一二如来			

54, 55 Esanā duve 56, 57 Āsavā duve
58 Taṇhā 59 Māradheyya
66 Suci 67 Muni 68, 69 Rāgā duve
3 Tatiya-vagga [It 70 ~ 79] 58
70, 71 Dve diṭṭhī 72 Nissaraṇa
73 Rūpa 74 Putta 75 Avuṭṭhika
76 Sukhā 77 Bhindanā 78 Dhātu
79 Parihāna
4 Catuttha-vagga [It 80 ~ 89] 72
80 Vitakka 81 Sakkāra 82 Sadda
83 Cavamāna 84 Loka 85 Asubha
86 Dhamma 87 Andhakāra 88 Mala
89 Devadatta
5 Pañcama-vagga [It 90 ~ 99] 87
90 Pasāda 91 Jīvita 92 Saṅghāṭi
93 Aggi 94 Upaparikkhā 95 Upapatti
96 Kāma 97 Kalyāṇa 98 Dāna
99 Dhamma
IV Catutthanipāta [It IV= 100 ~ 112] It. 101
1 Paṭhama-vagga [It 100 ~ 112] 101
100 Brāhmaṇā 101 Cattāri 102 Jānaṁ
103 Samaṇa 104 Sīla 105 Taṇhā
106 Brahmā 107 Bahūpakāra 108 Kuhanā
109 Purisa 110 Caraṁ 111 Sampanna
112 Loka

第24巻　小部経典　二（経集・天宮事経）

経　集	水野弘元訳
第一　蛇　品	1
一　蛇　経	1
二　陀尼耶経	7
三　犀角経	13
四　耕田婆羅堕闍経	26
五　淳陀経	32
六　敗亡経	35
七　賤民経	42
八　慈　経	52
九　雪山〔夜叉〕経	55
一〇　曠野〔夜叉〕経	65
一一　征勝経	71
一二　牟尼経	76
第二　小　品	81
一　宝　経	81
二　臭穢経	89
三　慚　経	94
四　大吉祥経	96
五　針毛〔夜叉〕経	100
六　法行経	103
七　婆羅門法経	106
八　船　経	117
九　何戒経	120

Khuddaka-nikāya [Khuddaka 5 ~ 6]

[Khuddaka 5]

Sutta-nipāta [Sn 1 ~ 5= vv 1 ~ 1149] Sn. 1

1 Uraga-vagga [Sn 1 1 ~ 12= vv 1 ~ 221] 1

1 Uraga-sutta [Sn 1 1= vv 1 ~ 17] 1

2 Dhaniya-sutta [Sn 1 2= vv 18 ~ 34] 3

3 Khaggavisāṇa-sutta [Sn 1 3= vv 35 ~ 75] 6

4 Kasibhāradvāja-sutta [Sn 1 4= vv 76 ~ 82] 13

5 Cunda-sutta [Sn 1 5= vv 83 ~ 90] 16

6 Parābhava-sutta [Sn 1 6= vv 91 ~ 115] 18

7 Vasala-sutta [Sn 1 7= vv 116 ~ 142] 21

8 Metta-sutta [Sn 1 8= vv 143 ~ 152 = Khp 9] 25

9 Hemavata-sutta [Sn 1 9= vv 153 ~ 180] 27

10 Āḷavaka-sutta [Sn 1 10= vv 181 ~ 192] 31

11 Vijaya-sutta [Sn 1 11= vv 193 ~ 206] 34

12 Muni-sutta [Sn 1 12= vv 207 ~ 221] 35

2 Cūḷa-vagga [Sn 2 1 ~ 14= vv 222 ~ 404] Sn. 39

1 Ratana-sutta [Sn 2 1= vv 222 ~ 238 = Khp 6] 39

2 Āmagandha-sutta [Sn 2 2= vv 239 ~ 252] 42

3 Hiri-sutta [Sn 2 3= vv 253 ~ 257] 45

4 Mahāmaṅgala-sutta [Sn 2 4= vv 258 ~ 269
= Khp 5 Maṅgala-sutta] 46

5 Sūciloma-sutta [Sn 2 5= vv 270 ~ 273] 47

6 Dhammacariya-sutta [Sn 2 6= vv 274 ~ 283] 49

7 Brāhmaṇadhammika-sutta
[Sn 2 7= vv 284 ~ 315] 50

8 Nāvā-sutta [Sn 2 8= vv 316 ~ 323] 55

9 Kiṁsīla-sutta [Sn 2 9= vv 324 ~ 330] 56

一〇　起立経　122
一一　羅睺羅経　124
一二　鵬耆舎経　127
一三　正普行経　133

一四　曇弥迦経　138
第三　大　品　147
一　出家経　147
二　精勤経　153
三　善説経　161
四　孫陀利迦婆羅堕闍経　164

五　摩伽経　177
六　薩毘耶経　186
七　施羅経　203
八　箭　経　219
九　婆私吒経　226
一〇　拘迦利耶経　247
一一　那羅迦経　258
一二　二種随観経　272

第四　義　品　295
一　欲　経　295
二　窟八偈経　301
三　瞋怒八偈経　304
四　浄八偈経　307
五　第一八偈経　310
六　老　経　313
七　帝須弥勒経　316

10 Uṭṭhāna-sutta [Sn 2 10= vv 331 ~ 334] 57
11 Rāhula-sutta [Sn 2 11= vv 335 ~ 342] 58
12 Vaṅgīsa-sutta [Sn 2 12= vv 343 ~ 358] 59
13 Sammāparibbājaniya-sutta
[Sn 2 13= vv 359 ~ 375] 63
14 Dhammika-sutta [Sn 2 14= vv 376 ~ 404] 66
3 Mahā-vagga [Sn 3 1 ~ 12= vv 405 ~ 765] Sn. 72
1 Pabbajjā-sutta [Sn 3 1= vv 405 ~ 424] 72
2 Padhāna-sutta [Sn 3 2= vv 425 ~ 449] 74
3 Subhāsita-sutta [Sn 3 3= vv 450 ~ 454] 78
4 Sundarikabhāradvāja-sutta
[Sn 3 4= vv 455 ~ 486] 79
5 Māgha-sutta [Sn 3 5= vv 487 ~ 509] 86
6 Sabhiya-sutta [Sn 3 6= vv 510 ~ 547] 91
7 Sela-sutta [Sn 3 7= vv 548 ~ 573 = M 92] 102
8 Salla-sutta [Sn 3 8= vv 574 ~ 593] 112
9 Vāseṭṭha-sutta [Sn 3 9= vv 594 ~ 656= M 98] 115
10 Kokāliya-sutta [Sn 3 10= vv 657 ~ 678] 123
11 Nālaka-sutta [Sn 3 11= vv 679 ~ 723] 131
12 Dvayatānupassanā-sutta
[Sn 3 12= vv 724 ~ 765] 139
4 Aṭṭhaka-vagga [Sn 4 1 ~ 16= vv 766 ~ 975] Sn. 151
1 Kāma-sutta [Sn 4 1= vv 766 ~ 771] 151
2 Guhaṭṭhaka-sutta [Sn 4 2= vv 772 ~ 779] 151
3 Duṭṭhaṭṭhaka-sutta [Sn 4 3= vv 780 ~ 787] 153
4 Suddhaṭṭhaka-sutta [Sn 4 4= vv 788 ~ 795] 154
5 Paramaṭṭhaka-sutta [Sn 4 5= vv 796 ~ 803] 156
6 Jarā-sutta [Sn 4 6= vv 804 ~ 813] 158
7 Tissametteyya-sutta [Sn 4 7= vv 814 ~ 823] 160

八　波須羅経　320
九　摩健地耶経　324
一〇　死前経　329
一一　闘諍経　334
一二　小集積経　339
一三　大集積経　344
一四　迅速経　351
一五　執杖経　357
一六　舎利弗経　363
第五　彼岸道品　370
一　序　偈　370
二　阿耆多学童所問　388
三　帝須弥勒学童所問　392
四　富那迦学童所問　394
五　弥多求学童所問　397
六　度多迦学童所問　401
七　優波私婆学童所問　404
八　難陀学童所問　407
九　醯摩迦学童所問　411
一〇　刀提耶学童所問　412
一一　劫波学童所問　414

8 Pasūra-sutta [Sn 4 8= vv 824 ~ 834] 161
9 Māgandiya-sutta [Sn 4 9= vv 835 ~ 847] 163
10 Purābheda-sutta [Sn 4 10= vv 848 ~ 861] 166
11 Kalahavivāda-sutta [Sn 4 11= vv 862 ~ 877] 168
12 Cūḷaviyūha-sutta [Sn 4 12= vv 878 ~ 894] 171
13 Mahāviyūha-sutta [Sn 4 13= vv 895 ~ 914] 174
14 Tuvaṭaka-sutta [Sn 4 14= vv 915 ~ 934] 179
15 Attadaṇḍa-sutta [Sn 4 15= vv 935 ~ 954] 182
16 Sāriputta-sutta [Sn 4 16= vv 955 ~ 975] 185

5 Pārāyana-vagga [Sn 5 1 ~ 18= vv 976 ~ 1149] Sn. 190

1 Vatthugāthā [Sn 5 1= vv 976 ~ 1031] 190
2 Ajitamāṇava-pucchā [Sn 5 2= vv 1032 ~ 1039] 197
3 Tissametteyyamāṇava-pucchā [Sn 5 3= vv 1040 ~ 1042] 199
4 Puṇṇakamāṇava-pucchā [Sn 5 4= vv 1043 ~ 1048] 199
5 Mettagūmāṇava-pucchā [Sn 5 5= vv 1049 ~ 1060] 201
6 Dhotakamāṇava-pucchā [Sn 5 6= vv 1061 ~ 1068] 204
7 Upasīvamāṇava-pucchā [Sn 5 7= vv 1069 ~ 1076] 205
8 Nandamāṇava-pucchā [Sn 5 8= vv 1077 ~ 1083] 207
9 Hemakamāṇava-pucchā [Sn 5 9= vv 1084 ~ 1087] 209
10 Todeyyamāṇava-pucchā [Sn 5 10= vv 1088 ~ 1091] 210
11 Kappamāṇava-pucchā

一二　闍都乾耳学童所問　416
一三　跋陀羅浮陀学童所問　417
一四　優陀耶学童所問　419
一五　布沙羅学童所問　422
一六　莫伽羅闍学童所問　424
一七　賓祇耶学童所問　425
一八　（*彼岸賞讃の偈）　427

天宮事経　宮田菱道訳

第一　椅子品　437
一　椅子天宮　437
二　椅子天宮　438
三　椅子天宮　439
四　椅子天宮　440
五　象天宮　441
六　船天宮　442
七　船天宮　444
八　船天宮　445
九　燈火天宮　447
一〇　胡麻供養天宮　448
一一　貞淑女天宮　449

[Sn 5 11= vv 1092 ~ 1095] 211
12 Jatukaṇṇimāṇava-pucchā
[Sn 5 12= vv 1096 ~ 1100] 212
13 Bhadrāvudhamāṇava-pucchā
[Sn 5 13= vv 1101 ~ 1104] 213
14 Udayamāṇava-pucchā
[Sn 5 14= vv 1105 ~ 1111] 214
15 Posālamāṇava-pucchā
[Sn 5 15= vv 1112 ~ 1115] 215
16 Mogharājamāṇava-pucchā
[Sn 5 16= vv 1116 ~ 1119] 216
17 Piṅgiyamāṇava-pucchā
[Sn 5 17= vv 1120 ~ 1123] 217
18 (*Pārāyanatthuti-gāthā)
[Sn 5 18= vv 1124 ~ 1149] 218

[Khuddaka **6**]

Vimāna-vatthu [Vv **1** ~ **7**= 1 ~ 85] Vv. 1
1 Pīṭha-vagga [Vv **1**= 1 ~ 17] 1
1 Pīṭha-vimāna [vv 1 ~ 7] 1
2 Pīṭha-vimāna [vv 1 ~ 7] 2
3 Pīṭha-vimāna [vv 1 ~ 8] 2
4 Pīṭha-vimāna [vv 1 ~ 8] 3
5 Kuñjaravimāna [vv 1 ~ 12] 4
6 Nāvā-vimāna [vv 1 ~ 12] 4
7 Nāvā-vimāna [vv 1 ~ 11] 5
8 Nāvā-vimāna [vv 1 ~ 12] 6
9 Dīpa-vimāna [vv 1 ~ 10] 7
10 Tiladakkhiṇa-vimāna [vv 1 ~ 8] 8
11 Patibbatā-vimāna [vv 1 ~ 8] 9

一二　第二貞淑女天宮　451
一三　嫁婦天宮　452
一四　嫁婦天宮　453
一五　鬱多羅女天宮　454
一六　師利摩女天宮　455
一七　髪結女天宮　457
第二　チッタラター園品　459
一八　下婢天宮　459
一九　ラクマー女天宮　461
二〇　飯泡施者天宮　462
二一　旃陀羅女天宮　464
二二　バッディッティカー女天宮　465
二三　ソーナディンナー女天宮　466
二四　ウポーサター女天宮　468
二五　スニッダー女天宮（*ニッダー女天宮）　469
二六　スディンナー女天宮（*スニッダー女天宮）　470
二七　食施女天宮　471
二八　第二食施女天宮　472
第三　昼度樹品　472
二九　優天宮　472
三〇　甘蔗天宮　474
三一　臥台天宮　475
三二　ラター天女天宮　477
三三　グッティラー天宮　478
三四　光輝天宮　483
三五　セーサヴティー女天宮　487
三六　マッリカー女天宮　489
三七　広目天宮　490

12 Dutiya-patibbatā-vimāna [vv 1 ～ 7] 9
13 Suṇisā-vimāna [vv 1 ～ 8] 10
14 Suṇisā-vimāna [vv 1 ～ 8] 11
15 Uttarā-vimāna [vv 1 ～ 13] 11
16 Sirimā-vimāna [vv 1 ～ 13] 12
17 Kesakārī-vimāna [vv 1 ～ 7] 14
2 Cittalatā-vagga [Vv 2 = 18 ～ 28] Vv. 15
18 Dāsī-vimāna [vv 1 ～ 15] 15
19 Lakhumā-vimāna [vv 1 ～ 15] 17
20 Ācāmadāyikā-vimāna [vv 1 ～ 10] 17
21 Caṇḍāli-vimāna [vv 1 ～ 11] 18
22 Bhadditthikā-vimāna [vv 1 ～ 11] 19
23 Soṇadinnā-vimāna [vv 1 ～ 11] 20
24 Uposathā-vimāna [vv 1 ～ 16] 20
25 Suniddā-vimāna (*Niddā-) [vv 1 ～ 11] 21
26 Sudinnā-vimāna (*Suniddā-) [vv 1 ～ 11] 22

27 Bhikkhādāyikā-vimāna [vv 1 ～ 8] 22
28 Dutiya-bhikkhādāyikā-vimāna [vv 1 ～ 7] 23
3 Pāricchattaka-vagga [Vv 3 = 29 ～ 38] Vv. 24
29 Uḷāra-vimāna [vv 1 ～ 11] 24
30 Ucchudāyikā-vimāna [vv 1 ～ 11] 24
31 Pallaṅka-vimāna [vv 1 ～ 9] 26
32 Latā-vimāna [vv 1 ～ 11] 27
33 Guttila-vimāna [vv 1 ～ 192] 28
34 Daddalla-vimāna [vv 1 ～ 27] 31
35 Sesavatī-vimāna [vv 1 ～ 12] 32
36 Mallikā-vimāna [vv 1 ～ 8] 34
37 Visālakkhi-vimāna [vv 1 ～ 13] 34

三八　昼度樹天宮　491
第四　深紅品　492
三九　深紅天宮　492
四〇　極光天宮　493
四一　象天宮　494
四二　アローマー天宮　495
四三　酸粥施者天宮　496
四四　精舎天宮　497
四五　四女人天宮　500
四六　菴婆天宮　502
四七　金色天宮　503
四八　甘蔗天宮　504
四九　礼拝天宮　506
五〇　ラッヂュマーラー女天宮　506
第五　大車品　510
五一　蛙天宮　510
五二　レーヴティー女天宮　511
五三　チャッタ青年天宮　514
五四　蟹味施者天宮　518
五五　守門者天宮　519
五六　所応作天宮　519
五七　第二所応作天宮　519
五八　針天宮　519
五九　第二針天宮　520
六〇　象天宮　520
六一　第二象天宮　521
六二　第三象天宮　521
六三　小車天宮　522
六四　大車天宮　526

38 Păricchattaka-vimāna [vv 1 ~ 9] 35
4 Mañjeṭṭhaka-vagga [Vv 4 = 39 ~ 50] Vv. 37
39 Mañjeṭṭhaka-vimāna [vv 1 ~ 8] 37
40 Pabhassara-vimāna [vv 1 ~ 8] 37
41 Nāga-vimāna [vv 1 ~ 6] 38
42 Aloma-vimāna [vv 1 ~ 8] 39
43 Kañjikadāyikā-vimāna [vv 1 ~ 10] 39
44 Vihāra-vimāna [vv 1 ~ 26] 40
45 Caturitthi-vimāna [vv 1 ~ 28] 42
46 Amba-vimāna [vv 1 ~ 12] 43
47 Pīta-vimāna [vv 1 ~ 13] 44
48 Ucchu-vimāna [vv 1 ~ 11] 44
49 Vandana-vimāna [vv 1 ~ 6] 45
50 Rajjumālā-vimāna [vv 1 ~ 31] 46
5 Mahāratha-vagga [Vv 5 = 51 ~ 64] Vv. 49
51 Maṇḍūkadevaputta-vimāna [vv 1 ~ 4] 49
52 Revatī-vimāna [vv 1 ~ 26] 49
53 Chattamāṇavaka-vimāna [vv 1 ~ 24] 51
54 Kakkaṭarasadāyaka-vimāna [vv 1 ~ 7] 54
55 Dvārapālaka-vimāna 54
56 Karaṇīya-vimāna 55
57 Dutiya-karaṇīya-vimāna 55
58 Sūci-vimāna 55
59 Dutiya-sūci-vimāna 55
60 Nāga-vimāna [vv 1 ~ 6] 55
61 Dutiya-nāga-vimāna [vv 1 ~ 7] 56
62 Tatiya-nāga-vimāna [vv 1 ~ 5] 56
63 Cūḷaratha-vimāna [vv 1 ~ 34] 57
64 Mahāratha-vimāna [vv 1 ~ 33] 59

第六　パーヤーシ品　531
六五　在家天宮　531
六六　第二在家天宮　531
六七　果実施者天宮　532
六八　住家施者天宮　533
六九　第二住家施者天宮　534
七〇　食施者天宮　534
七一　麦番天宮　534
七二　耳環天宮　535
七三　第二耳環天宮　536
七四　鬱多羅天宮　537
第七　整備天宮品　537
七五　チッタラター天宮　538
七六　歓喜園天宮　538
七七　摩尼柱天宮　538
七八　黄金天宮　539
七九　菴婆天宮　540
八〇　牧牛天宮　542
八一　犍陟天宮　543
八二　種種色天宮　546
八三　煌輝耳環天宮　547
八四　セーリッサカ天宮　550
八五　整備天宮　558

第25巻　小部経典　三（餓鬼事経・長老偈経・長老尼偈経）

餓鬼事経　宮田菱道訳
第一　蛇　品　1
一　福田鬼事　1

6 Pāyāsi-vagga [Vv 6 = 65 ～ 74] Vv. 63
65 Agāriya-vimāna [vv 1 ～ 5] 63
66 Dutiya-agāriya-vimāna [vv 1 ～ 5] 63
67 Phaladāyaka-vimāna [vv 1 ～ 7] 64
68 Upassayadāyaka-vimāna [vv 1 ～ 6] 64
69 Dutiya-upassayadāyaka-vimāna [vv 1 ～ 5] 65
70 Bhikkhādāyaka-vimāna [vv 1 ～ 5] 65
71 Yavapālaka-vimāna [vv 1 ～ 6] 65
72 Kuṇḍalī-vimāna [vv 1 ～ 8] 66
73 Dutiya-kuṇḍalī-vimāna [vv 1 ～ 8] 66
74 Uttara-vimāna [vv 1 ～ 6] 67
7 Sunikkhitta-vagga [Vv 7 = 75 ～ 85] Vv. 69
75 Cittalatā-vimāna [vv 1 ～ 7] 69
76 Nandana-vimāna [vv 1 ～ 5] 69
77 Maṇithūṇa-vimāna [vv 1 ～ 9] 69
78 Suvaṇṇa-vimāna [vv 1 ～ 12] 70
79 Amba-vimāna [vv 1 ～ 13] 71
80 Gopāla-vimāna [vv 1 ～ 12] 72
81 Kanthaka-vimāna [vv 1 ～ 28] 73
82 Anekavaṇṇa-vimāna [vv 1 ～ 9] 74
83 Maṭṭakuṇḍalī-vimāna [vv 1 ～ 21] = Pv 2 5 75
84 Serissaka-vimāna [vv 1 ～ 54] = Pv 4 2 77
85 Sunikkhitta-vimāna [vv 1 ～ 8] 83

Khuddaka-nikāya [Khuddaka 7 ～ 9]

[Khuddaka 7]

Peta-vatthu [Pv 1 ～ 4] Pv. 1
1 Uraga-vagga [Pv 1 1 ～ 12] 3
1 Khettūpamā-petavatthu [vv 1 ～ 3] 3

二　豚鬼事	2
三　臭口鬼事	2
四　人形鬼事	3
五　戸外鬼事	3
六　食児鬼事（一）	5
七　食児鬼事（二）	7
八　牛鬼事	8
九　機女鬼事	9
一〇　禿頭鬼事	10
一一　象鬼事	12
一二　蛇鬼事	14
第二　鬱婆利品	16
一　離輪廻鬼事	16
二　舎利弗母鬼事	20
三　マッター鬼事	21
四　難陀鬼事	25
五　耳環女鬼事＝天宮事八三	27
六　カンハ鬼事	27
七　財護鬼事	30
八　権商鬼事	33
九　アンクラ鬼事	35
一〇　鬱多羅母鬼事	46
一一　糸餓鬼事	47
一二　無耳犬鬼事	48
一三　鬱婆利鬼事	51
第三　小　品	55
一　不断鬼事	55
二　サーヌワーシ鬼事	58
三　造車鬼事	62

2 Sūkara-petavatthu [vv 1 ~ 3] 3
3 Pūtimukha-petavatthu [vv 1 ~ 3] 3
4 Piṭṭhadhītalika-petavatthu [vv 1 ~ 4] 4
5 Tirokuḍḍa-petavatthu [vv 1 ~ 12] 4
6 Pañcaputtakhādaka-petavatthu [vv 1 ~ 9] 5
7 Sattaputtakhādaka-petavatthu [vv 1 ~ 10] 6
8 Goṇa-petavatthu [vv 1 ~ 8] 7
9 Mahāpesakāra-petavatthu [vv 1 ~ 4] 7
10 Khallāṭiya-petavatthu [vv 1 ~ 15] 8
11 Nāga-petavatthu [vv 1 ~ 12] 9
12 Uraga-petavatthu [vv 1 ~ 10] 11

2 Ubbari-vagga [Pv 2 1 ~ 13] Pv. 12
1 Saṁsāramocaka-petavatthu [vv 1 ~ 21] 12
2 Sāriputtattherassamātu-petavatthu [vv 1 ~ 14] 13
3 Mattā-petavatthu [vv 1 ~ 36] 14
4 Nandā-petavatthu [vv 1 ~ 20] 17
5 Maṭṭhakuṇḍalī-petavatthu = Vv 83 18
6 Kaṇha-petavatthu [vv 1 ~ 20] 18
7 Dhanapāla-petavatthu [vv 1 ~ 19] 20
8 Cūḷaseṭṭhi-petavatthu [vv 1 ~ 11] 21
9 Aṅkura-petavatthu [vv 1 ~ 75] 23
10 Uttaramātu-petavatthu [vv 1 ~ 9] 28
11 Sutta-petavatthu [vv 1 ~ 7] 29
12 Kaṇṇamuṇḍa-petavatthu [vv 1 ~ 21] 30
13 Ubbari-petavatthu [vv 1 ~ 19] 32

3 Cūḷa-vagga [Pv 3 1 ~ 10] Pv. 33
1 Abhijjamāna-petavatthu [vv 1 ~ 21] 33
2 Sānuvāsi-petavatthu [vv 1 ~ 32] 35
3 Rathakāra-petavatthu [vv 1 ~ 8] 38

四　籾殻鬼事	63
五　小児鬼事	64
六　セーリニー鬼事	66
七　猟鹿鬼事（一）	68
八　猟鹿鬼事（二）	69
九　詐欺鬼事	70
一〇　不敬塔鬼事	71
第四　大　品	73
一　アンバサッカラ鬼事	73
二　セーリッサカ鬼事＝天宮事八四経	86
三　ナンディカ鬼事（*ナンダカ鬼事）	87
四　レーヴティ鬼事＝天宮事五二経	94
五　甘蔗鬼事	94
六　児童鬼事	95
七　玉児鬼事	97
八　糞食鬼事（一）	98
九　糞食鬼事（二）＝前経	100
一〇　群衆鬼事	100
一一　華子鬼事	101
一二　菴羅鬼事	102
一三　木軸鬼事	103
一四　蓄財鬼事	103
一五　商子鬼事	103
一六　六万槌鬼事	104

長老偈経　　増永霊鳳訳

序　偈	107
一偈集	107
第一品	108

4 Bhusa-petavatthu [vv 1 ~ 5] 39
5 Kumāra-petavatthu [vv 1 ~ 10] 39
6 Seriṇī-petavatthu [vv 1 ~ 14] 41
7 Migaludda-petavatthu [vv 1 ~ 10] 42
8 Dutiya-migaludda-petavatthu [vv 1 ~ 10] 43
9 Kūṭavinicchayika-petavatthu [vv 1 ~ 8] 43
10 Dhātuvivaṇṇa-petavatthu [vv 1 ~ 10] 44
4 Mahā-vagga [Pv **4** 1 ~ 16] Pv. 45
1 Ambasakkhara-petavatthu [vv 1 ~ 10] 45
2 Serissaka-petavatthu = Vv **84** 57
3 Nandikā-petavatthu (*Nandaka-) [vv 1 ~ 53] 57
4 Revatī-petavatthu = Vv **52** 61
5 Ucchu-petavatthu [vv 1 ~ 9] 61
6 Kumāra-petavatthu [vv 1 ~ 7] 63
7 Rājaputta-petavatthu [vv 1 ~ 13] 63
8 Gūthakhādaka-petavatthu [vv 1 ~ 8] 64
9 Gūthakhādaka-petavatthu = Pv **4** 8 65
10 Gaṇa-petavatthu [vv 1 ~ 11] 65
11 Pāṭaliputta-petavatthu [vv 1 ~ 3] 66
12 Amba-petavatthu [vv 1 ~ 5] 66
13 Akkharukkha-petavatthu 67
14 Bhogasaṁhara-petavatthu 67
15 Seṭṭhiputta-petavatthu [vv 1 ~ 4] 67
16 Saṭṭhikūṭasahassa-petavatthu [vv 1 ~ 9] 68

[Khuddaka **8**]

Thera-gāthā [Thag **1** ~ **21** = vv 1 ~ 1279] Thag. 1
[Vatthu-gāthā (vv 1 ~ 3)] 1
1 Eka-nipāta [Thag **1** 1 ~ 12 = vv 1 ~ 120] Thag. 1
1 Paṭhama-vagga [Thag **1** 1 = vv 1 ~ 10] 1

第二品	110
第三品	113
第四品	116
第五品	118
第六品	121
第七品	124
第八品	126
第九品	129
第十品	131
第十一品	134
第十二品	137
二偈集	142
第一品	142
第二品	146
第三品	150
第四品	154
第五品	158
三偈集	162
四偈集	171
五偈集	179
六偈集	189
七偈集	203
八偈集	209
九偈集	213
十偈集	215
十一偈集	226
十二偈集	228
十三偈集	232
十四偈集	235

2 Dutiya-vagga [Thag 1 2= vv 11 ~ 20] 3
3 Tatiya-vagga [Thag 1 3= vv 21 ~ 30] 4
4 Catuttha-vagga [Thag 1 4= vv 31 ~ 40] 6
5 Pañcama-vagga [Thag 1 5= vv 41 ~ 50] 7
6 Chaṭṭha-vagga [Thag 1 6= vv 51 ~ 60] 8
7 Sattama-vagga [Thag 1 7= vv 61 ~ 70] 9
8 Aṭṭhama-vagga [Thag 1 8= vv 71 ~ 80] 11
9 Navama-vagga [Thag 1 9= vv 81 ~ 90] 12
10 Dasama-vagga [Thag 1 10= vv 91 ~ 100] 13
11 Ekādasama-vagga [Thag 1 11= vv 101 ~ 110] 15
12 Dvādasama-vagga [Thag 1 12= vv 111 ~ 120] 16
2 Duka-nipāta [Thag 2 1 ~ 5= vv 121 ~ 218] Thag. 18
1 Paṭhama-vagga [Thag 2 1= vv 121 ~ 140] 18
2 Dutiya-vagga [Thag 2 2= vv 141 ~ 160] 20
3 Tatiya-vagga [Thag 2 3= vv 161 ~ 180] 22
4 Catuttha-vagga [Thag 2 4= vv 181 ~ 200] 24
5 Pañcama-vagga [Thag 2 5= vv 201 ~ 218] 26
3 Tika-nipāta [Thag 3= vv 219 ~ 266] Thag. 29
4 Catukka-nipāta [Thag 4= vv 267 ~ 314] 33
5 Pañca-nipāta [Thag 5= vv 315 ~ 374] 37
6 Cha-nipāta [Thag 6= vv 375 ~ 458] 42
7 Satta-nipāta [Thag 7= vv 459 ~ 493] 49
8 Aṭṭha-nipāta [Thag 8= vv 494 ~ 517] 52
9 Nava-nipāta [Thag 9= vv 518 ~ 526] 54
10 Dasa-nipāta [Thag 10= vv 527 ~ 596] 56
11 Ekādasa-nipāta [Thag 11= vv 597 ~ 607] 62
12 Dvādasa-nipāta [Thag 12= vv 608 ~ 631] 63
13 Terasa-nipāta [Thag 13= vv 632 ~ 644] 65
14 Cuddasa-nipāta [Thag 14= vv 645 ~ 672] 67

十六偈集　239
二十偈集　244
三十偈集　277
四十偈集　292
五十偈集　299
六十偈集　309
大　集　319

長老尼偈経　増永霊鳳訳
一偈集　332
二偈集　337
三偈集　341
四偈集　346
五偈集　347
六偈集　357
七偈集　364
八偈集　368
九偈集　369
十一偈集　371
十二偈集　373
十六偈集　375
二十偈集　378
三十偈集　395
四十四偈集　401
大　集　408

15 Soḷasa-nipāta [Thag 15= vv 673 ~ 704] 69
16 Vīsati-nipāta [Thag 16= vv 705 ~ 948] 71
17 Tiṁsa-nipāta [Thag 17= vv 949 ~ 1050] 87
18 Cattālīsa-nipāta [Thag 18= vv 1051 ~ 1090] 94
19 Paññāsa-nipāta [Thag 19= vv 1091 ~ 1145] 97
20 Saṭṭhika-nipāta [Thag 20= vv 1146 ~ 1208] 104
21 Mahā-nipāta [Thag 21= vv 1209 ~ 1279] 109
[Khuddaka 9]
Therī-gāthā [Thīg 1 ~ 16= vv 1 ~ 522] Thīg. 123
1 Eka-nipāta [Thīg 1 1 ~ 12= vv 1 ~ 18] 123
2 Duka-nipāta [Thīg 2 1 ~ 5= vv 19 ~ 38] 125
3 Tika-nipāta [Thīg 3= vv 39 ~ 62] 127
4 Catukka-nipāta [Thīg 4= vv 63 ~ 66] 130
5 Pañca-nipāta [Thīg 5= vv 67 ~ 126] 130
6 Cha-nipāta [Thīg 6= vv 127 ~ 174] 136
7 Satta-nipāta [Thīg 7= vv 175 ~ 195] 140
8 Aṭṭha-nipāta [Thīg 8= vv 196 ~ 203] 142
9 Nava-nipāta [Thīg 9= vv 204 ~ 212] 142
10 Ekādasa-nipāta [Thīg 10= vv 213 ~ 223] 143
11 Dvādasa-nipāta [Thīg 11= vv 224 ~ 235] 144
12 Soḷasa-nipāta [Thīg 12= vv 236 ~ 251] 146
13 Vīsati-nipāta [Thīg 13= vv 252 ~ 365] 147
14 Tiṁsa-nipāta [Thīg 14= vv 366 ~ 399] 158
15 Cattālīsa-nipāta [Thīg 15= vv 400 ~ 447] 162
16 Mahā-nipāta [Thīg 16= vv 448 ~ 522] 167

第26巻　小部経典　四（譬喩経一）

譬喩経一　　高田　修訳

第一　仏陀品　1
　一　仏陀の譬喩　1
　二　辟支仏の譬喩　12

　三　長老の譬喩　28
　　一　舎利弗　28
　　二　摩訶目犍連　59
　　三　摩訶迦葉　63
　　四　阿那律陀　66
　　五　富楼那弥多羅尼子　68
　　六　優波離　69
　　七　阿若憍陳如　90
　　八　賓頭盧頗羅堕誓　92
　　九　朅地羅林の隷婆哆　94
　　一〇　阿難陀　96
第二　シーハーサナ品　99
　　一一　シーハーサナダーヤカ　100
　　一二　エーカッタンビカ　101
　　一三　難　陀　103
　　一四　周羅槃陀　105
　　一五　畢隣陀婆蹉　107
　　一六　羅睺羅　109
　　一七　優波斯那婆檀提子　112
　　一八　羅吒波羅　113
　　一九　ソーパーカ　116
　　二〇　スマンガラ　117

Khuddaka-nikāya [Khuddaka 13]

Apadāna [Ap 1 ～ 4] Ap. 1
〔1〕 Buddha-vagga [Ap 1, 2, 3 1 ～ 10] 1
1 Buddhāpadāna [Ap 1 vv 1 ～ 77] 1
2 Paccekabuddhāpadāna
[Ap 2 vv 1 ～ 58 ; 9 ～ 49＝ Sn 35 ～ 75] 7
3 Therāpadāna [Ap 3 vv 1 ～ 547] 15
1 Sāriputta [Ap 3 1, vv 1 ～ 232] 15
2 Mahāmoggallāna [Ap 3 2, vv 1 ～ 23] 31
3 Mahākassapa [Ap 3 3, vv 1 ～ 22] 33
4 Anuruddha [Ap 3 4, vv 1 ～ 13] 35
5 Puṇṇamantāniputta [Ap 3 5, vv 1 ～ 8] 36
6 Upāli [Ap 3 6, vv 1 ～ 155] 37
7 Aññākoṇḍañña [Ap 3 7, vv 1 ～ 17] 48
8 Piṇḍolabhāradvāja [Ap 3 8, vv 1 ～ 15] 50
9 Khadiravaniya ṛevata [Ap 3 9, vv 1 ～ 14] 51
10 Ānanda [Ap 3 10, vv 1 ～ 20] 52
〔2〕 Sīhāsana-vagga [Ap 3 11 ～ 20] Ap. 55
11 Sīhāsanadāyaka [Ap 3 11, vv 1 ～ 12] 55
12 Ekatthambhika [Ap 3 12, vv 1 ～ 14] 56
13 Nanda [Ap 3 13, vv 1 ～ 8] 57
14 Cullapanthaka [Ap 3 14, vv 1 ～ 20] 58
15 Pilindavaccha [Ap 3 15, vv 1 ～ 13] 59
16 Rāhula [Ap 3 16, vv 1 ～ 18] 60
17 Upasena Vaṅgantaputta [Ap 3 17, vv 1 ～ 10] 62
18 Ratthapāla [Ap 3 18, vv 1 ～ 15] 63
19 Sopāka [Ap 3 19, vv 1 ～ 12] 64
20 Sumaṅgala [Ap 3 20, vv 1 ～ 17] 65

第三　須菩提品　120
- 二一　須菩提　120
- 二二　優波摩那　127
- 二三　ティーニサラナーガマニヤ　135
- 二四　パンチャシーラサマーダーニヤ　138
- 二五　アンナサンサーヴカ　141
- 二六　ドゥーパダーヤカ　142
- 二七　プリナプーヂャカ　143
- 二八　鬱低迦　143
- 二九　エーカンヂャリカ　145
- 三〇　コーマダーヤカ　146

第四　軍頭波漠品　147
- 三一　軍頭波漠　147
- 三二　娑竭陀　150
- 三三　摩訶迦旃延　152
- 三四　迦留陀夷　154
- 三五　謨賀囉惹　157
- 三六　阿提目多　159
- 三七　ラスナダーヤカ　160
- 三八　アーヤーガダーヤカ　161
- 三九　ダンマチャッキカ　162
- 四〇　カッパルッキヤ　163

第五　優波離品　164
- 四一　優波離　165
- 四二　コーリヤヱッサ　168
- 四三　抜提カリゴーダーヤプッタ　172
- 四四　サンニダーパカ　175
- 四五　パンチャハッティヤ　176
- 四六　パドゥマッチャダニヤ　177

〔3〕 Subhūti-vagga [Ap 3 21 ～ 30] Ap. 67
21 Subhūti [Ap 3 21, vv 1 ～ 52] 67
22 Upavāna [Ap 3 22, vv 1 ～ 51] 70
23 Tīṇisaraṇāgamaniya [Ap 3 23, vv 1 ～ 28] 74
24 Pañcasīlasamādāniya [Ap 3 24, vv 1 ～ 21] 76
25 Annasaṁsāvaka [Ap 3 25, vv 1 ～ 6] 78
26 Dhūpadāyaka [Ap 3 26, vv 1 ～ 4] 78
27 Puḷinapūjaka [Ap 3 27, vv 1 ～ 4] 79
28 Uttiya [Ap 3 28, vv 1 ～ 11] 79
29 Ekañjalika [Ap 3 29, vv 1 ～ 4] 80
30 Khomadāyaka [Ap 3 30, vv 1 ～ 5] 80
〔4〕 Kuṇḍadhāna-vagga [Ap 3 31 ～ 40] Ap. 81
31 Kuṇḍadhāna [Ap 3 31, vv 1 ～ 16] 81
32 Sāgata [Ap 3 32, vv 1 ～ 14] 83
33 Mahākaccāna [Ap 3 33, vv 1 ～ 17] 84
34 Kāludāyi [Ap 3 34, vv 1 ～ 16] 85
35 Mogharāja [Ap 3 35, vv 1 ～ 20] 87
36 Adhimutta [Ap 3 36, vv 1 ～ 5] 88
37 Lasuṇadāyaka [Ap 3 37, vv 1 ～ 5] 89
38 Āyāgadāyaka [Ap 3 38, vv 1 ～ 8] 89
39 Dhammacakkika [Ap 3 39, vv 1 ～ 6] 90
40 Kapparukkhiya [Ap 3 40, vv 1 ～ 6] 90
〔5〕 Upāli-vagga [A 3 41 ～ 50] Ap. 91
41 Upāli [Ap 3 41, vv 1 ～ 24] 91
42 Koliyavessa [Ap 3 42, vv 1 ～ 28] 93
43 Bhaddiya-Kaḷigodhāyaputta [Ap 3 43, vv 1 ～ 16] 95
44 Sannidhāpaka [Ap 3 44, vv 1 ～ 7] 97
45 Pañcahatthiya [Ap 3 45, vv 1 ～ 6] 97
46 Padumacchadaniya [Ap 3 46, vv 1 ～ 5] 98

四七	サヤナダーヤカ	177
四八	チャンカマダーヤカ	178
四九	須跋陀	179
五〇	純　陀	183
第六	ギーヂャニー品	186
五一	ギドゥーパナダーヤカ	186
五二	サタランシカ	187
五三	サヤナダーヤカ	189
五四	ガンドーダカ	190
五五	オーパヴヰハ	191
五六	サパリヴーラーサナ	192
五七	パンチャディーピカ	193
五八	ダヂャダーヤカ	194
五九	鉢頭摩	196
六〇	アサナボーディヤ	197
第七	サカチッタニヤ品	200
六一	サカチッタニヤ	200
六二	アーヺープッピヤ	201
六三	パッチャーガマニーヤ	202
六四	パラッパサーダカ	203
六五	ビサダーヤカ	204
六六	スチンティタ	205
六七	ヴッタダーヤカ	206
六八	アンバダーヤカ	207
六九	須摩那	209
七〇	プッパチャンゴーティヤ	210
第八	ナーガサマーラ品	211
七一	ナーガサマーラ	211
七二	パダサンニャカ	212

47 Sayanadāyaka [Ap 3 47, vv 1 ~ 5] 98
48 Caṅkamadāyaka [Ap 3 48, vv 1 ~ 8] 99
49 Subhadda [Ap 3 49, vv 1 ~ 24] 100
50 Cunda [Ap 3 50, vv 1 ~ 19] 101
〔6〕 Vījanī-vagga [A 3 51 ~ 60] Ap. 103
51 Vidhūpanadāyaka [Ap 3 51, vv 1 ~ 7] 103
52 Sataraṁsika [Ap 3 52, vv 1 ~ 12] 104
53 Sayanadāyaka [Ap 3 53, vv 1 ~ 5] 105
54 Gandhodaka [Ap 3 54, vv 1 ~ 8] 105
55 Opavuyha [Ap 3 55, vv 1 ~ 10] 106
56 Saparivārāsana [Ap 3 56, vv 1 ~ 7] 107
57 Pañcadīpika [Ap 3 57, vv 1 ~ 7] 108
58 Dhajadāyaka [Ap 3 58, vv 1 ~ 9] 108
59 Paduma [Ap 3 59, vv 1 ~ 11] 109
60 Asanabodhiya [Ap 3 60, vv 1 ~ 15] 110
〔7〕 Sakacittaniya-vagga [A 3 61 ~ 70] Ap. 111
61 Sakacittaniya [Ap 3 61, vv 1 ~ 6] 111
62 Āvopupphiya [Ap 3 62, vv 1 ~ 6] 112
63 Paccāgamanīya [Ap 3 63, vv 1 ~ 7] 113
64 Parappasādaka [Ap 3 64, vv 1 ~ 9] 113
65 Bhisadāyaka [Ap 3 65, vv 1 ~ 7] 114
66 Sucintita [Ap 3 66, vv 1 ~ 9] 115
67 Vatthadāyaka [Ap 3 67, vv 1 ~ 8] 116
68 Ambadāyaka [Ap 3 68, vv 1 ~ 9] 116
69 Sumana [Ap 3 69, vv 1 ~ 6] 117
70 Pupphacaṅgoṭiya [Ap 3 70, vv 1 ~ 7] 118
〔8〕 Nāgasamāla-vagga [A 3 71 ~ 80] Ap. 119
71 Nāgasamāla [Ap 3 71, vv 1 ~ 4] 119
72 Padasaññaka [Ap 3 72, vv 1 ~ 4] 119

七三　サンニャカ　213
七四　ビサールヴダーヤカ　213
七五　エーカサンニャカ　214
七六　ティナサンターラダーヤカ　215
七七　スーチダーヤカ　216
七八　波吒釐プッピヤ　217
七九　ティタンヂャリヤ　217
八〇　ティーニパドゥミヤ　218
第九　ティミラプッピヤ品　222
八一　ティミラプッピヤ　222
八二　ガタサンニャカ　224
八三　パンナンヂャリカ　225
八四　アドープッピヤ　226
八五　ランシサンニカ　227
八六　ランシサンニャカ　227
八七　パラダーヤカ　228
八八　サッダサンニャカ　229
八九　菩提サンニャカ　229
九〇　鉢頭摩プッピヤ　230
第十　スーダ品　231
九一　スダーピンディヤ　231
九二　スチンティタ　232
九三　アッダチェーラカ　233
九四　スーチダーヤカ　234
九五　ガンダマーリヤ　235
九六　ティプッピヤ　236
九七　マドゥピンディカ　237
九八　セーナーサナダーヤカ　238
九九　ヱッヤーヴッチャカ　239

73 Saññaka [Ap 3 73, vv 1 ~ 4] 120
74 Bhisāluvadāyaka [Ap 3 74, vv 1 ~ 5] 120
75 Ekasaññaka [Ap 3 75, vv 1 ~ 4] 121
76 Tiṇasanthāradāyaka [Ap 3 76, vv 1 ~ 8] 121
77 Sūcidāyaka [Ap 3 77, vv 1 ~ 6] 122
78 Pāṭalipupphiya [Ap 3 78, vv 1 ~ 6] 122
79 Ṭhitañjaliya [Ap 3 79, vv 1 ~ 6] 123
80 Tīṇipadumiya [Ap 3 80, vv 1 ~ 27] 124
〔9〕 Timirapupphiya-vagga [A 3 81 ~ 90] Ap. 126
81 Timirapupphiya [Ap 3 81, vv 1 ~ 9] 126
82 Gatasaññaka [Ap 3 82, vv 1 ~ 6] 127
83 Pannañjalika [Ap 3 83, vv 1 ~ 6] 128
84 Adhopupphiya [Ap 3 84, vv 1 ~ 8] 128
85 Raṁsisaññika [Ap 3 85, vv 1 ~ 5] 129
86 Raṁsisaññaka [Ap 3 86, vv 1 ~ 4] 130
87 Phaladāyaka [Ap 3 87, vv 1 ~ 4] 130
88 Saddasaññaka [Ap 3 88, vv 1 ~ 3] 131
89 Bodhisaññaka [Ap 3 89, vv 1 ~ 5] 131
90 Padumapupphiya [Ap 3 90, vv 1 ~ 6] 132
〔10〕 Sudhā-vagga [A 3 91 ~ 100] Ap. 133
91 Sudhāpiṇḍiya [Ap 3 91, vv 1 ~ 7] 133
92 Sucintita [Ap 3 92, vv 1 ~ 6] 133
93 Aḍḍhacelaka [Ap 3 93, vv 1 ~ 5] 134
94 Sūcidāyaka [Ap 3 94, vv 1 ~ 5] 134
95 Gandhamāliya [Ap 3 95, vv 1 ~ 6] 135
96 Tipupphiya [Ap 3 96, vv 1 ~ 6] 136
97 Madhupiṇḍika [Ap 3 97, vv 1 ~ 7] 136
98 Senāsanadāyaka [Ap 3 98, vv 1 ~ 6] 137
99 Veyyāvaccaka [Ap 3 99, vv 1 ~ 5] 138

一〇〇　ブッドゥーパッターカ　240
第十一　ビッカダーヰー品　241
一〇一　ビッカダーヤカ　242
一〇二　ニャーナサンニャカ　242
一〇三　ウッパラハッティヤ　243
一〇四　パダプーヂャカ　244
一〇五　ムッティプッピヤ　245
一〇六　ウダカプーヂャカ　246
一〇七　ナラマーリヤ　247
一〇八　アーサヌーパッターヤカ　248
一〇九　ビラーリダーヤカ　249
一一〇　レーヌプーヂャカ　251
第十二　マハーパリヴーラ品　252
一一一　マハーパリヴーラ　252
一一二　スマンガラ　253
一一三　サラナーガマニヤ　254
一一四　エーカーサニーヤ　256
一一五　スヴンナプッピヤ　257
一一六　チタカプーヂャカ　259
一一七　ブッダサンニャカ　260
一一八　マッガサンニャカ　261
一一九　パッチュパッターナサンニャカ　262
一二〇　ヂャーティプーヂャカ　263
第十三　セーレッヤカ品　265
一二一　セーレッヤカ　265
一二二　プッパトゥーピヤ　266
一二三　パーヤーサダーヤカ　269
一二四　ガンドーダキヤ　270
一二五　サンムカータギカ　271

100 Buddhūpaṭṭhāka [Ap 3 100, vv 1 ~ 5] 138
〔11〕 Bhikkhadāyī-vagga [Ap 3 101 ~ 110] Ap. 140
101 Bhikkhadāyaka [Ap 3 101, vv 1 ~ 6] 140
102 Ñāṇasaññaka [Ap 3 102, vv 1 ~ 6] 140
103 Uppalahatthiya [Ap 3 103, vv 1 ~ 6] 141
104 Padapūjaka [Ap 3 104, vv 1 ~ 5] 141
105 Muṭṭhipupphiya [Ap 3 105, vv 1 ~ 5] 142
106 Udakapūjaka [Ap 3 106, vv 1 ~ 7] 142
107 Nalamāliya [Ap 3 107, vv 1 ~ 11] 143
108 Āsanūpaṭṭhāyaka [Ap 3 108, vv 1 ~ 6] 144
109 Bilālidāyaka [Ap 3 109, vv 1 ~ 9] 145
110 Reṇupūjaka [Ap 3 110, vv 1 ~ 5] 146
〔12〕 Mahāparivāra-vagga [Ap 3 111 ~ 120] Ap. 146
111 Mahāparivāra [Ap 3 111, vv 1 ~ 10] 146
112 Sumaṅgala [Ap 3 112, vv 1 ~ 9] 147
113 Saraṇāgamaniya [Ap 3 113, vv 1 ~ 11] 148
114 Ekāsanīya [Ap 3 114, vv 1 ~ 9] 149
115 Suvaṇṇapupphiya [Ap 3 115, vv 1 ~ 9] 150
116 Citakapūjaka [Ap 3 116, vv 1 ~ 8] 151
117 Buddhasaññaka [Ap 3 117, vv 1 ~ 9] 151
118 Maggasaññaka [Ap 3 118, vv 1 ~ 6] 152
119 Paccupaṭṭhānasaññaka [Ap 3 119, vv 1 ~ 10] 153
120 Jātipūjaka [Ap 3 120, vv 1 ~ 9] 154
〔13〕 Sereyyaka-vagga [Ap 3 121 ~ 130] Ap. 155
121 Sereyyaka [Ap 3 121, vv 1 ~ 9] 155
122 Pupphathūpiya [Ap 3 122, vv 1 ~ 15] 155
123 Pāyāsadāyaka [Ap 3 123, vv 1 ~ 9] 157
124 Gandhodakiya [Ap 3 124, vv 1 ~ 6] 157
125 Sammukhāthavika [Ap 3 125, vv 1 ~ 24] 158

一二六　クスマーサニヤ　274
一二七　パラダーヤカ　276
一二八　ニャーナサンニャカ　277
一二九　ガンティプッピヤ　278
一三〇　鉢頭摩プーヂャカ　279
第十四　輪毘多品　281
一三一　輪毘多　281
一三二　須陀蘇那　282
一三三　栴檀プーヂャカ　283
一三四　プッパチャダニーヤ　284
一三五　ラホーサンニャカ　286
一三六　旃簸迦プッピヤ　287
一三七　アッタサンダッサカ　288
一三八　エーカランサニヤ　289
一三九　娑羅プッパダーヤカ　290
一四〇　パラダーヤカ　291
第十五　チャッタ品　292
一四一　アティッチャッティヤ　292
一四二　タンバーローパカ　293
一四三　ヱーディカーラカ　294
一四四　サパリヴーリヤ　294
一四五　ウンマープッピヤ　295
一四六　アヌローマダーヤカ　296
一四七　マッガダーヤカ　297
一四八　パラカダーヤカ　298
一四九　ヷタンサキヤ　299
一五〇　パッランカダーヤカ　299
第十六　バンドゥヂーヷカ品　301
一五一　バンドゥヂーヷカ　301

126 Kusamāsaniya [Ap 3 126, vv 1 ~ 10] 160
127 Phaladāyaka [Ap 3 127, vv 1 ~ 9] 160
128 Jāṇasaññaka [Ap 3 128, vv 1 ~ 7] 161
129 Gaṇṭhipupphiya [Ap 3 129, vv 1 ~ 6] 162
130 Padumapūjaka [Ap 3 130, vv 1 ~ 9] 162
〔14〕 Sobhita-vagga [Ap 3 131 ~ 140] Ap. 163
131 Sobhita [Ap 3 131, vv 1 ~ 10] 163
132 Sudassana [Ap 3 132, vv 1 ~ 7] 164
133 Candanapūjaka [Ap 3 133, vv 1 ~ 9] 165
134 Pupphachadanīya [Ap 3 134, vv 1 ~ 8] 166
135 Rahosaññaka [Ap 3 135, vv 1 ~ 7] 166
136 Campakapupphiya [Ap 3 136, vv 1 ~ 6] 167
137 Atthasandassaka [Ap 3 137, vv 1 ~ 8] 168
138 Ekadaṁsaniya [Ap 3 138, vv 1 ~ 5] 168
139 Sālapupphadāyaka [Ap 3 139, vv 1 ~ 6] 169
140 Phaladāyaka [Ap 3 140, vv 1 ~ 7] 169
〔15〕 Chatta-vagga [Ap 3 141 ~ 150] Ap. 170
141 Adhicchattiya [Ap 3 141, vv 1 ~ 4] 170
142 Thambhāropaka [Ap 3 142, vv 1 ~ 5] 171
143 Vedikāraka [Ap 3 143, vv 1 ~ 5] 171
144 Saparivāriya [Ap 3 144, vv 1 ~ 6] 172
145 Ummāpupphiya [Ap 3 145, vv 1 ~ 5] 172
146 Anulomadāyaka [Ap 3 146, vv 1 ~ 6] 173
147 Maggadāyaka [Ap 3 147, vv 1 ~ 5] 173
148 Phalakadāyaka [Ap 3 148, vv 1 ~ 6] 174
149 Vaṭaṁsakiya [Ap 3 149, vv 1 ~ 5] 174
150 Pallaṅkadāyaka [Ap 3 150, vv 1 ~ 5] 175
〔16〕 Bandhujīvaka-vagga [Ap 3 151 ~ 160] Ap. 175
151 Bandhujīvaka [Ap 3 151, vv 1 ~ 6] 175

一五二　タンバプッピヤ　302
一五三　ギーティサンマッヂャカ　303
一五四　カッカールプーヂャカ　304
一五五　マンダーラヴプーヂャカ　304
一五六　カダンバプッピヤ　305
一五七　ティナスーラカ（*ティナスラカ）　306
一五八　ナーガプッピヤ　307
一五九　プンナーガプッピヤ　308
一六〇　クムダダーヤカ　309
第十七　スパーリチャリヤ品　309
一六一　スパーリチャリヤ　309
一六二　カナヹーラプッピヤ　311
一六三　カッヂャカダーヤカ　312
一六四　デーサプーヂャカ　313
一六五　カニカーラッチャダニヤ　314
一六六　サッピダーヤカ　315
一六七　ユーティカプッピヤ　316
一六八　ドゥッサダーヤカ　316
一六九　サマーダパカ　317
一七〇　パンチャングリヤ　318
第十八　拘物頭品　319
一七一　クムダマーリヤ　319
一七二　ニッセーニダーヤカ　321
一七三　ラッティプッピヤ　321
一七四　ウダパーナダーヤカ　322
一七五　シーハーサナダーヤカ　323
一七六　マッガダッティカ　323
一七七　エーカディーピヤ　324
一七八　マニプーヂャカ　325

152 Tambapupphiya [Ap 3 152, vv 1 ~ 8] 176
153 Vīthisammajjaka [Ap 3 153, vv 1 ~ 6] 177
154 Kakkārupūjaka [Ap 3 154, vv 1 ~ 4] 177
155 Mandāravapūjaka [Ap 3 155, vv 1 ~ 5] 178
156 Kadambapupphiya [Ap 3 156, vv 1 ~ 5] 178
157 Tiṇasūlaka (*Tiṇasulaka) [Ap 3 157, vv 1 ~ 4] 179
158 Nāgapupphiya [Ap 3 158, vv 1 ~ 7] 179
159 Punnāgapupphiya [Ap 3 159, vv 1 ~ 5] 180
160 Kumudadāyaka [Ap 3 160, vv 1 ~ 7] 180
〔17〕 Supāricariya-vagga [Ap 3 161 ~ 170] Ap. 181
161 Supāricariya [Ap 3 161, vv 1 ~ 6] 181
162 Kaṇaverapupphiya [Ap 3 162, vv 1 ~ 6] 182
163 Khajjakadāyaka [Ap 3 163, vv 1 ~ 5] 182
164 Desapūjaka [Ap 3 164, vv 1 ~ 5] 183
165 Kaṇikāracchadaniya [Ap 3 165, vv 1 ~ 5] 183
166 Sappidāyaka [Ap 3 166, vv 1 ~ 5] 184
167 Yūthikapupphiya [Ap 3 167, vv 1 ~ 5] 184
168 Dussadāyaka [Ap 3 168, vv 1 ~ 6] 185
169 Samādapaka [Ap 3 169, vv 1 ~ 6] 185
170 Pañcaṅguliya [Ap 3 170, vv 1 ~ 5] 186
〔18〕 Kumuda-vagga [Ap 3 171 ~ 180] Ap. 186
171 Kumudamāliya [Ap 3 171, vv 1 ~ 8] 186
172 Nisseṇidāyaka [Ap 3 172, vv 1 ~ 4] 187
173 Rattipupphiya [Ap 3 173, vv 1 ~ 5] 188
174 Udapānadāyaka [Ap 3 174, vv 1 ~ 3] 188
175 Sīhāsanadāyaka [Ap 3 175, vv 1 ~ 5] 188
176 Maggadattika [Ap 3 176, vv 1 ~ 4] 189
177 Ekadīpiya [Ap 3 177, vv 1 ~ 4] 189
178 Maṇipūjaka [Ap 3 178, vv 1 ~ 5] 190

一七九　ティキッチャカ　325
一八〇　サングパッターカ　326
第十九　クタヂャプッピヤ品　327
一八一　クタヂャプッピヤ　327
一八二　バンドゥヂーヷカ　328
一八三　コートゥンバリヤ　329
一八四　パンチャハッティヤ　330
一八五　イシムッガダーヤカ　331
一八六　ボーディウパッターヤカ　332
一八七　エーカチンティタ　332
一八八　ティカンニプッピヤ　334
一八九　エーカチャーリヤ　335
一九〇　ティヷンティプッピヤ　336
第二十　タマーラプッピヤ品　337
一九一　タマーラプッピヤ　337
一九二　ティナサンタラダーヤカ　338
一九三　カンダプッリヤ　339
一九四　アソーカプーヂャカ　339
一九五　アンコーラカ　340
一九六　キサラヤプーヂャカ　341
一九七　ティンドゥカダーヤカ　342
一九八　ムッティプーヂャカ　343
一九九　ティカンディプッピヤ　344
二〇〇　ユーティカプッピヤ　345
第二十一　カニカーラプッピヤ品　346
二〇一　カニカーラプッピヤ　346
二〇二　ギネーラプッピヤ　347
二〇三　キンカニカプッピヤ　348
二〇四　タラニヤ　349

179 Tikicchaka [Ap 3 179, vv 1 ~ 6] 190
180 Saṅghupaṭṭhāka [Ap 3 180, vv 1 ~ 4] 191
〔19〕 Kuṭajapupphiya-vagga [Ap 3 181 ~ 190] Ap. 191
181 Kuṭajapupphiya [Ap 3 181, vv 1 ~ 5] 191
182 Bandhujīvaka [Ap 3 182, vv 1 ~ 6] 192
183 Kotumbariya [Ap 3 183, vv 1 ~ 6] 192
184 Pañcahatthiya [Ap 3 184, vv 1 ~ 6] 193
185 Isimuggadāyaka [Ap 3 185, vv 1 ~ 6] 193
186 Bodhiupaṭṭhāyaka [Ap 3 186, vv 1 ~ 4] 194
187 Ekacintita [Ap 3 187, vv 1 ~ 12] 194
188 Tikaṇṇipupphiya [Ap 3 188, vv 1 ~ 5] 195
189 Ekacāriya [Ap 3 189, vv 1 ~ 6] 196
190 Tivaṇṭipupphiya [Ap 3 190, vv 1 ~ 6] 196
〔20〕 Tamālapupphiya-vagga [Ap 3 191 ~ 200] Ap. 197
191 Tamālapupphiya [Ap 3 191, vv 1 ~ 5] 197
192 Tiṇasantharadāyaka [Ap 3 192, vv 1 ~ 6] 198
193 Khaṇḍaphulliya [Ap 3 193, vv 1 ~ 5] 198
194 Asokapūjaka [Ap 3 194, vv 1 ~ 6] 199
195 Aṅkoḷaka [Ap 3 195, vv 1 ~ 5] 199
196 Kisalayapūjaka [Ap 3 196, vv 1 ~ 7] 200
197 Tindukadāyaka [Ap 3 197, vv 1 ~ 7] 200
198 Muṭṭhipūjaka [Ap 3 198, vv 1 ~ 5] 201
199 Tikaṇḍipupphiya [Ap 3 199, vv 1 ~ 6] 201
200 Yūthikapupphiya [Ap 3 200, vv 1 ~ 5] 202
〔21〕 Kaṇikārapupphiya-vagga [Ap 3 201 ~ 210] Ap. 203
201 Kaṇikārapupphiya [Ap 3 201, vv 1 ~ 4] 203
202 Vinelapupphiya [Ap 3 202, vv 1 ~ 5] 203
203 Kiṅkhaṇikapupphiya [Ap 3 203, vv 1 ~ 5] 204
204 Taraṇiya [Ap 3 204, vv 1 ~ 5] 204

二〇五　ニッグンディプッピヤ　349
二〇六　ウダカダーヤカ　350
二〇七　サララマーリヤ　351
二〇八　コーランダプッピヤ　352
二〇九　アーダーラダーヤカ　352
二一〇　ヴータータパニヴーリヤ　353
第二十二　ハッティ品　354
二一一　ハッティダーヤカ　354
二一二　パーナディダーヤカ　355
二一三　サッチャサンニャカ　356
二一四　エーカサンニャカ　357
二一五　ランシサンニャカ　357
二一六　サンティタ　358
二一七　ターラヴンタダーヤカ　359
二一八　アッカンタサンニャカ　360
二一九　サッピダーヤカ　361
二二〇　パーパニヴーリヤ　362
第二十三　アーランバナダーヤカ品　363
二二一　アーランバナダーヤカ　363
二二二　アヂナダーヤカ　364
二二三　ドヹーラタニヤ　364
二二四　アーラッカダーヤカ　365
二二五　アヴヤーディカ　366
二二六　チャンコーラプッピヤ　367
二二七　ヴタンサキヤ　368
二二八　ミンヂャヴタンサキヤ　368
二二九　スカターヹーリヤ　369
二三〇　エーカヴンディヤ　370
第二十四　ウダカーサナダーヤカ品　371

205 Niggunḍipupphiya [Ap 3 205, vv 1 ~ 4] 205
206 Udakadāyaka [Ap 3 206, vv 1 ~ 5] 205
207 Salaḷamāliya [Ap 3 207, vv 1 ~ 5] 206
208 Koraṇḍapupphiya [Ap 3 208, vv 1 ~ 5] 206
209 Ādhāradāyaka [Ap 3 209, vv 1 ~ 4] 207
210 Vātātapanivāriya [Ap 3 210, vv 1 ~ 6] 207
〔22〕 Hatthi-vagga [Ap 3 211 ~ 220] Ap. 208
211 Hatthidāyaka [Ap 3 211, vv 1 ~ 5] 208
212 Pānadhidāyaka [Ap 3 212, vv 1 ~ 4] 208
213 Saccasaññaka [Ap 3 213, vv 1 ~ 6] 209
214 Ekasaññaka [Ap 3 214, vv 1 ~ 4] 209
215 Raṁsisaññaka [Ap 3 215, vv 1 ~ 6] 210
216 Saṇṭhita [Ap 3 216, vv 1 ~ 4] 210
217 Tālavaṇṭadāyaka [Ap 3 217, vv 1 ~ 6] 211
218 Akkantasaññaka [Ap 3 218, vv 1 ~ 7] 211
219 Sappidāyaka [Ap 3 219, vv 1 ~ 7] 212
220 Pāpanivāriya [Ap 3 220, vv 1 ~ 4] 212
〔23〕 Ālambanadāyaka-vagga [Ap 3 221 ~ 230] Ap. 213
221 Ālambanadāyaka [Ap 3 221, vv 1 ~ 5] 213
222 Ajinadāyaka [Ap 3 222, vv 1 ~ 6] 213
223 Dveratanіya [Ap 3 223, vv 1 ~ 7] 214
224 Ārakkhadāyaka [Ap 3 224, vv 1 ~ 5] 214
225 Avyādhika [Ap 3 225, vv 1 ~ 5] 215
226 Caṅkolapupphiya [Ap 3 226, vv 1 ~ 5] 215
227 Vataṁsakiya [Ap 3 227, vv 1 ~ 5] 216
228 Miñjavaṭaṁsakiya [Ap 3 228, vv 1 ~ 4] 216
229 Sukatāveḷiya [Ap 3 229, vv 1 ~ 5] 217
230 Ekavandiya [Ap 3 230, vv 1 ~ 4] 217
〔24〕 Udakāsanadāyaka-vagga [Ap 3 231 ~ 240] Ap. 218

二三一　ウダカーサナダーヤカ　371
二三二　バーヂャナダーヤカ　372
二三三　サーラプッピヤ　372
二三四　キランヂャダーヤカ　373
二三五　ヱーディヤダーヤカ　374
二三六　ヴンナカーラカ　374
二三七　ピヤーラプッピヤ　375
二三八　アンバヤーガダーヤカ　376
二三九　ヂャガティカーラカ　376
二四〇　ヴーシダーヤカ　376
第二十五　トゥヴラダーヤカ品　377
二四一　トゥヴラダーヤカ　377
二四二　ナーガケーサリヤ　378
二四三　ナリナケーサリヤ　379
二四四　ギラヴプッピヤ　379
二四五　クティドゥーパカ　380
二四六　パッタダーヤカ　380
二四七　ダートゥプーヂャカ　381
二四八　パータリプーヂャカ　381
二四九　ビンビヂャーリヤ　382
二五〇　ウッダーラダーヤカ　382
第二十六　トーマダーヤカ品　383
二五一　トーマダーヤカ　383
二五二　エーカーサナダーヤカ　384
二五三　チタカプーヂャカ　384
二五四　ティチャンパカプッピヤ　385
二五五　サッタパータリヤ　386
二五六　ウパーハナダーヤカ　386
二五七　マンヂャリプーヂャカ　387

231 Udakāsanadāyaka [Ap 3 231, vv 1 ~ 4] 218
232 Bhājanadāyaka [Ap 3 232, vv 1 ~ 4] 218
233 Sālapupphiya [Ap 3 233, vv 1 ~ 5] 218
234 Kilañjadāyaka [Ap 3 234, vv 1 ~ 5] 219
235 Vediyadāyaka [Ap 3 235, vv 1 ~ 4] 219
236 Vaṇṇakāraka [Ap 3 236, vv 1 ~ 4] 220
237 Piyālapupphiya [Ap 3 237, vv 1 ~ 3] 220
238 Ambayāgadāyaka [Ap 3 238, vv 1 ~ 3] 221
239 Jagatikāraka [Ap 3 239, vv 1 ~ 3] 221
240 Vāsidāyaka [Ap 3 240, vv 1 ~ 3] 221
〔25〕 Tuvaradāyaka-vagga [Ap 3 241 ~ 250] Ap. 222
241 Tuvaradāyaka [Ap 3 241, vv 1 ~ 3] 222
242 Nāgakesariya [Ap 3 242, vv 1 ~ 5] 222
243 Naḷinakesariya [Ap 3 243, vv 1 ~ 5] 223
244 Viravapupphiya [Ap 3 244, vv 1 ~ 3] 223
245 Kuṭidhūpaka [Ap 3 245, vv 1 ~ 3] 223
246 Pattadāyaka [Ap 3 246, vv 1 ~ 3] 224
247 Dhātupūjaka [Ap 3 247, vv 1 ~ 4] 224
248 Pāṭalipūjaka [Ap 3 248, vv 1 ~ 3] 224
249 Bimbijāliya [Ap 3 249, vv 1 ~ 4] 225
250 Uddāladāyaka [Ap 3 250, vv 1 ~ 4] 225
〔26〕 Thomadāyaka-vagga [Ap 3 251 ~ 260] Ap. 226
251 Thomadāyaka [Ap 3 251, vv 1 ~ 4] 226
252 Ekāsanadāyaka [Ap 3 252, vv 1 ~ 4] 226
253 Citakapūjaka [Ap 3 253, vv 1 ~ 4] 227
254 Ticampakapupphiya [Ap 3 254, vv 1 ~ 4] 227
255 Sattapāṭaliya [Ap 3 255, vv 1 ~ 3] 227
256 Upāhanadāyaka [Ap 3 256, vv 1 ~ 3] 228
257 Mañjaripūjaka [Ap 3 257, vv 1 ~ 5] 228

二五八　パンナダーヤカ　387
二五九　クティダーヤカ　388
二六〇　アッガプッピヤ　389
第二十七　パドゥムッケーパ品　390
二六一　アーカースッキピヤ　390
二六二　テーラマッキヤ　391
二六三　アッダチャンディヤ　391
二六四　アラナディーピヤ　392
二六五　ビラーリダーヤカ　393
二六六　マッチャダーヤカ　393
二六七　ヂャヷハンサカ　394
二六八　サララプッピヤ　394
二六九　ウパーガタバーサニヤ　395
二七〇　タラニヤ　396
第二十八　スヷンナビンボーハナ品　397
二七一　スヷンナビッボーハニヤ　397
二七二　ティラムッティダーヤカ　397
二七三　チャンゴータキヤ　398
二七四　アッバンヂャナダーヤカ　399
二七五　エーカンヂャリヤ　399
二七六　ポッタダーヤカ　400
二七七　チタカプーヂャカ　401
二七八　アールヷダーヤカ　401
二七九　エーカプンダリーカ　402
二八〇　タラニヤ　402
第二十九　パンナダーヤカ品　403
二八一　パンナダーヤカ　404
二八二　パラダーヤカ　404
二八三　パッチュッガマニヤ　405

258 Paṇṇadāyaka [Ap 3 258, vv 1 ~ 5] 228
259 Kuṭidāyaka [Ap 3 259, vv 1 ~ 4] 229
260 Aggapupphiya [Ap 3 260, vv 1 ~ 5] 229
〔27〕 Padumukkhepa-vagga [Ap 3 261 ~ 270] Ap. 230
261 Ākāsukkhipiya [Ap 3 261, vv 1 ~ 5] 230
262 Telamakkhiya [Ap 3 262, vv 1 ~ 4] 230
263 Aḍḍhacandiya [Ap 3 263, vv 1 ~ 4] 231
264 Araṇadīpiya [Ap 3 264, vv 1 ~ 4] 231
265 Biḷālidāyaka [Ap 3 265, vv 1 ~ 5] 232
266 Macchadāyaka [Ap 3 266, vv 1 ~ 3] 232
267 Javahaṁsaka [Ap 3 267, vv 1 ~ 4] 232
268 Saḷalapupphiya [Ap 3 268, vv 1 ~ 4] 233
269 Upāgatabhāsaniya [Ap 3 269, vv 1 ~ 5] 233
270 Taraṇiya [Ap 3 270, vv 1 ~ 4] 234
〔28〕 Suvaṇṇabimbohaniyavagga [Ap 3 271 ~ 280] Ap. 234
271 Suvaṇṇabibbohaniya [Ap 3 271, vv 1 ~ 4] 234
272 Tilamuṭṭhidāyaka [Ap 3 272, vv 1 ~ 5] 235
273 Caṅgoṭakiya [Ap 3 273, vv 1 ~ 4] 235
274 Abbhañjanadāyaka [Ap 3 274, vv 1 ~ 5] 236
275 Ekañjaliya [Ap 3 275, vv 1 ~ 5] 236
276 Potthadāyaka [Ap 3 276, vv 1 ~ 3] 237
277 Citakapūjaka [Ap 3 277, vv 1 ~ 4] 237
278 Āluvadāyaka [Ap 3 278, vv 1 ~ 4] 237
279 Ekapuṇḍarīka [Ap 3 279, vv 1 ~ 3] 238
280 Taraṇiya [Ap 3 280, vv 1 ~ 4] 238
〔29〕 Paṇṇadāyaka-vagga [Ap 3 281 ~ 290] Ap. 239
281 Paṇṇadāyaka [Ap 3 281, vv 1 ~ 4] 239
282 Phaladāyaka [Ap 3 282, vv 1 ~ 6] 239
283 Paccuggamaniya [Ap 3 283, vv 1 ~ 5] 240

二八四　エーカプッピヤ　406
二八五　マガヴプッピヤ　406
二八六　ウパッターヤカ　407
二八七　アパダーニヤ　408
二八八　サッターハパッバチタ　408
二八九　ブッドゥーパッターヤカ　409
二九〇　プッパンガマニヤ　410
第三十　チタカプーヂャカ品　411
二九一　チタプーヂャカ　411
二九二　プッパダーラカ　412
二九三　チャッタダーヤカ　413
二九四　サッダサンニャカ　413
二九五　ゴーシーサニッケーパ　414
二九六　パーダプーヂャカ　415
二九七　デーサキッティヤ　415
二九八　サラナガマニヤ　416
二九九　アンバピンディヤ　417
三〇〇　アヌサンサーヴカ　417
第三十一　パドゥマケーサリヤ品　419
三〇一　パドゥマケーサリヤ　419
三〇二　サッバガンディヤ　419
三〇三　パラマンナダーヤカ　420
三〇四　ダンマサンニャカ　420
三〇五　パラダーヤカ　421
三〇六　サンパサーダカ　422
三〇七　アーラーマダーヤカ　423
三〇八　アヌレーパダーヤカ　424
三〇九　ブッダサンニャカ　425
三一〇　パッバーラダーヤカ　425

284 Ekapupphiya [Ap 3 284, vv 1 ~ 4] 240
285 Maghavapupphiya [Ap 3 285, vv 1 ~ 4] 240
286 Upaṭṭhāyaka [Ap 3 286, vv 1 ~ 6] 241
287 Apadāniya [Ap 3 287, vv 1 ~ 3] 241
288 Sattāhapabbajita [Ap 3 288, vv 1 ~ 5] 242
289 Buddhūpaṭṭhāyaka [Ap 3 289, vv 1 ~ 5] 242
290 Pubbaṅgamaniya [Ap 3 290, vv 1 ~ 6] 243
〔30〕 Citakapūjaka-vagga [Ap 3 291 ~ 300] Ap. 243
291 Citapūjaka [Ap 3 291, vv 1 ~ 5] 243
292 Pupphadhāraka [Ap 3 292, vv 1 ~ 5] 244
293 Chattadāyaka [Ap 3 293, vv 1 ~ 6] 244
294 Saddasaññaka [Ap 3 294, vv 1 ~ 4] 245
295 Gosīsanikkhepa [Ap 3 295, vv 1 ~ 6] 245
296 Pādapūjaka [Ap 3 296, vv 1 ~ 4] 246
297 Desakittiyo [Ap 3 297, vv 1 ~ 5] 246
298 Saraṇagamaniya [Ap 3 298, vv 1 ~ 4] 246
299 Ambapiṇḍiya [Ap 3 299, vv 1 ~ 3] 247
300 Anusaṁsāvaka [Ap 3 300, vv 1 ~ 4] 247
〔31〕 Padumakesariya-vagga [Ap 3 301 ~ 310] Ap. 248
301 Padumakesariya [Ap 3 301, vv 1 ~ 4] 248
302 Sabbagandhiya [Ap 3 302, vv 1 ~ 4] 248
303 Paramannadāyaka [Ap 3 303, vv 1 ~ 4] 249
304 Dhammasaññaka [Ap 3 304, vv 1 ~ 7] 249
305 Phaladāyaka [Ap 3 305, vv 1 ~ 4] 250
306 Sampasādaka [Ap 3 306, vv 1 ~ 8] 250
307 Ārāmadāyaka [Ap 3 307, vv 1 ~ 7] 251
308 Anulepadāyaka [Ap 3 308, vv 1 ~ 4] 251
309 Buddhasaññaka [Ap 3 309, vv 1 ~ 4] 252
310 Pabbhāradāyaka [Ap 3 310, vv 1 ~ 5] 252

第三十二　アーラッカダーヤ品　426
三一一　アーラッカダーヤカ　426
三一二　ボーヂャナダーヤカ　427
三一三　ガタサンニャカ　428
三一四　サッタパドゥミニヤ　428
三一五　プッパーサニヤ　429
三一六　アーサナッタギカ　430
三一七　サッダサンニャカ　431
三一八　ティランシヤ　432
三一九　カンダリープッピヤ　433
三二〇　クムダマーリヤ　434
第三十三　ウンマープッピヤ品　435
三二一　ウンマープッピヤ　435
三二二　プリナプーヂャカ　436
三二三　ハーサヂャナカ　436
三二四　サンニャサーミカ　437
三二五　ニミッタサンニャカ　438
三二六　アンナサンサーヴカ　439
三二七　ニッグンティプッピヤ　440
三二八　スマナーヹーリヤ　443
三二九　プッパッチャッティヤ　445
三三〇　サパリヴーラチャッタダーヤカ　446
第三十四　ガンドーダカ品　450
三三一　ガンダトゥーピヤ　450
三三二　プッシタカンミヤ　451
三三三　パバンカラ　452
三三四　ティナクティダーヤカ　455
三三五　ウッタレッヤダーヤカ　457
三三六　ダンマサワニヤ　460

〔32〕 Ārakkhadāya-vagga [Ap 3 311 ~ 320] Ap. 253
311 Ārakkhadāyaka [Ap 3 311, vv 1 ~ 3] 253
312 Bhojanadāyaka [Ap 3 312, vv 1 ~ 6] 253
313 Gatasaññaka [Ap 3 313, vv 1 ~ 4] 253
314 Sattapaduminiya [Ap 3 314, vv 1 ~ 6] 254
315 Pupphāsaniya [Ap 3 315, vv 1 ~ 6] 254
316 Āsanatthavika [Ap 3 316, vv 1 ~ 8] 255
317 Saddasaññaka [Ap 3 317, vv 1 ~ 5] 256
318 Tiraṁsiya [Ap 3 318, vv 1 ~ 8] 256
319 Kandalīpupphiya [Ap 3 319, vv 1 ~ 7] 257
320 Kumudamāliya [Ap 3 320, vv 1 ~ 4] 257
〔33〕 Ummāpupphiya-vagga [Ap 3 321 ~ 330] Ap. 258
321 Ummāpupphiya [Ap 3 321, vv 1 ~ 6] 258
322 Pulinapūjaka [Ap 3 322, vv 1 ~ 6] 259
323 Hāsajanaka [Ap 3 323, vv 1 ~ 4] 259
324 Saññasāmika [Ap 3 324, vv 1 ~ 11] 260
325 Nimittasaññaka [Ap 3 325, vv 1 ~ 6] 261
326 Annasaṁsāvaka [Ap 3 326, vv 1 ~ 5] 261
327 Nigguṇṭhipupphiya [Ap 3 327, vv 1 ~ 25] 262
328 Sumanāveḷiya [Ap 3 328, vv 1 ~ 10] 264
329 Pupphacchattiya [Ap 3 329, vv 1 ~ 9] 264
330 Saparivārachattadāyaka [Ap 3 330, vv 1 ~ 24] 265
〔34〕 Gandhodaka-vagga [Ap 3 331 ~ 337] Ap. 267
331 Gandhathūpiya [Ap 3 331, vv 1 ~ 6] 267
332 Phussitakammiya [Ap 3 332, vv 1 ~ 15] 268
333 Pabhaṅkara [Ap 3 333, vv 1 ~ 21] 269
334 Tiṇakuṭidāyaka [Ap 3 334, vv 1 ~ 16] 270
335 Uttareyyadāyaka [Ap 3 335, vv 1 ~ 21] 272
336 Dhammasavaniya [Ap 3 336, vv 1 ~ 18] 273

三三七　ウッキッタパドゥミヤ　462
第三十五　エーカパドゥミヤ品　465
三三八　エーカパドゥミヤ　465
三三九　ティーヌッパラマーリヤ　466
三四〇　ダヂャダーヤカ　468
三四一　ティーニキンカニカプーヂャカ　469
三四二　ナラーガーリカ　469
三四三　チャンパカプッピヤ　470
三四四　パドゥマプーヂャカ　471
三四五　ティナムッティダーヤカ　472
三四六　ティンドゥカパラダーヤカ　473
三四七　エーカンヂャリヤ　474
第三十六　サッダサンニャカ品　475
三四八　サッダサンニャカ　475
三四九　ヤヴカラーピヤ　476
三五〇　キンスカプーヂャカ　476
三五一　サコータカコーランダダーヤカ　477
三五二　ダンダダーヤカ　477
三五三　アンバヤーグダーヤカ　478
三五四　スプタカプーヂャカ　479
三五五　サッヂャダーヤカ　479
三五六　サラナーガマニヤ　480
三五七　ピンダパーティカ　480
第三十七　マンダーラプッピヤ品　481
三五八　エーカマンダーリヤ　481
三五九　ケッカールプッピヤ　482
三六〇　ビサムラーラダーヤカ　482
三六一　ケーサラプッピヤ　483
三六二　アンコーラプッピヤ　483

337 Ukkhittapadumiya [Ap 3 337, vv 1 ~ 14] 275
〔35〕 Ekapadumiya-vagga [Ap 3 338 ~ 347] Ap. 276
338 Ekapadumiya [Ap 3 338, vv 1 ~ 10] 276
339 Tīṇuppalamāliya [Ap 3 339, vv 1 ~ 9] 277
340 Dhajadāyaka [Ap 3 340, vv 1 ~ 7] 277
341 Tīṇikiṅkhaṇikapūjaka [Ap 3 341, vv 1 ~ 4] 278
342 Nalāgārika [Ap 3 342, vv 1 ~ 8] 278
343 Campakapupphiya [Ap 3 343, vv 1 ~ 5] 279
344 Padumapūjaka [Ap 3 344, vv 1 ~ 4] 279
345 Tiṇamuṭṭhidāyaka [Ap 3 345, vv 1 ~ 11] 280
346 Tiṇḍukaphaladāyaka [Ap 3 346, vv 1 ~ 4] 281
347 Ekañjaliya [Ap 3 347, vv 1 ~ 4]281
〔36〕 Saddasaññaka-vagga [Ap 3 348 ~ 357] Ap. 282
348 Saddasaññaka [Ap 3 348, vv 1 ~ 5] 282
349 Yavakalāpiya [Ap 3 349, vv 1 ~ 5] 282
350 Kiṁsukapūjaka [Ap 3 350, vv 1 ~ 3] 283
351 Sakoṭakakoraṇḍadāyaka [Ap 3 351, vv 1 ~ 4] 283
352 Daṇḍadāyaka [Ap 3 352, vv 1 ~ 4] 283
353 Ambayāgudāyaka [Ap 3 353, vv 1 ~ 4] 284
354 Supuṭakapūjaka [Ap 3 354, vv 1 ~ 4] 284
355 Sajjhadāyaka [Ap 3 355, vv 1 ~ 4] 284
356 Saraṇāgamaniya [Ap 3 356, vv 1 ~ 3] 285
357 Piṇḍapātika [Ap 3 357, vv 1 ~ 4] 285
〔37〕 Mandārapupphiya-vagga [Ap 3 358 ~ 367] Ap. 286
358 Ekamandāriya [Ap 3 358, vv 1 ~ 4] 286
359 Kekkhārupupphiya [Ap 3 359, vv 1 ~ 3] 286
360 Bhisamuḷāladāyaka [Ap 3 360, vv 1 ~ 4] 286
361 Kesarapupphiya [Ap 3 361, vv 1 ~ 4] 287
362 Aṅkolapupphiya [Ap 3 362, vv 1 ~ 4] 287

三六三　カダンバプッピヤ　484
三六四　ウッダーラプッピヤ　484
三六五　エーカチャンパカプッピヤ　485
三六六　ティミラプッピヤ　486
三六七　サララプッピヤ　486
第三十八　ボーディヴンダカ品　487
三六八　ボーディヴンダカ　487
三六九　パータリプッピヤ　488
三七〇　ティーヌッパラマーリヤ　489
三七一　パッティプッピヤ　490
三七二　サッタパンニヤ　491
三七三　ガンダムッティヤ　492
三七四　チタプージャカ　493
三七五　スマナターラヴンティヤ　493
三七六　スマナダーマダーヤカ　494
三七七　カースマーリパラダーヤカ　495
第三十九　アヴンタパラ品　496
三七八　アヴンタパラダーヤカ　496
三七九　ラブチャパラダーヤカ　496
三八〇　ウドゥンバラパラダーヤカ　497
三八一　ピラッカパラダーヤカ　498
三八二　パールサパラダーヤカ　499
三八三　ヴッリパラダーヤカ　499
三八四　カダリーパラダーヤカ　500
三八五　パナサパラダーヤカ　501
三八六　室縷拏倶胝頻設　501
三八七　プッバカンマピローティ　503

363 Kadambapupphiya [Ap 3 363, vv 1 ~ 4] 287
364 Uddālapupphiya [Ap 3 364, vv 1 ~ 3] 288
365 Ekacampakapupphiya [Ap 3 365, vv 1 ~ 4] 288
366 Timirapupphiya [Ap 3 366, vv 1 ~ 4] 288
367 Salaḷapupphiya [Ap 3 367, vv 1 ~ 6] 289
[38] Bodhivandaka-vagga [Ap 3 368 ~ 377] Ap. 290
368 Bodhivandaka [Ap 3 368, vv 1 ~ 5] 290
369 Pāṭalipupphiya [Ap 3 369, vv 1 ~ 7] 290
370 Tīṇuppalamāliya [Ap 3 370, vv 1 ~ 9] 291
371 Pattipupphiya [Ap 3 371, vv 1 ~ 6] 291
372 Sattapaṇṇiya [Ap 3 372, vv 1 ~ 5] 292
373 Gandhamuṭṭhiya [Ap 3 373, vv 1 ~ 5] 292
374 Citapūjaka [Ap 3 374, vv 1 ~ 5] 292
375 Sumanatālavaṇṭiya [Ap 3 375, vv 1 ~ 5] 293
376 Sumanadāmadāyaka [Ap 3 376, vv 1 ~ 5] 293
377 Kāsumāriphaladāyaka [Ap 3 377, vv 1 ~ 6] 294
[39] Avaṇṭaphala-vagga [Ap 3 378 ~ 387] Ap. 294
378 Avaṇṭaphaladāyaka [Ap 3 378, vv 1 ~ 6] 294
379 Labujaphaladāyaka [Ap 3 379, vv 1 ~ 8] 295
380 Udumbaraphaladāyaka [Ap 3 380, vv 1 ~ 6] 295
381 Pilakkhaphaladāyaka [Ap 3 381, vv 1 ~ 5] 296
382 Phārusaphaladāyaka [Ap 3 382, vv 1 ~ 5] 296
383 Valliphaladāyaka [Ap 3 383, vv 1 ~ 6] 296
384 Kadalīphaladāyaka [Ap 3 384, vv 1 ~ 6] 297
385 Panasaphaladāyaka [Ap 3 385, vv 1 ~ 6] 297
386 Soṇakoṭivīsa [Ap 3 386, vv 1 ~ 14] 298
387 Pubbakammapiloti [Ap 3 387, vv 1 ~ 33] 299

第27巻　小部経典　五（譬喩経二）

譬喩経二　山崎良順訳

第四十　畢隣陀品　1
三八八　畢隣陀婆蹉　1
三八九　施　羅　25
三九〇　サッバキッティカ　36
三九一　マドゥダーヤカ　39
三九二　パドゥマクーターガーリヤ　41
三九三　バックラ　45
三九四　耆利摩難　49
三九五　サララマンダピヤ　52
三九六　サッバダーヤカ　52
三九七　阿逸多　55
第四十一　帝須弥勒品　61
三九八　帝須弥勒　61
三九九　富蘭那迦　64
四〇〇　弥多求　65
四〇一　度多迦　68
四〇二　優波私婆　71
四〇三　難　陀　78
四〇四　醯摩迦　80
四〇五　刀提耶　84
四〇六　闍都乾耳　90
四〇七　優陀延那　96
第四十二　跋陀利品　102
四〇八　跋陀利　102
四〇九　エーカチャッティヤ　105
四一〇　ティナスーラカチャーダニヤ　109

〔40〕 Pilinda-vagga [Ap 3 388 ~ 397] Ap. 302
388 Pilindavaccha [Ap 3 388, vv 1 ~ 206] 302
389 Sela [Ap 3 389, vv 1 ~ 94] 316
390 Sabbakittika [Ap 3 390, vv 1 ~ 29] 323
391 Madhudāyaka [Ap 3 391, vv 1 ~ 21] 325
392 Padumakūṭāgāriya [Ap 3 392, vv 1 ~ 32] 326
393 Bakkula [Ap 3 393, vv 1 ~ 33] 328
394 Girimānanda [Ap 3 394, vv 1 ~ 30] 330
395 Salaḷamaṇḍapiya [Ap 3 395, vv 1 ~ 7] 333
396 Sabbadāyaka [Ap 3 396, vv 1 ~ 28] 333
397 Ajita [Ap 3 397, vv 1 ~ 35] 335
〔41〕 Metteyya-vagga [Ap 3 398 ~ 407] Ap. 339
398 Tissametteyya [Ap 3 398, vv 1 ~ 28] 339
399 Puṇṇaka [Ap 3 399, vv 1 ~ 16] 341
400 Mettagū [Ap 3 400, vv 1 ~ 26] 342
401 Dhotaka [Ap 3 401, vv 1 ~ 28] 343
402 Upasīva [Ap 3 402, vv 1 ~ 62] 345
403 Nanda [Ap 3 403, vv 1 ~ 22] 350
404 Hemaka [Ap 3 404, vv 1 ~ 41] 351
405 Todeyya [Ap 3 405, vv 1 ~ 53] 354
406 Jatukaṇṇika [Ap 3 406, vv 1 ~ 54] 357
407 Udena [Ap 3 407, vv 1 ~ 49] 362
〔42〕 Bhaddāli-vagga [Ap 3 408 ~ 417] Ap. 365
408 Bhaddāli [Ap 3 408, vv 1 ~ 31] 365
409 Ekachattiya [Ap 3 409, vv 1 ~ 47] 367
410 Tiṇasūlakachādaniya [Ap 3 410, vv 1 ~ 27] 370

四一一　マドゥマンサダーヤカ　111
四一二　ナーガパッラヴカ　113
四一三　エーカディーピヤ　113
四一四　ウッチャンガプッピヤ　115
四一五　ヤーグダーヤカ　116
四一六　パットーダナダーヤカ　118
四一七　マンチャダーヤカ　120
第四十三　サキンサマッヂャカ品　122
四一八　サキンサマッヂャカ　122
四一九　エーカドゥッサダーヤカ　123
四二〇　エーカーサナダーヤカ　126
四二一　サッタカダンバプッピヤ　128
四二二　コーランダカプッピヤ　129
四二三　ガタマンダダーヤカ　130
四二四　エーカダンマサヴニーヤ　131
四二五　スチンティタ　134
四二六　ソーヴンナキンカニヤ　137
四二七　ソーヴンナクンタリカ　139
第四十四　エーカギハーリ品　142
四二八　エーカギハーリヤ　142
四二九　エーカサンキヤ　143
四三〇　パーティヒーラサンニャカ　145
四三一　ニャーナタギカ　146
四三二　ウッチュカンディカ　147
四三三　カランバダーヤカ　147
四三四　アンバータカ　148
四三五　ハリータカダーヤカ　149
四三六　アンバピンディヤ　150
四三七　ヂャンブパリヤ　151

411 Madhumaṁsadāyaka [Ap 3 411, vv 1 ~ 12] 372
412 Nāgapallavaka [Ap 3 412, vv 1 ~ 6] 373
413 Ekadīpiya [Ap 3 413, vv 1 ~ 18] 373
414 Ucchaṅgapupphiya [Ap 3 414, vv 1 ~ 7] 374
415 Yāgudāyaka [Ap 3 415, vv 1 ~ 21] 375
416 Patthodanadāyaka [Ap 3 416, vv 1 ~ 14] 376
417 Mañcadāyaka [Ap 3 417, vv 1 ~ 13] 377
〔43〕 Sakiṁsammajjaka-vagga [Ap 3 418 ~ 427] Ap. 378
418 Sakiṁsammajjaka [Ap 3 418, vv 1 ~ 14] 378
419 Ekadussadāyaka [Ap 3 419, vv 1 ~ 21] 379
420 Ekāsanadāyaka [Ap 3 420, vv 1 ~ 25] 381
421 Sattakadambapupphiya [Ap 3 421, vv 1 ~ 7] 382
422 Koraṇḍapupphiya [Ap 3 422, vv 1 ~ 10] 383
423 Ghatamaṇḍadāyaka [Ap 3 423, vv 1 ~ 9] 383
424 Ekadhammasavanīya [Ap 3 424, vv 1 ~ 19] 384
425 Sucintita [Ap 3 425, vv 1 ~ 33] 385
426 Sovaṇṇakiṅkhaniya [Ap 3 426, vv 1 ~ 17] 388
427 Sovaṇṇakattarika [Ap 3 427, vv 1 ~ 13] 389
〔44〕 Ekavihāri-vagga [Ap 3 428 ~ 437] Ap. 390
28 Ekavihāriya [Ap 3 428, vv 1 ~ 12] 390
429 Ekasaṅkhiya [Ap 3 429, vv 1 ~ 13] 391
430 Pāṭihīrasaññaka [Ap 3 430, vv 1 ~ 9] 392
431 Ñāṇathavika [Ap 3 431, vv 1 ~ 9] 392
432 Ucchukaṇḍika [Ap 3 432, vv 1 ~ 6] 393
433 Kalambadāyaka [Ap 3 433, vv 1 ~ 5] 393
434 Ambāṭaka [Ap 3 434, vv 1 ~ 5] 394
435 Harīṭakadāyaka [Ap 3 435, vv 1 ~ 12] 394
436 Ambapiṇḍiya [Ap 3 436, vv 1 ~ 9] 395
437 Jambuphaliya [Ap 3 437, vv 1 ~ 7] 395

第四十五　ギビータキ品　153
四三八　ギビータカミンヂャ　153
四三九　コーラダーヤカ　153
四四〇　ビッラパリヤ　154
四四一　バッラータカダーヤカ　155
四四二　ウトゥルヒプッピヤ　156
四四三　アンバータキヤ　157
四四四　シーハーサニカ　157
四四五　パーダピーティヤ　158
四四六　ヹーディカーラカ　159
四四七　ボーディガリヤ　160
第四十六　ヂャガティダーヤカ品　163
四四八　ヂャガティダーヤカ　163
四四九　モーラハッティヤ　164
四五〇　シーハーサナヸーヂャニーヤ　165
四五一　ティヌッカダーリヤ　165
四五二　アッカマナダーヤカ　166
四五三　ヷナコーランディヤ　166
四五四　エーカチャッティヤ　167
四五五　ヂャーティプッピヤ　168
四五六　サッティパンニヤ　169
四五七　ガンダプーヂャカ　170
第四十七　サーラプッピヤ品　172
四五八　サーラクスミヤ　172
四五九　チタプーヂャカ　172
四六〇　チタカニッバーパカ　173
四六一　セートゥダーヤカ　173
四六二　スマナターラヷンティヤ　174
四六三　アヷタパリヤ　175

〔45〕 Vibhīṭaki-vagga [Ap 3 438 ~ 447] Ap. 396
438 Vibhīṭakamiñjiya [Ap 3 438, vv 1 ~ 7] 396
439 Koladāyaka [Ap 3 439, vv 1 ~ 7] 397
440 Billaphaliya [Ap 3 440, vv 1 ~ 7] 397
441 Bhallātakadāyaka [Ap 3 441, vv 1 ~ 9] 398
442 Utuḷhipupphiya [Ap 3 442, vv 1 ~ 5] 398
443 Ambāṭakiya [Ap 3 443, vv 1 ~ 6] 399
444 Sīhāsanika [Ap 3 444, vv 1 ~ 8] 399
445 Pādapīṭhiya [Ap 3 445, vv 1 ~ 11] 400
446 Vedikāraka [Ap 3 446, vv 1 ~ 8] 400
447 Bodhighariya [Ap 3 447, vv 1 ~ 12] 401
〔46〕 Jagatidāyaka-vagga [Ap 3 448 ~ 457] Ap. 402
448 Jagatidāyaka [Ap 3 448, vv 1 ~ 8] 402
449 Morahatthiya [Ap 3 449, vv 1 ~ 8] 403
450 Sīhāsanavījanīya [Ap 3 450, vv 1 ~ 5] 403
451 ṭiṇukkadhāriya [Ap 3 451, vv 1 ~ 5] 404
452 Akkamanadāyaka [Ap 3 452, vv 1 ~ 5] 404
453 Vanakoraṇḍiya [Ap 3 453, vv 1 ~ 5] 404
454 Ekachattiya [Ap 3 454, vv 1 ~ 12] 405
455 Jātipupphiya [Ap 3 455, vv 1 ~ 9] 405
456 Sattipaṇṇiya [Ap 3 456, vv 1 ~ 5] 406
457 Gandhapūjaka [Ap 3 457, vv 1 ~ 5] 406
〔47〕 Sālapupphiya-vagga [Ap 3 458 ~ 467] Ap. 407
458 Sālakusumiya [Ap 3 458, vv 1 ~ 5] 407
459 Citapūjaka [Ap 3 459, vv 1 ~ 5] 407
460 Citakanibbāpaka [Ap 3 460, vv 1 ~ 5] 408
461 Setudāyaka [Ap 3 461, vv 1 ~ 5] 408
462 Sumanatālavaṇṭiya [Ap 3 462, vv 1 ~ 5] 408
463 Avaṭaphaliya [Ap 3 463, vv 1 ~ 6] 409

四六四　ラブヂャダーヤカ　175
四六五　ピラックパラダーヤカ　176
四六六　サヤンパティバーニヤ　177
四六七　ニミッタヴァーカラニーヤ　178
第四十八　ナラマーリー品　181
四六八　ナラマーリヤ　181
四六九　マニプーヂャカ　181
四七〇　ウッカーサティカ　184
四七一　スマナギーヂャニヤ　185
四七二　クンマーサダーヤカ　186
四七三　クサッタカダーヤカ　187
四七四　ギリプンナーギヤ　187
四七五　ヴッリカラパラダーヤカ　188
四七六　パーナディダーヤカ　188
四七七　プリナチャンカミヤ　191
第四十九　パンスクーラ品　193
四七八　パンスクーラサンニカ　193
四七九　ブッダサンニャカ　194
四八〇　ビサダーヤカ　195
四八一　ニャーナッタギカ　197
四八二　チャンダナマーリヤ　201
四八三　ダートゥプーヂャカ　204
四八四　プリヌッパーダカ　205
四八五　タラニヤ　209
四八六　ダンマルチ　211
四八七　サーラマンダピヤ　214
第五十　キンカニプッピヤ品　220
四八八　ティーニキンカニプッピヤ　220
四八九　パンスクーラプーヂャカ　220

464 Labujadāyaka [Ap 3 464, vv 1 ~ 7] 409
465 Pilakkhuphaladāyaka [Ap 3 465, vv 1 ~ 5] 410
466 Sayampaṭibhāniya [Ap 3 466, vv 1 ~ 14] 410
467 Nimittavyākaraṇīya [Ap 3 467, vv 1 ~ 14] 411
[48] Naḷamālī-vagga [Ap 3 468 ~ 477] Ap. 412
468 Naḷamāliya [Ap 3 468, vv 1 ~ 7] 412
469 Maṇipūjaka [Ap 3 469, vv 1 ~ 22] 413
470 Ukkāsatika [Ap 3 470, vv 1 ~ 16] 414
471 Sumanavījaniya [Ap 3 471, vv 1 ~ 5] 415
472 Kummāsadāyaka [Ap 3 472, vv 1 ~ 5] 415
473 Kusaṭṭhakadāyaka [Ap 3 473, vv 1 ~ 5] 416
474 Giripunnāgiya [Ap 3 474, vv 1 ~ 5] 416
475 Vallikaraphaladāyaka [Ap 3 475, vv 1 ~ 5] 416
476 Pānadhidāyaka [Ap 3 476, vv 1 ~ 19] 417
477 Pulinacaṅkamiya [Ap 3 477, vv 1 ~ 6] 418
[49] Paṁsukūla-vagga [Ap 3 478 ~ 487] Ap. 418
478 Paṁsukūlasaññika [Ap 3 478, vv 1 ~ 7] 418
479 Buddhasaññaka [Ap 3 479, vv 1 ~ 18] 419
480 Bhisadāyaka [Ap 3 480, vv 1 ~ 18] 420
481 Ñaṇatthavika [Ap 3 481, vv 1 ~ 29] 421
482 Candanamāliya [Ap 3 482, vv 1 ~ 29] 423
483 Dhātupūjaka [Ap 3 483, vv 1 ~ 5] 425
484 Puḷinuppādaka [Ap 3 484, vv 1 ~ 37] 426
485 Taraṇiya [Ap 3 485, vv 1 ~ 16] 428
486 Dhammaruci [Ap 3 486, vv 1 ~ 26] 429
487 Sālamaṇḍapiya [Ap 3 487, vv 1 ~ 31] 431
[50] Kiṅkhanipupphiya-vagga [Ap 3 488 ~ 497] Ap. 433
488 Tīṇikiṅkhanipupphiya [Ap 3 488, vv 1 ~ 7] 433
489 Paṁsukūlapūjaka [Ap 3 489, vv 1 ~ 7] 434

四九〇　コーランダプッピヤ　221
四九一　キンスカプッピヤ　222
四九二　ウパッダドゥッサダーヤカ　223
四九三　ガタマンダダーヤカ　224
四九四　ウダカダーヤカ　225
四九五　プリナトゥーピヤ　226
四九六　ナラクティカダーヤカ　230
四九七　ピヤーラパラダーヤカ　231
第五十一　カニカーラ品　233
四九八　ティーニカニカーラプッピヤ　233
四九九　エーカパッタダーヤカ　236
五〇〇　カースマーラパラダーヤカ　238
五〇一　アヴタパリヤ　239
五〇二　パーラパリヤ　239
五〇三　マートゥルンガパラダーヤカ　240
五〇四　アヂェーラパラダーヤカ　241
五〇五　アモーラパリヤ　241
五〇六　ターラパリヤ　242
五〇七　ナーリケーラダーヤカ　243
第五十二　クレーンヂャパラダーヤカ品　245
五〇八　クレーンヂャパラダーヤカ　245
五〇九　カピッタパラダーヤカ　245
五一〇　コースンバパリヤ　246
五一一　ケータカプッピヤ　246
五一二　ナーガプッピヤ　247
五一三　アッヂュナプッピヤ　248
五一四　クタヂャプッピヤ　248
五一五　ゴーササンニャカ　249
五一六　サッバパラダーヤカ　250

490 Koraṇḍapupphiya [Ap 3 490, vv 1 ~ 10] 434
491 Kiṁsukapupphiya [Ap 3 491, vv 1 ~ 6] 435
492 Upaḍḍhadussadāyaka [Ap 3 492, vv 1 ~ 10] 435
493 Ghatamaṇḍadāyaka [Ap 3 493, vv 1 ~ 9] 436
494 Udakadāyaka [Ap 3 494, vv 1 ~ 6] 437
495 Puḷinathūpiya [Ap 3 495, vv 1 ~ 36] 437
496 Naḷakuṭikadāyaka [Ap 3 496, vv 1 ~ 11] 440
497 Piyālaphaladāyaka [Ap 3 497, vv 1 ~ 6] 440
〔51〕 Kaṇikāra-vagga [Ap 3 498 ~ 507] Ap. 441
498 Tīṇikaṇikārapupphiya [Ap 3 498, vv 1 ~ 38] 441
499 Ekapattadāyaka [Ap 3 499, vv 1 ~ 12] 444
500 Kāsumāraphaladāyaka [Ap 3 500, vv 1 ~ 6] 445
501 Avaṭaphaliya [Ap 3 501, vv 1 ~ 6] 445
502 Pāraphaliya [Ap 3 502, vv 1 ~ 5] 445
503 Mātuluṅgaphaladāyaka [Ap 3 503, vv 1 ~ 6] 446
504 Ajelaphaladāyaka [Ap 3 504, vv 1 ~ 6] 446
505 Amoraphaliya [Ap 3 505, vv 1 ~ 5] 447
506 Tālaphaliya [Ap 3 506, vv 1 ~ 6] 447
507 Nāḷikeradāyaka [Ap 3 507, vv 1 ~ 9]447
〔52〕 Kureñjiyaphaladāyaka-vagga [Ap 3 508 ~ 517] Ap. 448
508 Kureñjiyaphaladāyaka [Ap 3 508, vv 1 ~ 6] 448
509 Kapiṭṭhaphaladāyaka [Ap 3 509, vv 1 ~ 5] 449
510 Kosumbaphaliya [Ap 3 510, vv 1 ~ 5] 449
511 Ketakapupphiya [Ap 3 511, vv 1 ~ 6] 449
512 Nāgapupphiya [Ap 3 512, vv 1 ~ 5] 450
513 Ajjunapupphiya [Ap 3 513, vv 1 ~ 9] 450
514 Kuṭajapupphiya [Ap 3 514, vv 1 ~ 7] 451
515 Ghosasaññaka [Ap 3 515, vv 1 ~ 7] 451
516 Sabbaphaladāyaka [Ap 3 516, vv 1 ~ 27] 452

五一七	パドゥマダーリヤ	253
第五十三	ティナダーヤカ品	255
五一八	ティナムッティダーヤカ	255
五一九	ペーッチャダーヤカ	256
五二〇	サラナーガマニヤ	257
五二一	アッバンヂャナダーヤカ	258
五二二	プーパパッカダーヤカ（*プーパパヴァダーヤカ）	258
五二三	ダンダダーヤカ	259
五二四	ギリネーラプーヂャカ	260
五二五	ボーディサンマッヂャカ	260
五二六	アーマンダパラダーヤカ	263
五二七	スガンダ	264
第五十四	迦旃延品	272
五二八	摩訶迦旃延	272
五二九	跋迦梨	275
五三〇	摩訶劫賓那	280
五三一	陀驃摩羅	286
五三二	鳩摩羅迦葉	291
五三三	婆醯迦	295
五三四	摩訶拘絺羅	301
五三五	優楼頻螺迦葉	304
五三六	羅　陀	309
五三七	謨賀囉惹	313
第五十五	抜提品	318
五三八	ラクンタカバッディヤ	318
五三九	頡離伐多	322
五四〇	尸婆羅	324
五四一	婆耆舎	329

517 Padumadhāriya [Ap 3 517, vv 1 ~ 6] 453
〔53〕 Tiṇadāyaka-vagga [Ap 3 518 ~ 527] Ap. 454
518 Tiṇamuṭṭhidāyaka [Ap 3 518, vv 1 ~ 12] 454
519 Pecchadāyaka [Ap 3 519, vv 1 ~ 6] 455
520 Saraṇāgamaniya [Ap 3 520, vv 1 ~ 5] 455
521 Abbhañjanadāyaka [Ap 3 521, vv 1 ~ 7] 456
522 Pūpapakkadāyaka (*Pūpapavadāyaka)
[Ap 3 522, vv 1 ~ 5] 456
523 Daṇḍadāyaka [Ap 3 523, vv 1 ~ 6] 456
524 Girinelapūjaka [Ap 3 524, vv 1 ~ 6] 457
525 Bodhisammajjaka [Ap 3 525, vv 1 ~ 25] 457
526 Āmaṇḍaphaladāyaka [Ap 3 526, vv 1 ~ 7] 459
527 Sugandha [Ap 3 527, vv 1 ~ 46] 459
〔54〕 Kaccāna-vagga [Ap 3 528 ~ 537] Ap. 463
528 Mahākaccāna [Ap 3 528, vv 1 ~ 27] 463
529 Vakkali [Ap 3 529, vv 1 ~ 38] 465
530 Mahākappina [Ap 3 530, vv 1 ~ 42] 468
531 Dabbamalla [Ap 3 531, vv 1 ~ 42] 471
532 Kumārakassapa [Ap 3 532, vv 1 ~ 29] 473
533 Bāhiya [Ap 3 533, vv 1 ~ 47] 475
534 Mahākoṭṭhika [Ap 3 534, vv 1 ~ 30] 479
535 Uruvelakassapa [Ap 3 535, vv 1 ~ 45] 481
536 Rādha [Ap 3 536, vv 1 ~ 31] 484
537 Mogharāja [Ap 3 537, vv 1 ~ 36] 486
〔55〕 Bhaddiya-vagga [Ap 3 538 ~ 547] Ap. 489
538 Lakuṇṭakabhaddiya [Ap 3 538, vv 1 ~ 33] 489
539 Kaṅkha-ṛevata [Ap 3 539, vv 1 ~ 20] 491
540 Sīvali [Ap 3 540, vv 1 ~ 42] 492
541 Vaṅgīsa [Ap 3 541, vv 1 ~ 46] 495

五四二　難陀迦	335
五四三　迦留陀夷	337
五四四　阿婆耶	340
五四五　路摩尚祇迦	344
五四六　ヴナヴッチャ	347
五四七　チューラスガンダ	350
四　長老尼の譬喩	357
第一　善慧品	357
一　善　慧	357
二　メーカラダーイカー	359
三　マンダパダーイカー	360
四　サンカマナッター	360
五　ティーニナラマーリカー	361
六　エーカピンダパータダーイカー	362
七　カタッチュビッカダーイカー	364
八　サットッパラマーリカーヤ	365
九　パンチャディーピカー	367
一〇　ウダカダーイカー	370
第二　エークーポーサティカ	372
一一　エークーポーサティカー	372
一二　サララプッピカー	374
一三　モーダカダーイカー	374
一四　エーカーサナダーイカー	375
一五　パンチャディーパダーイカー	378
一六　ナラマーリカー	380
一七　瞿曇弥	381
一八　差　摩	405
一九　優鉢羅色	416
二〇　鉢吒左囉	426

542 Nandaka [Ap 3 542, vv 1 ~ 22] 499
543 Kāḷudāyi [Ap 3 543, vv 1 ~ 29] 500
544 Abhaya [Ap 3 544, vv 1 ~ 30] 502
545 Lomasakaṅgiya [Ap 3 545, vv 1 ~ 26] 504
546 Vanavaccha [Ap 3 546, vv 1 ~ 21] 506
547 Cūḷasugandha [Ap 3 547, vv 1 ~ 37] 508
4 Therī-apadāna [Ap 4 1 ~ 40] Ap. 512
〔1〕 Sumedha-vagga [Ap 4 1 ~ 10] 512
1 Sumedhā [Ap 4 1, vv 1 ~ 19] 512
2 Mekhaladāyikā [Ap 4 2, vv 1 ~ 6] 513
3 Maṇḍapadāyikā [Ap 4 3, vv 1 ~ 5] 514
4 Saṅkamanattā [Ap 4 4, vv 1 ~ 6] 514
5 Tīṇinaḷamālikā [Ap 4 5, vv 1 ~ 9] 515
6 Ekapiṇḍadāyikā [Ap 4 6, vv 1 ~ 14] 515
7 Kaṭacchubhikkhadāyikā [Ap 4 7, vv 1 ~ 11] 516
8 Sattuppalamālikāya [Ap 4 8, vv 1 ~ 20] 517
9 Pañcadīpikā [Ap 4 9, vv 1 ~ 25] 519
10 Udakadāyikā [Ap 4 10, vv 1 ~ 15] 521
〔2〕 Ekūposathika-vagga [Ap 4 11 ~ 20] Ap. 522
11 Ekūposathikā [Ap 4 11, vv 1 ~ 20] 522
12 Saḷalapupphikā [Ap 4 12, vv 1 ~ 8] 524
13 Modakadāyikā [Ap 4 13, vv 1 ~ 7] 524
14 Ekāsanadāyikā [Ap 4 14, vv 1 ~ 24] 525
15 Pañcadīpadāyikā [Ap 4 15, vv 1 ~ 25] 527
16 Nalamālikā [Ap 4 16, vv 1 ~ 12] 528
17 Gotamī [Ap 4 17, vv 1 ~ 189] 529
18 Khemā [Ap 4 18, vv 1 ~ 96] 543
19 Uppalavaṇṇā [Ap 4 19, vv 1 ~ 83] 551
20 Paṭācārā [Ap 4 20, vv 1 ~ 44] 557

第三　君荼羅繋頭品　432
二一　抜陀君荼羅繋頭　432
二二　翅舎瞿曇弥　438
二三　曇摩提那　443
二四　奢拘梨　447
二五　難　陀　451
二六　輸　那　458
二七　抜陀迦比羅　461
二八　耶輸陀羅　469
二九　耶輸陀羅を上首とする一万比丘尼　479
三〇　耶輸陀羅を上首とする一万八千の比丘尼　481
第四　刹帝利童女品　488
三一　ヤサヴティーを上首とする本生経——万八千の刹帝利童女比丘尼　488
三二　八万四千の婆羅門童女比丘尼　489
三三　ウッパラダーイカー　·494
三四　私伽羅母　497
三五　守　迦　501
三六　アビルーパナンダー　504
三七　半迦尸　507
三八　プンニカー　509
三九　菴婆波利　512
四〇　世　羅　513

〔3〕 Kuṇḍalakesa-vagga [Ap 4 21 ～ 30] Ap. 560

21 Bhaddā-Kuṇḍalakesā [Ap 4 21, vv 1 ～ 54] 560

22 Kisā-ṅotamī [Ap 4 22, vv 1 ～ 40] 564

23 Dhammadinnā [Ap 4 23, vv 1 ～ 36] 567

24 Sakulā [Ap 4 24, vv 1 ～ 35] 569

25 Nandā (Janapadakalyāṇi) [Ap 4 25, vv 1 ～ 54] 572

26 Sonā [Ap 4 26, vv 1 ～ 24] 576

27 Bhaddā-Kāpilāni [Ap 4 27, vv 1 ～ 70] 578

28 Yasodharā [Ap 4 28, vv 1 ～ 87] 584

29 Yasovatī-pamukkhāni dasabhikkhunī sahassāni [Ap 4 29, vv 1 ～ 15] 591

30 Yasodharā-pamukhāni aṭṭhārasa-bhikkhunī sahassāni [Ap 4 30, vv 1 ～ 59] 592

〔4〕 Khattiyakañña-vagga [Ap 4 31 ～ 40] Ap. 597

31 Yasavatī-pamukhāni- khattiyakaññā bhikkhuniyo aṭṭhārasasahassāni [Ap 4 31, vv 1 ～ 12] 597

32 Caturāsītiṁ brāhmaṇakaññā bhikkhunī sahassāni [Ap 4 32, vv 1 ～ 44] 598

33 Uppaladāyikā [Ap 4 33, vv 1 ～ 25] 601

34 Sigālaka-mātā [Ap 4 34, vv 1 ～ 30] 603

35 Sukkā [Ap 4 35, vv 1 ～ 32] 605

36 Abhirūpanandā [Ap 4 36, vv 1 ～ 25] 608

37 Aḍḍhakāsikā [Ap 4 37, vv 1 ～ 16] 610

38 Puṇṇikā [Ap 4 38, vv 1 ～ 20] 611

39 Ambapālī [Ap 4 39, vv 1 ～ 16] 613

40 Selā [Ap 4 40, vv 1 ～ 13] 614

第28巻　小部経典　六（本生経一）

本生経一		1
因縁物語	立花俊道訳	1
因縁物語総序		1
遠き因縁物語		5
遠からざる因縁物語		101
近き因縁物語		163
第一篇		205
第一章　無戯論品		205
一　無戯論本生物語	長井真琴訳	205
二　砂道本生物語		221
三　貪慾商人本生物語		228
四　周羅財官本生物語		234
五　稲稈本生物語		252
六　天法本生物語		258
七　採薪女本生物語		267
八　首領王本生物語		272
九　摩迦王本生物語		274
一〇　楽住本生物語		278
第二章　戒行品		282
一一　瑞相鹿本生物語		282
一二　榕樹鹿本生物語		287
一三　結節本生物語		302
一四　風鹿本生物語		306
一五　カラーディヤ鹿本生物語		312
一六　三臥鹿本生物語		315
一七　風本生物語		322

Khuddaka-nikāya [Khuddaka 10]

Jātaka Vol. I

Jātaka [J. Nidāna, J. 1 ~ 547] 1

Nidāna-kathā [J. Nidāna 1 ~ 4] J. i 1

1 Nidānakathā [JN 1] 1

2 Dūre-nidāna [JN 2] 2

3 Avidūre-nidāna [JN 3] 47

4 Santike-nidāna [JN 4] 77

I Eka-nipāta [J 1 ~ 150] J. i 95

〔1〕 Apaṇṇaka-vagga [J 1 ~ 10] 95

1 Apaṇṇaka-jātaka 95

2 Vaṇṇupatha-jātaka 106

3 Serivāṇija-jātaka 110

4 Cullakaseṭṭhi-jātaka 114

5 Taṇḍulanāli-jātaka 123

6 Devadhamma-jātaka 126

7 Kaṭṭhahāri-jātaka 133

8 Gāmani-jātaka 136

9 Makhādeva-jātaka 137

10 Sukhavihāri-jātaka 140

〔2〕 Sīla-vagga [J 11 ~ 20] J. i 142

11 Lakkhaṇa-jātaka 142

12 Nigrodhamiga-jātaka 145

13 Kaṇḍina-jātaka 153

14 Vātamiga-jātaka 156

15 Kharādiya-jātaka 159

16 Tipallatthamiga-jātaka 160

17 Māluta-jātaka 164

一八	死者供物本生物語		324
一九	祈願供養本生物語		328
二〇	蘆飲本生物語		330
	第三章　羚羊品		335
二一	羚羊本生物語		335
二二	犬本生物語		339
二三	駿馬本生物語		344
二四	良馬本生物語		349
二五	沐浴場本生物語		351
二六	女顔象本生物語		358
二七	常習本生物語		364
二八	歓喜満牛本生物語		368
二九	黒牛本生物語		373
三〇	ムニカ豚本生物語		378
	第四章　雛鳥品		381
三一	雛鳥本生物語	山田龍城訳	381
三二	舞踊本生物語		397
三三	和合本生物語	石川海浄訳	401
三四	魚本生物語		405
三五	鶉本生物語		408
三六	鳥本生物語		415
三七	鷓鴣本生物語		419
三八	青鷺本生物語		426
三九	難陀本生物語		434
四〇	カディラ樹炭火本生物語		438
	第五章　利愛品		455
四一	ローサカ長老本生物語	山本快龍訳	455
四二	鳩本生物語		471
四三	竹蛇本生物語		477

18 Matakabhatta-jātaka 166
19 Āyācitabhatta-jātaka 169
20 Naḷapāna-jātaka 170
〔3〕 Kuruṅga-vagga [J 21 ～ 30] J. i 173
21 Kuruṅgamiga-jātaka 173
22 Kukkura-jātaka 175
23 Bhojājānīya-jātaka 178
24 Ājañña-jātaka 181
25 Tittha-jātaka 182
26 Mahilāmukha-jātaka 185
27 Abhiṇha-jātaka 188
28 Nandivisāla-jātaka 191
29 Kaṇha-jātaka 193
30 Muṇika-jātaka 196
〔4〕 Kulāvaka-vagga [J 31 ～ 40] J. i 198
31 Kulāvaka-jātaka 198
32 Nacca-jātaka 206
33 Sammodamāna-jātaka 208
34 Maccha-jātaka 210
35 Vaṭṭaka-jātaka 212
36 Sakuṇa-jātaka 215
37 Tittira-jātaka 217
38 Baka-jātaka 220
39 Nanda-jātaka 224
40 Khadiraṅgāra-jātaka 226
〔5〕 Atthakāma-vagga [J 41 ～ 50] J. i 234
41 Losaka-jātaka 234
42 Kapota-jātaka 241
43 Veḷuka-jātaka 244

四四　蚊本生物語　481
四五　赤牛女本生物語　485
四六　毀園本生物語　488
四七　酒本生物語　492
四八　ヱーダッバ呪文本生物語　495
四九　星宿本生物語　503
五〇　無智本生物語　508

第29巻　小部経典　七（本生経二）

本生経二　1
第六章　願望品　1
五一　大具戒王本生物語　栗原広廓訳　1
五二　小ヂャナカ王本生物語　14
五三　満瓶本生物語　15
五四　果実本生物語　19
五五　五武器太子本生物語　24
五六　金塊本生物語　31
五七　猿王本生物語　36
五八　三法本生物語　40
五九　打鼓本生物語　45
六〇　吹螺本生物語　47
第七章　婦女品　49
六一　嫌悪聖典本生物語　49
六二　生卵本生物語　57
六三　棗椰子本生物語　69
六四　難知本生物語　76
六五　懊悩本生物語　80
六六　優相本生物語　83
六七　膝本生物語　91

44 Makasa-jātaka 246
45 Rohiṇī-jātaka 248
46 Ārāmadūsaka-jātaka 249
47 Vāruṇi-jātaka 251
48 Vedabbha-jātaka 252
49 Nakkhatta-jātaka 257
50 Dummedha-jātaka 259

〔6〕 Āsiṁsa-vagga [J 51 ～ 60] J. i 261
51 Mahāsīlava-jātaka 261
52 Cūḷajanaka-jātaka 268
53 Puṇṇapāti-jātaka 268
54 Phala-jātaka 270
55 Pañcāvudha-jātaka 272
56 Kañcanakkhandha-jātaka 276
57 Vānarinda-jātaka 278
58 Tayodhamma-jātaka 280
59 Bherivāda-jātaka 283
60 Saṅkhadhamana-jātaka 284
〔7〕 Itthi-vagga [J 61 ～ 70] J. i 285
61 Asātamanta-jātaka 285
62 Aṇḍabhūta-jātaka 289
63 Takka-jātaka 295
64 Durājāna-jātaka 299
65 Anabhirati-jātaka 301
66 Mudulakkhaṇa-jātaka 302
67 Ucchaṅga-jātaka 306

第29巻　小部経典　七（本生経二）

六八	娑祇多城本生物語		95
六九	吐毒本生物語		99
七〇	鋤賢人本生物語		101
第八章	婆那樹品		109
七一	婆那樹本生物語	長井真琴訳	109
七二	有徳象王本生物語		116
七三	真実語本生物語		122
七四	樹法本生物語		131
七五	魚族本生物語		135
七六	無憂本生物語		140
七七	大夢本生物語		144
七八	イッリーサ長者本生物語		166
七九	騒音本生物語		183
八〇	ビーマセーナ職人本生物語		186
第九章	飲酒品		195
八一	飲酒本生物語	立花俊道訳	195
八二	知友本生物語		202
八三	不運者本生物語		204
八四	利益門本生物語		208
八五	有毒果本生物語		211
八六	験徳本生物語		214
八七	吉凶本生物語		220
八八	サーランバ牛本生物語		226
八九	詐欺本生物語		227
九〇	忘恩本生物語		231
第十章	塗毒品		235
九一	塗毒本生物語		235
九二	大精本生物語		238
九三	信食本生物語		251

68 Sāketa-jātaka 308
69 Visavanta-jātaka 310
70 Kuddāla-jātaka 311
〔8〕 Varaṇa-vagga [J 71 ~ 80] J. i 316
71 Varaṇa-jātaka 316
72 Sīlavanāga-jātaka 319
73 Saccaṁkira-jātaka 322
74 Rukkhadhamma-jātaka 327
75 Maccha-jātaka 329
76 Asaṅkiya-jātaka 332
77 Mahāsupina-jātaka 334
78 Illīsa-jātaka 345
79 Kharassara-jātaka 354
80 Bhīmasena-jātaka 355
〔9〕 Apāyimha-vagga [J 81 ~ 90] J. i 360
81 Surāpāna-jātaka 360
82 Mittavinda-jātaka 363
83 Kāḷakaṇṇi-jātaka 364
84 Atthassadvāra-jātaka 366
85 Kimpakka-jātaka 367
86 Sīlavīmaṁsana-jātaka 369
87 Maṅgala-jātaka 371
88 Sārambha-jātaka 374
89 Kuhaka-jātaka 375
90 Akataññū-jātaka 377
〔10〕 Litta-vagga [J 91 ~ 100] J. i 379
91 Litta-jātaka 379
92 Mahāsāra-jātaka 381
93 Vissāsabhojana-jātaka 387

九四	怖畏本生物語		254
九五	大善見王本生物語		258
九六	油鉢本生物語		261
九七	依名得運本生物語		272
九八	邪商本生物語		277
九九	超千本生物語		281
一〇〇	嫌悪色本生物語		284
	第十一章　超百品		291
一〇一	超百本生物語	寺崎修一訳	291
一〇二	八百屋本生物語		292
一〇三	仇敵本生物語		295
一〇四	知友比丘本生物語		297
一〇五	弱木本生物語		299
一〇六	釣瓶女本生物語		302
一〇七	投擲術本生物語		306
一〇八	田舎女本生物語		311
一〇九	粉菓子本生物語		314
一一〇	全総括問		319
	第十二章　設問品		321
一一一	驢馬問		321
一一二	不死皇后問		321
一一三	豺本生物語		322
一一四	中思魚本生物語		326
一一五	警告者本生物語		330
一一六	背教者本生物語		334
一一七	鷓鴣本生物語		337
一一八	鶉本生物語		340
一一九	非時叫喚者本生物語		347
一二〇	解縛本生物語		350

94 Lomahaṁsa-jātaka 389
95 Mahāsudassana-jātaka 391
96 Telapatta-jātaka 393
97 Nāmasiddhi-jātaka 401
98 Kūṭavāṇija-jātaka 404
99 Parosahassa-jātaka 405
100 Asātarūpa-jātaka 407
〔11〕 Parosata-vagga [J 101 ～ 110] J. i 410
101 Parosata-jātaka 410
102 Paṇṇika-jātaka 411
103 Veri-jātaka 412
104 Mittavinda-jātaka 413
105 Dubbalakaṭṭha-jātaka 414
106 Udañcani-jātaka 416
107 Sālittaka-jātaka 418
108 Bāhiya-jātaka 420
109 Kuṇḍakapūva-jātaka 422
110 Sabbasaṁhāraka-jātaka424
〔12〕 Haṁsi-vagga [J 111 ～ 120] J. i 424
111 Gadrabha-pañha 424
112 Amarādevī-pañha 424
113 Sigāla-jātaka 424
114 Mitacinti-jātaka 426
115 Anusāsika-jātaka 428
116 Dubbaca-jātaka 430
117 Tittira-jātaka 431
118 Vaṭṭaka-jātaka 432
119 Akālarāvi-jātaka 435
120 Bandhanamokkha-jātaka 437

第十三章	吉祥草品		359
一二一	吉祥草本生物語	渡辺楳雄訳	359
一二二	愚者本生物語		364
一二三	鍬柄本生物語		369
一二四	菴羅果本生物語		374
一二五	カターハカ奴隷本生物語		378
一二六	剣相師本生物語		384
一二七	カランドゥカ奴隷本生物語		390
一二八	猫本生物語		393
一二九	火種本生物語		396
一三〇	コーシャ女本生物語		399
第十四章	不与品		405
一三一	不与本生物語	栗原広廓訳	405
一三二	五師本生物語		412
一三三	火焔本生物語		416
一三四	禅定清浄本生物語		419
一三五	月光本生物語		421
一三六	金色鵝鳥本生物語		423
一三七	貓本生物語		428
一三八	蜥蜴本生物語		435
一三九	二重失敗本生物語		439
一四〇	烏本生物語		443
第十五章	カメレオン品		449
一四一	蜥蜴本生物語	青原慶哉訳	449
一四二	豺本生物語		454
一四三	威光本生物語		458
一四四	象尾本生物語		465
一四五	ラーダ鸚鵡本生物語		469
一四六	烏本生物語		473

〔13〕 Kusanāḷi-vagga [J 121 ～ 130] J. i 441
121 Kusanāḷi-jātaka 441
122 Dummedha-jātaka 444
123 Naṅgalīsa-jātaka 446
124 Amba-jātaka 449
125 Kaṭāhaka-jātaka 451
126 Asilakkhaṇa-jātaka 455
127 Kalaṇḍuka-jātaka 458
128 Biḷāra-jātaka 460
129 Aggika-jātaka 461
130 Kosiya-jātaka 463
〔14〕 Asampadāna-vagga [J 131 ～ 140] J. i 465
131 Asampadāna-jātaka 465
132 Pañcagaru-jātaka 469
133 Ghatāsana-jātaka 471
134 Jhānasodhana-jātaka 473
135 Candābha-jātaka 474
136 Suvaṇṇahaṁsa-jātaka 474
137 Babbu-jātaka 477
138 Godha-jātaka 480
139 Ubhatobhaṭṭha-jātaka 482
140 Kāka-jātaka 484
〔15〕 Kakaṇṭaka-vagga [J 141 ～ 150] J. i 487
141 Godha-jātaka 487
142 Sigāla-jātaka 489
143 Virocana-jātaka 490
144 Naṅguṭṭha-jātaka 493
145 Rādha-jātaka 495
146 Kāka-jātaka 497

一四七　花祭本生物語　478
一四八　豺本生物語　482
一四九　一葉本生物語　489
一五〇　等活本生物語　498

第30巻　小部経典　八（本生経三）

本生経三　1
第二篇　1
第一章　剛強品　1
一五一　王訓本生物語　立花俊道訳　1
一五二　豺本生物語　8
一五三　野猪本生物語　15
一五四　龍本生物語　20
一五五　ガッガ婆羅門本生物語　25
一五六　無私心本生物語　30
一五七　有徳本生物語　39
一五八　善類本生物語　48
一五九　孔雀本生物語　52
一六〇　紺青鵄本生物語　59
第二章　親交品　63
一六一　因陀羅同姓本生物語　63
一六二　親交本生物語　67
一六三　スシーマ王本生物語　70
一六四　鷲本生物語　77
一六五　鼬本生物語　82
一六六　ウパサールハ婆羅門本生物語　85
一六七　完美本生物語　89
一六八　鷹本生物語　92
一六九　アラカ仙本生物語　96

147 Puppharatta-jātaka 499
148 Sigāla-jātaka 501
149 Ekapaṇṇa-jātaka 504
150 Sañjīva-jātaka 508

Jātaka. Vol. II

II Duka-nipāta [J 151 ~ 250] J. ii 1
〔1〕 Daḷha-vagga [J 151 ~ 160] 1
151 Rājovāda-jātaka 1
152 Sigāla-jātaka 5
153 Sūkara-jātaka 9
154 Uraga-jātaka 12
155 Gagga-jātaka 15
156 Alīnacitta-jātaka 17
157 Guṇa-jātaka 23
158 Suhanu-jātaka 30
159 Mora-jātaka 33
160 Vinīlaka-jātaka 38
〔2〕 Santhava-vagga [J 161 ~ 170] J. ii 41
161 Indasamānagotta-jātaka 41
162 Santhava-jātaka 43
163 Susīma-jātaka 45
164 Gijjha-jātaka 50
165 Nakula-jātaka 52
166 Upasāḷha-jātaka 54
167 Samiddhi-jātaka 56
168 Sakuṇagghi-jātaka 58
169 Araka-jātaka 60

一七〇	カメレオン本生物語		100
第三章	善法品		101
一七一	善法本生物語	長井真琴訳	101
一七二	ダッダラ山本生物語		106
一七三	猿猴本生物語		110
一七四	叛逆猿猴本生物語		114
一七五	日輪供養本生物語		117
一七六	一握豌豆本生物語		120
一七七	鎮頭迦樹本生物語		124
一七八	亀本生物語		129
一七九	正法婆羅門本生物語		133
一八〇	難施本生物語		138
第四章	無双品		141
一八一	無双王子本生物語		141
一八二	戦場住居本生物語		148
一八三	濾水本生物語		155
一八四	山牙本生物語		159
一八五	不喜本生物語		162
一八六	凝乳運搬王本生物語		165
一八七	四美本生物語		174
一八八	獅子豺本生物語		177
一八九	獅子皮本生物語		180
一九〇	戒徳利益本生物語		183
第五章	ルハカ品		187
一九一	ルハカ婆羅門本生物語		187
一九二	吉祥黒耳本生物語		191
一九三	小蓮華王本生物語	金倉円照訳	192
一九四	宝珠窃盗本生物語	長井真琴訳	202
一九五	山麓本生物語		208

170 Kakaṇṭaka-jātaka 63
〔3〕 Kalyāṇadhamma-vagga [J 171 ～ 180] J. ii 63
171 Kalyāṇadhamma-jātaka 63
172 Daddara-jātaka 65
173 Makkaṭa-jātaka 68
174 Dūbhiyamakkaṭa-jātaka 70
175 Ādiccupaṭṭhāna-jātaka 72
176 Kalāyamuṭṭhi-jātaka 74
177 Tiṇḍuka-jātaka 76
178 Kacchapa-jātaka 79
179 Satadhamma-jātaka 82
180 Duddada-jātaka 85
〔4〕 Asadisa-vagga [J 181 ～ 190] J. ii 86
181 Asadisa-jātaka 86
182 Saṅgāmāvacara-jātaka 92
183 Vālodaka-jātaka 95
184 Giridanta-jātaka 98
185 Anabhirati-jātaka 99
186 Dadhivāhana-jātaka 101
187 Catumaṭṭa-jātaka 106
188 Sīhakoṭṭhuka-jātaka 108
189 Sīhacamma-jātaka 109
190 Sīlānisaṁsa-jātaka 111
〔5〕 Ruhaka-vagga [J 191 ～ 200] J. ii 113
191 Ruhaka-jātaka 113
192 Sirikāḷakaṇṇi-jātaka 115
193 Cullapaduma-jātaka 115
194 Maṇicora-jātaka 121
195 Pabbatūpatthara-jātaka 125

第30巻　小部経典　八（本生経三）

一九六	雲馬本生物語	金倉円照訳	211
一九七	怨親本生物語	長井真琴訳	218
一九八	ラーダ鸚鵡本生物語		221
一九九	家長本生物語		225
二〇〇	善戒本生物語		229
	第六章　ナタムダルハ品		233
二〇一	獄舎本生物語	高田　修訳	233
二〇二	耽戯本生物語		237
二〇三	犍度本生物語		242
二〇四	ギーラカ烏本生物語		247
二〇五	恒伽魚本生物語		251
二〇六	羚羊本生物語		255
二〇七	アッサカ王本生物語		260
二〇八	鰐本生物語		266
二〇九	鶺鴒本生物語		271
二一〇	カンダガラカ啄木鳥本生物語		274
	第七章　香草叢品		278
二一一	ソーマダッタ婆羅門子本生物語		278
二一二	残食本生物語		283
二一三	バル王本生物語		287
二一四	河水満本生物語		294
二一五	亀本生物語		297
二一六	魚本生物語		301
二一七	セッグ女本生物語		304
二一八	騙詐商人本生物語		307
二一九	誹謗本生物語		312
二二〇	法幢本生物語		316
	第八章　袈裟品		332
二二一	袈裟本生物語		332

196 Valāhassa-jātaka 127
197 Mittāmitta-jātaka 130
198 Rādha-jātaka 132
199 Gahapati-jātaka 134
200 Sādhusīla-jātaka 137
〔6〕 Nataṁdaḷha-vagga [J 201 ～ 210] J. ii 139
201 Bandhanāgāra-jātaka 139
202 Keḷisīla-jātaka 142
203 Khandhavatta-jātaka 144
204 Vīraka-jātaka 148
205 Gaṅgeyya-jātaka 151
206 Kuruṅgamiga-jātaka 152
207 Assaka-jātaka155
208 Suṁsumāra-jātaka 158
209 Kakkara-jātaka 160
210 Kandagalaka-jātaka 162
〔7〕 Bīraṇatthambhaka-vagga [J 211 ～ 220] J. ii 164
211 Somadatta-jātaka 164
212 Ucchiṭṭhabhatta-jātaka 167
213 Bharu-jātaka 169
214 Puṇṇanadī-jātaka 173
215 Kacchapa-jātaka 175
216 Maccha-jātaka 178
217 Seggu-jātaka 179
218 Kūṭavāṇija-jātaka 181
219 Garahita-jātaka 184
220 Dhammaddhaja-jātaka 186
〔8〕 Kāsāva-vagga [J 221 ～ 230] J. ii 196
221 Kāsāva-jātaka 196

二二二　小ナンディヤ猿本生物語　337
二二三　嚢食本生物語　立花俊道訳　344
二二四　鱷本生物語　350
二二五　堪忍礼讃者本生物語　351
二二六　梟本生物語　353
二二七　糞喰虫本生物語　356
二二八　カーマニータ婆羅門本生物語　361
二二九　逃亡本生物語　366
二三〇　第二逃亡本生物語　370
第九章　革履品　373
二三一　革履本生物語　373
二三二　琵琶竿本生物語　377
二三三　鐖箭本生物語　381
二三四　アシターブー妃本生物語　385
二三五　ヴッチャナカ遊行者本生物語　389
二三六　青鷺本生物語　393
二三七　娑祇多婆羅門本生物語　395
二三八　一句本生物語　397
二三九　緑母本生物語　400
二四〇　大黄王本生物語　403
第十章　豺　品　408
二四一　一切牙豺本生物語　408
二四二　犬本生物語　414
二四三　グッティラ音楽師本生物語　418
二四四　離欲本生物語　434
二四五　根本方便本生物語　437
二四六　油教訓本生物語　442
二四七　パーダンヂャリ王子本生物語　445
二四八　緊祝迦喩本生物語　448

222	Cūḷanandiya-jātaka	199
223	Puṭabhatta-jātaka	202
224	Kumbhīla-jātaka	206
225	Khantivaṇṇana-jātaka	206
226	Kosiya-jātaka	208
227	Gūthapāṇa-jātaka	209
228	Kāmanīta-jātaka	212
229	Palāyi-jātaka	216
230	Dutiyapalāyi-jātaka	219
	〔9〕 Upāhana-vagga [J 231 ～ 240]	J. ii 221
231	Upāhana-jātaka	221
232	Vīṇāthūṇa-jātaka	224
233	Vikaṇṇaka-jātaka	227
234	Asitābhu-jātaka	229
235	Vacchanakha-jātaka	231
236	Baka-jātaka	233
237	Sāketa-jātaka	234
238	Ekapada-jātaka	236
239	Haritamāta-jātaka	237
240	Mahāpiṅgala-jātaka	239
	〔10〕 Sigāla-vagga [J 241 ～ 250]	J. ii 242
241	Sabbadāṭha-jātaka	242
242	Sunakha-jātaka	246
243	Guttila-jātaka	248
244	Vīticcha-jātaka	257
245	Mūlapariyāya-jātaka	259
246	Telovāda-jātaka	262
247	Pādañjali-jātaka	263
248	Kiṁsukopama-jātaka	265

二四九　サーラカ猿本生物語　452
二五〇　猿本生物語　456

第31巻　小部経典　九（本生経四）

本生経四　1
第三篇　1
第一章　思惟品　1
二五一　思惟本生物語　立花俊道訳　1
二五二　一握胡麻本生物語　石川海浄訳　11
二五三　宝珠頸龍王本生物語　19
二五四　糠腹辛頭馬本生物語　25
二五五　鸚鵡本生物語　34
二五六　古井戸本生物語　38
二五七　ガーマニチャンダ農夫本生物語　和泉得成訳　42
二五八　曼陀多王本生物語　63
二五九　ティリータヴッチャ仙本生物語　69
二六〇　使者本生物語　75
第二章　梟　品　79
二六一　蓮華本生物語　高田　修訳　79
二六二　柔軟手本生物語　83
二六三　小誘惑本生物語　89
二六四　摩訶波羅那王本生物語　95
二六五　箭本生物語　102
二六六　疾風辛頭馬本生物語　106
二六七　蟹本生物語　112
二六八　毀園本生物語　119
二六九　善生女本生物語　123
二七〇　梟本生物語　133

249 Sālaka-jātaka 266
250 Kapi-jātaka 268

III Tika-nipāta [J 251 ~ 300] J. ii 271
〔1〕 Saṁkappa-vagga [J 251 ~ 260] 271
251 Saṁkappa-jātaka 271
252 Tilamuṭṭhi-jātaka 277
253 Maṇikaṇṭha-jātaka 282
254 Kuṇḍakakucchisindhava-jātaka 286
255 Suka-jātaka 291
256 Jarudapāna-jātaka 294
257 Gāmaṇicaṇḍa-jātaka 297

258 Mandhātu-jātaka 310
259 Tirīṭavaccha-jātaka 314
260 Dūta-jātaka 318
〔2〕 Kosiya-vagga [J 261 ~ 270] J. ii 321
261 Paduma-jātaka 321
262 Mudupāṇi-jātaka 323
263 Cullapalobhana-jātaka 328
264 Mahāpanāda-jātaka 331
265 Khurappa-jātaka 335
266 Vātaggasindhava-jātaka 337
267 Kakkaṭa-jātaka 341
268 Ārāmadūsaka-jātaka 345
269 Sujāta-jātaka 347
270 Ulūka-jātaka 351

第三章	森林品		137
二七一	泉井汚濁本生物語		137
二七二	虎本生物語		140
二七三	亀本生物語		145
二七四	貪欲本生物語		149
二七五	美麗本生物語		154
二七六	拘楼国法本生物語		156
二七七	羽毛本生物語		182
二七八	水牛本生物語	白石真道訳	187
二七九	鶴本生物語		191
二八〇	毀籠本生物語		197
第四章	真中品		200
二八一	真中本生物語		200
二八二	善人本生物語		213
二八三	工匠養猪本生物語		218
二八四	吉祥本生物語		228
二八五	宝珠野猪本生物語	寺崎修一訳	237
二八六	サールーカ豚本生物語		244
二八七	利得軽侮本生物語		248
二八八	魚群本生物語		251
二八九	諸種願望本生物語		256
二九〇	験徳本生物語		261
第五章	瓶　品		264
二九一	賢瓶本生物語		264
二九二	スパッタ烏王本生物語		268
二九三	身体厭離本生物語		275
二九四	閻浮果食本生物語		278
二九五	下賤者本生物語		282
二九六	海本生物語		285

〔3〕 Arañña-vagga [J 271 ~ 280] J. ii 354

271 Udapānadūsaka-jātaka 354

272 Vyaggha-jātaka 356

273 Kacchapa-jātaka 359

274 Lola-jātaka 361

275 Rucira-jātaka 365

276 Kurudhamma-jātaka 365

277 Romaka-jātaka 382

278 Mahisa-jātaka 385

279 Satapatta-jātaka 387

280 Puṭadūsaka-jātaka 390

〔4〕 Abbhantara-vagga [J 281 ~ 290] J. ii 392

281 Abbhantara-jātaka 392

282 Seyya-jātaka 400

283 Vaḍḍhakisūkara-jātaka 403

284 Siri-jātaka 409

285 Maṇisūkara-jātaka 415

286 Sālūka-jātaka 419

287 Lābhagaraha-jātaka 420

288 Macchuddāna-jātaka 423

289 Nānacchanda-jātaka 426

290 Sīlavīmaṁsa-jātaka 429

〔5〕 Kumbha-vagga [J 291 ~ 300] J. ii 431

291 Bhadraghaṭa-jātaka 431

292 Supatta-jātaka 433

293 Kāyavicchinda-jātaka 436

294 Jambukhādaka-jātaka 438

295 Anta-jātaka 440

296 Samudda-jātaka 441

第31巻　小部経典　九（本生経四）

二九七　愛慾悲歎本生物語　289
二九八　優曇婆羅本生物語　291
二九九　コーマーヤプッタ婆羅門本生物語　295
三〇〇　狼本生物語　299

第四篇　303
第一章　開門品　303
三〇一　小迦陵誐王女本生物語　立花俊道訳　303
三〇二　大騎手本生物語　315
三〇三　一王本生物語　323
三〇四　ダッダラ龍本生物語　327
三〇五　験徳本生物語　331
三〇六　善生妃本生物語　336
三〇七　パラーサ樹本生物語　341
三〇八　速疾鳥本生物語　346
三〇九　屍漢本生物語　349
三一〇　サキハ大臣本生物語　354
第二章　プチマンダ樹品　359
三一一　プチマンダ樹本生物語　359
三一二　迦葉愚鈍本生物語　364
三一三　堪忍宗本生物語　369
三一四　鉄鼎本生物語　376
三一五　肉本生物語　385
三一六　兎本生物語　390
三一七　死者哀悼本生物語　398
三一八　カナヹーラ華本生物語　402
三一九　鷓鴣本生物語　410
三二〇　喜捨本生物語　415

297 Kāmavilāpa-jātaka 443
298 Udumbara-jātaka 444
299 Komāyaputta-jātaka 447
300 Vaka-jātaka 449

Jātaka Vol. III

IV Catukka-nipāta [J 301 ～ 350] J. iii 1
〔1〕 Vivara-vagga [J 301 ～ 310] 1
301 Cullakāliṅga-jātaka 1
302 Mahā-assāroha-jātaka 8
303 Ekarāja-jātaka 13
304 Daddara-jātaka 15
305 Sīlavīmaṁsana-jātaka 18
306 Sujāta-jātaka 20
307 Palāsa-jātaka 23
308 Javasakuṇa-jātaka 25
309 Chavaka-jātaka 27
310 Sayha-jātaka 30
〔2〕 Pucimanda-vagga [J 311 ～ 320] J. iii 33
311 Pucimanda-jātaka 33
312 Kassapamandiya-jātaka 36
313 Khantivādi-jātaka 39
314 Lohakumbhi-jātaka 43
315 Maṁsa-jātaka 48
316 Sasa-jātaka 51
317 Matarodana-jātaka 56
318 Kaṇavera-jātaka 58
319 Tittira-jātaka 64
320 Succaja-jātaka 66

第三章　毀屋品　422
三二一　毀屋本生物語　422
三二二　堕々音本生物語　429
三二三　梵与王本生物語　436
三二四　皮衣普行者本生物語　442
三二五　蜥蜴本生物語　446
三二六　カッカール華本生物語　450
三二七　カーカーティ妃本生物語　456
三二八　不可悲本生物語　460
三二九　黒腕猿本生物語　467
三三〇　験徳本生物語　471
第四章　時鳥品　475
三三一　拘迦利比丘本生物語　475
三三二　車鞭本生物語　479
三三三　蜥蜴本生物語　483
三三四　王訓本生物語　489
三三五　豺本生物語　494
三三六　大傘蓋王子本生物語　498
三三七　座席本生物語　504
三三八　稃本生物語　509
三三九　バーヱール国本生物語　517
三四〇　ヸサヰハ長者本生物語　522
第五章　小郭公品　528
三四一　カンダリ王本生物語　528
三四二　猿本生物語　529
三四三　穀禄鳥本生物語　532
三四四　菴羅果盗本生物語　536
三四五　亀本生物語　541
三四六　ケーサヷ行者本生物語　545

〔3〕 Kuṭidūsaka-vagga [J 321 ～ 330] J. iii 71
321 Kuṭidūsaka-jātaka 71
322 Daddabha-jātaka 74
323 Brahmadatta-jātaka 78
324 Cammasāṭaka-jātaka 82
325 Godha-jātaka 84
326 Kakkāru-jātaka 86
327 Kākāti-jātaka 90
328 Ananusociya-jātaka 92
329 Kālabāhu-jātaka 97
330 Sīlavīmaṁsa-jātaka 100
〔4〕 Kokila-vagga [J 331 ～ 340] J. iii 102
331 Kokālika-jātaka 102
332 Rathalaṭṭhi-jātaka 104
333 Godha-jātaka 106
334 Rājovāda-jātaka 110
335 Jambuka-jātaka 112
336 Brahāchatta-jātaka 115
337 Pīṭha-jātaka 118
338 Thusa-jātaka 121
339 Bāveru-jātaka 126
340 Visayha-jātaka 128
〔5〕 Cullakuṇāla-vagga [J 341 ～ 350] J. iii 132
341 Kaṇḍari-jātaka 132
342 Vānara-jātaka 133
343 Kuntani-jātaka 134
344 Ambacora-jātaka 137
345 Gajakumbha-jātaka 139
346 Kesava-jātaka 141

三四七　鉄槌本生物語　552
三四八　森林本生物語　556
三四九　破和睦本生物語　559
三五〇　天神所問本生物語　564

第32巻　小部経典　十（本生経五）

本生経五　1
第五篇　1
第一章　摩尼耳環品　1
三五一　摩尼耳環本生物語　立花俊道訳　1
三五二　善生居士子本生物語　4
三五三　張枝本生物語　9
三五四　蛇本生物語　15
三五五　蘇油王子本生物語　25
三五六　カーランディヤ青年本生物語　29
三五七　鶉本生物語　34
三五八　小護法王子本生物語　40
三五九　金鹿本生物語　48
三六〇　スッソンディー妃本生物語　56
第二章　色高品　62
三六一　色高本生物語　62
三六二　験徳本生物語　67
三六三　慚本生物語　72
三六四　蛍本生物語　74
三六五　蛇使本生物語　75
三六六　グンビヤ夜叉本生物語　79
三六七　九官鳥本生物語　83
三六八　竹梏本生物語　86
三六九　知友本生物語　90

347 Ayakūṭa-jātaka 145
348 Araññā-jātaka 147
349 Sandhibheda-jātaka 149
350 Devatāpañha-jātaka 152

V Pañca-nipāta [J 351 ~ 375] J. iii 153
〔1〕 Maṇikuṇḍala-vagga [J 351 ~ 360] 153
351 Maṇikuṇḍala-jātaka 153
352 Sujāta-jātaka 155
353 Dhonasākha-jātaka 157
354 Uraga-jātaka 162
355 Ghata-jātaka 168
356 Kāraṇḍiya-jātaka 170
357 Laṭukika-jātaka 174
358 Culladhammapāla-jātaka 177
359 Suvaṇṇamiga-jātaka 182
360 Sussondi-jātaka 187
〔2〕 Vaṇṇāroha-vagga [J 361 ~ 370] J. iii 191
361 Vaṇṇāroha-jātaka 191
362 Sīlavīmaṁsa-jātaka 193
363 Hiri-jātaka 196
364 Khajjopanaka-jātaka 197
365 Ahiguṇḍika-jātaka 197
366 Gumbiya-jātaka 200
367 Sāliya-jātaka 202
368 Tacasāra-jātaka 204
369 Mittavinda-jātaka 206

第32巻　小部経典　十（本生経五）

三七〇　蘇芳樹本生物語　93
第三章　半　品　97
三七一　長災拘薩羅王本生物語　97
三七二　鹿児本生物語　101
三七三　鼠本生物語　106
三七四　小弓術師本生物語　112
三七五　鳩本生物語　120
第六篇　125
第一章　アヴーリヤ品　125
三七六　アヴーリヤ渡守本生物語　青原慶哉訳　125
三七七　白旗婆羅門本生物語　134
三七八　ダリームカ辟支仏本生物語　141
三七九　ネール黄金山本生物語　150
三八〇　疑姫本生物語　155
三八一　ミガーローパ兀鷹本生物語　166
三八二　吉祥黒耳本生物語　170
三八三　鶏本生物語　181
三八四　法幢本生物語　186
三八五　難提鹿王本生物語　191
第二章　セーナカ品　200
三八六　驢馬子本生物語　200
三八七　縫針本生物語　211
三八八　鼻豚本生物語　219
三八九　金色蟹本生物語　228
三九〇　我有鳥本生物語　237
三九一　害魔法本生物語　246
三九二　蓮花本生物語　253
三九三　残滓本生物語　258
三九四　鶉本生物語　262

370 Palāsa-jātaka 208

〔3〕 Aḍḍha-vagga [J 371 ～ 375] J. iii 211

371 Dīghītikosala-jātaka 211

372 Migapotaka-jātaka 213

373 Mūsika-jātaka 215

374 Culladhanuggaha-jātaka 219

375 Kapota-jātaka 224

VI Cha-nipāta [J 301 ～ 350] J. iii 228

〔1〕 Avāriya-vagga [J 376 ～ 385] 228

376 Avāriya-jātaka 228

377 Setaketu-jātaka2 32

378 Darīmukha-jātaka 238

379 Neru-jātaka 246

380 Āsaṅka-jātaka 248

381 Migālopa-jātaka 255

382 Sirikālakaṇṇi-jātaka 257

383 Kukkuṭa-jātaka 265

384 Dhammaddhaja-jātaka 267

385 Nandiyamiga-jātaka 270

〔2〕 Senaka-vagga [J 386 ～ 395] J. iii 275

386 Kharaputta-jātaka 275

387 Sūci-jātaka 281

388 Tuṇḍila-jātaka 286

389 Suvaṇṇakakkaṭaka-jātaka 293

390 Mayhaka-jātaka 299

391 Dhajaviheṭha-jātaka 303

392 Bhisapuppha-jātaka 307

393 Vighāsa-jātaka 310

394 Vaṭṭaka-jātaka 312

三九五　烏本生物語　266
第七篇　271
第一章　クック品　271
三九六　クック本生物語　山本快龍訳　271
三九七　意生獅子本生物語　276
三九八　スタナ青年本生物語　282
三九九　兀鷹本生物語　291
四〇〇　ダッバ草花本生物語　295
四〇一　ダサンナ国製剣本生物語　303
四〇二　菓子袋本生物語　311
四〇三　アッティセーナ婆羅門本生物語　325
四〇四　猿本生物語　330
四〇五　婆迦梵天本生物語　335
第二章　健陀羅品　341
四〇六　健陀羅王本生物語　石川海浄訳　341
四〇七　大猿本生物語　351
四〇八　陶師本生物語　360
四〇九　堅法本生物語　373
四一〇　蘇摩達多象本生物語　381
四一一　スシーマ王本生物語　387
四一二　綿樹頂本生物語　395
四一三　ドゥーマカーリ牧羊者本生物語　400
四一四　不寝番本生物語　406
四一五　酢味粥食本生物語　411
四一六　パランタパ従僕本生物語　424

第33巻　小部経典　十一（本生経六）

本生経六　1
第八篇　1

395 Kāka-jātaka 314

VII Satta-nipāta [J 396 ～ 416] J. iii 317

〔1〕 Kukku-vagga [J 396 ～ 405] 317

396 Kukku-jātaka 317
397 Manoja-jātaka 321
398 Sutano-jātaka 324
399 Gijjha-jātaka 330
400 Dabbhapuppha-jātaka 332
401 Dasaṇṇaka-jātaka 336
402 Sattubhasta-jātaka 341
403 Aṭṭhisena-jātaka 351
404 Kapi-jātaka 355
405 Bakabrahma-jātaka 358

〔2〕 Gandhāra-vagga [J 406 ～ 416] J. iii 363

406 Gandhāra-jātaka 363
407 Mahākapi-jātaka 369
408 Kumbhakāra-jātaka 375
409 Daḷhadhamma-jātaka 384
410 Somadatta-jātaka 388
411 Susīma-jātaka 391
412 Koṭisimbali-jātaka 397
413 Dhūmakāri-jātaka 400
414 Jāgara-jātaka 403
415 Kummāsapiṇḍa-jātaka 405
416 Parantapa-jātaka 414

VIII Aṭṭha-nipāta [J 417 ～ 426] J. iii 422

第33巻　小部経典　十一（本生経六）

第一章　迦旃延品　1
四一七　迦旃延本生物語　渡辺楳雄訳　1
四一八　八声本生物語　11
四一九　美女スラサー本生物語　22
四二〇　善吉祥本生物語　30
四二一　理髪師ガンガマーラ本生物語　37
四二二　支提本生物語　52
四二三　根本生物語　65
四二四　燃焼本生物語　77
四二五　非処本生物語　83
四二六　豹本生物語　91
第九篇　97
四二七　鷹本生物語　栗原広廓訳　97
四二八　憍賞弥本生物語　103
四二九　大鸚鵡本生物語　111
四三〇　小鸚鵡本生物語　118
四三一　ハーリタ仙本生物語　122
四三二　足跡善知童子本生物語　130
四三三　多毛迦葉本生物語　152
四三四　鴛鴦本生物語　160
四三五　散乱本生物語　167
四三六　箱本生物語　172
四三七　腐肉豺本生物語　180
四三八　鷓鴣本生物語　188

第十篇　197
四三九　四門本生物語　石川海浄訳　197
四四〇　カンハ賢者本生物語　206

	〔1〕 Kaccāni-vagga [J 417 ～ 426	422
417	Kaccāni-jātaka	422
418	Aṭṭhasadda-jātaka	428
419	Sulasā-jātaka	435
420	Sumaṅgala-jātaka	439
421	Gaṅgamāla-jātaka	444
422	Cetiya-jātaka	454
423	Indriya-jātaka	461
424	Āditta-jātaka	469
425	Aṭṭhāna-jātaka	474
426	Dīpi-jātaka	479
	IX Nava-nipāta [J 427 ～ 438]	J. iii 483
427	Gijjha-jātaka	483
428	Kosambhī-jātaka	486
429	Mahāsuka-jātaka	490
430	Cullasuka-jātaka	494
431	Harīta-jātaka	496
432	Padakusalamāṇava-jātaka	501
433	Lomasakassapa-jātaka	514
434	Cakkavāka-jātaka	520
435	Haliddirāga-jātaka	524
436	Samugga-jātaka	527
437	Pūtimaṁsa-jātaka	532
438	Tittira-jātaka	536

Jātaka Vol. IV

	X Dasa-nipāta [J 439 ～ 454]	J. iv 1
439	Catudvāra-jātaka	1
440	Kaṇha-jātaka	6

四四一　四布薩誓願本生物語　217
四四二　サンカ婆羅門本生物語　218
四四三　小菩提童子本生物語　228
四四四　カンハディーパーヤナ道士本生物語　238
四四五　尼拘律童子本生物語　251
四四六　球茎本生物語　263
四四七　大護法本生物語　274
四四八　雄鶏本生物語　283
四四九　煌輝耳環本生物語　山田龍城訳　289
四五〇　布施比丘本生物語　295
四五一　鴛鴦本生物語　307
四五二　ブーリパンハ本生物語
(*ブーリパンハー本生物語)　311
四五三　大吉兆本生物語　312
四五四　ガタ賢者本生物語　320
第十一篇　337
四五五　養母象本生物語　水野弘元訳　337
四五六　月光王本生物語　346
四五七　法天子本生物語　354
四五八　優陀耶王子本生物語　360
四五九　水本生物語　372
四六〇　ユヴンヂャヤ王子本生物語　383
四六一　十車王本生物語　391
四六二　防護童子本生物語　402
四六三　スッパーラカ賢者本生物語　412

第34巻　小部経典　十二（本生経七）

本生経七　1
第十二篇　1

441	Catuposathika-jātaka1		4
442	Saṅkha-jātaka1		5
443	Cullabodhi-jātaka		22
444	Kaṇhadīpāyana-jātaka		27
445	Nigrodha-jātaka		37
446	Takkaḷa-jātaka		43
447	Mahādhammapāla-jātaka		50
448	Kukkuṭa-jātaka		55
449	Maṭṭakuṇḍali-jātaka		59
450	Biḷārikosiya-jātaka		62
451	Cakkavāka-jātaka		70
452	Bhūripañha-jātaka (*Bhūripañhā-)		72
453	Mahāmaṅgala-jātaka		72
454	Ghata-jātaka		79
	XI Ekādasa-nipāta [J 455 ～ 463]	J. iv	90
455	Mātuposaka-jātaka		90
456	Juṇha-jātaka		95
457	Dhamma-jātaka		100
458	Udaya-jātaka		104
459	Pānīya-jātaka		113
460	Yuvañjaya-jātaka		119
461	Dasaratha-jātaka		123
462	Saṁvara-jātaka		130
463	Suppāraka-jātaka		136

XII Dvādasa-nipāta [J 464 ～ 473] J. iv 144

第34巻　小部経典　十二（本生経七）

四六四	小郭公本生物語	高田　修訳	1
四六五	跋陀娑羅樹神本生物語		1
四六六	海商本生物語		27
四六七	欲愛本生物語		41
四六八	闍那散陀王本生物語		56
四六九	大黒犬本生物語		63
四七〇	拘私夜長者本生物語		75
四七一	牡羊本生物語		75
四七二	大蓮華王子本生物語		76
四七三	真友非友本生物語		93
	第十三篇		99
四七四	菴羅果本生物語		99
四七五	パンダナ樹本生物語		113
四七六	敏捷鵞本生物語		122
四七七	小那羅陀苦行者本生物語		135
四七八	使者本生物語		146
四七九	迦陵誐王菩提樹供養本生物語		154
四八〇	アキッティ婆羅門本生物語		173
四八一	タッカーリヤ青年本生物語		188
四八二	ルル鹿本生物語		211
四八三	舎羅婆鹿本生物語		226
	第十四篇		249
四八四	稲田本生物語	山本智教訳	249
四八五	月緊那羅本生物語		261
四八六	大鶚本生物語		274
四八七	鬱陀羅迦苦行者本生物語		288
四八八	蓮根本生物語		300
四八九	善喜王本生物語		315
四九〇	五者布薩会本生物語	平等通昭訳	335

464	Cullakuṇāla-jātaka	144
465	Bhaddasāla-jātaka	144
466	Samuddavāṇija-jātaka	158
467	Kāma-jātaka	167
468	Janasandha-jātaka	176
469	Mahākaṇha-jātaka	180
470	Kosiya-jātaka	186
471	Meṇḍaka-jātaka	186
472	Mahāpaduma-jātaka	187
473	Mittāmitta-jātaka	196
	XIII Terasa-nipāta [J 474 ～ 483]	J. iv 200
474	Amba-jātaka	200
475	Phandana-jātaka	207
476	Javanahaṁsa-jātaka	211
477	Cullanārada-jātaka	219
478	Dūta-jātaka	224
479	Kāliṅgabodhi-jātaka	228
480	Akitti-jātaka	236
481	Takkāriya-jātaka	242
482	Ruru-jātaka	255
483	Sarabhamiga-jātaka	263
	XIV Pakiṇṇaka-nipāta [J 484 ～ 496]	J. iv 276
484	Sālikedāra-jātaka	276
485	Candakinnara-jātaka	282
486	Mahāukkusa-jātaka	288
487	Uddālaka-jātaka	297
488	Bhisa-jātaka	304
489	Suruci-jātaka	314
490	Pañcūposatha-jātaka	325

四九一　大孔雀王本生物語　347
四九二　大工養猪本生物語　362
四九三　大商人本生物語　376
四九四　サーディーナ王本生物語　387
四九五　十婆羅門本生物語　399
四九六　次第供養本生物語　418

第35巻　小部経典　十三（本生経八）

本生経八　1
第十五篇　1
四九七　摩登伽本生物語　高田　修訳　1
四九八　質多・三浮陀本生物語　28
四九九　尸毘王本生物語　47
五〇〇　栄者の愚本生物語　70
五〇一　ローハンタ鹿本生物語　山本快龍訳　71
五〇二　白鳥本生物語　93
五〇三　サッティグンバ鸚鵡本生物語　106
五〇四　バッラーティヤ本生物語　120
五〇五　ソーマナッサ王子本生物語　132
五〇六　チャンペッヤ本生物語　148
五〇七　大誘惑本生物語　田中於菟弥訳　174
五〇八　五賢人本生物語　高田　修訳　185
五〇九　護象本生物語　185
五一〇　鉄屋本生物語　216

第十六篇　231
五一一　何欲本生物語　立花俊道訳　231
五一二　瓶本生物語　248

491 Mahāmora-jātaka 332
492 Tacchasūkara-jātaka 342
493 Mahāvāṇija-jātaka 350
494 Sādhīna-jātaka 355
495 Dasabrāhmaṇa-jātaka 360
496 Bhikkhāparampara-jātaka 369

XV Vīsati-nipāta [J 497 ~ 510] J. iv 375
497 Mātaṅga-jātaka 375
498 Cittasambhūta-jātaka 390
499 Sivi-jātaka 401
500 Sirimanda-jātaka 412
501 Rohantamiga-jātaka 413
502 Haṁsa-jātaka 423
503 Sattigumba-jātaka 430
504 Bhallāṭiya-jātaka 437
505 Somanassa-jātaka 444
506 Campeyya-jātaka 454
507 Mahāpalobhana-jātaka 468
508 Pañcapaṇḍita-jātaka 473
509 Hatthipāla-jātaka 473
510 Ayoghara-jātaka 491

Jātaka Vol. V

XVI Tiṁsa-nipāta [J 511 ~ 520] J. v 1
511 Kiṁchanda-jātaka 1
512 Kumbha-jātaka 11

五一三　伏敵本生物語　264
五一四　六色牙象本生物語　286
五一五　三婆婆本生物語　316
五一六　大猿本生物語　338
五一七　水羅刹本生物語　354
五一八　パンダラ龍王本生物語　355
五一九　サンブラー妃本生物語　374
五二〇　結節鎮頭迦樹神本生物語　393

第36巻　小部経典　十四（本生経九）

本生経九　1
第十七篇　1
五二一　三鳥本生物語　立花俊道訳　1
五二二　サラバンガ仙本生物語　25
五二三　アランブサー天女本生物語　62
五二四　サンカパーラ龍王本生物語　82
五二五　小スタソーマ王本生物語　104
第十八篇　129
五二六　ナリニカー姫本生物語　129
五二七　ウンマダンティー女本生物語　153
五二八　大菩提普行沙門本生物語　184
第十九篇　219
五二九　須那迦辟支仏本生物語　高田　修訳　219
五三〇　サンキッチャ仙本生物語　250
第二十篇　280
五三一　姑尸王本生物語　280
五三二　数那・難陀仙本生物語　350

513 Jayaddisa-jātaka 21
514 Chaddanta-jātaka 36
515 Sambhava-jātaka 57
516 Mahākapi-jātaka 67
517 Dakarakkhasa-jātaka 75
518 Paṇḍara-jātaka 75
519 Sambula-jātaka 88
520 Gaṇḍatindu-jātaka 98

XVII Cattālīsa-nipāta [J 521 ~ 525] J. v 109
521 Tesakuṇa-jātaka 109
522 Sarabhaṅga-jātaka 125
523 Alambusa-jātaka 152
524 Saṅkhapāla-jātaka 161
525 Cullasutasoma-jātaka 177
XVIII Paṇṇāsa-nipāta [J 526 ~ 528] J. v 193
526 Naḷinikā-jātaka 193
527 Ummadantī-jātaka 209
528 Mahābodhi-jātaka 227
XIX Saṭṭhi-nipāta [J 529 ~ 530] J. v 247
529 Sonaka-jātaka 247
530 Saṅkicca-jātaka 261
XX Sattati-nipāta [J 531 ~ 532] J. v 278
531 Kusa-jātaka 278
532 Sona-ṇanda-jātaka 312

第37巻　小部経典　十五（本生経十）

本生経十			1
	第二十一篇		1
五三三	小鷲本生物語	高田　修訳	1
五三四	大鷲本生物語		45
五三五	天食本生物語		105
五三六	鳩那羅本生物語		157
五三七	大須陀須摩本生物語		253
	第二十二篇		350
五三八	唖躄本生物語		350
五三九	マハーヂャナカ本生物語		421

第38巻　小部経典　十六（本生経十一）

本生経十一			1
五四〇	睒摩賢者本生物語	高田　修訳	1
五四一	尼弥王本生物語		69
五四二	カンダハーラ司祭官本生物語		144
五四三	槃達龍本生物語		217
五四四	大那羅陀迦葉梵天本生物語		337
五四五	比豆梨賢者本生物語		413

第39巻　小部経典　十七（本生経十二）

本生経十二			1
五四六	大隧道本生物語	栗山徳翁訳	1
五四七	毘輸安咀囉王子本生物語	高田　修訳	261

XXI Asīti-nipāta [J 533 ~ 537] J. v 333

533 Cullahaṁsa-jātaka 333

534 Mahāhaṁsa-jātaka 354

535 Sudhābhojana-jātaka 382

536 Kuṇāla-jātaka 412

537 Mahāsutasoma-jātaka 456

Jātaka Vol. VI

XXII Mahā-nipāta [J 538 ~ 547] J. vi 1

538 Mūgapakkha-jātaka 1

539 Mahājanaka-jātaka 30

540 Sāma-jātaka 68

541 Nimi-jātaka 95

542 Khaṇḍahāla-jātaka 129

543 Bhūridatta-jātaka 157

544 Mahānāradakassapa-jātaka 219

545 Vidhurapaṇḍita-jātaka 255

546 Mahā-ummagga-jātaka 329

547 Vessantara-jātaka 479

第40巻　小部経典　十八（無礙解道一）

無礙解道一　渡辺照宏訳

論　母	1
大　品	7
第一　智　論	7
第一章　聞所成智	7
第一誦品	7
第二誦品	26
第三誦品	38
第四誦品	46
第五誦品	57
第二章　戒所成智	70
第三章　修定所成智	79
第四章　法所依智	82
第五章　会得智	87
第六章　観生滅智	90
第七章　正観智	94
第八章　過患智	97
第九章　捨行智	100
第十章　種姓地智	109
第十一章　道　智	114
第十二章　果　智	117
第十三章　解脱智	119
第十四章　観察智	121
第十五章　事種種相智	126
第十六章　行境種種相智	128
第十七章　所行種種相智	130

Khuddaka-nikāya [Khuddaka 12]

Paṭisambhidā-magga Vol. I

Paṭisambhidā-magga [Pṭs 1 ～ 3] Pṭs. i 1

Mātikā 1

1 Mahā-vagga [Pṭs 1 1 ～ 10] Pṭs. i 4

1 Ñāṇa-kathā [Pṭs 1 1, (1)～(54)] 4

(1) Sutamaye ñāṇaṁ 4

i Paṭhama-bhāṇavāra 4

ii Dutiya-bhāṇavāra 15

iii Tatiya-bhāṇavāra 22

iv Catuttha-bhāṇavāra 28

v Pañcama-bhāṇavāra 34

(2) Sīlamaye ñāṇaṁ 42

(3) Sāmādhibhāvanāmaye ñāṇaṁ 48

(4) Dhammaṭṭhiti ñāṇaṁ 50

(5) Sammasane ñāṇaṁ 53

(6) Udayabbayānupassane ñāṇaṁ 54

(7) Vipassane ñāṇaṁ 57

(8) Ādīnave ñāṇaṁ 59

(9) Saṅkhārupekkhāsu ñāṇaṁ 60

(10) Gotrabhū ñāṇaṁ 66

(11) Magge ñāṇaṁ 69

(12) Phale ñāṇaṁ 71

(13) Vimutti ñāṇaṁ 72

(14) Paccavekkhaṇe ñāṇaṁ 73

(15) Vatthunānatte ñāṇaṁ 76

(16) Gocaranānatte ñāṇaṁ 77

(17) Cariyānānatte ñāṇaṁ 79

第十八章　地種種相智　138
第十九章　法種種相智　140
第二十章　所知・度・永捨・一味・触接の義の智　145

第二十一章　四無礙解智　146

第二十二章　住・等至・住等至の義の智　150

第二十三章　無間三摩地智　154
第二十四章　無諍住智　159
第二十五章　滅尽定智　161
第二十六章　般涅槃智　166
第二十七章　斉首の義の智　167
第二十八章　漸損の義の智　170
第二十九章　発勤智　172
第三十章　義の顕示の智　174
第三十一章　見清浄智　175
第三十二章　忍　智　176
第三十三章　深解智　177
第三十四章　分住智　178
第三十五章　想退転智　179
第三十六章　思退転智　181
第三十七章　心退転智　182
第三十八章　智退転智　183
第三十九章　解脱退転智　184
第四十章　諦退転智　185

(18) Bhūminānatte ñāṇaṁ 83
(19) Dhammanānatte ñāṇaṁ 84
(20) Ñātaṭṭhe ñāṇaṁ, tīraṇaṭṭhe ñāṇaṁ, pariccāgaṭṭhe ñāṇaṁ, ekarasaṭṭhe ñāṇaṁ, phussanaṭṭhe ñāṇaṁ 87
(21) Atthapaṭisambhide ñāṇaṁ, dhammapaṭisambhide ñāṇaṁ, nirttipaṭisambhide ñāṇaṁ, paṭibhānapaṭisambhide ñāṇaṁ 88
(22) Vihāraṭṭhe ñāṇaṁ, samāpattaṭṭhe ñāṇaṁ, vihārasamāpattaṭṭhe ñāṇaṁ 91
(23) Ānantarikasamādhismiṁ ñāṇaṁ 94
(24) Araṇavihāre ñāṇaṁ 96
(25) Nirodhasamāpattiyā ñāṇaṁ 97
(26) Parinibbāne ñāṇaṁ 100
(27) Samasīsaṭṭhe ñāṇaṁ 101
(28) Sallekhaṭṭhe ñāṇaṁ 102
(29) Viriyārambhe ñāṇaṁ 103
(30) Atthasandassane ñāṇaṁ 104
(31) Dassanavisuddhi-ñāṇaṁ 105
(32) Khanti-ñāṇaṁ 106
(33) Pariyogāhane ñāṇaṁ 106
(34) Padesavihāre ñāṇaṁ 107
(35) Saññāvivaṭṭe ñāṇaṁ 107
(36) Cetovivaṭṭe ñāṇaṁ 108
(37) Cittavivaṭṭe ñāṇaṁ 108
(38) Ñāṇavivaṭṭe ñāṇaṁ 109
(39) Vimokkhavivaṭṭe ñāṇaṁ 109
(40) Saccavivaṭṭe ñāṇaṁ 110

第四十一章　神通類智　186
第四十二章　耳界清浄智　188
第四十三章　心差別智　190
第四十四章　宿住随念智　191
第四十五章　天眼智　193
第四十六章　漏尽智　194
第四十七章　四諦智　198

第四十八章　苦・集・滅・道の智　199

第四十九章　義・法・詞・辯の無礙解智　200

第五十章　根上下智　202
第五十一章　有情意楽意趣智　204
第五十二章　対偶示導智　208
第五十三章　成大悲智　210
第五十四章　一切智智・無障智　216

第二　見　論　222
第三　入出息論　265
第一誦品　265
第二誦品　285
第三誦品　303

第四　根　論　321

(41)	Iddhividhe ñāṇaṁ	111
(42)	Sotadhātuvisuddhi-ñāṇa	112
(43)	Cetopariya-ñāṇa	113
(44)	Pubbenivāsānussati-ñāṇa	113
(45)	Dibbacakkhu-ñāṇa	114
(46)	Āsavānaṁ khaye ñāṇaṁ	115
(47)	Dukkhe ñāṇaṁ, samudaye ñāṇaṁ, nirodhe ñāṇaṁ, magge ñāṇaṁ	118
(48)	Dukkhe ñāṇaṁ, dukkha-samudaye ñāṇaṁ, dukkha-nirodhe ñāṇaṁ, dukkhanirodha-gāminiyā paṭipadāya ñāṇaṁ	118
(49)	Atthapaṭisambhide ñāṇaṁ, dhammapaṭisambhide ñāṇaṁ, niruttipaṭisambhide ñāṇaṁ, paṭibhānapaṭisambhide ñāṇaṁ	119
(50)	Indriyaparopariyatte ñāṇaṁ	121
(51)	Sattānaṁ āsayānusaye ñāṇaṁ	123
(52)	Yamakapāṭihīre ñāṇaṁ	125
(53)	Mahākaruṇāsamāpattiyā ñāṇaṁ	126
(54)	Tathāgatassa sabbaññuta-ñāṇaṁ, anāvaraṇa-ñāṇaṁ	131

2 Diṭṭhi-kathā [Pṭs 1 2] Pṭs. i 135

3 Ānāpāna-kathā [Pṭs 1 3] Pṭs. i 162

- i Paṭhama-bhāṇavāra 162
- ii Dutiya-bhāṇavāra 175
- iii Tatiya-bhāṇavāra 186

Paṭisambhidā-magga Vol. II

4 Indriya-kathā [Pṭs 1 4] Pṭs. ii 1

第一誦品	321
第二誦品	339
第三誦品	358
第五　解脱論	371
第一誦品	371
第二誦品	391
第三誦品	404
第六　趣　論	425
第七　業　論	432
第八　顚倒論	435
第九　道　論	438
第十　醍醐味論	444

第41巻　小部経典　十九
（無礙解道二・仏種姓経・所行蔵経）

無礙解道二	渡辺照宏訳
倶存品	1
第一　倶存論	1
第二　〔四〕諦論	18
第三　〔七〕覚支論	32
第四　慈　論	52
第五　離欲論	65
第六　無礙解論	74
第七　法輪論	88
第八　出世間論	96
第九　力　論	99
第十　空　論	113
慧　品	125
第一　大慧論	125

i Paṭhama-bhāṇavāra		1
ii Dutiya-bhāṇavāra		13
iii Tatiya-bhāṇavāra		26
5 Vimokkha-kathā [Pṭs 1 5]	Pṭs. ii	35
i Paṭhama-bhāṇavāra		35
ii Dutiya-bhāṇavāra		48
iii Tatiya-bhāṇavāra		58
6 Gati-kathā [Pṭs 1 6]	Pṭs. ii	72
7 Kamma-kathā [Pṭs 1 7]		78
8 Vipallāsa-kathā [Pṭs 1 8]		80
9 Magga-kathā [Pṭs 1 9]		82
10 Maṇḍapeyya-kathā [Pṭs 1 10]		86

2 Yuganandha-vagga [Pṭs 2 1 ～ 10]	Pṭs. ii	92
1 Yuganandha-kathā [Pṭs 2 1]		92
2 Sacca-kathā [Pṭs 2 2]		104
3 Bojjhaṅga-kathā [Pṭs 2 3]		115
4 Mettā-kathā [Pṭs 2 4]		130
5 Virāga-kathā [Pṭs 2 5]		140
6 Paṭisambhidā-kathā [Pṭs 2 6]		147
7 Dhammacakka-kathā [Pṭs 2 7]		159
8 Lokuttara-kathā [Pṭs 2 8]		166
9 Bala-kathā [Pṭs 2 9]		168
10 Suñña-kathā [Pṭs 2 10]		177
3 Paññā-vagga [Pṭs 3 1 ～ 10]	Pṭs. ii	185
1 Mahāpaññā-kathā [Pṭs 3 1]		185

第二　神通論　150
第三　現観論　164
第四　離　論　170
第五　所行論　177
第六　示導論　179
第七　斉首論　183
第八　四念住論　185
第九　正観論　190
第十　論母論　199

仏種姓経　立花俊道訳
一　宝珠経行処品　207
二　第一仏ディーパンカラ品　219
三　第二仏コーンダンニャ品　250
四　第三仏マンガラ品　256
五　第四仏スマナ品　261
六　第五仏レーヴタ品　266
七　第六仏ソービタ品　270
八　第七仏アノーマダッシー品　274
九　第八仏パドゥマ品　279
一〇　第九仏ナーラダ品　283

2 Iddhi-kathā [Pṭs 3 2] 205
3 Abhisamaya-kathā [Pṭs 3 3] 215
4 Viveka-kathā [Pṭs 3 4] 219
5 Cariyā-kathā [Pṭs 3 5] 225
6 Pāṭihāriya-kathā [Pṭs 3 6] 227
7 Samasīsa-kathā [Pṭs 3 7] 230
8 Satipaṭṭhāna-kathā [Pṭs 3 8] 232
9 Vipassanā-kathā [Pṭs 3 9] 236
10 Mātikā-kathā [Pṭs 3 10] 243

[Khuddaka 14]

Buddha-vaṁsa [Bv 1 ～ 28] Bv. 1

1 Ratanacaṅkamana-kaṇḍa [Bv 1, vv 1 ～ 81] 1
2 Dīpaṅkarassa bhagavato vaṁso paṭhamo [Bv 2, vv 1 ～ 220] 6
3 Koṇḍaññassa bhagavato vaṁso dutiya [Bv 3, vv 1 ～ 38] 19
4 Maṅgalassa bhagavato vaṁso tatiyo [Bv 4, vv 1 ～ 32] 21
5 Sumanassa bhagavato vaṁso catuttho [Bv 5, vv 1 ～ 34] 23
6 Revatassa bhagavato vaṁso pañcamo [Bv 6, vv 1 ～ 29] 25
7 Sobhitassa bhagavato vaṁso chaṭṭhamo [Bv 7, vv 1 ～ 30] 27
8 Anomadassissa bhagavato vaṁso sattamo [Bv 8, vv 1 ～ 29] 29
9 Padumassa bhagavato vaṁso aṭṭhamo [Bv 9, vv 1 ～ 29] 31
10 Nāradassa bhagavato vaṁso navamo

一一	第十仏パドゥムッタラ品	288
一二	第十一仏スメーダ品	292
一三	第十二仏スヂャータ品	297
一四	第十三仏ピヤダッシー品	302
一五	第十四仏アッタダッシー品	306
一六	第十五仏ダンマダッシー品	309
一七	第十六仏シッダッタ品	313
一八	第十七仏ティッサ品	316
一九	第十八仏プッサ品	320
二〇	第十九仏毘婆尸品	324
二一	第二十仏尸棄品	329
二二	第二十一仏毘舎浮品	333
二三	第二十二仏倶留孫品	338
二四	第二十三仏拘那含牟尼品	342

[Bv 10, vv 1 ～ 33] 33

11 Padumuttarassa bhagavato vaṁso dasamo
[Bv 11, vv 1 ～ 31] 35

12 Sumedhassa bhagavato vaṁso ekādasamo
[Bv 12, vv 1 ～ 31] 37

13 Sujātassa bhagavato vaṁso dvādasamo
[Bv 13, vv 1 ～ 36] 39

14 Piyadassissa bhagavato vaṁso terasamo
[Bv 14, vv 1 ～ 27] 41

15 Atthadassissa bhagavato vaṁso cuddasamo
[Bv 15, vv 1 ～ 26] 43

16 Dhammadassissa bhagavato vaṁso paṇṇarasamo
[Bv 16, vv 1 ～ 25] 45

17 Siddhatthassa bhagavato vaṁso soḷasamo
[Bv 17, vv 1 ～ 24] 47

18 Tissassa bhagavato vaṁso sattarasamo
[Bv 18, vv 1 ～ 28] 48

19 Phussassa bhagavato vaṁso aṭṭhārasamo
[Bv 19, vv 1 ～ 25] 50

20 Vipassissa bhagavato vaṁso ekūnavīsatimo
[Bv 20, vv 1 ～ 36] 52

21 Sikhissa bhagavato vaṁso vīsatimo
[Bv 21, vv 1 ～ 28] 54

22 Vessabhussa bhagavato vaṁso ekavīsatimo
[Bv 22, vv 1 ～ 30] 56

23 Kakusandhassa bhagavato vaṁso dvāvīsatimo
[Bv 23, vv 1 ～ 27] 58

24 Koṇāgamanassa bhagavato vaṁso tevīsatimo
[Bv 24, vv 1 ～ 29] 60

二五　第二十四仏迦葉品　346

二六　第二十五仏瞿曇品　353

二七　諸仏品　357
二八　舍利配分品　360

所行蔵経　松濤誠廉訳
一　施波羅蜜　363
第一　アカッティの所行　363
第二　サンカの所行　365
第三　ダナンヂャヤの所行　366

第四　マハースダッサナの所行　367
第五　マハーゴーギンダの所行　369
第六　ニミ王の所行　369
第七　チャンダ・クマーラの所行　370
第八　シギ王の所行　371
第九　ヱッサンタラの所行　373
第十　兎賢者の所行　382
二　戒波羅蜜　386
第一　具戒象の所行　387

第二　ブーリダッタの所行　388
第三　チャンペッヤ龍の所行　389
第四　チューラボーディーの所行　390
第五　牛王の所行　392
第六　ルル鹿王の所行　394
第七　マータンガの所行　395

25 Kassapassa bhagavato vaṁso catuvīsatimo [Bv 25, vv 1 ~ 52] 62
26 Gotamassa bhagavato vaṁso pañcavīsatimo [Bv 26, vv 1 ~ 25] 65
27 Buddhapakiṇṇaka-kaṇḍa [Bv 27, vv 1 ~ 20] 66
28 Dhātubhājaniya-kathā [Bv 28, vv 1 ~ 13] 68
[Khuddaka 15]
Cariyā-piṭaka [Cp 1 ~ 3] Cp. 73
1 Dānapāramitā [Cp 1 1 ~ 10] 73
1 Akatti-cariya [Cp 1 1, vv 1 ~ 10] 73
2 Saṅkha-cariya [Cp 1 2, vv 1 ~ 9] 74
3 Kurudhamma-cariya or Dhanañjaya-cariya [Cp 1 3, vv 1 ~ 8] 74
4 Mahāsudassana-cariya [Cp 1 4, vv 1 ~ 9] 75
5 Mahāgovinda-cariya [Cp 1 5, vv 1 ~ 3] 76
6 Nimirāja-cariya [Cp 1 6, vv 1 ~ 5] 76
7 Candakumāra-cariya [Cp 1 7, vv 1 ~ 6] 77
8 Sivirāja-cariya [Cp 1 8, vv 1 ~ 16] 77
9 Vessantara-cariya [Cp 1 9, vv 1 ~ 58] 78
10 Sasapaṇḍita-cariya [Cp 1 10, vv 1 ~ 19] 82
2 Sīlapāramitā [Cp 2 1 ~ 10] Cp. 84
1 Sīlavanāga-cariya (*or Mātuposaka-) [Cp 2 1, vv 1 ~ 10] 84
2 Bhūridatta-cariya [Cp 2 2, vv 1 ~ 9] 85
3 Campeyyanāga-cariya [Cp 2 3, vv 1 ~ 6] 85
4 Cūḷabodhi-cariya [Cp 2 4, vv 1 ~ 11] 86
5 Mahisarāja-cariya [Cp 2 5, vv 1 ~ 11] 87
6 Rururāja-cariya [Cp 2 6, vv 1 ~ 12] 87
7 Mātaṅga-cariya [Cp 2 7, vv 1 ~ 6] 88

第八　法天子の所行　396
第九　ヂャヤッディサの所行
(*アリーナサッタの所行)　398
第十　サンカパーラの所行　399
三　出離波羅蜜　402
〔出離波羅蜜〕　402
第一　ユダンヂャヤの所行　402
第二　ソーマナッサの所行　403
第三　アヨーガラの所行　405
第四　ビサの所行　407
第五　賢者ソーナの所行　408
〔決定波羅蜜〕　409
第六　テーミヤの所行（*賢者テーミヤの所行）　409

〔真実波羅蜜〕　412
第七　猿王の所行　412
第八　サッチャと呼ぶ賢者の所行　412
第九　鶉の雛の所行　413
第十　魚王の所行　414
第十一　カンハディーパーヤナの所行　415
第十二　スタソーマの所行　417
〔慈悲波羅蜜〕　418
第十三　スヴンナ・サーマの所行　418
第十四　エーカラーヂャの所行　419
〔捨波羅蜜〕　420
第十五　マハー・ローマハンサの所行　420

8 Dhammadevaputta-cariya [Cp 2 8, vv 1 ~ 8] 89
9 Jayaddisa-cariya (*Alīnasatta-) [Cp 2 9, vv 1 ~ 11] 90
10 Saṅkhapāla-cariya [Cp 2 10, vv 1 ~ 7] 91
3 Nekkhammapāramitādi [Cp 3 1 ~ 15] Cp. 92
〔Nekkhamma-pāramitā Cp 3 1 ~ 5〕 92
1 Yudhañjaya-cariya [Cp 3 1, vv 1 ~ 6] 92
2 Somanassa-cariya [Cp 3 2, vv 1 ~ 16] 92
3 Ayoghara-cariya [Cp 3 3, vv 1 ~ 10] 94
4 Bhisa-cariya [Cp 3 4, vv 1 ~ 8] 94
5 Soṇapaṇḍita-cariya [Cp 3 5, vv 1 ~ 6] 95
〔Adhiṭṭhāna-pāramitā śp 3 6〕 96
6 Temiya-cariya (*Temiyapaṇḍita-) [Cp 3 6, vv 1 ~ 19] 96
〔Sacca-pāramitā Cp 3 7 ~ 12〕 97
7 Kapirāja-cariya [Cp 3 7, vv 1 ~ 4] 97
8 Saccasavhayapaṇḍita-cariya [Cp 3 8, v 1] 97
9 Vaṭṭapotaka-cariya [Cp 3 9, vv 1 ~ 11] 98
10 Maccharāja-cariya [Cp 3 10, vv 1 ~ 9] 99
11 Kaṇhadīpāyana-cariya [Cp 3 11, vv 1 ~ 13] 99
12 Sutasoma-cariya [Cp 3 12, vv 1 ~ 6] 100
〔Mettā-pāramitā Cp 3 13 ~ 14〕 101
13 Suvaṇṇasāma-cariya [Cp 3 13, vv 1 ~ 3] 101
14 Ekarāja-cariya [Cp 3 14, vv 1 ~ 5] 101
〔Upekkhā-pāramitā Cp 3 15〕 102
15 Mahālomahaṁsa-cariya [Cp 3 15, vv 1 ~ 4] 102

第42巻　小部経典　二十（大義釈一）

大義釈一［Nd 1 1 ～ 16］　水野弘元訳

第一	欲経の義釈	1
第二	窟八偈経の義釈	34
第三	瞋怒八偈経の義釈	91
第四	浄八偈経の義釈	124
第五	第一八偈経の義釈	152
第六	老経の義釈	175
第七	帝須弥勒経の義釈	210
第八	波須羅経の義釈	245
第九	摩健地耶経の義釈	276
第十	死前経の義釈	317

第43巻　小部経典　二十一（大義釈二）

大義釈二　水野弘元訳

第十一	闘諍経の義釈	1
第十二	小集積経の義釈	50
第十三	大集積経の義釈	81
第十四	迅速経の義釈	134
第十五	執杖経の義釈	229
第十六	舎利弗経の義釈	303

第44巻　小部経典　二十二（小義釈）

小義釈［Nd 2 1 ～ 19］　水野弘元訳

彼岸道品	1
序　偈	1

Khuddaka-nikāya [Khuddaka 11]

Niddesa [Nd 1 ~ 2]

Niddesa Vol. I

1	**Mahā-niddesa** [Nd 1 1 ~ 16]	MNd. 1
1	Kāmasutta-niddesa [Nd 1 1]	1
2	Guhaṭṭhakasutta-niddesa [Nd 1 2]	23
3	Duṭṭhaṭṭhakasutta-niddesa [Nd 1 3]	62
4	Suddhaṭṭhakasutta-niddesa [Nd 1 4]	84
5	Paramaṭṭhakasutta-niddesa [Nd 1 5]	102
6	Jarāsutta-niddesa [Nd 1 6]	117
7	Tissametteyyasutta-niddesa [Nd 1 7]	139
8	Pasūrasutta-niddesa [Nd 1 8]	161
9	Māgandiyasutta-niddesa [Nd 1 9]	181
10	Purābhedasutta-niddesa [Nd 1 10]	210
11	Kalahavivādasutta-niddesa [Nd 1 11]	255
12	Cūḷaviyūhasutta-niddesa [Nd 1 12]	285
13	Mahāviyūhasutta-niddesa [Nd 1 13]	305
14	Tuvaṭakasutta-niddesa [Nd 1 14]	339
15	Attadaṇḍasutta-niddesa [Nd 1 15]	402
16	Sāriputtasutta-niddesa [Nd 1 16]	445

Niddesa Vol. II

2	**Culla-niddesa** [Nd 2 1 ~ 19]		CNd. 1
〔1〕	Pārāyana-vagga	Siam-ed.	1
1	Vatthugāthā [Nd 2 1]		1

第一　阿耆多学童所問の義釈　18
第二　帝須弥勒学童所問の義釈　47
第三　富那迦学童所問の義釈　57
第四　弥多求学童所問の義釈　86
第五　度多迦学童所問の義釈　133
第六　優波私婆学童所問の義釈　155
第七　難陀学童所問の義釈　175
第八　醯摩迦学童所問の義釈　198
第九　刀提耶学童所問の義釈　208
第十　劫波学童所問の義釈　216
第十一　闍都乾耳学童所問の義釈　229
第十二　跋陀羅浮陀学童所問の義釈　242
第十三　優陀耶学童所問の義釈　253
第十四　布沙羅学童所問の義釈　271
第十五　莫伽羅闍学童所問の義釈　288
第十六　賓祇耶学童所問の義釈　314
十六学童所問の結語の義釈　325

犀角経の義釈　386

〔III〕 所　蔵

第45巻　法 集 論

法集論　佐藤良智訳
論　母　1
論の論母　1
経の論母　11
第一　心生起品　15
第一　善　心　15

2 Ajitamāṇavapucchā-niddesa [Nd 2 2] 8
3 Tissametteyyamāṇavapucchā-niddesa [Nd 2 3] 33
4 Puṇṇakamāṇavapucchā-niddesa [Nd 2 4] 42
5 Mettagūmāṇavapucchā-niddesa [Nd 2 5] 67
6 Dhotakamāṇavapucchā-niddesa [Nd 2 6] 108
7 Upasīvamāṇavapucchā-niddesa [Nd 2 7] 126
8 Nandamāṇavapucchā-niddesa [Nd 2 8] 142
9 Hemakamāṇavapucchā-niddesa [Nd 2 9] 161
10 Todeyyamāṇavapucchā-niddesa [Nd 2 10] 169
11 Kappamāṇavapucchā-niddesa [Nd 2 11] 176
12 Jatukaṇṇimāṇavapucchā-niddesa [Nd 2 12] 187
13 Bhadrāvudhamāṇavapucchā-niddesa [Nd 2 13] 197
14 Udayamāṇavapucchā-niddesa [Nd 2 14] 207
15 Posālamāṇavapucchā-niddesa [Nd 2 15] 221
16 Mogharājamāṇavapucchā-niddesa [Nd 2 16] 235
17 Piṅgiyamāṇavapucchā-niddesa [Nd 2 17] 258
18 (No title) [Nd 2 18] 268
〔2〕 317
19 Khaggavisāṇasutta-niddesa [Nd 2 19] 317

〔III〕 Abhidhamma-piṭaka

[Abhidhamma 1]

Dhamma-saṅgaṇi

Mātikā Dhs. 1
i Abhidhamma-mātikā 1
ii Suttanta-mātikā 7
1 Cittuppāda-kaṇḍa [§§ 1 ～ 582] Dhs. 9
1 Kusala-citta [§§ 1 ～ 364] 9

欲塵八大心　15
色塵善　44
一　八　遍　44
二　勝　処　59
三　三解脱　73
四　四梵住静慮　73
五　不浄静慮　77
無色塵善　79
四無色静慮　79
三塵善　81
出世間心　86
第二　不善心　106
十二不善心　106
第三　無記心　123
一　異　熟　123
〔一〕　善　業　123
一　欲塵異熟　123
二　色塵異熟　137
三　無色塵異熟　138
四　出世間異熟　140
〔二〕　不善業　164
不善異熟無記　164
二　所応作　168
一　欲塵所応作　168
二　色塵所応作　171
三　無色塵所応作　172
第二　色　品　174
一　論　母　174
一種色聚　174

(1) Kāmāvacara-aṭṭhamahācittāni [§§ 1 ~ 159] 9
(2) Rūpāvacara-kusala [§§ 160 ~ 264] 30
i Aṭṭhakasiṇa [§§ 160 ~ 203] 30
ii Abhibhāyatana [§§ 204 ~ 246] 42
iii Vimokkha [§§ 247 ~ 250] 53
iv Brahmavihāra [§§ 251 ~ 262] 53
v Asubhasaññā [§§ 263 ~ 264] 55
(3) Arūpāvacara-kusala [§§ 265 ~ 268] 55
i Cattāri arūpajjhānāni [§§ 265 ~ 268] 55
(4) Pariyāpanna-kusala [§§ 269 ~ 276] 56
(5) Lokuttara-kusala [§§ 277 ~ 364] 60
2 Akusala-citta [§§ 365 ~ 430] 75
Dvādasa akusalacittāni [§§ 365 ~ 430] 75
3 Avyākata-citta [§§ 431 ~ 582] 87
(1) Vipāka [§§ 431 ~ 565] 87
i Kusalakamma [vipāka] [§§ 431 ~ 555] 87
1 Kāmāvacara-vipāka [§§ 431 ~ 498] 87
2 Rūpāvacara-vipāka [§§ 499 ~ 500] 97
3 Arūpāvacara-vipāka [§§ 501 ~ 504] 97
4 Lokuttara-vipāka [§§ 505 ~ 555] 99
ii Akusalakamma [vipāka] [§§ 556 ~ 565] 117
Akusalavipākāvyākata [§§ 556 ~ 565] 117
(2) Kiriyā [§§ 566 ~ 582] 120
i Kāmāvacara-kiriyā [§§ 566 ~ 576] 120
ii Rūpāvacara-kiriyā [§§ 577 ~ 578] 123
iii Arūpāvacara-kiriyā [§§ 579 ~ 582] 123
2 Rūpa-kaṇḍa [§§ 583 ~ 980] Dhs. 124
1 Mātikā [Rūpasaṅgaha] [§§ 583 ~ 594] 124
(1) Ekaka [1 ~ 43] [§§ 583 ~ 584] 124

二種色聚 175
三種色聚 177
四種色聚 182
五種色聚 185
六種色聚 185
七種色聚 185
八種色聚 185
九種色聚 186
十種色聚 186
十一種色聚 186
二　註　釈 186
第一註釈 186
第二註釈 187
第三註釈 220
第四註釈 241
第五註釈 256
第六註釈 257
第七註釈 258
第八註釈 258
第九註釈 259
第十註釈 259
第十一註釈 260
第三　概説品 263
第一章 263
一　三　聚 263
二　因　聚 276
三　小中双 282
四　漏　聚 285
五　結　聚 289

(2) Duka [1 ~ 104] [§§ 585] 125
(3) Tika [1 ~ 103] [§§ 586] 127
(4) Catukka [1 ~ 22] [§§ 587] 130
(5) Pañcaka [§§ 588] 132
(6) Chakka [§§ 589] 132
(7) Sattaka [§§ 590] 132
(8) Aṭṭhaka [§§ 591] 132
(9) Navaka [§§ 592] 132
(10) Dasaka [§§ 593] 133
(11) Ekādasaka [§§ 594] 133
2 Niddesa [Rūpasaṅgaha] [§§ 595 ~ 980] 133
(1) Ekaka-niddesa [§§ 595] 133
(2) Duka-niddesa [§§ 596 ~ 741] 134
(3) Tika-niddesa [§§ 742 ~ 875] 154
(4) Catukka-niddesa [§§ 876 ~ 961] 167
(5) Pañcaka-niddesa [§§ 962 ~ 966] 177
(6) Chakka-niddesa [§§ 967] 177
(7) Sattaka-niddesa [§§ 968 ~ 969] 178
(8) Aṭṭhaka-niddesa [§§ 970] 178
(9) Navaka-niddesa [§§ 971 ~ 973] 178
(10) Dasaka-niddesa [§§ 974 ~ 977] 179
(11) Ekādasaka-niddesa [§§ 978 ~ 980] 179
3 Nikkhepa-kaṇḍa [§§ 981 ~ 1367] Dhs. 180
1 [Abhidhamma-mātikā] [§§ 981 ~ 1295] 180
(1) Tika [§§ 981 ~ 1052] 180
(2) Hetu-gocchaka [§§ 1053 ~ 1082] 188
(3) Cūḷantara-duka [§§ 1083 ~ 1095] 193
(4) Āsava-gocchaka [§§ 1096 ~ 1112] 195
(5) Saññojana-gocchaka [§§ 1113 ~ 1134] 197

六　繋　聚　294
七　暴流聚　298
八　軛　聚　298
九　蓋　聚　299
一〇　取著聚　304
一一　大中双　306
一二　取　聚　310
一三　煩悩聚　313
一四　残余二法　322
第二章　330
経二法　330
第四　義釈品　349

第46巻　分 別 論　一

分別論一　佐藤密雄訳
第一品　蘊分別　1
一　経分別　1
色　蘊　1
受　蘊　4
想　蘊　7
行　蘊　11
識　蘊　15
二　対法分別　18
色　蘊　19
受　蘊　22
想　蘊　34
行　蘊　46
識　蘊　60
三　問　分　68

(6) Gantha-gocchaka [§§ 1135 ～ 1150] 201
(7) Ogha-gocchaka [§§ 1151] 204
(8) Yoga-gocchaka [§§ 1151] 204
(9) Nīvaraṇa-gocchaka [§§ 1152 ～ 1173] 204
(10) Parāmāsa-gocchaka [§§ 1174 ～ 1184] 208
(11) Mahanta-duka [§§ 1185 ～ 1212] 209
(12) Upādāna-gocchaka [§§ 1213 ～ 1228] 212
(13) Kilesa-gocchaka [§§ 1229 ～ 1253] 214
(14) Piṭṭhi-duka [§§ 1254 ～ 1295] 220
2 [Suttanta-mātikā] [§§ 1296 ～ 1367] 225
[Suttanta-duka] [§§ 1296 ～ 1367] 225
4 Aṭṭhakathā-kaṇḍa [§§ 1368 ～ 1599] Dhs. 234

[Abhidhamma 2]
Vibhaṅga [Vibh 1 ～ 18] 1
1 Khandha-vibhaṅga [Vibh 1] Vibh. 1
1 Suttantabhājaniya 1
Rūpakkhandha 1
Vedanākkhandha 3
Saññākkhandha 5
Saṅkhārakkhandha 7
Viññāṇakkhandha 9
2 Abhidhammabhājaniya 12
Rūpakkhandha 12
Vedanākkhandha 15
Saññākkhandha 28
Saṅkhārakkhandha 40
Viññāṇakkhandha 53
3 Pañhāpucchaka 61

第二品　処分別	83
一　経分別	83
二　対法分別	83
三　問　分	86
第三品　界分別	101
一　経分別	101
二　対法分別	108
三　問　分	112
第四品　諦分別	125
一　経分別	125
二　対法分別	137
三　問　分	147
第五品　根分別	161
一　対法分別	161
二　問　分	164
第六品　縁行相分別	180
一　経分別	180
二　対法分別	185
論　母	185
縁　四	195
因　四	203
相応四	211
互縁四	219
不善心	231
善　根	238
善異熟行根本	244
不善異熟行根本	253
作無記行根本	256
善根異熟根本	259

2	Āyatana-vibhaṅga [Vibh 2]	Vibh. 70
	1 Suttantabhājaniya	70
	2 Abhidhammabhājaniya	70
	3 Pañhāpucchaka	73
3	Dhātu-vibhaṅga [Vibh 3]	Vibh. 82
	1 Suttantabhājaniya	82
	2 Abhidhammabhājaniya	87
	3 Pañhāpucchaka	90
4	Sacca-vibhaṅga [Vibh 4]	Vibh. 99
	1 Suttantabhājaniya	99
	2 Abhidhammabhājaniya	106
	3 Pañhāpucchaka	112
5	Indriya-vibhaṅga [Vibh 5]	Vibh. 122
	1 Abhidhammabhājaniya	122
	2 Pañhāpucchaka	124
6	Paccayākāra-vibhaṅga [Vibh 6]	Vibh. 135
	1 Suttantabhājaniya	135
	2 Abhidhammabhājaniya	138
	(1) Mātikā	138
	(2) Paccayacatukka	144
	(3) Hetucatukka	148
	(4) Sampayuttacatukka	153
	(5) Aññamaññacatukka	158
	(6) Akusalacitta	164
	(7) Kusalamūla	169
	(8) Kusalavipākasaṅkhāramūlaka	173
	(9) Akusalavipākasaṅkhāramūlaka	180
	(10) Kiriyāsaṅkhāramūlaka	182
	(11) Kusalamūlavipākamūlaka	184

不善異熟根本	267
第七品　念処分別	273
一　経分別	273
二　対法分別	286
三　問　分	291
第八品　正勤分別	295
一　経分別	295
二　対法分別	299
三　問　分	304
第九品　神足分別	308
一　経分別	308
二　対法分別	313
三　問　分	319
第十品　覚支分別	323
一　経分別	323
二　対法分別	326
三　問　分	330
第十一品　道分別	334
一　経分別	334
二　対法分別	336
三　問　分	342
第十二品　禅定分別	346
一　論　母	346
二　経分別	348
三　対法分別	376
四　問　分	385
第十三品　無量分別	391
一　経分別	391
二　対法分別	399

(12) Akusalavipākamūlaka 190
7 Satipaṭṭhāna-vibhaṅga [Vibh 7] Vibh. 193
1 Suttantabhājaniya 193
2 Abhidhammabhājaniya 202
3 Pañhāpucchaka 205
8 Sammappadhāna-vibhaṅga [Vibh 8] Vibh. 208
1 Suttantabhājaniya 208
2 Abhidhammabhājaniya 211
3 Pañhāpucchaka 214
9 Iddhipāda-vibhaṅga [Vibh 9] Vibh. 216
1 Suttantabhājaniya 216
2 Abhidhammabhājaniya 220
3 Pañhāpucchaka 224
10 Bojjhaṅga-vibhaṅga [Vibh 10] Vibh. 227
1 Suttantabhājaniya 227
2 Abhidhammabhājaniya 229
3 Pañhāpucchaka 232
11 Magga-vibhaṅga [Vibh 11] Vibh. 235
1 Suttantabhājaniya 235
2 Abhidhammabhājaniya 236
3 Pañhāpucchaka 241
12 Jhāna-vibhaṅga [Vibh 12] Vibh. 244
1 Mātikā 244
2 Suttantabhājaniya 245
3 Abhidhammabhājaniya 263
4 Pañhāpucchaka 269
13 Appamañña-vibhaṅga [Vibh 13] Vibh. 272
1 Suttantabhājaniya 272
2 Abhidhammabhājaniya 276

三　問　分　407
第十四品　学処分別　411
一　対法分別　411
二　問　分　419
第十五品　無礙解分別　422
一　経分別　422
二　対法分別　424
三　問　分　438

第47巻　分別論二・界論・人施設論

分別論二　佐藤密雄訳
第十六品　智分別　1
論　母　1
一　種　15
二　種　21
三　種　26
四　種　32
五　種　41
六　種　42
七　種　42
八　種　43
九　種　44
十　種　44
第十七品　小事分別　61
論　母　61
一　種　65
二　種　78
三　種　84
四　種　106

3 Pañhāpucchaka 282
14 Sikkhāpada-vibhaṅga [Vibh 14] Vibh. 285
1 Abhidhammabhājaniya 285
2 Pañhāpucchaka 291
15 Paṭisambhidā-vibhaṅga [Vibh 15] Vibh. 293
1 Suttantabhājaniya 293
2 Abhidhammabhājaniya 294
3 Pañhāpucchaka 303

16 Ñāṇa-vibhaṅga [Vibh 16] Vibh. 306
1 Mātikā 306
2 Ekaka 〔1 ～ 78〕 319
3 Duka 〔1 ～ 35〕 322
4 Tika 〔1 ～ 88〕 324
5 Catukka 〔1 ～ 21〕 328
6 Pañcaka 〔1 ～ 2〕 334
7 Chakka 〔1〕 334
8 Sattaka 〔1〕 334
9 Aṭṭhaka 〔1〕 335
10 Navaka 〔1〕 335
11 Dasaka 〔1〕 335
17 Khuddakavatthu-vibhaṅga [Vibh 17] Vibh. 345
1 Mātikā 345
2 Ekaka 〔1 ～ 73〕 350
3 Duka 〔1 ～ 18〕 357
4 Tika 〔1 ～ 35〕 361
5 Catukka 〔1 ～ 14〕 373

五　種　112
六　種　118
七　種　123
八　種　128
九　種　135
十　種　138
十八愛行　141
六十二成見　158
第十八品　法心分別　161

界　論　末永真海訳
論母設置分　213
第一　所摂と非摂　214
第二　所摂〔なるものゝ〕非摂　245
第三　非摂〔なるものゝ〕所摂　247
第四　所摂〔なるものゝ〕所摂　251
第五　非摂〔なるものゝ〕非摂　252
第六　相応と不相応　262
第七　相応〔なるものゝ〕不相応　275
第八　不相応〔なるものゝ〕相応　278
第九　相応〔なるものゝ〕相応　278
第十　不相応〔なるものゝ〕不相応　284
第十一　所摂〔なるものゝ〕相応と不相応　295
第十二　相応〔なるものゝ〕所摂と非摂　298
第十三　非所摂〔なるものゝ〕相応と不相応　303
第十四　不相応〔なるものゝ〕所摂と非摂　307
界論註（覚音造）　323
論母の説明　323

6 Pañcaka [1 ～ 15] 377
7 Chakka [1 ～ 14] 380
8 Sattaka [1 ～ 7] 383
9 Aṭṭhaka [1 ～ 8] 385
10 Navaka [1 ～ 9] 389
11 Dasaka [1 ～ 7] 391
12 Aṭṭhārasa taṇhāvicaritāni, dvāsaṭṭhi diṭṭhigatāni 392

18 Dhammahadaya-vibhaṅga [Vibh 18] Vibh. 401

[Abhidhamma 3]

Dhātu-kathā Dhk. 1
Mātikā 1
1 Saṅgahāsaṅgaha 2
2 Saṅgahītena asaṅgahīta 34
3 Asaṅgahītena saṅgahīta 36
4 Saṅgahītena saṅgahīta 39
5 Asaṅgahītena asaṅgahīta 41
6 Sampayoga vippayoga 51
7 Sampayuttena vippayutta 63
8 Vippayuttena sampayutta 66
9 Sampayuttena sampayutta 67
10 Vippayuttena vippayutta 73
11 Saṅgahītena sampayutta vippayutta 83
12 Sampayuttena saṅgahīta asaṅgahīta 86
13 Asaṅgahītena sampayutta vippayutta 93
14 Vippayuttena saṅgahīta asaṅgahīta 98
Dhātukathā-aṭṭhakathā DhkA. 114
Mātikā-vaṇṇanā 114

第一　所摂と非摂の語句に対する註釈　326
第二　所摂〔なるもの〵〕非摂の語句に対する註釈　330
第三　非摂〔なるもの〵〕所摂の語句に対する註釈　334
第四　所摂〔なるもの〵〕所摂の語句に対する註釈　337
第五　非摂〔なるもの〵〕非摂の語句に対する註釈　339
第六　相応と不相応の語句に対する註釈　341
第七　相応〔なるもの〵〕不相応の語句に対する註釈　346
第八　不相応〔なるもの〵〕相応の語句に対する註釈　348
第九　相応〔なるもの〵〕相応の語句に対する註釈　348
第十　不相応〔なるもの〵〕不相応の語句に対する註釈　350
第十一　所摂〔なるもの〵〕相応と不相応の語句に対する註釈　350
第十二　相応〔なるもの〵〕所摂と非摂の語句に対する註釈　351
第十三　非所摂〔なるもの〵〕相応と不相応の語句に対する註釈　352
第十四　不相応〔なるもの〵〕所摂と非摂の語句に対する註釈　353

人施設論　平松友嗣訳

論　母　357
第一章　一　人　374
第二章　二　人　384
第三章　三　人　396
第四章　四　人　415

1 Saṅgahāsaṅgaha-pada-vaṇṇanā 116
2 Saṅgahītena asaṅgahīta-pada-vaṇṇanā 121
3 Asaṅgahītena saṅgahīta-pada-vaṇṇanā 124
4 Saṅgahītena saṅgahīta-pada-vaṇṇanā 126
5 Asaṅgahītena asaṅgahīta-pada-vaṇṇanā 127
6 Sampayoga vippayoga-pada-vaṇṇanā 129
7 Sampayuttena vippayutta-pada-vaṇṇanā 132
8 Vippayuttena sampayutta-pada-vaṇṇanā 133
9 Sampayuttena sampayutta-pada-vaṇṇanā 134
10 Vippayuttena vippayutta-pada-vaṇṇanā 135
11 Saṅgahītena sampayutta vippayutta-pada-vaṇṇanā 135
12 Sampayuttena saṅgahīta asaṅgahīta-pada-vaṇṇanā 136
13 Asaṅgahītena sampayutta vippayutta-pada-vaṇṇanā 137
14 Vippayuttena saṅgahīta asaṅgahīta-pada-vaṇṇanā 137

[Abhidhamma 4]

Puggala-paññatti Pp. 1
Mātikā 1
1 Ekaka, Eka puggalo 〔1 ～ 50〕 11
2 Duka, Dve puggalā 〔1 ～ 26〕 18
3 Tika, Tayo puggalā 〔1 ～ 16〕 27
4 Catukka, Cattāro puggalā 〔1 ～ 29〕 38

第五章　五　人　455
第六章　六　人　465
第七章　七　人　467
第八章　八　人　470
第九章　九　人　470
第十章　十　人　472

第48巻上　双　　論　一

双　論一　渡辺照宏訳
第一品　根双論　1
総説分　1
義釈分　8
第二品　蘊双論　22
第一施設分　22
総説分　22
義釈分　26
第二転分　35
生　分　35
滅　分　56
生滅分　74
第三遍知分　90
第三品　処双論　93
第一施設分　93
総説分　93
義釈分　97
第二転分　103
生　分　103
滅　分　190

5	Pañcaka, Pañca puggalā 〔1 ～ 14〕	64
6	Chakka, Cha puggalā 〔1〕	70
7	Sattaka, Satta puggalā 〔1 ～ 2〕	71
8	Aṭṭhaka, Aṭṭha puggalā 〔1〕	73
9	Navaka, Nava puggalā 〔1〕	73
10	Dasaka, Dasa puggalā 〔1〕	74

Yamaka [Abhidhamma 6]

Yamaka Vol. I

		Siam-ed.	(PTS)
Yamaka [Y 1 ～ 10]			
1 Mūla-yamaka [Y 1]	Y. i	1	(1)
(1) Uddesa-vāra		6	(1)
(2) Niddesa-vāra		8	(3)
2 Khandha-yamaka [Y 2]	Y. i	17	(14)
1 Paṇṇatti-vāra [Y 2 1]		17	(14)
(1) Uddesa-vāra		17	(14)
(2) Niddesa-vāra		22	(16)
2 Pavatti-vāra [Y 2 2]		36	(19)
(1) Uppāda-vāra		36	(19)
(2) Nirodha-vāra		54	(30)
(3) Uppādanirodha-vāra		70	(41)
3 Pariññā-vāra [Y 2 3]		85	(49)
3 Āyatana-yamaka [Y 3]	Y. i	88	(52)
1 Paṇṇatti-vāra [Y 3 1]		88	(52)
(1) Uddesa-vāra		88	(52)
(2) Niddesa-vāra		91	(53)
2 Pavatti-vāra [Y 3 2]		97	(58)
(1) Uppāda-vāra		97	(58)
(2) Nirodha-vāra		173	(113)

生滅分 255
第三遍知分 292
第四品　界双論 296
第一施設分 296
総説分 296
義釈分 298
第二転分 305
第三遍知分 306
第五品　諦双論 307
第一施設分 307
総説分 307
義釈分 310
第二転分 315
生　分 315
滅　分 351
生滅分 380
第三遍知分 395
第六品　行双論 399
第一施設分 399
総説分 399
義釈分 400
第二転分 403
生　分 403
滅　分 435
生滅分 461
第三遍知分 477

(3) Uppādanirodha-vāra	228	(146)
3 Pariññā-vāra [Y 3 3]	261	(163)
4 Dhātu-yamaka [Y 4]	Y. i 264	(165)
1 Paṇṇatti-vāra [Y 4 1]	264	(165)
(1) Uddesa-vāra	264	(165)
(2) Niddesa-vāra	266	(167)
2 Pavatti-vāra [Y 4 2]	272	(171)
3 Pariññā-vāra [Y 4 3]	273	(172)
5 Sacca-yamaka [Y 5]	Y. i 274	(173)
1 Paṇṇatti-vāra [Y 2 1]	274	(173)
(1) Uddesa-vāra	274	(173)
(2) Niddesa-vāra	276	(174)
2 Pavatti-vāra [Y 2 2]	281	(178)
(1) Uppāda-vāra	281	(178)
(2) Nirodha-vāra	314	(199)
(3) Uppādanirodha-vāra	341	(216)
3 Pariññā-vāra [Y 2 3]	356	(227)
6 Saṅkhāra-yamaka [Y 6]	Y. i 359	(229)
1 Paṇṇatti-vāra [Y 2 1]	359	(229)
(1) Uddesa-vāra	359	(229)
(2) Niddesa-vāra	360	(230)
2 Pavatti-vāra [Y 2 2]	364	(232)
(1) Uppāda-vāra	364	(232)
(2) Nirodha-vāra	393	(247)
(3) Uppādanirodha-vāra	418	(259)
3 Pariññā-vāra [Y 2 3]	433	(267)

第48巻下　双　　論　二

双　論二	渡辺照宏訳
第七品　随眠双論	1
第一随増分	2
第二有随眠分	73
第三断分	152
第四遍知分	219
第五已断分	289
第六生分	367
第七界分	368

第49巻　双　　論　三

双　論三	渡辺照宏訳
第八品　心双論	1
総説分	1
第一人分総説	1
第二法分総説	7
第三人法分総説	13
第四雑分総説	20
義釈分	21
第一人分義釈	21
第二法分義釈	32
第三人法分義釈	41
第四雑分義釈	46
第九品　法双論	47
第一施設分	47
総説分	47
義釈分	49

	Siam-ed.	(PTS)
7 Anusaya-yamaka [Y 7]	Y. i 434	(268)
1 Anusaya-vāra [Y 7 1]	434	(268)
2 Sānusaya-vāra [Y 7 2]	498	(294)
3 Pajahana-vāra [Y 7 3]	559	(318)
4 Pariññā-vāra [Y 7 4]	616	(338)
5 Pahīna-vāra [Y 7 5]	675	(356)
6 Uppajjana-vāra [Y 7 6]	734	(373)
7 Dhātu-vāra [Y 7 7]	735	(374)

Yamaka Vol. II

	Siam-ed.	(PTS)
8 Citta-yamaka [Y 8]	Y. ii 1	(1)
1 Uddesa-vāra [Y 8 1]	1	(1)
(1) Puggalavāra-uddesa	1	
(2) Dhammavāra-uddesa	5	
(3) Puggaladhammavāra-uddesa	9	
(4) Missakavāra-uddesa	13	
2 Niddesa-vāra [Y 8 2]	14	(5)
(1) Puggalavāra-niddesa	14	
(2) Dhammavāra-niddesa	23	
(3) Puggaladhammavāra-niddesa	31	
(4) Missakavāra-niddesa	35	
9 Dhamma-yamaka [Y 9]	Y. ii 35	(22)
1 Paṇṇatti-vāra [Y 9 1]	35	(22)
(1) Uddesa-vāra	35	(22)
(2) Niddesa-vāra	37	(23)

第二転分　53
生　分　53
滅　分　82
生滅分　110
第三修習分　138
第十品　根双論　139
第一施設分　139
総説分　139
義釈分　151
第二転分　183
第三遍知分　473

山崎良順訳

第50巻　発 趣 論　一

発趣論

論母設置分　1
縁分別分　2
順三法発趣　14
第一　善三法　14
第一章　相縁分　14
其一　施設分　14
其二　広説分　25
第一節　順　25
第二節　逆　39
第三節　順　逆　54
第四節　逆　順　65
第二章　倶生分　75
第一節　順　75
第二節　逆　77

2 Pavatti-vāra [Y 9 2] 42 (25)
(1) Uppāda-vāra 42 (25)
(2) Nirodha-vāra 73 (37)
(3) Uppādanirodha-vāra 103 (49)
3 Bhāvanā-vāra [Y 9 3] 133
10 Indriya-yamaka [Y 10] Y. ii 134 (61)
1 Paṇṇatti-vāra [Y 10 1] 134 (61)
(1) Uddesa-vāra 134 (61)
(2) Niddesa-vāra 146 (64)
2 Pavatti-vāra [Y 10 2] 184 (71)
3 Pariññā-vāra [Y 10 3] 521 (196)

Paṭṭhāna [Abhidhamma 7]

Paṭṭhāna Vol. I

Paṭṭhāna Siam-ed. P. i 1
Mātikānikkhepa-vāra 1
Paccayavibhaṅga-vāra 4
Tika-paṭṭhāna P. i 14
Tika 1 Kusalattika 14
1 Paṭicca-vāra 14
[1] Paṇṇatti-vāra 14
[2] Niddesa-vāra 24
(1) Anuloma 24
(2) Paccanīya 40
(3) Anuloma-paccanīya 57
(4) Paccanīyānuloma 70
2 Sahajāta-vāra 80
(1) Anuloma 80
(2) Paccanīya 82

第三節　順　逆　78
第四節　逆　順　78
第三章　縁依分　79
第一節　順　79
第二節　逆　94
第三節　順　逆　102
第四節　逆　順　109
第四章　依止分　117
第一節　順　117
第二節　逆　120
第三節　順　逆　121
第四節　逆　順　121
第五章　相雑分　122
第一節　順　122
第二節　逆　124
第三節　順　逆　130
第四節　逆　順　134
第六章　相応分　140
第一節　順　140
第二節　逆　141
第三節　順　逆　141
第四節　逆　順　141
第七章　問　分　143
第一節　問分の分別　143
第二節　問分の順答数　190
第三節　問分の逆摘出　214
第四節　問分の逆答数　216
第五節　問分の順逆答数　236
第六節　問分の逆順答数　315

(3) Anuloma-paccanīya 84
(4) Paccanīyānuloma 84
3 Paccaya-vāra 85
(1) Anuloma 85
(2) Paccanīya 101
(3) Anuloma-paccanīya 110
(4) Paccanīyānuloma 118
4 Nissaya-vāra 127
(1) Anuloma 127
(2) Paccanīya 130
(3) Anuloma-paccanīya 132
(4) Paccanīyānuloma 132
5 Saṁsaṭṭha-vāra 132
(1) Anuloma 132
(2) Paccanīya 135
(3) Anuloma-paccanīya 141
(4) Paccanīyānuloma 146
6 Sampayutta-vāra 151
(1) Anuloma 151
(2) Paccanīya 152
(3) Anuloma-paccanīya 153
(4) Paccanīyānuloma 153
7 Pañha-vāra 154
(1) Pañhavārassa vibhaṅgo 154
(2) Pañhavārassa anulomagaṇanā 201
(3) Pañhavārassa paccanīya-uddhāraṁ 227
(4) Pañhavārassa paccanīya-gaṇanā 228
(5) Pañhavārassa anuloma-paccanīyaṁ 251
(6) Pañhavārassa paccanīyānulomaṁ 340

大発趣論註（覚音造） 332
序　説 332
略説分之釈 338
縁広説分之釈 355
第一　善三法発趣之釈 414
施設分之釈 414
相縁分之義釈 436
縁　順 436
縁　逆 449
縁順逆 453
縁逆順 454
倶生分之釈 458
縁依分之釈 459
依止分之釈 465
相雑分之釈 466
相応分之釈 469
問分之釈 471
問分分別之釈 471
問分の組合せに於ける順答数 493
縁摘出分之義釈 513
逆 522
順　逆 530
逆　順 533

第51巻　発 趣 論　二　山崎良順訳

第二　受三法 1
第一章　相縁分 1
第一節　順 1
第二節　逆 4

Mahāpaṭṭhāna-aṭṭhakathā PA. 451

1	Uddesavāra-vaṇṇanā	455
2	Paccayaniddesavāra-vaṇṇanā	469
3	Kusalattikapaṭṭhānassa-vaṇṇanā	529
4	Paṇṇattivāra-vaṇṇanā	529
5	Paccayavāra-vaṇṇanā	552
6	Paccayānuloma	552
7	Paccayapaccanīya	564
8	Paccayānulomapaccanīya	568
9	Paccayapaccanīyānuloma	568
10	Sahajātavāra-vaṇṇanā	572
11	Paccayavāra-vaṇṇanā	573
12	Nissayavāra-vaṇṇanā	579
13	Saṁsaṭṭhavāra-vaṇṇanā	580
14	Sampayuttavāra-vaṇṇanā	582
15	Pañhavāra-vaṇṇanā	583
16	Pañhavāravibhaṅga-vaṇṇanā	583
17	Pañhavārassa ghaṭane anulomagaṇanā	606
18	Paccayuddhārassa attha-vaṇṇanā	624
19	Paccanīya	635
20	Anuloma-paccanīya	644
21	Paccanīyānuloma	647

Tika 2 Vedanāttika P. i 359

1 Paṭicca-vāra 359

(1) Anuloma 359

(2) Paccanīya 362

第三節　順　逆　10
第四節　逆　順　10
第二章～第六章　13
第七章　問　分　13
第一節　順　14
第二節　逆　40
第三節　順　逆　42
第四節　逆　順　43
第三　異熟三法　45
第一章　相縁分　45
第二章　倶生分　64
第三章　縁依分　64
第四章　依止分　76
第五章　相雑分　77
第六章　相応分　78
第七章　問　分　79
第四　已取三法　109
第一章　相縁分　109
第二章　倶生分　120
第三章　縁依分　120
第四章　依止分　128
第五章　相雑分　129
第六章　相応分　130
第七章　問　分　131
第五　已染三法　178
第一章　相縁分　178
第二章～第六章　181
第七章　問　分　181

(3) Anuloma-paccanīya 369
(4) Paccanīyānuloma 369
2 ~ 6 373
7 Pañha-vāra 373
(1) Anuloma 373
(2) Paccanīya 404
(3) Anuloma-paccanīya 406
(4) Paccanīyānuloma 407
Tika 3 Vipākattika P. i 410
1 Paṭicca-vāra 410
2 Sahajāta-vāra 430
3 Paccaya-vāra 430
4 Nissaya-vāra 443
5 Saṁsaṭṭha-vāra 444
6 Sampayutta-vāra 445
7 Pañha-vāra 445
Tika 4 Upādiṇṇattika P. i 476
1 Paṭicca-vāra 476
2 Sahajāta-vāra 487
3 Paccaya-vāra 488
4 Nissaya-vāra 497
5 Saṁsaṭṭha-vāra 497
6 Sampayutta-vāra 498
7 Pañha-vāra 499
Tika 5 Saṅkiliṭṭhattika P. i 549
1 Paṭicca-vāra 549
2 ~ 6 551
7 Pañha-vāra 551

第六　尋三法	206
第一章　相縁分	206
第二章　倶生分	242
第三章　縁依分	242
第四章　依止分	249
第五章　相離分	250
第六章　相応分	252
第七章　問　分	252
第七　喜三法	346
第一章　相縁分	346
第二章～第六章	352
第七章　問　分	352
第八　見三法	381
第一章　相縁分	381
第二章　倶生分	391
第三章　縁依分	392
第四章　依止分	402
第五章　相離分	402
第六章　相応分	405
第七章　問　分	405
大発趣論註（覚音造）	山崎良順訳
第二　受三法之釈	430
第三　異熟三法之釈	436
第四　已取三法之釈	438
第五　残余三法之釈	439

Paṭṭhāna Vol. II

Tika 6	Vitakkattika	P. ii 1
1	Paṭicca-vāra	1
2	Sahajāta-vāra	40
3	Paccaya-vāra	40
4	Nissaya-vāra	47
5	Saṁsaṭṭha-vāra	48
6	Sampayutta-vāra	50
7	Pañha-vāra	50
Tika 7	Pītittika	P. ii 152
1	Paṭicca-vāra	152
2 ~ 6		158
7	Pañha-vāra	158
Tika 8	Dassanattika	P. ii 188
1	Paṭicca-vāra	188
2	Sahajāta-vāra	200
3	Paccaya-vāra	200
4	Nissaya-vāra	212
5	Saṁsaṭṭha-vāra	212
6	Sampayutta-vāra	215
7	Pañha-vāra	215
Mahāpaṭṭhāna-aṭṭhakathā		PA. 652
	Vedanāttikapaṭṭhānassa-vaṇṇanā	652
1	Vipākattika-vaṇṇanā	658
2	Upādiṇṇupādāniyattika-vaṇṇanā	660
3	Sesattika-vaṇṇanā	661

第52巻　発 趣 論　三　　山崎良順訳

第九　見所断因三法　1
第一章　相縁分　1
第二章　倶生分　15
第三章　縁依分　16
第四章　依止分　32
第五章　相離分　32
第六章　相応分　37
第七章　問　分　37
第十　積集趣三法　69
第一章　相縁分　69
第二章　倶生分　76
第三章　縁依分　77
第四章　依止分　87
第五章　相離分　87
第六章　相応分　90
第七章　問　分　90
第十一　有学三法　113
第一章　相縁分　113
第二章　倶生分　120
第三章　縁依分　120
第四章　依止分　127
第五章　相離分　127
第六章　相応分　130
第七章　問　分　130
第十二　小三法　149
第一章　相縁分　149
第二章　倶生分　162

Tika 9	Dassanena pahātabbahetuttika	P. ii 244
1	Paṭicca-vāra	244
2	Sahajāta-vāra	260
3	Paccaya-vāra	260
4	Nissaya-vāra	280
5	Saṁsaṭṭha-vāra	280
6	Sampayutta-vāra	285
7	Pañha-vāra	285
Tika 10	Ācayagāmittika	P. ii 323
1	Paṭicca-vāra	323
2	Sahajāta-vāra	330
3	Paccaya-vāra	330
4	Nissaya-vāra	340
5	Saṁsaṭṭha-vāra	340
6	Sampayutta-vāra	343
7	Pañha-vāra	343
Tika 11	Sekhattika	P. ii 366
1	Paṭicca-vāra	366
2	Sahajāta-vāra	373
3	Paccaya-vāra	373
4	Nissaya-vāra	379
5	Saṁsaṭṭha-vāra	379
6	Sampayutta-vāra	382
7	Pañha-vāra	382
Tika 12	Parittattika	P. ii 401
1	Paṭicca-vāra	401
2	Sahajāta-vāra	415

第三章　縁依分　162
第四章　依止分　168
第五章　相雑分　168
第六章　相応分　173
第七章　問　分　173
第十三　小所縁三法　200
第一章　相縁分　200
第二章～第六章　205
第七章　問　分　205
第十四　劣三法　221
第一章　相縁分　221
第十五　邪性〔決定〕三法　223
第一章　相縁分　223
第二章　倶生分　227
第三章　縁依分　227
第四章　依止分　232
第五章　相雑分　232
第六章　相応分　235
第七章　問　分　235
第十六　道所縁三法　254
第一章　相縁分　254
第二章～第六章　262
第七章　問分　262
第十七　已生三法　280
第一章～第六章　280
第七章　問　分　280
第十八　過去三法　289
第一章～第六章　289
第七章　問　分　289

3	Paccaya-vāra	415
4	Nissaya-vāra	421
5	Saṁsaṭṭha-vāra	421
6	Sampayutta-vāra	425
7	Pañha-vāra	425
Tika 13	Parittārammaṇattika	P. ii 453
1	Paṭicca-vāra	453
2 ～ 6		457
7	Pañha-vāra	458
Tika 14	Hīnattika	P. ii 475
1	Paṭicca-vāra	475
Tika 15	Micchattattika	P. ii 476
1	Paṭicca-vāra	476
2	Sahajāta-vāra	480
3	Paccaya-vāra	480
4	Nissaya-vāra	484
5	Saṁsaṭṭha-vāra	484
6	Sampayutta-vāra	487
7	Pañha-vāra	487
Tika 16	Maggārammaṇattika	P. ii 506
1	Paṭicca-vāra	506
2 ～ 6		514
7	Pañha-vāra	514
Tika 17	Uppannattika	P. ii 532
1 ～ 6		532
7	Pañha-vāra	532
Tika 18	Atītattika	P. ii 541
1 ～ 6		541
7	Pañha-vāra	541

第四章～第六章　325
第七章　問　分　326
第二十一　内所縁三法　340
第一章　相縁分　340
第二章～第六章　343
第七章　問　分　343
第二十二　有見有対三法　352
第一章　相縁分　352
第二章～第六章　367
第七章　問　分　367
大発趣論註（覚音造）　山崎良順訳
〔第五　残余三法之釈〕　387

第53巻　発 趣 論　四　山崎良順訳

順二法発趣　1
第一　因二法　1
第一章　相縁分　1
第一節　順　1
第二節　逆　4
第三節　順　逆　8
第四節　逆　順　8
第二章～第六章〔略〕　8
第七章　問　分　9
第一節　順　9
第二節　逆　24
第三節　順　逆　26
第四節　逆　順　26
第二　有因二法　27
第一章　相縁分　27

4 ～ 6 579
7 Pañha-vāra 579
Tika 21 Ajjhattārammaṇattika P. ii 595
1 Paṭicca-vāra 595
2 ～ 6 597
7 Pañha-vāra 598
Tika 22 Sanidassanasappaṭighattika P. ii 608
1 Paṭicca-vāra 608
2 ～ 6 625
7 Pañha-vāra 625
Mahāpaṭṭhāna-aṭṭhakathā PA. 661
Sesattika-vaṇṇanā 661

Paṭṭhāna Vol. III

Duka-paṭṭhāna P. iii 1
Duka 1 Hetu-duka 1
1 Paṭicca-vāra 1
(1) Anuloma 1
(2) Paccanīya 3
(3) Anuloma-paccanīya 7
(4) Paccanīyānuloma 8
2 ～ 6 8
7 Pañha-vāra 8
(1) Anuloma 8
(2) Paccanīya 23
(3) Anuloma-paccanīya 25
(4) Paccanīyānuloma 25
Duka 2 Sahetuka-duka P. iii 26
1 Paṭicca-vāra 26

第一節　順 27
第二節　逆 32
第三節　順　逆 36
第四節　逆　順 36
第三章　縁依分 37
第一節　順 37
第二節　逆 41
第三節　順　逆 42
第四節　逆　順 42
第五章　相雑分 43
第一節　順 43
第二節　逆 45
第三節　順　逆 45
第四節　逆　順 45
第七章　問　分 46
第一節　順 46
第二節　逆 62
第三節　順　逆 64
第四節　逆　順 64
第三　因相応二法 65
第一章　相縁分 65
第四　因有因二法 66
第一章　相縁分 66
第七章　問　分 69
第五　因因相応二法 80
第一章　相縁分 80
第六　非因有因二法 81
第一章　相縁分 81
第三章　縁依分 85

	(1) Anuloma		26
	(2) Paccanīya		31
	(3) Anuloma-paccanīya		36
	(4) Paccanīyānuloma		36
2	Sahajāta-vāra		36
	(1) Anuloma		36
	(2) Paccanīya		41
	(3) Anuloma-paccanīya		42
	(4) Paccanīyānuloma		42
5	Saṁsaṭṭha-vāra		43
	(1) Anuloma		43
	(2) Paccanīya		45
	(3) Anuloma-paccanīya		45
	(4) Paccanīyānuloma		45
7	Pañha-vāra		46
	(1) Anuloma		46
	(2) Paccanīya		63
	(3) Anuloma-paccanīya		65
	(4) Paccanīyānuloma		65
Duka 3	Hetusampayutta-duka	P. iii	66
1	Paṭicca-vāra		66
Duka 4	Hetu-ceva-sahetuka-duka	P. iii	66
1	Paṭicca-vāra		66
7	Pañha-vāra		69
Duka 5	Hetu-ceva-hetusampayutta-duka	P. iii	80
1	Paṭicca-vāra		80
Duka 6	Nahetu-sahetuka-duka	P. iii	81
1	Paṭicca-vāra		81
3	Paccaya-vāra		84

第五章　相雑分　86
第七章　問　分　87
第七　有縁二法　100
第一章　相縁分　100
第三章　縁依分　101
第七章　問　分　102
第八　有為二法　105
第一章　相縁分　105
第九　有見二法　106
第一章　相縁分　106
第三章　縁依分　109
第五章　相雑分　111
第七章　問　分　112
第十　有対二法　122
第一章　相縁分　122
第三章　縁依分　127
第七章　問　分　129
第十一　有色二法　140
第一章　相縁分　140
第三章　縁依分　143
第五章　相雑分　146
第七章　問　分　146
第十二　世間二法　156
第一章　相縁分　156
第三章　縁依分　158
第五章　相雑分　160
第七章　問　分　161
第十三　所識二法　172
第一章　相縁分　172

5 Saṁsaṭṭha-vāra		85
7 Pañha-vāra		86
Duka 7 Sappaccaya-duka	P. iii	99
1 Paṭicca-vāra		99
3 Paccaya-vāra		101
7 Pañha-vāra		101
Duka 8 Saṅkhata-duka	P. iii	105
1 Paṭicca-vāra		105
Duka 9 Sanidassana-duka	P. iii	105
1 Paṭicca-vāra		105
3 Paccaya-vāra		109
5 Saṁsaṭṭha-vāra		111
7 Pañha-vāra		111
Duka 10 Sappaṭigha-duka	P. iii	122
1 Paṭicca-vāra		122
3 Paccaya-vāra		127
7 Pañha-vāra		129
Duka 11 Rūpī-duka	P. iii	141
1 Paṭicca-vāra		141
3 Paccaya-vāra		144
5 Saṁsaṭṭha-vāra		147
7 Pañha-vāra		147
Duka 12 Lokiya-duka	P. iii	156
1 Paṭicca-vāra		156
3 Paccaya-vāra		159
5 Saṁsaṭṭha-vāra		161
7 Pañha-vāra		161
Duka 13 Kenaciviññeyya-duka	P. iii	173
1 Paṭicca-vāra		173

第七章　問　分　175
第十四　漏二法　176
第一章　相縁分　176
第三章　縁依分　179
第五章　相雑分　181
第七章　問　分　181
第十五　有漏二法　195
第一章　相縁分　195
第十六　漏相応二法　196
第一章　相縁分　196
第三章　縁依分　203
第五章　相雑分　207
第七章　問　分　208
第十七　漏有漏二法　225
第一章　相縁分　225
第七章　問　分　226
第十八　漏漏相応二法　229
第一章　相縁分　229
第七章　問　分　231
第十九　漏不相応有漏二法　235
第一章　相縁分　235
第二十　結二法　236
第一章　相縁分　236
第三章　縁依分　239
第五章　相雑分　240
第七章　問　分　241
第二十一　順結二法　250
第一章　相縁分　250
第二十二　結相応二法　251

7	Pañha-vāra	176
Duka 14	Āsava-duka	P. iii 176
1	Paṭicca-vāra	176
3	Paccaya-vāra	180
5	Saṁsaṭṭha-vāra	182
7	Pañha-vāra	182
Duka 15	Sāsava-duka	P. iii 197
1	Paṭicca-vāra	197
Duka 16	Āsavasampayutta-duka	P. iii 198
1	Paṭicca-vāra	198
3	Paccaya-vāra	206
5	Saṁsaṭṭha-vāra	210
7	Pañha-vāra	211
Duka 17	Āsava-ceva-sāsava-duka	P. iii 230
1	Paṭicca-vāra	230
7	Pañha-vāra	232
Duka 18	Āsava-ceva-āsavasampayutta-duka	P. iii 234
1	Paṭicca-vāra	234
7	Pañha-vāra	237
Duka 19	Āsavavippayutta-sāsava-duka	P. iii 240
1	Paṭicca-vāra	240
Duka 20	Saṁyojana-duka	P. iii 241
1	Paṭicca-vāra	241
3	Paccaya-vāra	244
5	Saṁsaṭṭha-vāra	246
7	Pañha-vāra	246
Duka 21	Saṁyojaniya-duka	P. iii 256
1	Paṭicca-vāra	256
Duka 22	Saṁyojanasampayutta-duka	P. iii 256

第一章　相縁分	251
第三章　縁依分	254
第五章　相雑分	258
第七章　問　分	259
第二十三　結順結二法	274
第一章　相縁分	274
第二十四　結結相応二法	276
第一章　相縁分	276
第七章　問　分	278
第二十五　結不相応順結二法	282
第一章　相縁分	282
第二十六　繋二法	283
第一章　相縁分	283
第三章　縁依分	286
第七章　問　分	288
第二十七　順繋二法	300
第一章　相縁分	300
第二十八　繋相応二法	301
第一章　相縁分	301
第三章　縁依分	305
第五章　相雑分	308
第七章　問　分	310
第二十九　繋順繋二法	328
第一章　相縁分	328
第七章　問　分	329
第三十　繋繋相応二法	331
第一章　相縁分	331
第七章　問　分	333
第三十一　繋不相応順繋二法	336

1 Paṭicca-vāra 256
3 Paccaya-vāra 260
5 Saṁsaṭṭha-vāra 265
7 Pañha-vāra 265
Duka 23 Saṁyojana-ceva-saṁyojaniya-duka P. iii 282
1 Paṭicca-vāra 282
Duka 24 Saṁyojana-ceva-saṁyojana-sampayutta-duka P. iii 284
1 Paṭicca-vāra 284
7 Pañha-vāra 287
Duka 25 Saṁyojanavippayutta-saṁyojaniya-duka P. iii 291
1 Paṭicca-vāra 291
Duka 26 Gantha-duka P. iii 292
1 Paṭicca-vāra 292
3 Paccaya-vāra 295
7 Pañha-vāra 297
Duka 27 Ganthaniya-duka P. iii 309
1 Paṭicca-vāra 309
Duka 28 Ganthasampayutta-duka P. iii 309
1 Paṭicca-vāra 309
3 Paccaya-vāra 313
5 Saṁsaṭṭha-vāra 316
7 Pañha-vāra 318
Duka 29 Gantha-ceva-ganthaniya-duka P. iii 339
1 Paṭicca-vāra 339
7 Pañha-vāra 339
Duka 30 Gantha-ceva-gantha-sampayutta-duka P. iii 341
1 Paṭicca-vāra 341
7 Pañha-vāra 343
Duka 31 Ganthavippayutta-ganthaniya-duka P. iii 346

第一章　相縁分　336
第三十二～四十三　暴流・軛群二法　337
第一章　相縁分　337
第四十四　蓋二法　338
第一章　相縁分　338
第三章　縁依分　342
第五章　相雑分　344
第七章　問　分　345
第四十五　順蓋二法　356
第一章　相縁分　356
第四十六　蓋相応二法　357
第一章　相縁分　357
第三章　縁依分　359
第五章　相雑分　361
第七章　問　分　362
第四十七　蓋順蓋二法　372
第一章　相縁分　372
第七章　問　分　372
第四十八　蓋蓋相応二法　375
第一章　相縁分　375
第七章　問　分　377
第四十九　蓋不相応順蓋二法　382
第一章　相縁分　382
第五十　執二法　383
第一章　相縁分　383
第三章　縁依分　385
第五章　相雑分　387
第七章　問　分　387
第五十一　已執二法　399

1 Paṭicca-vāra 346
Duka 32 〜 43 Ogha-yogagocchaka-duka P. iii 347
1 Paṭicca-vāra 347
Duka 44 Nīvaraṇa-duka P. iii 347
1 Paṭicca-vāra 347
3 Paccaya-vāra 351
5 Saṁsaṭṭha-vāra 354
7 Pañha-vāra 355
Duka 45 Nīvaraṇiya-duka P. iii 366
1 Paṭicca-vāra 366
Duka 46 Nīvaraṇasampayutta-duka P. iii 366
1 Paṭicca-vāra 366
3 Paccaya-vāra 368
5 Saṁsaṭṭha-vāra 370
7 Pañha-vāra 371
Duka 47 ṇīvaraṇa-ceva-nīvaraṇiya-duka P. iii 381
1 Paṭicca-vāra 381
7 Pañha-vāra 381
Duka 48 Nīvaraṇa-ceva-nīvaraṇa-sampayutta-duka P. iii 384
1 Paṭicca-vāra 384
7 Pañha-vāra 386
Duka 49 Nīvaraṇavippayutta-nīvaraṇiya-duka P. iii 391
1 Paṭicca-vāra 391
Duka 50 Parāmāsa-duka P. iii 391
1 Paṭicca-vāra 391
3 Paccaya-vāra 393
5 Saṁsaṭṭha-vāra 395
7 Pañha-vāra 396
Duka 51 Parāmaṭṭha-duka P. iii 408

第四十九　蓋不相応順蓋二法　382
　第一章　相縁分　382
第五十　執二法　383
　第一章　相縁分　383
　第三章　縁依分　385
　第五章　相雑分　387
　第七章　問　分　387
第五十一　已執二法　399
　第一章　相縁分　399
第五十二　執相応二法　400
　第一章　相縁分　400
　第三章　縁依分　402
　第五章　相雑分　404
　第七章　問　分　405
第五十三　執已執二法　416
　第一章　相縁分　416
　第七章　問　分　417
第五十四　執不相応已執二法　419
　第一章　相縁分　419

第54巻　発 趣 論　五　山崎良順訳

第五十五　有所縁二法　1
　第一章　相縁分　1
　第三章　縁依分　5
　第五章　相雑分　8
　第七章　問　分　9
第五十六　心二法　19
　第一章　相縁分　19
　第三章　縁依分　24

Duka 49	Nīvaraṇavippayutta-nīvaraṇiya-duka	P. iii 391
1	Paṭicca-vāra	391
Duka 50	Parāmāsa-duka	P. iii 391
1	Paṭicca-vāra	391
3	Paccaya-vāra	393
5	Saṁsaṭṭha-vāra	395
7	Pañha-vāra	396
Duka 51	Parāmaṭṭha-duka	P. iii 408
1	Paṭicca-vāra	408
Duka 52	Parāmāsasampayutta-duka	P. iii 408
1	Paṭicca-vāra	408
3	Paccaya-vāra	411
5	Saṁsaṭṭha-vāra	413
7	Pañha-vāra	413
Duka 53	Parāmāsa-ceva-parāmaṭṭha-duka	P. iii 425
1	Paṭicca-vāra	425
7	Pañha-vāra	426
Duka 54	Parāmāsavippayutta-parāmaṭṭha-duka	P. iii 428
1	Paṭicca-vāra	428

Paṭṭhāna Vol. IV

Duka 55	Sārammaṇa-duka	P. iv 1
1	Paṭicca-vāra	1
3	Paccaya-vāra	5
5	Saṁsaṭṭha-vāra	9
7	Pañha-vāra	9
Duka 56	Citta-duka	P. iv 19
1	Paṭicca-vāra	19
3	Paccaya-vāra	25

第五章　相雑分　29
第七章　問　分　30
第五十七　心所二法　42
第一章　相縁分　42
第三章　縁依分　48
第五章　相雑分　51
第七章　問　分　53
第五十八　心相応二法　66
第一章　相縁分　66
第三章　縁依分　69
第五章　相雑分　72
第七章　問　分　73
第五十九　心相雑二法　83
第一章　相縁分　83
第六十　心等起二法　84
第一章　相縁分　84
第三章　縁依分　90
第五章　相雑分　93
第七章　問　分　95
第六十一　心倶有二法　111
第一章　相縁分　111
第三章　縁依分　115
第五章　相雑分　118
第七章　問　分　119
第六十二　心随転二法　128
第一章　相縁分　128
第六十三　心相雑等起二法　129
第一章　相縁分　129
第三章　縁依分　134

5	Saṁsaṭṭha-vāra		29
7	Pañha-vāra		30
Duka 57	Cetasika-duka	P. iv	42
1	Paṭicca-vāra		42
3	Paccaya-vāra		48
5	Saṁsaṭṭha-vāra		52
7	Pañha-vāra		53
Duka 58	Cittasampayutta-duka	P. iv	66
1	Paṭicca-vāra		66
3	Paccaya-vāra		70
5	Saṁsaṭṭha-vāra		73
7	Pañha-vāra		74
Duka 59	Cittasaṁsaṭṭha-duka	P. iv	83
1	Paṭicca-vāra		83
Duka 60	Cittasamuṭṭhāna-duka	P. iv	83
1	Paṭicca-vāra		83
3	Paccaya-vāra		91
5	Saṁsaṭṭha-vāra		94
7	Pañha-vāra		95
Duka 61	Cittasahabhū-duka	P. iv	112
1	Paṭicca-vāra		112
3	Paccaya-vāra		116
5	Saṁsaṭṭha-vāra		119
7	Pañha-vāra		120
Duka 62	Cittānuparivatti-duka	P. iv	129
1	Paṭicca-vāra		129
Duka 63	Cittasaṁsaṭṭha-samuṭṭhāna-duka	P. iv	129
1	Paṭicca-vāra		129
3	Paccaya-vāra		135

第五章　相雑分	137
第七章　問　分	139
第六十四　心相雑等起倶有二法	147
第一章　相縁分	147
第六十五　心相雑等起随転二法	148
第一章　相縁分	148
第六十六　内二法	149
第一章　相縁分	149
第三章　縁依分	155
第五章　相雑分	158
第七章　問　分	160
第六十七　所造二法	179
第一章　相縁分	179
第三章　縁依分	187
第五章　相雑分	191
第七章　問　分	192
第六十八　已取二法	205
第一章　相縁分	205
第三章　縁依分	211
第五章　相雑分	215
第七章　問　分	216
第六十九　取二法	232
第一章　相縁分	232
第三章　縁依分	235
第五章　相雑分	237
第七章　問　分	238
第七十　順取二法	252
第一章　相縁分	252
第七十一　取相応二法	253

5 Saṁsaṭṭha-vāra 138
7 Pañha-vāra 140
Duka 64 Cittasaṁsaṭṭha-samuṭṭhāna-sahabhū-duka P. iv 148
1 Paṭicca-vāra 148
Duka 65 Cittasaṁsaṭṭha-samuṭṭhānānu-parivatti-duka P. iv 148
1 Paṭicca-vāra 148
Duka 66 Ajjhattika-duka P. iv 149
1 Paṭicca-vāra 149
3 Paccaya-vāra 156
5 Saṁsaṭṭha-vāra 160
7 Pañha-vāra 161
Duka 67 Upādā-duka P. iv 180
1 Paṭicca-vāra 180
3 Paccaya-vāra 188
5 Saṁsaṭṭha-vāra 192
7 Pañha-vāra 192
Duka 68 Upādiṇṇa-duka P. iv 205
1 Paṭicca-vāra 205
3 Paccaya-vāra 211
5 Saṁsaṭṭha-vāra 216
7 Pañha-vāra 217
Duka 69 Upādāna-duka P. iv 233
1 Paṭicca-vāra 233
3 Paccaya-vāra 237
5 Saṁsaṭṭha-vāra 239
7 Pañha-vāra 240
Duka 70 Upādāniya-duka P. iv 254
1 Paṭicca-vāra 254
Duka 71 Upādānasampayutta-duka P. iv 254

第一章　相縁分　253
第三章　縁依分　258
第五章　相雑分　260
第七章　問　分　261
第七十二　取順取二法　276
第一章　相縁分　276
第七章　問　分　277
第七十三　取取相応二法　280
第一章　相縁分　280
第七章　問　分　281
第七十四　取不相応順取二法　286
第一章　相縁分　286
第七十五　染二法　288
第一章　相縁分　288
第三章　縁依分　291
第五章　相雑分　294
第七章　問　分　294
第七十六　順染二法　306
第一章　相縁分　306
第七十七　已染二法　307
第一章　相縁分　307
第三章　縁依分　308
第五章　相雑分　310
第七章　問　分　311
第七十八　染相応二法　321
第一章　相縁分　321
第七十九　染順染二法　322
第一章　相縁分　322
第七章　問　分　323

1 Paṭicca-vāra 254
3 Paccaya-vāra 260
5 Saṁsaṭṭha-vāra 262
7 Pañha-vāra 263
Duka 72 Upādāna-ceva-upādāniya-duka P. iv 280
1 Paṭicca-vāra 280
7 Pañha-vāra 282
Duka 73 Upādāna-ceva-upādāna-sampayutta-duka P. iv 284
1 Paṭicca-vāra 284
7 Pañha-vāra 284
Duka 74 Upādānavippayutta-upādāniya-duka P. iv 289
1 Paṭicca-vāra 289
Duka 75 Kilesa-duka P. iv 290
1 Paṭicca-vāra 290
3 Paccaya-vāra 294
5 Saṁsaṭṭha-vāra 296
7 Pañha-vāra 297
Duka 76 Saṅkilesika-duka P. iv 308
1 Paṭicca-vāra 308
Duka 77 Saṅkiliṭṭha-duka P. iv 309
1 Paṭicca-vāra 309
3 Paccaya-vāra 310
5 Saṁsaṭṭha-vāra 312
7 Pañha-vāra 313
Duka 78 Kilesasampayutta-duka P. iv 323
1 Paṭicca-vāra 323
Duka 79 Kilesa-ceva-saṅkilesika-duka P. iv 323
1 Paṭicca-vāra 323
7 Pañha-vāra 324

第八十　染已染二法　325
　第一章　相縁分　325
　第七章　問　分　327
第八十一　染染相応二法　331
　第一章　相縁分　331
第八十二　染不相応順染二法　332
　第一章　相縁分　332
第八十三　見二法　333
　第一章　相縁分　333
　第三章　縁依分　334
　第五章　相雑分　336
　第七章　問　分　337
第八十四　修二法　348
　第一章　相縁分　348
　第七章　問　分　349
第八十五　見所断因二法　355
　第一章　相縁分　355
　第三章　縁依分　358
　第五章　相雑分　361
　第七章　問　分　363
第八十六　修所断因二法　375
　第一章　相縁分　375
　第七章　問　分　375
第八十七　有尋二法　381
　第一章　相縁分　381
　第三章　縁依分　385
　第五章　相雑分　387
　第七章　問　分　389
第八十八　有伺二法　403

Duka 80	Kilesa-ceva-saṅkiliṭṭha-duka	P. iv 326
1	Paṭicca-vāra	326
7	Pañha-vāra	328
Duka 81	Kilesa-ceva-kilesasampayutta-duka	P. iv 332
1	Paṭicca-vāra	332
Duka 82	Kilesavippayutta-saṅkilesika-duka	P. iv 332
1	Paṭicca-vāra	332
Duka 83	Dassanenapahātabba-duka	P. iv 332
1	Paṭicca-vāra	332
3	Paccaya-vāra	334
5	Saṁsaṭṭha-vāra	336
7	Pañha-vāra	337
Duka 84	Bhāvanāyapahātabba-duka	P. iv 348
1	Paṭicca-vāra	348
7	Pañha-vāra	349
Duka 85	Dassanena-pahātabbahetu-duka	P. iv 356
1	Paṭicca-vāra	356
3	Paccaya-vāra	359
5	Saṁsaṭṭha-vāra	363
7	Pañha-vāra	365
Duka 86	Bhāvanāya-pahātabbahetu-duka	P. iv 378
1	Paṭicca-vāra	378
7	Pañha-vāra	379
Duka 87	Savitakka-duka	P. iv 384
1	Paṭicca-vāra	384
3	Paccaya-vāra	388
5	Saṁsaṭṭha-vāra	391
7	Pañha-vāra	392
Duka 88	Savicāra-duka	P. iv 407

第一章　相縁分	403
第八十九　有喜二法	404
第一章　相縁分	404
第三章　縁依分	406
第五章　相雑分	407
第七章　問　分	408
第九十　喜倶行二法	421
第一章　相縁分	421
第九十一　楽倶行二法	422
第一章　相縁分	422
第七章　問　分	424
第九十二　捨倶行二法	430
第一章　相縁分	430
第三章　縁依分	434
第五章　相雑分	435
第七章　問　分	436
第九十三　欲界繋二法	442
第一章　相縁分	442
第三章　縁依分	445
第五章　相雑分	448
第七章　問　分	449
第九十四　色界繋二法	461
第一章　相縁分	461
第三章　縁依分	465
第五章　相雑分	468
第七章　問　分	469
第九十五　無色界繋二法	481
第一章　相縁分	481
第三章　縁依分	484

1	Paṭicca-vāra	407
Duka 89	Sappītika-duka	P. iv 408
1	Paṭicca-vāra	408
3	Paccaya-vāra	410
5	Saṁsaṭṭha-vāra	411
7	Pañha-vāra	412
Duka 90	Pītisahagata-duka	P. iv 425
1	Paṭicca-vāra	425
Duka 91	Sukhasahagata-duka	P. iv 426
1	Paṭicca-vāra	426
7	Pañha-vāra	427
Duka 92	Upekhāsahagata-duka	P. iv 433
1	Paṭicca-vāra	433
3	Paccaya-vāra	437
5	Saṁsaṭṭha-vāra	438
7	Pañha-vāra	439
Duka 93	Kāmāvacara-duka	P. iv 445
1	Paṭicca-vāra	445
3	Paccaya-vāra	448
5	Saṁsaṭṭha-vāra	451
7	Pañha-vāra	452
Duka 94	Rūpāvacara-duka	P. iv 464
1	Paṭicca-vāra	464
3	Paccaya-vāra	468
5	Saṁsaṭṭha-vāra	471
7	Pañha-vāra	472
Duka 95	Arūpāvacara-duka	P. iv 483
1	Paṭicca-vāra	483
3	Paccaya-vāra	486

第五章　相雑分　486
第七章　問　分　487
第九十六　所摂二法　497
第一章　相縁分　497
第九十七　出離二法　498
第一章　相縁分　498
第三章　縁依分　500
第五章　相雑分　502
第七章　問　分　503
第九十八　決定二法　511
第一章　相縁分　511
第七章　問　分　511
第九十九　有上二法　520
第一章　相縁分　520
第百　有諍二法　521
第一章　相縁分　521
第三章　縁依分　522
第七章　問　分　524
大発趣論註（覚音造）　山崎良順訳
第六　二法発趣之釈　532

第55巻　発 趣 論　六　山崎良順訳

順二法三法発趣　1
第一　因二法善三法　1
第二　因二法受三法　12
第三　因二法異熟三法　20
第四　因二法已取三法　29
第五　因二法已染三法　36
第六　因二法尋三法　42

	5 Saṁsaṭṭha-vāra	488
	7 Pañha-vāra	489
Duka 96	Pariyāpanna-duka	P. iv 498
	1 Paṭicca-vāra	498
Duka 97	Niyyānika-duka	P. iv 499
	1 Paṭicca-vāra	499
	3 Paccaya-vāra	501
	5 Saṁsaṭṭha-vāra	504
	7 Pañha-vāra	504
Duka 98	Niyata-duka	P. iv 511
	1 Paṭicca-vāra	511
	7 Pañha-vāra	512
Duka 99	Sauttara-duka	P. iv 520
	1 Paṭicca-vāra	520
Duka 100	Saraṇa-duka	P. iv 520
	1 Paṭicca-vāra	520
	3 Paccaya-vāra	521
	7 Pañha-vāra	523
	Mahāpaṭṭhāna-aṭṭhakathā	PA. 664
	Dukapaṭṭhāna-vaṇṇanā	664

Paṭṭhāna Vol. V

	Duka-tika-paṭṭhāna	P. v 1
1	Hetuduka-kusalattika	1
2	Hetuduka-vedanattika	16
3	Hetuduka-vipākattika	26
4	Hetuduka-upādiṇṇattika	36
5	Hetuduka-saṅkiliṭṭhattika	45
6	Hetuduka-vitakkattika	52

第七　因二法喜三法　48
第八　因二法見三法　53
第九　因二法見所断因三法　59
第十　因二法積集趣三法　63
第十一　因二法有学三法　70
第十二　因二法小三法　76
第十三　因二法小所縁三法　82
第十四　因二法劣三法　87
第十五　因二法邪性三法　92
第十六　因二法道所縁三法　98
第十七　因二法已生三法　103
第十八　因二法過去三法　104
第十九　因二法過去所縁三法　105
第二十　因二法内三法　111
第二十一　因二法内所縁三法　115
第二十二　因二法有見有対三法　118
第二十三　有因二法善三法　121
第二十四　因相応二法善三法　127
第二十五　因有因二法善三法　132
第二十六　因因相応二法善三法　137
第二十七　非因有因二法善三法　141
第二十八　有縁二法善三法　143
第二十九　有為二法善三法　145
第三十　有見二法善三法　146
第三十一　有対二法善三法　148
第三十二　有色二法善三法　150
第三十三　世間二法善三法　152
第三十四　所識二法善三法　154
第三十五　漏二法善三法　156

7	Hetuduka-pītittika	59
8	Hetuduka-dassanattika	66
9	Hetuduka-dassanenapahātabba-hetuttika	72
10	Hetuduka-ācayagāmittika	78
11	Hetuduka-sekhattika	85
12	Hetuduka-parittattika	92
13	Hetuduka-parittārammaṇattika	99
14	Hetuduka-hīnattika	106
15	Hetuduka-micchattattika	111
16	Hetuduka-maggārammaṇattika	118
17	Hetuduka-uppannattika	124
18	Hetuduka-atītattika	125
19	Hetuduka-atītārammaṇattika	127
20	Hetuduka-ajjhattattika	134
21	Hetuduka-ajjhattārammaṇattika	139
22	Hetuduka-sanidassanasappaṭighattika	143
23	Sahetukaduka-kusalattika	146
24	Hetusampayuttaduka-kusalattika	154
25	Hetucevasahetukaduka-kusalattika	160
26	Hetucevahetusampayuttaduka-kusalattika	165
27	Nahetusahetukaduka-kusalattika	169
28	Sappaccayaduka-kusalattika	172
29	Saṅkhataduka-kusalattika	175
30	Sanidassanaduka-kusalattika	175
31	Sappaṭighaduka-kusalattika	178
32	Rūpīduka-kusalattika	180
33	Lokiyaduka-kusalattika	183
34	Kenaciviññeyyaduka-kusalattika	186
35	Asavaduka-kusalattika	188

第三十六　有漏二法善三法　157
第三十七　漏相応二法善三法　159
第三十八　漏有漏二法善三法　161
第三十九　漏漏相応二法善三法　163
第四十　漏不相応有漏二法善三法　164
第四十一　結二法善三法　167
第四十二　順結二法善三法　168
第四十三　結相応二法善三法　171
第四十四　結順結二法善三法　172
第四十五　結結相応二法善三法　174

第四十六　結不相応順結二法善三法　175
第四十七　繫二法善三法　177
第四十八　順繫二法善三法　179
第四十九　繫相応二法善三法　180
第五十　繫順繫二法善三法　182
第五十一　繫繫相応二法善三法　183
第五十二　繫不相応順繫二法善三法　184
第五十三　蓋二法善三法　186
第五十四　順蓋二法善三法　188
第五十五　蓋相応二法善三法　189
第五十六　蓋順蓋二法善三法　191
第五十七　蓋蓋相応二法善三法　192
第五十八　蓋不相応順蓋二法善三法　192
第五十九　執二法善三法　193
第六十　已執二法善三法　195
第六十一　執相応二法善三法　196
第六十二　執已執二法善三法　197
第六十三　執不相応已執二法善三法　199

36	Sāsavaduka-kusalattika	189
37	Asavasampayuttaduka-kusalattika	192
38	Asavacevasāsavaduka-kusalattika	194
39	Asavaceva-āsavasampayuttaduka-kusalattika	196
40	Asavavippayutta-āsavaduka-kusalattika	197
41	Saṁyojanaduka-kusalattika	201
42	Saṁyojaniyaduka-kusalattika	203
43	Saṁyojanasampayutta-kusalattika	205
44	Saṁyojanacevasaṁyojaniyaduka-kusalattika	207
45	Saṁyojanacevasaṁyojana-sampayuttaduka-kusalattika	209
46	Saṁyojanavippayuttaduka-kusalattika	210
47	Ganthaduka-kusalattika	213
48	Ganthaniyaduka-kusalattika	215
49	Ganthasampayuttaduka-kusalattika	216
50	Ganthacevaganthaniyaduka-kusalattika	218
51	Ganthacevaganthasampayuttaduka-kusalattika	220
52	Ganthavippayuttaganthaniyaduka-kusalattika	221
53	Nīvaraṇaduka-kusalattika	223
54	Nīvaraṇiyaduka-kusalattika	225
55	Nīvaraṇasampayuttaduka-kusalattika	227
56	Nīvaraṇacevanīvaraṇiyaduka-kusalattika	228
57	Nīvaraṇacevanīvaraṇa-sampayuttaduka-kusalattika	229
58	Nīvaraṇavippayuttanīvaraṇiyaduka-kusalattika	229
59	Parāmāsaduka-kusalattika	231
60	Parāmaṭṭhaduka-kusalattika	232
61	Parāmāsasampayuttaduka-kusalattika	233
62	Parāmāsacevaparāmaṭṭhaduka-kusalattika	235
63	Parāmāsavippayuttaparāmaṭṭhaduka-kusalattika	237

第六十四　有所縁二法善三法　200
第六十五　心二法善三法　202
第六十六　心所二法善三法　205
第六十七　心相応二法善三法　207
第六十八　心相雑二法善三法　210
第六十九　心等起二法善三法　211
第七十　心俱有二法善三法　213
第七十一　心随転二法善三法　215
第七十二　心相雑等起二法善三法　216
第七十三　心相雑等起俱有二法善三法　219
第七十四　心相雑等起随転二法善三法　220

第七十五　内二法善三法　222
第七十六　所造二法善三法　224
第七十七　已取二法善三法　226
第七十八　取二法善三法　229
第七十九　順取二法善三法　230
第八十　取相応二法善三法　232
第八十一　取順取二法善三法　233
第八十二　取取相応二法善三法　234
第八十三　取不相応順取二法善三法　235
第八十四　染二法善三法　236
第八十五　順染二法善三法　238
第八十六　已染二法善三法　239
第八十七　染相応二法善三法　240
第八十八　染順染二法善三法　242
第八十九　染已染二法善三法　243
第九十　染染相応二法善三法　243
第九十一　染不相応順染二法善三法　244

64	Sārammaṇaduka-kusalattika	238
65	Cittaduka-kusalattika	240
66	Cetasikaduka-kusalattika	244
67	Cittasampayuttaduka-kusalattika	247
68	Cittasaṁsaṭṭhaduka-kusalattika	250
69	Cittasamuṭṭhānaduka-kusalattika	251
70	Cittasahabhūduka-kusalattika	254
71	Cittānuparivattiduka-kusalattika	256
72	Cittasaṁsaṭṭhasamuṭṭhānaduka-kusalattika	257
73	Cittasaṁsaṭṭhasamuṭṭhānasahabhūduka-kusalattika	260
74	Cittasaṁsaṭṭhasamuṭṭhānānu-parivattiduka-kusalattika	262
75	Ajjhattikaduka-kusalattika	263
76	Upādāduka-kusalattika	266
77	Upādiṇṇaduka-kusalattika	269
78	Upādānaduka-kusalattika	272
79	Upādāniyaduka-kusalattika	274
80	Upādānasampayuttaduka-kusalattika	275
81	Upādānacevaupādāniyaduka-kusalattika	277
82	Upādānacevaupādāna-sampayuttaduka-kusalattika	278
83	Upādānavippayuttaupādāniyaduka-kusalattika	279
84	Kilesaduka-kusalattika	281
85	Saṅkilesikaduka-kusalattika	283
86	Saṅkiliṭṭhaduka-kusalattika	284
87	Kilesasampayuttaduka-kusalattika	285
88	Kilesacevasaṅkilesikaduka-kusalattika	286
89	Kilesacevasaṅkiliṭṭhaduka-kusalattika	288
90	Kilesacevakilesasampayuttaduka-kusalattika	288
91	Kilesavippayuttasaṅkilesikaduka-kusalattika	289

第九十二　見所断二法善三法　245
第九十三　修所断二法善三法　246
第九十四　見所断因二法善三法　247
第九十五　修所断因二法善三法　249
第九十六　有尋二法善三法　249
第九十七　有伺二法善三法　253
第九十八　有喜二法善三法　254
第九十九　喜倶行二法善三法　257
第百　楽倶行二法善三法　257
第百一　捨倶行二法善三法　257
第百二　欲界繋二法善三法　258
第百三　色界繋二法善三法　260
第百四　無色界繋二法善三法　261
第百五　所摂二法善三法　263
第百六　出離二法善三法　264
第百七　決定二法善三法　264
第百八　有上二法善三法　266
第百九　有諍二法善三法　266
第百十　有諍二法受三法　267
第百十一　有諍二法異熟三法　268
第百十二　有諍二法已取三法　269
第百十三　有諍二法已染三法　270
第百十四　有諍二法尋三法　271
第百十五　有諍二法喜三法　271
第百十六　有諍二法見三法　272
第百十七　有諍二法見所断因三法　273
第百十八　有諍二法積集趣三法　274
第百十九　有諍二法有学三法　275
第百二十　有諍二法小三法　275

92	Dassanenapahātabbaduka-kusalattika	290
93	Bhāvanāyapahātabbaduka-kusalattika	292
94	Dassanenapahātabbahetuduka-kusalattika	293
95	Bhāvanāyapahātabbahetuduka-kusalattika	295
96	Savitakkaduka-kusalattika	296
97	Savicāraduka-kusalattika	300
98	Sappītikaduka-kusalattika	302
99	Pītisahagataduka-kusalattika	305
100	Sukhasahagataduka-kusalattika	305
101	Upekhāsahagataduka-kusalattika	305
102	Kāmāvacaraduka-kusalattika	306
103	Rūpāvacaraduka-kusalattika	308
104	Arūpāvacaraduka-kusalattika	310
105	Pariyāpannaduka-kusalattika	312
106	Niyyānikaduka-kusalattika	313
107	Niyataduka-kusalattika	314
108	Sauttaraduka-kusalattika	315
109	Saraṇaduka-kusalattika	316
110	Saraṇaduka-vedanāttika	317
111	Saraṇaduka-vipākattika	318
112	Saraṇaduka-upādiṇṇattika	319
113	Saraṇaduka-saṅkiliṭṭhattika	320
114	Saraṇaduka-vitakkattika	321
115	Saraṇaduka-pītittika	321
116	Saraṇaduka-dassanattika	322
117	Saraṇaduka-dassanenapahātabbahetuttika	323
118	Saraṇaduka-ācayagāmittika	324
119	Saraṇaduka-sekhattika	325
120	Saraṇaduka-parittattika	326

第百二十一　有諍二法小所縁三法　276
第百二十二　有諍二法劣三法　277
第百二十三　有諍二法邪性三法　278
第百二十四　有諍二法道所縁三法　278
第百二十五　有諍二法已生三法　279
第百二十六　有諍二法過去三法　280
第百二十七　有諍二法過去所縁三法　280
第百二十八　有諍二法内三法　281
第百二十九　有諍二法内所縁三法　282
第百三十　有諍二法有見三法　282
順三法二法発趣　284
第一　善三法因二法　284
第二　受三法因二法　291
第三　異熟三法因二法　295
第四　已取三法因二法　299
第五　已染三法因二法　303
第六　尋三法因二法　306
第七　喜三法因二法　314
第八　見三法因二法　319
第九　見所断因三法因二法　322
第十　積集趣三法因二法　324
第十一　有学三法因二法　330
第十二　小三法因二法　334
第十三　小所縁三法因二法　337
第十四　劣三法因二法　340
第十五　邪性三法因二法　342
第十六　道所縁三法因二法　346
第十七　已生三法因二法　352
第十八　過去三法因二法　354

121 Saraṇaduka-parittārammaṇattika 326
122 Saraṇaduka-hīnattika 327
123 Saraṇaduka-micchattattika 328
124 Saraṇaduka-maggārammaṇattika 329
125 Saraṇaduka-uppannattika 329
126 Saraṇaduka-atītattika 330
127 Saraṇaduka-atītārammaṇattika 330
128 Saraṇaduka-ajjhattattika 332
129 Saraṇaduka-ajjhattārammaṇattika 332
130 Saraṇaduka-sanidasanattika 333
Tika-duka-paṭṭhāna P. v 335
1 Kusalattika-hetuduka 335
2 Vedanāttika-hetuduka 344
3 Vipākattika-hetuduka 349
4 Upādiṇṇattika-hetuduka 354
5 Saṅkiliṭṭhattika-hetuduka 359
6 Vitakkattika-hetuduka 364
7 Pītittika-hetuduka 374
8 Dassanattika-hetuduka 380
9 Dassanenapahātabbahetuttika-hetuduka 384
10 Ācayagāmittika-hetuduka 387
11 Sekhattika-hetuduka 393
12 Parittattika-hetuduka 398
13 Parittārammaṇattika-hetuduka 402
14 Hīnattika-hetuduka 405
15 Micchattattika-hetuduka 407
16 Maggārammaṇattika-hetuduka 412
17 Uppannattika-hetuduka 419
18 Atītattika-hetuduka 421

第十九	過去所縁三法因二法	355
第二十	内三法因二法	357
第二十一	内所縁三法因二法	360
第二十二	有見三法因二法	362
第二十三	善三法有因二法	364
第二十四	善三法因相応二法	368
第二十五	善三法因有因二法	371
第二十六	善三法因因相応二法	374
第二十七	善三法非因有因二法	376
第二十八	善三法有縁二法	377
第二十九	善三法有為二法	379
第三十	善三法有見二法	379
第三十一	善三法有対二法	381
第三十二	善三法有色二法	382
第三十三	善三法世間二法	384
第三十四	善三法所識二法	386
第三十五	善三法漏二法	388
第三十六	善三法有漏二法	389
第三十七	善三法漏相応二法	391
第三十八	善三法漏有漏二法	392
第三十九	善三法漏漏相応二法	394
第四十	善三法漏不相応有漏二法	394
第四十一	善三法六群二法	396
第四十二	善三法有所縁二法	396
第四十三	善三法心二法	398
第四十四	善三法心所二法	399
第四十五	善三法心相応等八二法	400
第四十六	善三法内二法	401
第四十七	善三法所造二法	402

19	Atītārammaṇattika-hetuduka	423
20	Ajjhattattika-hetuduka	425
21	Ajjhattārammaṇattika-hetuduka	428
22	Sanidassanattika-hetuduka	430
23	Kusalattika-sahetukaduka	434
24	Kusalattika-hetusampayuttaduka	436
25	Kusalattika-hetucevasahetukaduka	441
26	Kusalattika-hetucevahetu-sampayuttaduka	444
27	Kusalattika-nahetusahetukaduka	447
28	Kusalattika-sappaccayaduka	448
29	Kusalattika-saṅkhataduka	451
30	Kusalattika-sanidassanaduka	451
31	Kusalattika-sappaṭighaduka	453
32	Kusalattika-rūpīduka	455
33	Kusalattika-lokiyaduka	456
34	Kusalattika-kenaciviññeyyaduka	459
35	Kusalattika-āsavaduka	461
36	Kusalattika-sāsavaduka	463
37	Kusalattika-āsavasampayuttaduka	465
38	Kusalattika-āsavacevasāsavaduka	467
39	Kusalattika-āsavaceva-āsavasampayuttaduka	468
40	Kusalattika-āsavavippayuttasāsavaduka	469
41	Kusalattika-chagottakaduka	471
42	Kusalattika-sārammaṇaduka	472
43	Kusalattika-cittaduka	473
44	Kusalattika-cetasikaduka	475
45	Kusalattika-cittasampayuttaduka	476
46	Kusalattika-ajjhattikaduka	477
47	Kusalattika-upādāduka	478

第四十八　善三法已取二法　403
第四十九　善三法取群二法　404
第五十　善三法染二法　404
第五十一　善三法順染二法　405
第五十二　善三法已染二法　407
第五十三　善三法染相応二法　408
第五十四　善三法染順染二法　408
第五十五　善三法染已染二法　409
第五十六　善三法染染相応二法　410
第五十七　善三法染不相応順染二法　410
第五十八　善三法見所断二法　412
第五十九　善三法修所断二法　413
第六十　善三法見所断因二法　414
第六十一　善三法修所断因二法　414
第六十二　善三法有尋二法　415
第六十三　善三法有伺二法　416
第六十四　善三法有喜二法　416
第六十五　善三法喜倶行等三二法　418
第六十六　善三法欲界繫二法　418
第六十七　善三法色界繫二法　420
第六十八　善三法無色界繫二法　421
第六十九　善三法所摂二法　421
第七十　善三法出離二法　423
第七十一　善三法決定二法　423
第七十二　善三法有上二法　424
第七十三　善三法有諍二法　425
第七十四　受三法有諍二法　427
第七十五　異熟三法有諍二法　428
第七十六　已取三法有諍二法　429

48	Kusalattika-upādiṇṇaduka	479
49	Kusalattika-upādānagocchakaduka	481
50	Kusalattika-kilesaduka	481
51	Kusalattika-saṅkilesikaduka	482
52	Kusalattika-saṅkiliṭṭhaduka	484
53	Kusalattika-kilesasampayuttaduka	485
54	Kusalattika-kilesacevasaṅkilesikaduka	486
55	Kusalattika-kilesacevasaṅkiliṭṭhaduka	487
56	Kusalattika-kilesacevakilesasampayuttaduka	488
57	Kusalattika-kilesavippayuttasaṅkilesikaduka	488
58	Kusalattika-dassanenapahātabbaduka	490
59	Kusalattika-bhāvanāyapahātabbaduka	492
60	Kusalattika-dassanenapahātabbahetuduka	492
61	Kusalattika-bhāvanāya-pahātabbahetuduka	493
62	Kusalattika-savitakkaduka	493
63	Kusalattika-savicāraduka	495
64	Kusalattika-sappītikaduka	495
65	Kusalattika-pītisahagatāditiduka	497
66	Kusalattika-kāmāvacaraduka	497
67	Kusalattika-rūpāvacaraduka	499
68	Kusalattika-arūpāvacaraduka	500
69	Kusalattika-pariyāpannaduka	501
70	Kusalattika-niyyānikaduka	503
71	Kusalattika-niyataduka	503
72	Kusalattika-sauttaraduka	504
73	Kusalattika-saraṇaduka	506
74	Vedanāttika-saraṇaduka	507
75	Vipākattika-saraṇaduka	508
76	Upādiṇṇattika-saraṇaduka	510

第七十七　已染三法有諍二法　430
第七十八　尋三法有諍二法　431
第七十九　喜三法有諍二法　432
第八十　見三法有諍二法　433
第八十一　見所断因三法有諍二法　434
第八十二　積集趣三法有諍二法　434
第八十三　有学三法有諍二法　435
第八十四　小三法有諍二法　436
第八十五　小所縁三法有諍二法　437
第八十六　劣三法有諍二法　438
第八十七　邪性三法有諍二法　438
第八十八　道所縁三法有諍二法　439
第八十九　已生三法有諍二法　440
第九十　過去三法有諍二法　441
第九十一　過去所縁三法有諍二法　441
第九十二　内三法有諍二法　442
第九十三　内所縁三法有諍二法　443
第九十四　有見三法有諍二法　444

第56巻　発 趣 論　七　山崎良順訳

順三法三法発趣　1
第一　善三法受三法　1
第二　善三法異熟三法　3
第三　善三法已取三法　4
第四　善三法已染三法　5
第五　善三法尋三法　6
第六　善三法喜三法　7
第七　善三法見三法　9
第八　善三法見所断因三法　9

77 Saṅkiliṭṭhattika-saraṇaduka 511
78 Vitakkattika-saraṇaduka 512
79 Pītittika-saraṇaduka 513
80 Dassanattika-saraṇaduka 514
81 Dassanenapahātabbahetuttika-saraṇaduka 515
82 Ācayagāmittika-saraṇaduka 515
83 Sekhattika-saraṇaduka 517
84 Parittattika-saraṇaduka 518
85 Parittārammaṇattika-saraṇaduka 519
86 Hīnattika-saraṇaduka 520
87 Micchattattika-saraṇaduka 520
88 Maggārammaṇattika-saraṇaduka 521
89 Uppannattika-saraṇaduka 522
90 Atītattika-saraṇaduka 523
91 Atītārammaṇattika-saraṇaduka 523
92 Ajjhattattika-saraṇaduka 525
93 Ajjhattārammaṇattika-saraṇaduka 525
94 Sanidassanattika-saraṇaduka 526

Tika-tika-paṭṭhāna P. v 529
1 Kusalattika-vedanāttika 529
2 Kusalattika-vipākattika 532
3 Kusalattika-upādiṇṇattika 533
4 Kusalattika-saṅkiliṭṭhattika 535
5 Kusalattika-vitakkattika 536
6 Kusalattika-pītittika 537
7 Kusalattika-dassanattika 539
8 Kusalattika-dassanenapahātabbahetuttika 539

第九　善三法積集趣三法　10
第十　善三法有学三法　11
第十一　善三法小三法　12
第十二　善三法小所縁三法　13
第十三　善三法劣三法　14
第十四　善三法邪性三法　15
第十五　善三法道所縁三法　17
第十六　善三法已生三法　17
第十七　善三法過去三法　17
第十八　善三法過去所縁三法　17
第十九　善三法内三法　19
第二十　善三法内所縁三法　20
第二十一　善三法有見三法　21
第二十二　受三法善三法　21
第二十三　異熟三法善三法　22
第二十四　已取三法善三法　23
第二十五　已染三法善三法　24
第二十六　尋三法善三法　24
第二十七　喜三法善三法　25
第二十八　見三法善三法　25
第二十九　見所断因三法善三法　26
第三十　積集趣三法善三法　26
第三十一　有学三法善三法　27
第三十二　小三法善三法　27
第三十三　小所縁三法善三法　27
第三十四　劣三法善三法　28
第三十五　邪性三法善三法　28
第三十六　道所縁三法善三法　29
第三十七　已生三法善三法　29

9	Kusalattika-ācayagāmittika	540
10	Kusalattika-sekhattika	541
11	Kusalattika-parittattika	542
12	Kusalattika-parittārammaṇattika	544
13	Kusalattika-hīnattika	545
14	Kusalattika-micchattattika	547
15	Kusalattika-maggārammaṇattika	548
16	Kusalattika-uppannattika	549
17	Kusalattika-atītattika	549
18	Kusalattika-atītārammaṇattika	549
19	Kusalattika-ajjhattattika	551
20	Kusalattika-ajjhattārammaṇattika	553
21	Kusalattika-sanidassanattika	553
22	Vedanāttika-kusalattika	554
23	Vipākattika-kusalattika	555
24	Upādiṇṇattika-kusalattika	556
25	Saṅkiliṭṭhattika-kusalattika	557
26	Vitakkattika-kusalattika	558
27	Pītittika-kusalattika	558
28	Dassanattika-kusalattika	559
29	Dassanenapahātabbahetuttika-kusalattika	560
30	Ācayagāmittika-kusalattika	561
31	Sekhattika-kusalattika	561
32	Parittattika-kusalattika	562
33	Parittārammaṇattika-kusalattika	563
34	Hīnattika-kusalattika	564
35	Micchattattika-kusalattika	564
36	Maggārammaṇattika-kusalattika	565
37	Uppannattika-kusalattika	566

第三十八　過去三法善三法　29
第三十九　過去所縁三法善三法　30
第四十　内三法善三法　30
第四十一　内所縁三法善三法　31
第四十二　有見三法善三法　31

順二法二法発趣　33

第一　因二法有因二法　33
第二　因二法因相応二法　35
第三　因二法因有因二法　36
第四　因二法因因相応二法　37
第五　因二法非因有因二法　37
第六　因二法有縁二法　37
第七　因二法有為二法　38
第八　因二法有見二法　38
第九　因二法有対二法　38
第十　因二法有色二法　39
第十一　因二法世間二法　39
第十二　因二法所識二法　40
第十三　因二法漏二法　40
第十四　因二法有漏二法　41
第十五　因二法漏相応二法　42
第十六　因二法漏有漏二法　42
第十七　因二法漏漏相応二法　42
第十八　因二法漏不相応有漏二法　43
第十九　因二法六群二法　43
第二十　因二法有所縁二法　43
第二十一　因二法心二法　44
第二十二　因二法心所二法　44
第二十三　因二法心相応二法　44

38 Atītattika-kusalattika 566
39 Atītārammaṇattika-kusalattika 567
40 Ajjhattattika-kusalattika 568
41 Ajjhattārammaṇattika-kusalattika 568
42 Sanidassanattika-kusalattika 569
Duka-duka-paṭṭhāna P. v 571
1 Hetuduka-sahetukaduka 571
2 Hetuduka-hetusampayuttaduka 574
3 Hetuduka-hetucevasahetukaduka 576
4 Hetuduka-hetucevahetusampayuttaduka 576
5 Hetuduka-nahetusahetukaduka 576
6 Hetuduka-sappaccayaduka 577
7 Hetuduka-saṅkhataduka 577
8 Hetuduka-sanidassanaduka 578
9 Hetuduka-sappaṭighaduka 578
10 Hetuduka-rūpīduka 579
11 Hetuduka-lokiyaduka 580
12 Hetuduka-kenaciviññeyyaduka 580
13 Hetuduka-āsavaduka 581
14 Hetuduka-sāsavaduka 582
15 Hetuduka-āsavasampayuttaduka 583
16 Hetuduka-āsavacevasāsavaduka 583
17 Hetuduka-āsavacevāsavasampayuttaduka 584
18 Hetuduka-āsavavippayuttasāsavaduka 584
19 Hetuduka-chagocchakaduka 585
20 Hetuduka-sārammaṇaduka 585
21 Hetuduka-cittaduka 586
22 Hetuduka-cetasikaduka 586
23 Hetuduka-cittasampayuttaduka 586

第二十四　因二法心相雑二法　44
第二十五　因二法心等起二法　45
第二十六　因二法心倶有二法　45
第二十七　因二法心随転二法　45
第二十八　因二法心相雑等起二法　45
第二十九　因二法心相雑等起倶有二法　45
第三十　因二法心相雑等起随転二法　46
第三十一　因二法内二法　46
第三十二　因二法所造二法　46
第三十三　因二法已取二法　46
第三十四　因二法取群二法　47
第三十五　因二法染群二法　47
第三十六　因二法爾後二法　47
第三十七　有因二法因二法　49
第三十八　因相応二法因二法　49
第三十九　因有因二法因二法　49
第四十　因因相応二法因二法　49
第四十一　非因有因二法因二法　49
第四十二　小二法因二法　50
第四十三　漏群二法因二法　51
第四十四　六群二法因二法　52
第四十五　大二法因二法　52
第四十六　取群二法因二法　52
第四十七　染群二法因二法　52
第四十八　爾後二法因二法　52

〔逆発趣〕　54
逆三法発趣　54

24 Hetuduka-cittasaṁsaṭṭhaduka 587
25 Hetuduka-cittasamuṭṭhānaduka 587
26 Hetuduka-cittasahabhūduka 588
27 Hetuduka-cittānuparivattiduka 588
28 Hetuduka-cittasaṁsaṭṭhasamuṭṭhānaduka 588
29 Hetuduka-cittasaṁsaṭṭhasamuṭṭhānasahabhūduka 589
30 Hetuduka-cittasaṁsaṭṭhasamuṭṭhānānu-parivattiduka 589
31 Hetuduka-ajjhattikaduka 590
32 Hetuduka-upādāduka 590
33 Hetuduka-upādiṇṇaduka 590
34 Hetuduka-upādānagocchakaduka 591
35 Hetuduka-kilesagocchakaduka 591
36 Hetuduka-piṭṭhiduka 591
37 Sahetukaduka-hetuduka 593
38 Hetusampayuttaduka-hetuduka 594
39 Hetucevasahetukaduka-hetuduka 594
40 Hetucevahetusampayuttaduka-hetuduka 594
41 Nahetusahetukaduka-hetuduka 595
42 Parittaduka-hetuduka 595
43 Āsavagocchakaduka-hetuduka 596
44 Chagocchakaduka-hetuduka 598
45 Mahaggataduka-hetuduka 598
46 Upādānagocchakaduka-hetuduka 599
47 Kilesagocchakaduka-hetuduka 599
48 Piṭṭhiduka-hetuduka 599

Paṭṭhāna Vol. VI

[Paccanīya-paṭṭhāna] P. vi 1
1 Paccanīya-tikapaṭṭhāna 1

逆二法発趣　64
逆二法三法発趣　97
逆三法二法発趣　114
逆三法三法発趣　130
逆二法二法発趣　153
〔順逆発趣〕　169
順逆三法発趣　169
順逆二法発趣　194
順逆二法三法発趣　212
順逆三法二法発趣　239
順逆三法三法発趣　294
順逆二法二法発趣　315
〔逆順発趣〕　346
逆順三法発趣　346
逆順二法発趣　357
逆順二法三法発趣　374
逆順三法二法発趣　416
逆順三法三法発趣　453
逆順二法二法発趣　484
大発趣論註（覚音造）　山崎良順訳
第七　二法三法発趣之釈　514
第八　三法二法発趣之釈　515
第九　三法三法発趣之釈　516
第十　二法二法発趣之釈　517
第十一　順発趣之釈　517
第十二　逆発趣之釈　518
第十三　順逆発趣之釈　519
第十四　逆順発趣之釈　520
後之釈　521

2	Paccanīya-dukapaṭṭhāna	13
3	Paccanīya-dukatikapaṭṭhāna	52
4	Paccanīya-tikadukapaṭṭhāna	71
5	Paccanīya-tikatikapaṭṭhāna	90
6	Paccanīya-dukadukapaṭṭhāna	117
	[Anuloma-paccanīya-paṭṭhāna]	P. vi 135
1	Anulomapaccanīya-tikapaṭṭhāna	135
2	Anulomapaccanīya-dukapaṭṭhāna	168
3	Anulomapaccanīya-dukatikapaṭṭhāna	188
4	Anulomapaccanīya-tikadukapaṭṭhāna	225
5	Anulomapaccanīya-tikatikapaṭṭhāna	294
6	Anulomapaccanīya-dukadukapaṭṭhāna	320
	[Paccanīyānuloma-paṭṭhāna]	P. vi 353
1	Paccanīyānuloma-tikapaṭṭhāna	353
2	Paccanīyānuloma-dukapaṭṭhāna	366
3	Paccanīyānuloma-dukatikapaṭṭhāna	385
4	Paccanīyānuloma-tikadukapaṭṭhāna	433
5	Paccanīyānuloma-tikatikapaṭṭhāna	474
6	Paccanīyānuloma-dukadukapaṭṭhāna	508
Mahāpaṭṭhāna-aṭṭhakathā		PA. 666
	Dukatikapaṭṭhāna-vaṇṇanā	666
	Tikadukapaṭṭhāna-vaṇṇanā	668
	Tikatikapaṭṭhāna-vaṇṇanā	669
	Dukadukapaṭṭhāna-vaṇṇanā	669
	Anulomapaṭṭhāna-vaṇṇanā	670
	Paccanīyapaṭṭhāna-vaṇṇanā	670
	Anulomapaccanīyapaṭṭhāna-vaṇṇanā	672
	Paccanīyānulomapaṭṭhāna-vaṇṇanā	673
	Nigamanakathā	674

第57巻　論　　事　一

論　事　1
大五十　1
大　品　佐藤密雄訳　1
第一章　補特伽羅論　1
第一節　隨負第一　2
第二節　隨負第二　7
第三節　隨負第三　11
第四節　隨負第四　12
第五節　隨負第五　13
第六節　隨負第六　14
第七節　隨負第七　15
第八節　隨負第八　16
第九節　根本適用　17
第十節　譬喩結合　23
第十一節　四結合　32
第十二節　相問説　39
第十三節　語吟味　39
第十四節　施設問　41
第十五節　趣転生門死結生問　45
第十六節　所依施設問　53
第十七節　善品第一　66
第十八節　神通徴問　78
第十九節　補特伽羅論　79
第二章　阿羅漢退論　100
第三章　梵行論　130
第四章　分断論　142
第五章　捨離論　150

Kathā-vatthu [Abhidhamma 5]

Kathā-vatthu [KV 1 ～ 23] KV. 1
I Mahāpaṇṇāsaka [KV 1 ～ 5] 1
1 Mahā-vagga [KV 1 1 ～ 10] KV. 1
1 Puggala-kathā [KV 1 1] 1
(1) Paṭhama-niggaha 1
(2) Dutiya-niggaha 4
(3) Tatiya-niggaha 8
(4) Catuttha-niggaha 8
(5) Pañcama-niggaha 9
(6) Chaṭṭha-niggaha 9
(7) Sattama-niggaha 10
(8) Aṭṭhama-niggaha 10
(9) Suddhika-saṁsandana 11
(10) Opamma-saṁsandana 14
(11) Catukkanaya-saṁsandana 20
(12) Lakkhaṇāyutti-kathā 24
(13) Vacanasodhana 24
(14) Paññattānuyoga 25
(15) Gatiparivattimukhena cutipaṭisandhānuyoga 28
(16) Upādāpaññattānuyoga 34
(17) Kalyāṇavagga paṭhama 45
(18) Abhiññānuyoga 55
(19) Puggala-kathā 56
2 Parihāni-kathā [KV 1 2] KV. 69
3 Brahmacariya-kathā [KV 1 3] 93
4 Odhiso-kathā [KV 1 4] 103
5 Jahati-kathā [KV 1 5] 109

第六章　一切有論　157
第七章　過去等蘊論　192
第八章　一分有論　201
第九章　念処論　207
第十章　如是有論　212
第二品　佐藤良智訳　221
第一章　他所与論　221
第二章　無知論　231
第三章　猶予論　241
第四章　他令入論　250
第五章　語発表論　258
第六章　苦導入論　268
第七章　心住論　269
第八章　煻煨論　274
第九章　漸現観論　279
第十章　言説論　289
第十一章　滅　論　294
第三品　297
第一章　力　論　297
第二章　聖　論　302
第三章　解脱論　308
第四章　正解脱論　311
第五章　第八人論　314
第六章　第八人根論　318
第七章　天眼論　323
第八章　天耳論　326
第九章　如業所往智論　328
第十章　律儀論　330
第十一章　無想論　334

6 Sabbamatthīti-kathā [KV 1 6] 115
7 Atītaṁ-khandhāti-kathā [KV 1 7] 143
8 Ekaccaṁ atthīti-kathā [KV 1 8] 151
9 Satipaṭṭhāna-kathā [KV 1 9] 155
10 Hevatthi-kathā [KV 1 10] 159
2 Dutiya-vagga [KV 2 1 ～ 11] KV. 163
1 Parūpahāra-kathā [KV 2 1] 163
2 Aññāṇa-kathā [KV 2 2] 173
3 Kaṅkhā-kathā [KV 2 3] 180
4 Paravitāraṇa-kathā [KV 2 4] 187
5 Vacībheda-kathā [KV 2 5] 195
6 Dukkhāhāra-kathā [KV 2 6] 203
7 Cittaṭṭhiti-kathā [KV 2 7] 204
8 Kukkuḷa-kathā [KV 2 8] 208
9 Anupubbābhisamaya-kathā [KV 2 9] 212
10 Vohāra-kathā [KV 2 10] 221
11 Nirodha-kathā [KV 2 11] 225
3 Tatiya-vagga [KV 3 1 ～ 12] KV. 228
1 Bala-kathā [KV 3 1] 228
2 Ariyan ti kathā [KV 3 2] 232
3 Vimutti-kathā [KV 3 3] 238
4 Vimuccamāna-kathā [KV 3 4] 241
5 Aṭṭhamaka-kathā [KV 3 5] 243
6 Aṭṭhamakassa indriya-kathā [KV 3 6] 247
7 Dibbacakkhu-kathā [KV 3 7] 251
8 Dibbasota-kathā [KV 3 8] 254
9 Yathākammūpagatañāṇa-kathā [KV 3 9] 256
10 Saṁvara-kathā [KV 3 10] 258
11 Asañña-kathā [KV 3 11] 260

第十二章　非想非々想処論　337
第四品　342
第一章　家住阿羅漢論　342
第二章　生阿羅漢論　344
第三章　無漏論　347
第四章　具足論　351
第五章　捨具足論　358
第六章　由菩提覚者論　359
第七章　相　論　363
第八章　入決定論　366
第九章　余者具足論　372
第十章　断結論　379
第五品　383
第一章　解脱論　383
第二章　無学智論　386
第三章　顚倒論　388
第四章　決定論　391
第五章　無礙解論　394
第六章　世俗智論　395
第七章　心所縁論　397
第八章　未来智論　399
第九章　現在智論　400
第十章　果智論　402

第58巻　論　　事　二

第二五十　1
第六品　佐藤良智訳　1
第一章　決定論　1
第二章　縁起論　4

12 Nevasaññānāsaññāyatana-kathā [KV 3 12] 263

4 Catuttha-vagga [KV 4 1 ～ 10] KV. 267

1 Gihī'ssa arahā ti kathā [KV 4 1] 267

2 Uppatti-kathā [KV 4 2] 268

3 Anāsava-kathā [KV 4 3] 271

4 Samannāgata-kathā [KV 4 4] 274

5 Upekkhāsamannāgata-kathā [KV 4 5] 280

6 Bodhiyā buddho ti kathā [KV 4 6] 281

7 Lakkhaṇa-kathā [KV 4 7] 283

8 Niyāmokkanti-kathā [KV 4 8] 286

9 Aparāpi samannāgata-kathā [KV 4 9] 290

10 Saññojanappahāna-kathā [KV 4 10] 298

5 Pañcama-vagga [KV 5 1 ～ 10] KV. 301

1 Vimutti-kathā [KV 5 1] 301

2 Asekhañāṇa-kathā [KV 5 2] 303

3 Viparīta-kathā [KV 5 3] 305

4 Niyāma-kathā [KV 5 4] 307

5 Paṭisambhidā-kathā [KV 5 5] 309

6 Sammutiñāṇa-kathā [KV 5 6] 310

7 Cittārammaṇa-kathā [KV 5 7] 311

8 Anāgatañāṇa-kathā [KV 5 8] 313

9 Paccuppannañāṇa-kathā [KV 5 9] 314

10 Phalañāṇa-kathā [KV 5 10] 315

II Dutiyapaṇṇāsaka [KV 6 ～ 10] 317

6 Chaṭṭha-vagga [KV 6 1 ～ 8] KV. 317

1 Niyāma-kathā [KV 6 1] 317

2 Paṭiccasamuppāda-kathā [KV 6 2] 319

第三章　諦　論　8
第四章　無色論　12
第五章　滅尽定論　14
第六章　虚空論　16
第七章　虚空有見論　18
第八章　地界有見等論　20
第七品　24
第一章　摂　論　24
第二章　相応論　26
第三章　心所法論　28
第四章　施　論　30
第五章　受用所成福論　36
第六章　此処施論　43
第七章　地業異熟論　47
第八章　老死異熟論　52
第九章　聖法異熟論　55
第十章　異熟法法論　59
第八品　63
第一章　趣　論　63
第二章　中有論　64
第三章　〔五〕種欲論　71
第四章　欲　論　76
第五章　色界論　77
第六章　無色論　80
第七章　色界処論　82
第八章　無色〔界〕有色論　87
第九章　色業論　89
第十章　命根論　104
第十一章　業因論　109

3 Sacca-kathā [KV 6 3] 322
4 Āruppa-kathā [KV 6 4] 325
5 Nirodhasamāpatti-kathā [KV 6 5] 327
6 Ākāsa-kathā [KV 6 6] 328
7 Ākāso sanidassano ti kathā [KV 6 7] 330
8 Paṭhavīdhātu sanidassanā ti ādi-kathā [KV 6 8] 331
7 Sattama-vagga [KV 7 1 ～ 10] KV. 335
1 Saṁgahīta-kathā [KV 7 1] 335
2 Sampayutta-kathā [KV 7 2] 337
3 Cetasika-kathā [KV 7 3] 338
4 Dāna-kathā [KV 7 4] 339
5 Paribhogamayapuñña-kathā [KV 7 5] 343
6 Ito dinna-kathā [KV 7 6] 347
7 Paṭhavī kammavipāka-kathā [KV 7 7] 349
8 Jarāmaraṇaṁ vipāko ti kathā [KV 7 8] 353
9 Ariyadhammavipāka-kathā [KV 7 9] 355
10 Vipākadhammadhammo ti kathā [KV 7 10] 357
8 Aṭṭhama-vagga [KV 8 1 ～ 11] KV. 360
1 Gati-kathā [KV 8 1] 360
2 Antarābhava-kathā [KV 8 2] 361
3 Kāmaguṇa-kathā [KV 8 3] 366
4 Kāma-kathā [KV 8 4] 369
5 Rūpadhātu-kathā [KV 8 5] 370
6 Arūpadhātu-kathā [KV 8 6] 372
7 Rūpadhātuyā āyatana-kathā [KV 8 7] 374
8 Aruppe rūpa-kathā [KV 8 8] 378
9 Rūpaṁ kamman ti kathā [KV 8 9] 380
10 Jīvitindriya-kathā [KV 8 10] 394
11 Kammahetu-kathā [KV 8 11] 398

第九品　112
　第一章　功徳論　112
　第二章　不死所縁論　115
　第三章　色有所縁論　119
　第四章　随眠無所縁論　121
　第五章　智無所縁論　125
　第六章　過去所縁論　127
　第七章　未来所縁論　128
　第八章　尋随伴論　130
　第九章　尋演出声論　131
　第十章　語不如心論　132
　第十一章　身業不如心論　135
　第十二章　過去未来現在論　137
第十品　141
　第一章　滅　論　141
　第二章　色道論　143
　第三章　五識具足者道論　146
　第四章　五識善不善論　150
　第五章　五識有観念論　153
　第六章　二戒論　156
　第七章　戒非心所論　159
　第八章　戒非心随転論　163
　第九章　受戒因論　165
　第十章　表戒論　167
　第十一章　無表悪戒論　169
第三五十　173
第十一品　173
　第一章　三亦随眠論　173
　第二章　智　論　180

9 Navama-vagga [KV 9 1 ~ 12] KV. 400
1 Ānisaṁsa-kathā [KV 9 1] 400
2 Amatārammaṇa-kathā [KV 9 2] 401
3 Rūpaṁ sārammaṇan ti kathā [KV 9 3] 404
4 Anusayā anārammaṇā ti kathā [KV 9 4] 405
5 Ñāṇaṁ anārammaṇan ti kathā [KV 9 5] 409
6 Atītārammaṇa-kathā [KV 9 6] 410
7 Anāgatārammaṇa-kathā [KV 9 7] 411
8 Vitakkānupatita-kathā [KV 9 8] 412
9 Vitakkavipphārasadda-kathā [KV 9 9] 413
10 Na yathā cittassa vācā ti kathā [KV 9 10] 414
11 Na yathā cittassa kāyamman ti kathā [KV 9 11] 416
12 Atītānāgatapaccuppanna-kathā [KV 9 12] 417
10 Dasama-vagga [KV 10 1 ~ 11] KV. 421
1 Nirodha-kathā [KV 10 1] 421
2 Rupaṁ maggo ti kathā [KV 10 2] 422
3 Pañcaviññāṇasamaṅgissa magga-kathā [KV 10 3] 424
4 Pañcaviññāṇā kusalā pīti kathā [KV 10 4] 427
5 Sābhoga-kathā [KV 10 5] 429
6 Dvīhi sīlehīti kathā [KV 10 6] 431
7 Sīlaṁ acetasikan ti kathā [KV 10 7] 433
8 Sīlaṁ na cittānuparivattīti kathā [KV 10 8] 437
9 Samādānahetuka-kathā [KV 10 9] 439
10 Viññatti sīlan ti kathā [KV 10 10] 440
11 Aviññatti dussīlyan ti kathā [KV 10 11] 441
III Tatiya-paṇṇāsaka [KV 11 ~ 15] 444
11 Ekādasama-vagga [KV 11 1 ~ 8] KV. 444
1 Tisso pi anusaya-kathā [KV 11 1] 444
2 Ñāṇa-kathā [KV 11 2] 450

第58巻　論　　事　二

第三章　智心不相応論　181
第四章　是苦論　183
第五章　神力論　187
第六章　定　論　191
第七章　法住性論　193
第八章　無常性論　195
第十二品　198
第一章　律儀業論　198
第二章　業　論　201
第三章　声異熟論　203
第四章　六処論　205
第五章　極七返論　207
第六章　家々一種論　210
第七章　奪命論　211
第八章　悪趣論　213
第九章　第七有論　216
第十三品　佐藤密雄訳　217
第一章　劫住論　217
第二章　得善心論　219
第三章　無間〔業〕計画者論　221
第四章　決定者入決定論　224
第五章　有覆論　226
第六章　現前論　228
第七章　入定者味楽論　230
第八章　不快貪論　232
第九章　法渇愛無記論　234
第十章　法渇愛非苦集論　237

第十四品　241

3 Ñāṇaṁ cittavippayuttan ti kathā [KV 11 3] 451
4 Idaṁ dukkhan ti kathā [KV 11 4] 453
5 Iddhibala-kathā [KV 11 5] 456
6 Samādhi-kathā [KV 11 6] 458
7 Dhammaṭṭhitatā-kathā [KV 11 7] 459
8 Aniccatā-kathā [KV 11 8] 460
12 Dvādasama-vagga [KV 12 1 ~ 9] KV. 463
1 Saṁvaro kamman ti kathā [KV 12 1] 463
2 Kamma-kathā [KV 12 2] 464
3 Saddo vipāko ti kathā [KV 12 3] 466
4 Saḷāyatana-kathā [KV 12 4] 467
5 Sattakkhattuparama-kathā [KV 12 5] 469
6 Kolaṁkolo-ekabījī-kathā [KV 12 6] 471
7 Jīvitā voropana-kathā [KV 12 7] 471
8 Duggati-kathā [KV 12 8] 473
9 Sattamabhavika-kathā [KV 12 9] 475
13 Teradasama-vagga [KV 13 1 ~ 10] KV. 476
1 Kappaṭṭha-kathā [KV 13 1] 476
2 Kusalapaṭilābha-kathā [KV 13 2] 477
3 Anantarāpayutta-kathā [KV 13 3] 478
4 Niyatassa niyāma-kathā [KV 13 4] 480
5 Nivuta-kathā [KV 13 5] 480
6 Sammukhībhūta-kathā [KV 13 6] 482
7 Samāpanno assādeti-kathā [KV 13 7] 483
8 Asātarāga-kathā [KV 13 8] 485
9 Dhammataṇhā abyākatā ti kathā [KV 13 9] 486
10 Dhammataṇhā na dukkha-samudayo ti kathā [KV 13 10] 488
14 Cuddasama-vagga [KV 14 1 ~ 9] KV. 491

第一章　善悪結続論　241
第二章　六処生論　245
第三章　無間縁論　247
第四章　聖色論　251
第五章　異随眠論　253
第六章　纏心不相応論　255

第七章　繋属論　256
第八章　無記論　259
第九章　無繋属論　262
第十五品　264
第一章　縁　論　264
第二章　相互縁論　268
第三章　世　論　269
第四章　刹那頃刻須臾論　272
第五章　漏　論　273
第六章　老死論　274
第七章　想受論　275
第八章　第二想受論　276
第九章　第三想受論　277
第十章　令為無想有情論　280
第十一章　業積集論　282
第四五十　287
第十六品　287
第一章　制御論　287
第二章　策励論　289
第三章　与楽論　291
第四章　超越作意論　293
第五章　色因論　298

1 Kusalākusalapaṭisandahana-kathā [KV 14 1] 491
2 Saḷāyatanuppatti-kathā [KV 14 2] 493
3 Anantarapaccaya-kathā [KV 14 3] 495
4 Ariyarūpa-kathā [KV 14 4] 498
5 Añño anusayo ti kathā [KV 14 5] 499
6 Pariyuṭṭhānaṁ cittavippayuttan ti kathā [KV 14 6] 501
7 Pariyāpanna-kathā [KV 14 7] 502
8 Abyākata-kathā [KV 14 8] 504
9 Apariyāpanna-kathā [KV 14 9] 507
15 Paṇṇarasama-vagga [KV 15 1 ~ 11] KV. 508
1 Paccaya-kathā [KV 15 1] 508
2 Aññamaññapaccaya-kathā [KV 15 2] 510
3 Addhā-kathā [KV 15 3] 511
4 Khaṇalayamuhutta-kathā [KV 15 4] 514
5 Āsava-kathā [KV 15 5] 514
6 Jarāmaraṇa-kathā [KV 15 6] 515
7 Saññāvedayita-kathā [KV 15 7] 516
8 Dutiyasaññāvedayita-kathā [KV 15 8] 516
9 Tatiyasaññāvedayita-kathā [KV 15 9] 517
10 Asaññasattūpika-kathā [KV 15 10] 518
11 Kammūpacaya-kathā [KV 15 11] 520
IV Catuttha-paṇṇāsaka [KV 16 ~ 20] 524
16 Soḷasama-vagga [KV 16 1 ~ 10] KV. 524
1 Niggaha-kathā [KV 16 1] 524
2 Paggaha-kathā [KV 16 2] 525
3 Sukhānuppadāna-kathā [KV 16 3] 527
4 Adhigayhamanasikāra-kathā [KV 16 4] 528
5 Rūpaṁ hetūti kathā [KV 16 5] 532

第六章　色有因論　300
第七章　色善不善論　301
第八章　色異熟論　304
第九章　色色界繫無色界繫論　306
第十章　色貪色界繫属無色貪無色界繫属論　307
第十七品　311
第一章　阿羅漢有福業積集論　311
第二章　阿羅漢無非時死論　313
第三章　一切由業論　316
第四章　根縛論　319
第五章　除聖道論　322
第六章　僧伽は供物を受くと言ふべからずの論　324
第七章　僧伽は供物を浄化すと言ふべからずの論　326
第八章　僧伽は受用すと言ふべからずの論　328
第九章　僧伽に施して大果ありと言ふべからずの論　329
第十章　仏に施して大果ありと言ふべからずの論　332
第十一章　供物浄化論　333
第十八品　337
第一章　人界論　337
第二章　法説示論　339
第三章　悲　論　341
第四章　香気論　343

6 Rūpaṁ sahetukan ti kathā [KV 16 6] 533
7 Rūpaṁ kusalākusalan ti kathā [KV 16 7] 534
8 Rūpaṁ vipāko ti kathā [KV 16 8] 536
9 Rūpaṁ rūpāvacarārūpāvacaran ti kathā [KV 16 9] 538
10 Rūparāgo rūpadhātupariyāpanno, arūparāgo arūpadhātupariyāpanno ti kathā [KV 16 10] 539
17 Sattarasama-vagga [KV 17 1 ～ 11] KV. 542
1 Atthi arahato puññūpacayo ti kathā [KV 17 1] 542
2 Natthi arahato akālamaccūti kathā [KV 17 2] 543
3 Sabbaṁ idaṁ kammato ti kathā [KV 17 3] 545
4 Indriyabaddha-kathā [KV 17 4] 546
5 Thapetvā ariyamaggan ti kathā [KV 17 5] 548
6 Na vattabbaṁ saṅgho dakkhiṇaṁ paṭigaṇhātīti kathā [KV 17 6] 549
7 Na vattabbaṁ saṅgho dakkhiṇaṁ visodhetīti kathā [KV 17 7] 551
8 Na vattabbaṁ saṅgho bhuñjatīti kathā [KV 17 8] 552
9 Na vattabbaṁ saṅghassa dinnaṁ mahapphalan ti kathā [KV 17 9] 553
10 Na vattabbaṁ buddhassa dinnaṁ mahapphalan ti kathā [KV 17 10] 555
11 Dakkhiṇā visuddhi-kathā [KV 17 11] KV. 556
18 Aṭṭhārasama-vagga [KV 18 1 ～ 9] KV. 559
1 Manussaloka-kathā [KV 18 1] 559
2 Dhammadesanā-kathā [KV 18 2] 560
3 Karuṇā-kathā [KV 18 3] 561
4 Gandhajāti-kathā [KV 18 4] 563

第五章　一道論　344
第六章　入禅定論　347
第七章　禅定中間論　352
第八章　入定者聞声論　356
第九章　眼見色論　358
第十九品　362
第一章　断煩悩論　362
第二章　空性論　364
第三章　沙門果論　368
第四章　得　論　369
第五章　真如論　372
第六章　善　論　374
第七章　畢竟決定論　376
第八章　根　論　381
第二十品　386
第一章　不故思論　386
第二章　智　論　390
第三章　獄卒論　392
第四章　畜生論　396
第五章　道　論　397
第六章　智　論　400
404
第二十一品　404
第一章　教　論　404
第二章　不遠離論　406
第三章　結　論　407
第四章　神通論　409
第五章　仏陀論　411
第六章　一切方論　412

5 Ekamagga-kathā [KV 18 5] 563
6 Jhānasaṁkanti-kathā [KV 18 6] 565
7 Jhānantarika-kathā [KV 18 7] 569
8 Saddaṁ suṇātīti kathā [KV 18 8] 572
9 Cakkhunā rūpaṁ passatīti kathā [KV 18 9] 573
19 Ekūnavīsatima-vagga [KV 19 1 ~ 8] KV. 576
1 Kilesajahana-kathā [KV 19 1] 576
2 Suññatā kathā [KV 19 2] 578
3 Sāmaññaphala-kathā [KV 19 3] 579
4 Patti-kathā [KV 19 4] 581
5 Tathatā-kathā [KV 19 5] 583
6 Kusala-kathā [KV 19 6] 585
7 Accantaniyāma-kathā [KV 19 7] 586
8 Indriya-kathā [KV 19 8] 589
20 Vīsatima-vagga [KV 20 1 ~ 6] KV. 593
1 Asañcicca-kathā [KV 20 1] 593
2 Ñāṇa-kathā [KV 20 2] 595
3 Nirayapāla-kathā [KV 20 3] 596
4 Tiracchāna-kathā [KV 20 4] 598
5 Magga-kathā [KV 20 5] 599
6 Ñāṇa-kathā [KV 20 6] 602
V No title [KV 21 ~ 23] 604
21 Ekavīsatima-vagga [KV 21 1 ~ 8] KV. 604
1 Sāsana-kathā [KV 21 1] 604
2 Avivitta-kathā [KV 21 2] 605
3 Saññojana-kathā [KV 21 3] 606
4 Iddhi-kathā [KV 21 4] 606
5 Buddha-kathā [KV 21 5] 608
6 Sabbadisā-kathā [KV 21 6] 608

第七章　法　論　413
第八章　業　論　415
第二十二品　418
第一章　般涅槃論　418
第二章　善心論　419
第三章　不動論　421
第四章　法現観論　423
第五章　亦三論　424
第六章　無記論　425
第七章　習熟縁論　427
第八章　刹那論　430
第二十三品　433
第一章　同意趣論　433
第二章　阿羅漢外形論　434
第三章　自在欲行論　435
第四章　像似論　438
第五章　非円成論　439

〔IV〕 蔵　外

第59巻上　弥蘭王問経　上　金森西俊訳

弥蘭王問経　1

帰敬偈　1
序　話　2

第一品　48
第一　名の問　48
第二　年齢の問　55

7 Dhamma-kathā [KV 21 7] 609
8 Kamma-kathā [KV 21 8] 611
22 Bāvīsatima-vagga [KV 22 1 ~ 8] KV. 613
1 Parinibbāna-kathā [KV 22 1] 613
2 Kusalacitta-kathā [KV 22 2] 613
3 Āneñja-kathā [KV 22 3] 615
4 Dhammābhisamaya-kathā [KV 22 4] 616
5 Tisso pi kathā [KV 22 5] 616
6 Abyākata-kathā [KV 22 6] 617
7 Āsevanapaccaya-kathā [KV 22 7] 618
8 Khaṇika-kathā [KV 22 8] 620
23 Tevīsatima-vagga [KV 23 1 ~ 5] KV. 622
1 Ekādhippāya-kathā [KV 23 1] 622
2 Arahantavaṇṇa-kathā [KV 23 2] 622
3 Issariyakāmakārikā-kathā [KV 23 3] 623
4 Paṭirūpa-kathā [KV 23 4] 625
5 Aparinipphanna-kathā [KV 23 5] 626

Milinda-pañha

Milinda-pañha [Mil 1 ~ 5] Siam. ed. (Trenckn.)
1 Part I [Mil 1 1 ~ 2] Mil. 1
1 Pamāṇa-gāthā [Mil 1 1] 1
2 Bāhira-kathā [Mil 1 2] 1 (1)
2 Part II [Mil 2 (1) ~ (7)] Mil. 1 (25)
(1) Paṭhama-vagga [Mil 2 (1) 1 ~ 15] 36
1 Nāma-pañho 36 (25)
2 Vassa-pañho 41 (28)

第三　長老の厳重なる約束につきての問　56
第四　アンタカーヤの問　58
第五　出家の問　62
第六　結生の問　63
第七　作意の問　64
第八　作意の特相の問　65
第九　戒の特相の問　66
第十　信の特相の問　69
第十一　精進の特相の問　72
第十二　念の特相の問　73
第十三　定の特相の問　76
第十四　慧の特相の問　77
第十五　多種なるが一所作をなすやの問　78
第二品　80
第一　法相続の問　80
第二　結生せざるを知るやの問　83
第三　慧消滅の問　84
第四　涅槃の問　89
第五　楽受の問　91
第六　名色結生の問　93
第七　再び結生の問　99
第八　名色の問　100
第九　長時の問　101
第三品　103
第一　時間の問　103
第二　最初の始まり〔は認識せられざるや〕の問　103
第三　最初の始まりの問　106
第四　諸行生ずるやの問　107
第五　諸行が現に存在しつゝあること

3	Therassa tikka-paṭiññāya-pañho	41	(28)
4	Antakāya-pañho	42	(29)
5	Pabbajjā-pañho	45	(31)
6	Paṭisandhigahaṇa-pañho	46	(32)
7	Manasikāra-pañho	46	(32)
8	Manasikāralakkhaṇa-pañho	47	(32)
9	Sīlalakkhaṇa-pañho	47	(33)
10	Saddhālakkhaṇa-pañho	50	(34)
11	Viriyalakkhaṇa-pañho	52	(36)
12	Satilakkhaṇa-pañho	52	(37)
13	Samādhilakkhaṇa-pañho	54	(38)
14	Paññālakkhaṇa-pañho	55	(39)
15	Nānā-ekakiccakaraṇa-pañho	56	(39)
(2)	Dutiya-vagga [Mil 2 (2) 1 ～ 9]	Mil. 57	
1	Dhammasantati-pañho	57	(40)
2	Nappaṭisandhigahaṇa-jānana-pañho	58	(41)
3	Paññānirujjhana-pañho	59	(41)
4	Parinibbāna-pañho	63	(44)
5	Sukhavedanā-pañho	64	(45)
6	Nāmarūpa-paṭisandhigahaṇa-pañho	65	(46)
7	Puna paṭisandhigahaṇa-pañho	68	(48)
8	Nāmarūpa-pañho	69	(49)
9	Dīghamaddhāna-pañho	70	(49)
(3)	Tatiya-vagga [Mil 2 (3) 1 ～ 14]	Mil. 71	
1	Addhāna-pañho	71	(50)
2	Purimakoṭi-pañho	71	(50)
3	Koṭiyā purima-pañho	73	(51)
4	Saṅkhārānaṁ jāyana-pañho	74	(52)
5	Bhavantānaṁ saṅkhārānaṁ jāyana-pañho	75	(52)

なくして生ずるやの問　108
第六　霊の問　113
第七　眼識意識の問　117
第八　触の特相の問　122
第九　受の特相の問　124
第十　想の特相の問　125
第十一　思の特相の問　125
第十二　識の特相の問　126
第十三　尋の特相の問　127
第十四　伺の特相の問　128
第四品　129
第一　作意の特相の問　129
第二　諸法の合一せられたるを〔分解し得るや〕の問　129
第三　五処業所生の問　132
第四　業別異の問　133
第五　予め精進をなすの問　134
第六　自然火と地獄火の熱の問　137
第七　地の住立の問　140
第八　滅が涅槃なりやの問　141
第九　一切の人が涅槃を得るやの問　142
第十　涅槃の楽を得るやの問　142
第五品　144
第一　仏は実在するや実在せざるやの問　144
第二　仏は無上者なりやの問　145
第三　仏は無上者なるを知り得るやの問　146
第四　法を見たりやの問　147
第五　〔身〕転移せずして結生ずるやの問　147
第六　霊の問　148

6	Vedagū-pañho	77	(54)
7	Cakkhuviññāṇa-manoviññāṇa-pañho	79	(57)
8	Phassalakkhaṇa-pañho	83	(60)
9	Vedanālakkhaṇa-pañho	84	(60)
10	Saññālakkhaṇa-pañho	84	(61)
11	Cetanālakkhaṇa-pañho	85	(61)
12	Viññāṇalakkhaṇa-pañho	86	(62)
13	Vitakkalakkhaṇa-pañho	86	(62)
14	Vicāralakkhaṇa-pañho	86	(62)
(4)	Catuttha-vagga [Mil 2 (4) 1 ~ 10]	Mil. 87	
1	Manasikāralakkhaṇa-pañho	87	(63)
2	Ekabhāvagata-pañho	87	(63)
3	Pañcāyatana-kammanibbatta-pañho	89	(65)
4	Kammanānākaraṇa-pañho	89	(65)
5	Paṭikacceva vāyāma-karaṇa-pañho	90	(65)
6	Pakatiaggito nerayaggīnaṁ uṇhakāra-pañho	91	(67)
7	Paṭhavīsaṇṭhānaka-pañho	93	(68)
8	Nirodhanibbāna-pañho	94	(68)
9	Nibbānalabhana-pañho	94	(69)
10	Nibbānasukhabhāva-jānana-pañho	95	(69)
(5)	Pañcama-vagga [Mil 2 (5) 1 ~ 10]	Mil. 96	
1	Buddha-atthinatthibhāva-pañho	96	(70)
2	Buddhānuttarabhāva-pañho	96	(70)
3	Buddhānuttarabhāva-jānana-pañho	97	(71)
4	Dhammadiṭṭha-pañho	97	(71)
5	Na ca saṅkamati paṭisandhigahaṇa-pañho	97	(71)
6	Vedagū-pañho	98	(71)

第七　此の身より他の身に転移するやの問　148

第八　業果の存在状態の問　150
第九　再生する者は再生すべしと知るやの問　151
第十　仏の所在指示の問　152
第六品　154
第一　身不可愛の問　154
第二　時機到来の問　155
第三　三十二大人相の問　156
第四　仏は梵行者なりやの問　158
第五　仏は具足戒を受けたりやの問　159
第六　〔両涕泣者の〕問　164
第七　味覚知の問　165
第八　慧の所住の問　166
第九　輪廻の問　166
第十　久遠所作憶念の問　167
第十一　念の問　168
第七品　170
第一　念の行相の問　170
第二　百年非福をなすの問　174
第三　未来の問　176
第四　梵天界への距離の問　180
第五　梵天界と迦湿弥羅の問　181
第六　他界へ往く色の問　184
第七　母胎結生の問　189
第八　七覚支の問　190
第九　悪と福と何れが大なりやの問　191
第十　知りて悪業をなすと知らずしてなすとの問　192

7	Imamhā kāyā aññaṁ kāyaṁ saṅkamana-pañho	98	(72)
8	Kammaphala-atthibhāva-pañho	99	(72)
9	Uppajjana-jānana-pañho	99	(73)
10	Buddhanidassana-pañho	100	(73)
(6)	Chaṭṭha-vagga [Mil 2 (6) 1 ～ 11] Mil.	101	
1	Kāya-appiya-pañho	101	(73)
2	Sampattakāla-pañho	102	(74)
3	Dvattiṁsa-mahāpurisalakkhaṇa-pañho	102	(75)
4	Brahmacāri-pañho	103	(75)
5	Upasampanna-pañho	104	(76)
6	Assu-pañho	107	(76)
7	Rasapaṭisaṁvedi-pañho	107	(76)
8	Paññāya patiṭṭhāna-pañho	108	(77)
9	Saṁsāra-pañho	108	(77)
10	Cirakatasaraṇa-pañho	109	(77)
11	Sati-abhijānana-pañho	109	(78)
(7)	Sattama-vagga [Mil 2 (7) 1 ～ 19] Mil.	110	
1	Sati-ākāra-pañho	110	(78)
2	Vassasata-pañho	112	(80)
3	Anāgata-pañho	113	(80)
4	Dūra-brahmaloka-pañho	115	(82)
5	Brahmaloka-Kasmīranagara-pañho	116	(82)
6	Paralokagata-nīlapītādi-vaṇṇagata-pañho	117	(欠)
7	Mātukucchi-paṭisandhi-pañho	120	(欠)
8	Sattabojjhaṅga-pañho	121	(83)
9	Pāpapuñña-bahutara-pañho	121	(83)
10	Jāna-ajāna-pañho	122	(84)

第十一　鬱単越洲の問　193
第十二　長き骨の問　194
第十三　出息入息を止滅するの問　195
第十四　海の問　196
第十五　最も微細なるものを截断するの問　197
第十六　慧の所住の問　197
第十七　識と慧と命の問　198
第十八　非色法分析の問　199
第十九　〔問答終りて〕　200
別　問　204
瞿曇弥の衣布施の問　204
難　問　209

第一品　220

第一　般涅槃し供養を望まざる如来供養の効無効の問　220
第二　仏の一切知性の問　232

第三　大悲・一切知智の世尊によりて提婆達多出家の問　241

第四　大地震動の現はるゝ八因、八縁の問　251

第五　尸毘王施眼の問　259
第六　入胎の問　266
第七　正法隠没の問　278
第八　世尊は不善を残なく断じ了りて一切知性に達したりやの問　283

11 Uttarakuru-pañho 123 (84)

12 Dīgha-aṭṭhika-pañho 123 (85)

13 Assāsapassāsa-pañho 124 (85)

14 Samudda-pañho 124 (85)

15 Sukhumachedana-pañho 124 (86)

16 Paññāvisesa-pañho 125 (cf.77)

17 Viññāṇādīnaṁ nānatthabhāva-pañho 125 (86)

18 Arūpavavatthabhāva-dukkara-pañho 126 (87)

19 Dukkara-pañho 127 (87)

3 Visesapañho [Mil 3 1] Mil. 129 (240)

1 Gotamīvatthadāna-pañho 129 (240)

4 Meṇḍakārambha-kathā [Mil 4 (1)～(9)] 133 (90)

(1) Paṭhama-vagga [Mil 4 (1) 1 ～ 10] Mil. 140

1 Tathāgatassa parinibbutassa asādiyantassa vañjhāvañjha-pañho 140 (95)

2 Buddhassa bhagavato sabbaññubhāva-pañho 149 (102)

3 Bhagavatā mahākaruṇāya sabbaññutañāṇena Devadatta-pabbājita-pañho 156 (107)

4 Aṭṭhahetu-aṭṭhapaccayā mahābhūmicāla-pātubhāva-pañho 163 (113)

5 Siviraññо cakkhudāna-pañho 170 (119)

6 Gabbhāvakkanti-pañho 174 (123)

7 Saddhammantaradhāna-pañho 183 (130)

8 Bhagavato niravasesaṁ akusalaṁ chetvā sabbaññutaṁ patta-pañho 187 (134)

第九　如来の更にそれ以上作すべきことの問　290
第十　四神足の問　294
第二品　298
第一　小・随小学処の問　298
第二　捨置せらるべき問の問　301
第三　死の怖畏の問　303
第四　死魔の羂より脱るゝの問　311
第五　世尊供養障礙の問　318
第六　如来の一切有情饒益行の問　325

第七　最勝法の問　330
第八　如来の衆不分裂の問　334
第九　不知悪行非福の問　336
第十　世尊比丘伽那愛執の問　337

第三品　340
第一　陰馬蔵示現の問　340
第二　如来に粗語なきやの問　345
第三　樹無思の問　348
第四　二施食大果の問　351

第五　仏〔舎利〕供養の問　355
第六　世尊の御足に石片落つるの問　358
第七　偈を唱へて得たる食と施論をなすとの問　362

第八　説法休止の問　368

第九　仏の師の問　372
第十　沙門の問　375

9	Tathāgatassa uttarikaraṇīyābhāva-pañho	192	(138)
10	Iddhipādabala-dassana-pañho	195	(140)
(2)	Dutiya-vagga [Mil **4** (2) 1 ～ 10]	Mil. 197	
1	Khuddānukhuddaka-pañho	197	(142)
2	Ṭhapanīyābyākaraṇa-pañho	199	(144)
3	Sattānaṁ maccuno bhāyana-pañho	201	(145)
4	Maccupāsā muttika-pañho	206	(150)
5	Bhagavato lābhantarāya-pañho	211	(154)
6	Tathāgatassa sabbasattānaṁ hitacaraṇa-pañho	215	(164)
7	Seṭṭhadhamma-pañho	219	(162)
8	Tathāgatassa abhejjaparisa-pañho	222	(160)
9	Ajānantassa pāpakaraṇa-uppanna-pañho	223	(158)
10	Bhagavato bhikkhugaṇa-pekkhabhāva-pañho	224	(159)
(3)	Tatiya-vagga [Mil **4** (3) 1 ～ 10]	Mil. 226	
1	Vatthaguyha-nidassana-pañho	226	(167)
2	Tathāgatassa pharusavācā natthīti pañho	230	(170)
3	Rukkhānaṁ acetana-pañho	232	(172)
4	Dvinnaṁ piṇḍapātānaṁ mahapphalabhāva-pañho	234	(174)
5	Buddhapūjānuññāta-pañho	237	(177)
6	Bhagavato pādapapaṭikapatita-pañho	239	(179)
7	Gāthābhigīta-bhojana-dānakathāya katena pañho	242	(228)
8	Bhagavato dhammadesanāya appossukkabhāva-pañho	247	(232)
9	Buddhassa ācariyanācariya-pañho	250	(235)
10	Aggānaggasamaṇa-pañho	252	(181)

第四品　378
第一　讃言の問　378
第二　不害と折伏の問　381
第三　比丘退去の問　385
第四　仏一切知者の問　387
第五　無家無屋の問　389
第六　胃自制の問　393
第七　法律隠覆の問　396
第八　妄語軽重の問　400
第九　無上医師の問　402

第59巻下　弥蘭王問経　下　　金森西俊訳

第五品　1

第一　神通より業報強きやの問　1
第二　菩薩の法性の問　3
第三　投身の問　5
第四　慈功徳の問　9
第五　善不善の応報一異の問　13
第六　アマラー女の問　19
第七　漏尽者は無怖畏なりやの問　23
第八　親交の問　26
第九　世尊無病の問　30
第十　未生の道を生ぜしむるものゝ問　33
第六品　37
第一　行道の過の問　37
第二　無障礙の問　39
第三　在家者阿羅漢の問　43
第四　ローマサカッサパ仙の問　45

(4) Catuttha-vagga [Mil 4 (4) 1 ～ 9] Mil. 254

1	Vaṇṇabhaṇana-pañho	254	(183)
2	Ahiṁsāniggaha-pañho	255	(184)
3	Bhikkhupaṇāma-pañho	258	(186)
4	Buddhasabbaññū-pañho	259	(209)
5	Aniketānālayakaraṇa-pañho	261	(211)
6	Udarasaṁyama-pañho	262	(213)
7	Dhammavinayapaṭicchanna-pañho	264	(190)
8	Musāvādagarulahubhāva-pañho	266	(192)
9	Anuttarabhisakka-pañho	268	(215)

(5) Pañcama-vagga
[Mil 4 (5) 1 ～ 10] Mil. 270

1	Iddhiyā kammavipāka-balavatara-pañho	270	(188)
2	Bodhisattassa dhammatā-pañho	272	(193)
3	Attanipātana-pañho	273	(195)
4	Mettānisaṁsa-pañho	276	(198)
5	Kusalākusalasamasama-pañho	278	(200)
6	Amarādevī-pañho	284	(205)
7	Khīṇāsavānaṁ abhaya-pañho	287	(207)
8	Santhava-pañho	289	(211)
9	Bhagavato appābādha-pañho	291	(215)
10	Anuppannassa maggassa uppāda-pañho	293	(217)

(6) Chaṭṭha-vagga [Mil 4 (6) 1 ～ 9] Mil. 296

1	Paṭipadādosa-pañho	296	(244)
2	Nippapañca-pañho	298	(262)
3	Gihi-arahatta-pañho	300	(264)
4	Lomasakassapa-pañho	301	(219)

第五　六牙象・光護の問　48
第六　ガティーカーラ工の問　51
第七　世尊は王なりやの問　53
第八　二仏不出世の問　58
第九　在家出家正行道の問　62
第七品　65
第一　俗に還るの問　65
第二　阿羅漢の身受・心受の問　75
第三　在家の時、波羅夷を犯せるものに法現観の障ありやの問　78
第四　無戒の沙門と無戒の在家の問　82
第五　水の命・霊の問　85
第六　世に有無の問　91
第七　阿羅漢念忘失の問　92
第八　涅槃存在の問　94
第九　業生非業生の問　99
第八品　101
第一　夜叉の死の問　101
第二　学処不制の問　102
第三　太陽の病の問　103
第四　太陽熱の問　105
第五　ヱッサンタラ王の問　105
第六　難行の行作の問　121
第七　善不善強弱の問　128
第八　施餓鬼の果の問　134
第九　善不善大小の問　136
第十　夢の問　140

5	Chaddanta-ñotipāla-ārabbha-pañho	304	(221)
6	Ghaṭīkāra-pañho	307	(223)
7	Bhagavato rāja-pañho	308	(225)
8	Dvinnaṁ buddhānaṁ loke 'nuppāda-pañho	312	(236)
9	Gihipabbajita-sammāpaṭipatti-pañho	315	(242)
(7)	Sattama-vagga [Mil 4 (7) 1 ～ 9]	Mil. 318	
1	Hīnāyāvattana-pañho	318	(246)
2	Arahato kāyikacetasika-vedanā-pañho	325	(253)
3	Gihino pārājikajjhāpannassa abhisamayantarāyakara-pañho	328	(255)
4	Samaṇadussīla-gihidussīla-pañho	330	(257)
5	Udakassa sattajīva-pañho	332	(258)
6	Loke natthibhāva-pañho	337	(267)
7	Arahato satisammosa-pañho	338	(266)
8	Nibbānassa atthibhāva-pañho	339	(268)
9	Kammajākammaja-pañho	343	(271)
(8)	Aṭṭhama-vagga [Mil 4 (8) 1 ～ 10]	Mil. 344	
1	Yakkhānaṁ maraṇabhāva-pañho	344	(271)
2	Sikkhāpada-apaññāpana-pañho	344	(272)
3	Sūriyarogabhāva-pañho	346	(273)
4	Sūriyatappa-pañho	346	(274)
5	Vessantara-pañho	347	(274)
6	Dukkarakārika-pañho	360	(284)
7	Kusalākusalānaṁ balavābalava-pañho	366	(290)
8	Petānaṁ uddissaphala-pañho	371	(294)
9	Kusalākusalānaṁ mahantāmahanta-pañho	372	(295)
10	Sūriya-pañho	375	(297)

第九品　146
第一　時非時の死の問　146
第二　般涅槃者の塔廟に於ける神変の問　158
第三　法現観の問　160

第四　涅槃は苦を雑ふるやの問　164
第五　涅槃の問　168
第六　涅槃作証の問　176
第七　涅槃住立の問　181
第八　比量の問　184
第九　頭陀支の問　231
譬喩の問　253
要　目　253
第一　驢馬品　257
第二　葫蘆蔓品　271
第三　転輪王品　284
第四　象　品　302
第五　獅子品　315
第六　蜘蛛品　328
第七　瓶　品　339

第60巻　島王統史・大王統史

島王統史　平松友嗣訳

第一章　仏陀の夜叉調伏　1
第二章　仏陀の龍調伏と懸記　11
諸龍の調伏　11
懸　記　15
第三章　摩訶三摩多の王系　18

	(9) Navama-vagga [Mil 4 (9) 1 ～ 9]	Mil. 380	
1	Kālākālamaraṇa-pañho	380	(301)
2	Parinibbutānaṁ cetiye pāṭihīra-pañho	389	(309)
3	Ekaccānekaccānaṁ dhammābhisamaya-pañho	390	(310)
4	Nibbānassa dukkhamissabhāva-pañho	394	(313)
5	Nibbāna-pañho	397	(315)
6	Nibbānasacchikaraṇa-pañho	404	(323)
7	Nibbānasa paṭṭhāna-pañho	407	(326)
8	Anumāna-pañho	410	(329)
9	Dhutaṅga-pañho	450	(348)
	5 Upamā-pañho [Mil 5 1 ～ 8]	Mil. 468	(363)
1	Mātikā	468	(363)
2	Ghorassara-vagga	471	(365)
3	Lāpulatā-vagga	481	(374)
4	Cakkavatti-vagga	490	(382)
5	Kuñjara-vagga	502	(392)
6	Sīha-vagga	510	(400)
7	Makkaṭa-vagga	519	(407)
8	Kumbha-vagga	527	(414)

Dīpa-vaṁsa

1	Yakkhadamana (vv 1 ～ 81)	Dv. 13
2	Dutiya-bhāṇavāra (vv 1 ～ 69)	21
	(1) Nāgadamana (vv 1 ～ 51)	21
	(2) [Veyyākaraṇa] (vv 52 ～ 69)	24
3	Mahārājavaṁsa (vv 1 ～ 61)	25

第四章　第一第二結集　25
　大迦葉の結集　25
第二結集　27
第五章　学派及び師資相承　31
　学　派　31
　師資相承　36
第六章　阿育王の帰依　41

第七章　第三結集　52
第八章　諸方の教化　58
第九章　毘闍耶の到来　60
第十章　阿婆耶王の灌頂　65
第十一章　天愛帝須王灌頂の品々　66
第十二章　摩哂陀の来島　72

第十三章　大雲林園の奉献　82

第十四章　大寺及び支提山の受納　89
　大寺の受納　89
　支提山の受納　93
第十五章　遺骨の渡来　97
第十六章　大菩提樹の受納　108

第十七章　摩哂陀の入滅　113

第十八章　比丘尼教団　123

第十九章　阿婆耶木杈伽摩尼　129

4 Catuttha-bhāṇavāra (vv 1 ~ 5) 30
(1) Mahākassapasaṅgaha (vv 1 ~ 26) 30
(2) Dutiyasaṅgaha (vv 27 ~ 53) 32
5 Pañcama-bhāṇavāra (vv 1 ~ 107) 34
(1) Ācariyavāda (vv 1 ~ 54) 34
(2) 〔Ācariyaparamparā〕 (vv 55 ~ 107) 38
6 Chaṭṭha-bhāṇavāra 〔Asokassa-saraṇāgamana〕 (vv 1 ~ 99) 41
7 Saddhammasaṅgaha-navamāsa (vv 1 ~ 59) 49
8 Aṭṭhama-bhāṇavāra (vv 1 ~ 13) 53
9 Navama-bhāṇavāra 〔Vijayāgamana〕 (vv 1 ~ 44) 54
10 Dasama-bhāṇavāra 〔Abhayābhiseka〕 (vv 1 ~ 9) 57
11 Rājābhisekabhaṇḍa (vv 1 ~ 40) 58
12 Dvādasama-bhāṇavāra 〔Mahindā-gamana〕 (vv 1 ~ 86) 62
13 Terasa-bhāṇavāra 〔Mahāmegha-vanāhavana〕 (vv 1 ~ 64) 69
14 Cuddasa-bhāṇavāra (vv 1 ~ 80) 73
(1) Mahāvihārapaṭiggahaṇa (vv 1 ~ 49) 73
(2) Cetiyapabbatapaṭiggahaṇa (vv 50 ~ 80) 76
15 Pannarasa-bhāṇavāra 〔Dhātu-āgamana〕 (vv 1 ~ 94) 79
16 Soḷasama-bhāṇavāra 〔Mahābodhi-paṭiggahaṇa〕 (vv 1 ~ 41) 86
17 Sattarasama-bhāṇavāra 〔Mahinda-parinibbāna〕 (vv 1 ~ 109) 88
18 Aṭṭhārasama-bhāṇavāra 〔Bhikkhunī-saṅgha〕 (vv 1 ~ 54) 96
19 Ekūnavīsatima-bhāṇavāra 〔Abhayaduṭṭhagāmaṇī〕 (vv 1 ~ 23) 100

第二十章　仏典の書写　133

第二十一章　諸王の事蹟　137
第二十二章　続諸王の事蹟　141

大王統史　立花俊道訳

第一章　如来来降　151
マヒヤンガナ来降　151
龍が島来降　155
カッリヤーニー来降　157
第二章　摩訶三摩多王統　159
第三章　第一結集　163
第四章　第二結集　167
第五章　第三結集　174
阿闍梨家分裂　174
法阿育王の即位　175
尼拘律沙弥会見　176
阿育王の転教　180
目犍連子帝須長老の出世　182
第三結集　187
第六章　毘闍耶の来島　199
第七章　毘闍耶の即位　204
第八章　パンドゥヴ ースデーヴ の即位　211
第九章　阿婆耶の即位　214
第十章　パンドゥカーバヤの即位　217
第十一章　天愛帝須の即位　226
第十二章　各地方の信心　230
第十三章　摩哂陀来島　235
第十四章　長老の入都　237

20 Vīsatima-bhāṇavāra 〔Potthaka-likhāpana〕 (vv 1 ～ 35) 101
21 Ekavīsatima-bhāṇavāra (vv 1 ～ 48) 104
22 Bāvīsatima-bhāṇavāra (vv 1 ～ 76) 108

Mahā-vaṁsa

1 Tathāgatābhigamana (vv 1 ～ 84) Mv. 1
(1) Mahiyaṅgaṇāgamana (vv 1 ～ 43) 1
(2) Nāgadīpāgamana (vv 44 ～ 70) 7
(3) Kalyāṇī-āgamana (vv 71 ～ 84) 10
2 Mahāsaṁmatavaṁsa (vv 1 ～ 33) 12
3 Paṭhamadhammasaṅgīti (vv 1 ～ 42) 16
4 Dutiyasaṅgīti (vv 1 ～ 66) 21
5 Tatiyasaṅgīti (vv 1 ～ 284) 28
(1) Ācariyakulavādakathā (vv 1 ～ 13) 28
(2) Dhammāsokābhiseka (vv 14 ～ 35) 30
(3) Nigrodhasāmaṇeradassana (vv 36 ～ 74) 32
(4) Sāsanappavesa (vv 75 ～ 96) 36
(5) Moggaliputtatissatherodaya (vv 97 ～ 155) 38
(6) Tatiyasaṅgīti (vv 156 ～ 284) 43
6 Vijayāgamana (vv 1 ～ 47) 56
7 Vijayābhiseka (vv 1 ～ 74) 62
8 Paṇḍuvāsudevābhiseka (vv 1 ～ 28) 70
9 Abhayābhiseka (vv 1 ～ 29) 74
10 Paṇḍukābhayābhiseka (vv 1 ～ 106) 77
11 Devānaṁpiyatissābhiseka (vv 1 ～ 42) 89
12 Nānādesapasāda (vv 1 ～ 55) 94
13 Mahindāgamana (vv 1 ～ 21) 100
14 Nagarappavesana (vv 1 ～ 65) 103

第十五章　大精舎受納	243
第十六章　支提耶山精舎受納	261
第十七章　舎利来島	263
第十八章　大菩提樹来島	269
第十九章　菩提樹来島	274
第二十章　長老入滅	281
第二十一章　六王章	287
第二十二章　ガーマニー王子誕生	290
第二十三章　戦士獲得	298
第二十四章　兄弟合戦	308
第二十五章　ドゥッタガーマニーの勝利	313
第二十六章　マリチャヴァッティ精舎の祭	324
第二十七章　青銅殿祭	326
第二十八章　大塔〔建造の〕資材を得る事	331
第二十九章　大塔〔建造の初〕	335
第三十章　舎利室装置	342
第三十一章　舎利奉安	351
第三十二章　兜率宮上生	362
第三十三章　十王章	370
第三十四章　十一王章	380
第三十五章　十二王章	388
第三十六章　十三王章	400
第三十七章　マハーセーナ	412

第61巻　小王統史

東元多郎訳

第三十七章　六王章	1
第三十八章　十王章	18
第三十九章　二王章	28

15 Mahāvihārapaṭiggahaṇa (vv 1 ~ 214) 110
16 Cetiyapabbatavihārapaṭiggahaṇa (vv 1 ~ 18) 130
17 Dhātvāgamana (vv 1 ~ 64) 133
18 Mahābodhigahaṇa (vv 1 ~ 68) 140
19 Bodhiāgamana (vv 1 ~ 85) 148
20 Theraparinibbāna (vv 1 ~ 59) 158
21 Pañcarājaka (vv 1 ~ 34) 165
22 Gāmaṇīkumārappasūti (vv 1 ~ 88) 170
23 Yodhalābha (vv 1 ~ 102) 179
24 Dvebhātikayuddha (vv 1 ~ 59) 191
25 Duṭṭhagāmaṇīvijaya (vv 1 ~ 116) 197
26 Maricavaṭṭivihāramaha (vv 1 ~ 26) 209
27 Lohapāsādamaha (vv 1 ~ 48) 213
28 Mahāthūpasādhanalābha (vv 1 ~ 43) 219
29 Mahāthūpārambha (vv 1 ~ 70) 225
30 Dhātugabbharacana (vv 1 ~ 100) 233
31 Dhātunidhāna (vv 1 ~ 125) 245
32 Tusitapuragamana (vv 1 ~ 84) 257
33 Dasarājaka (vv 1 ~ 105) 266
34 Ekādasarājaka (vv 1 ~ 94) 278
35 Dvādasarājaka (vv 1 ~ 127) 289
36 Tayodasarājaka (vv 1 ~ 133) 304
37 〔Mahāsena〕 (vv 1 ~ 50) 319

Cūḷa-vaṁsa

37 Charājaka (vv 51 ~ 248) Cv. 3
38 Dasarājaka (vv 1 ~ 115) 21
39 Rājadvayadīpana (vv 1 ~ 59) 32

第四十章　(欠)	34
第四十一章　八王章	34
第四十二章　二王章	44
第四十三章　(欠)	50
第四十四章　六王章	50
第四十五章　四王章	64
第四十六章　三王章	72
第四十七章　(失題)	76
第四十八章　六王章	82
第四十九章　五王章	97
第五十章　一王章	106
第五十一章　二王章	114
第五十二章　二王章	126
第五十三章　五王章	134
第五十四章　三王章	139
第五十五章　楞伽島劫掠	145
第五十六章　六王章	149
第五十七章　ローハナの敵征服	151
第五十八章　アヌラーダプラに進軍	158
第五十九章　愛護の行政	163
第六十章　世間と教の愛護の行政	168
第六十一章　四王行状次第	177
第六十二章　王子誕生	183
第六十三章　サンカッタリに上京	190
第六十四章　他州へ旅立	194
第六十五章　将軍殺戮	200
第六十六章　他州事情視察	205
第六十七章　大アーディパーダ〔官〕の祝祭	218
第六十八章　自国繁栄の行政	227

40 (lacuna) 37
41 Aṭṭharājaka (vv 1 ~ 103) 38
42 Dvirājaka (vv 1 ~ 69) 48
43 (lacuna) 54
44 Charājaka (vv 1 ~ 155) 55
45 Caturājaka (vv 1 ~ 82) 70
46 Tirājaka (vv 1 ~ 47) 78
47 Title lost (vv 1 ~ 66) 83
48 Charājaka (vv 1 ~ 160) 90
49 Pañcarājaka (vv 1 ~ 93) 106
50 Ekarājaka (vv 1 ~ 87) 115
51 Rājadvayadīpana (vv 1 ~ 136) 124
52 Dvirājaka (vv 1 ~ 52) 137
53 Pañcarājaka (vv 1 ~ 52) 145
54 Tirājaka (vv 1 ~ 73) 150
55 Laṅkāvilopa (vv 1 ~ 34) 157
56 Charājaka (vv 1 ~ 17) 161
57 Rohaṇārātivijaya (vv 1 ~ 76) 163
58 Anurādhapurābhigamana (vv 1 ~ 59) 171
59 Saṅgahakaraṇa (vv 1 ~ 51) 178
60 Lokasāsanasaṅgahakaraṇa (vv 1 ~ 91) 184
61 Caturājacariyaniddesa (vv 1 ~ 73) 193
62 Kumārodaya (vv 1 ~ 67) 200
63 Saṅkhatthalipurābhigamana (vv 1 ~ 53) 207
64 Paramaṇḍalābhigamana (vv 1 ~ 64) 212
65 Senāpativadha (vv 1 ~ 44) 219
66 Paramaṇḍalappavattiniṇṇaya (vv 1 ~ 158) 224
67 Mahādipādamahussava (vv 1 ~ 96) 240
68 Sarajjasamiddhikaraṇa (vv 1 ~ 59) 250

第六十九章　軍備・資材の蓄積　232
第七十章　王権還附　235
第七十一章　(失題)　264
第七十二章　灌頂祭次第　267
第七十三章　プラッティプラ修理次第　296
第七十四章　歯舎利祭次第　311
第七十五章　ローハナ州征服　333
第七十六章　ラーヂナープラ攻略　351
第七十七章　パンドゥ国に於ける勝利　383
第七十八章　精舎を建立せしむること　394
第七十九章　園林その他をつくらしむること　404
第八十章　十六王章　412
第八十一章　一王章　420
第八十二章　歯舎利尊神変示現　427
第八十三章　敵王克服次第　432
第八十四章　教に奉仕を行ふこと　437
第八十五章　種々の善事を行ふこと　440
第八十六章　種々の善事を行はしむること　450
第八十七章　王事の荷を譲ること　455
第八十八章　プラッティ城を建設せしむること　462
第八十九章　灌頂祝典説明(*灌頂祝典等の説明)　472
立花俊道訳
第九十章　ギヂャヤバーフ王以下八王　478
第九十一章　パラッカマブヂャ等四王　488
第九十二章　ヂャヤバーフ等七王　492
第九十三章　マーヤーダーヌ等二王　495
第九十四章　ダンマラーヂャ王　497
第九十五章　セーナーラタナ王　499
第九十六章　ラーヂャシーハ王　502

69	Baladhanasaṅgaha (vv 1 ~ 38)	256
70	Rajjadāna (vv 1 ~ 336)	260
71	Title lost (vv 1 ~ 32)	290
72	Abhisekamaṅgalaniddesa (vv 1 ~ 329)	293
73	Puratthipurapaṭisaṅkharaṇa-niddesa (vv 1 ~ 164)	323
74	Dāṭhādhātumahaniddesa (vv 1 ~ 248)	339
75	Rohaṇavijaya (vv 1 ~ 204)	361
76	Rājināpuragahaṇaniddesa (vv 1 ~ 334)	380
77	Paṇḍuraṭṭhavijaya (vv 1 ~ 106)	412
78	Vihārakārāpana (vv 1 ~ 109)	424
79	Uyyānādikārāpana (vv 1 ~ 86)	435
80	Soḷasarājaka (vv 1 ~ 80)	444
81	Ekarājaka (vv 1 ~ 80)	451
82	Daṭhādhātupāṭihāriyadassana (vv 1 ~ 53)	458
83	Verirājavijayaniddesa (vv 1 ~ 52)	463
84	Sāsanopakārakaraṇa (vv 1 ~ 44)	468
85	Vividhakusalakaraṇa (vv 1 ~ 122)	472
86	Vividhakusalakārāpana (vv 1 ~ 58)	482
87	Rajjabhārāropana (vv 1 ~ 74)	487
88	Pulatthipurakārāpana (vv 1 ~ 121)	493
89	Abhisekamaṅgalādidīpana (vv 1 ~ 71)	503
90	Vijayabāhuādiaṭṭharājadīpaka (vv 1 ~ 109)	509
91	Parakkamabhujādicaturājadīpaka (vv 1 ~ 36)	519
92	Jayabāhuādisattarājadīpaka (vv 1 ~ 31)	523
93	Māyādhanavharājādi-dvirājadīpaka (vv 1 ~ 17)	526
94	Vimaladhammarājadīpaka (vv 1 ~ 23)	528
95	Senāratanarājadīpaka (vv 1 ~ 26)	531
96	Rājasīharājadīpaka (vv 1 ~ 42)	534

第九十七章　ギマラダンマ等二王　506
第九十八章　シリギチャヤラージャシーハ王　512
第九十九章　即位祝事等　520
第百章　キッティシリラージャシーハ王　536
第百一章　〔未完〕　559

第62巻　清浄道論　一　水野弘元訳

因縁等の論　1
第一品　戒の解釈　13
一　何が戒なりや　14
二　何の義によりて〔それを〕戒となすや　16
三　何がその相・味・現起・足処なりや　16
四　何が戒の功徳なりや　19
五　この戒には幾種ありや　23
(一)　一法（一種）　24
(二)　二法（七種）　24
(三)　三法（五種）　28
(四)　四法（四種）　31
第四四法の説明　34
一　別解脱律儀戒　35
二　根律儀戒　40
三　活命遍浄戒　44
四　資具依止戒　55
(五)　五法（二種）　83
六　何が〔戒を〕雑染するや　102
七　何が〔戒を〕浄化するや　102
第二品　頭陀支の解釈　118
十三頭陀支の語義　119

97 Vimaladhammādidvirājadīpaka (vv 1 ~ 62) 538
98 Sirivijayarājasīhadīpaka (vv 1 ~ 97) 544
99 Abhisekamaṅgalādidīpaka (vv 1 ~ 182) 552
100 Kittisirirājasīhadīpana (vv 1 ~ 301) 568
101 not completed (vv 1 ~ 29) 591

Visuddhi-magga

Nidānādi-kathā VM. 1
1 Sīla-niddesa [VM 1] 6
I Kiṁ sīlaṁ 6
II Ken' atthena sīlaṁ 8
III Kān' assa lakkhaṇa-rasa-paccupaṭṭhāna-padaṭṭhānāni 8
IV Kiṁ ānisaṁsaṁ sīlaṁ 9
V Katividhaṁ c'etaṁ sīlaṁ 10
1 Ekavidha (1) 11
2 Duvidha (1 ~ 7) 11
3 Tividha (1 ~ 5) 13
4 Catubbidha (1 ~ 4) 14
Catuttha-catukka 15
(1) Patimokkhasaṁvara-sīla 16
(2) Indriyasaṁvara-sīla 20
(3) Ājīvapārisuddhi-sīla 22
(4) Paccayasannissita-sīla 30
5 Pañcavidha (1 ~ 2) 46
VI Ko saṅkileso 51
VII Kiṁ vodānaṁ 51
2 Dhutaṅga-niddesa [VM 2] VM. 59
1 Terasa-dhutaṅgā 60

〔頭陀支の〕相・味・現起・足処　123
〔頭陀支の〕受持・規定・区別・破壊・功徳　123

一　糞掃衣支の受持乃至功徳　124
二　三衣支の受持乃至功徳　128
三　常乞食支の受持乃至功徳　130
四　次第乞食支の受持乃至功徳　134
五　一座食支の受持乃至功徳　136
六　一鉢食支の受持乃至功徳　138
七　時後不食支の受持乃至功徳　140
八　阿練若住支の受持乃至功徳　142
九　樹下住支の受持乃至功徳　146
一〇　露地住支の受持乃至功徳　149
一一　塚間住支の受持乃至功徳　151
一二　随処住支の受持乃至功徳　154
一三　常坐不臥支の受持乃至功徳　156
〔頭陀等の〕善の三法　159
〔頭陀等の〕分別　160
〔頭陀支の〕総と別　162
第三品　業処把取の解釈　171
一　何が定なりや　172
二　何の義によりて〔それを〕定となすや　172
三　何がその相・味・現起・足処なりや　173

四　定には幾種ありや　173
(一)　一法（一種）　174
(二)　二法（四種）　174
(三)　三法（四種）　175
(四)　四法（六種）　176

2 Sādhāraṇa-kathā 〔lakkhaṇa-rasa-paccupaṭṭhāna-padaṭṭhāna-samādāna-vidhāna-pabheda-bheda-ānisaṁsa-vaṇṇanā〕 61

(1) Paṁsukūlikaṅga 62

(2) Tecīvarakaṅga 64

(3) Piṇḍapātikaṅga 66

(4) Sapadānacārikaṅga 67

(5) Ekāsanikaṅga 69

(6) Pattapiṇḍikaṅga 70

(7) Khalupacchābhattikaṅga 71

(8) Āraññikaṅga 71

(9) Rukkhamūlikaṅga 74

(10) Abbhokāsikaṅga 75

(11) Sosānikaṅga 76

(12) Yathāsanthatikaṅga 78

(13) Nesajjikaṅga 78

3 Dhutādīnaṁ kusalattikato 79

4 Dhutādīnaṁ vibhāgato 80

5 Samāsa-vyāsato 82

3 Kammaṭṭhānagahaṇa-niddesa [VM 3] VM. 84

I Ko samādhi 84

II Ken' aṭṭhena samādhi 84

III Kān' assa lakkhaṇa-rasa-paccupaṭṭhāna-padaṭṭhānāni 85

IV Katividho samādhi 85

1 Ekavidha (1) 85

2 Duvidha (1 ～ 4) 85

3 Tividha (1 ～ 4) 86

4 Catubbidha (1 ～ 6) 86

（五）　五法（一種）　180
五　何がそれを雑染するや　182
六　何が〔それを〕浄化するや　182
七　云何に〔それを〕修習すべきや　183
（一）　十障礙　184
（二）　業処を授くる善友　196
（三）　自己に適順せる性行　204
一　性行の区別　204
二　性行の原因　206
三　性行者の弁知法（威儀、所作、食、見ること等、法の転起より）　209
四　性行者への適不適　214
（四）　四十業処（十行相より）　220
一　名称の解釈より　220
二　近行と安止とへの導入より　221
三　禅の区別より　222
四　超越より　222
五　増不増より　222
六　所縁より　226
七　地より　226
八　把取より　227
九　縁より　227
一〇　性行への適順より　228
第四品　地遍の解釈　237
（五）　定の修習に適せざる精舎と適せる精舎　237
一　定の修習に適せざる精舎〔十八過失〕　238
二　定の修習に適せる精舎〔五支具備〕　244
（六）　小障礙の断破　246
（七）　修習法　246

5 Pañcavidha (1) 89

V Ko c'assa saṅkileso 89

VI Kiṁ vodānaṁ 89

VII Kathaṁ bhāvetabbo 89

1 Dasa paḷibodhā 89

2 Kammaṭṭhānadāyaka-kalyāṇa-mitta 97

3 Attano cariyānukulaṁ 101

(1) Cha cariyā 101

(2) Cariya-nidāna 102

(3) Kathaṁ jānitabbaṁ 104

(4) Sappāyāsappāya 107

4 Cattāḷīsa kammaṭṭhānāni 110

(1) Saṅkhātaniddesato 110

(2) Upacārappanāvahato 111

(3) Jhānappabhedato 111

(4) Samatikkamato 111

(5) Vaḍḍhanāvaḍḍhanato 111

(6) Ārammaṇato 113

(7) Bhūmito 113

(8) Gahaṇato 114

(9) Paccayato 114

(10) Cariyānukulato 114

4 Paṭhavīkasiṇa-niddesa [VM 4] VM. 118

5 Samādhibhāvanāya ananurūpānurūpa-vihārā 118

(1) Ananurūpa-vihāra [aṭṭhārasa dosā] 118

(2) Anurūpa-vihāra [pañcaṅga-samannāgata] 122

6 Khuddakapaḷibodhupaccheda 122

7 Bhāvanā-vidhāna 122

〔一　地遍の修習法〕　246
一　四遍過失　247
二　遍の作り方　247
三　修習法　248
四　二種の相　250
五　二種の定　251
六　七種の適不適　252
七　十種の安止善巧　255
八　精進の平等　265
九　安止定の規定　270
〔四種禅〕　279
初　禅　279
初禅の捨断支　279
初禅の相応支　283
五支の捨離と五支の具備　289
三種善と十相成就　291
初禅の進展　300
(一)　形相の把握　300
(二)　障礙法の善浄化　302
(三)　似相の増大　303
(四)　五自在　306
第二禅　308
第二禅の捨断支　311
第二禅の相応支　312
第三禅　315
第三禅の捨断支　316
第三禅の相応支　316
十種の捨　317

〔1〕 〔Paṭhavīkasiṇa-bhāvanā〕 123
1 Cattāro kasiṇadosā 123
2 Kasiṇa-karaṇa 124
3 Bhāvanā-naya 124
4 Duvidha-nimitta 125
5 Duvidha-samādhi 126
6 Sattavidha-sappāyāsappāya 126
7 Dasavidha-appanākosalla 128
8 Viriya-samatā 135
9 Appanā-samādhi 137
〔Catukkajjhāna〕 139
i Paṭhamajjhāna 139
1 Pahānaṅga 139
2 Sampayogaṅga 141
3 Pañcaṅgavippahīna-pañcaṅgasamannāgata 146
4 Tividhakalyāṇa-dasalakkhaṇa-sampanna 147
5 Paṭhamajjhāna-abhikkama 150
(1) Nimitta-gahaṇa 150
(2) Samādhiparipantha-visodhana 151
(3) Paṭibhāganimitta-vaḍḍhana 152
(4) Pañca-vasī 154
ii Dutiyajjhāna 155
1 Pahānaṅga 157
2 Sampayogaṅga 158
iii Tatiyajjhāna 158
1 Pahānaṅga 159
2 Sampayogaṅga 159
3 Dasavidhā upekkhā 160

第四禅　326
第四禅の捨断支　328
第四禅の相応支　331
第五禅　335
第五品　余遍の解釈　338
二　水　遍　338
三　火　遍　340
四　風　遍　342
五　青　遍　343
六　黄　遍　344
七　赤　遍　344
八　白　遍　345
九　光明遍　346
一〇　限定虚空遍　347
十遍の雑論　347
第六品　不浄業処の解釈　353
十不浄の語義　353
修習法　355
(一)　不浄相の把握に行く規定　356
(二)　四方の諸相の考察　360
(三)　十一種による〔不浄〕相の把握　363
(四)　往復の道の観察　369
(五)　安止の規定　371
〔十不浄の〕雑論　381
第七品　六随念の解釈　391
十随念の語義　391
一　仏随念　393
如来十号の説明　393
仏随念の修習法・功徳等　416

iv Catutthajjhāna 164
1 Pahānaṅga 165
2 Sampayogaṅga 167
v Pañcakajjhāna 168
5 Sesakasiṇa-niddesa [VM 5] VM. 170
[2] Āpo-kasiṇa 170
[3] Tejo-kasiṇa 171
[4] Vāyo-kasiṇa 172
[5] Nīla-kasiṇa 172
[6] Pīta-kasiṇa 173
[7] Lohita-kasiṇa 173
[8] Odāta-kasiṇa 174
[9] Āloka-kasiṇa 174
[10] Paricchinnākāsa-kasiṇa 175
Dasa-kasiṇānaṁ pakiṇṇaka-kathā 175
6 Asubhakammaṭṭhāna-niddesa [VM 6] VM. 178
1 Dasa asubhāni 178
2 Bhāvanā-vidhāna 179
(1) Gamana-vatta 179
(2) Disā-vavatthapana 182
(3) Ekādasavidhena nimittaggāho 183
(4) Gatāgatamagga-paccavekkhaṇā 187
(5) Appanā-samādhi 188
3 Asubhassa pakiṇṇaka-kathā 193
7 Cha-anussati-niddesa [VM 7] VM. 197
Dasa anussatiyo 197
1 Buddhānussati 198
(1) Bhagavato guṇā 198
(2) Bhāvanānaya-ānisaṁsādi 212

二　法随念　422
法の説明　422
法随念の修習法・功徳等　429
三　僧随念　432
僧の説明　432
僧随念の修習法・功徳等　436
四　戒随念　438
戒の説明　438
戒随念の修習法・功徳等　439
五　捨随念　441
捨の説明　441
捨随念の修習法・功徳等　443
六　天随念　445
天随念の修習法・功徳等　446
〔六随念の〕雑論　447

第63巻　清浄道論　二　　水野弘元訳

第八品　随念業処の解釈　1
七　死　念　1
死念の意義　1
死念の修習法(一)　2
死念の修習法(二)　3
死念の功徳　19
八　身至念　25
身至念の聖典の句義　26
身至念の修習法　28
(一)　七種の把持善巧　28
(二)　十種の作意善巧　31
(三)　三十二身分の相の厭逆性との把取　40

2 Dhammānussati 213
(1) Dhammassa guṇā 213
(2) Bhāvanānaya-ānisaṁsādi 217
3 Saṅghānussati 218
(1) Saṅgha-guṇa 218
(2) Bhāvanānaya-ānisaṁsādi 220
4 Sīlānussati 221
(1) Sīla-guṇa 221
(2) Bhāvanānaya-ānisaṁsādi 222
5 Cāgānussati 223
(1) Cāga-guṇa 223
(2) Bhāvanānaya-ānisaṁsādi 224
6 Devatānussati 225
(1) Bhāvanānaya-ānisaṁsādi 225
Cha-anussatiyā pakiṇṇaka-kathā 226

8 Anussatikammaṭṭhāna-niddesa [VM 8] VM. 229
7 Maraṇa-sati 229
(1) Padattha 229
(2) Bhāvanā-naya (1) 230
(3) Bhāvanā-naya (2) 230
(4) Ānisaṁsa 239
8 Kāyagatā-sati 239
(1) Suttanta-padattha 240
(2) Bhāvanā-naya 241
i Sattavidha-uggahakosalla 241
ii Dasavidha-manasikāra-kosalla 243
iii Dvattiṁsākārassa paṭikula-manasikāra-

身至念の功徳　70
九　安般念　76
安般念の聖典の句義　77
安般念の十六事　85
第一の四法の修習法　96
（一）　数　98
（二）　随　結　101
（三）　触　101
（四）　置　止　104
（五）　観　察　112
（六）　還　滅　112
（七）　遍　浄　112
第二の四法　114
第三の四法　116
第四の四法　119
安般念定の功徳　121
一〇　寂止随念　129
寂止随念の聖典の句義　130
寂止随念の修習法　131
寂止随念の功徳　132
第九品　梵住の解釈　134
一　慈の修習　134
瞋恚の過と忍辱の徳との観察　134
初学者の避くべき慈の所縁　135
慈の所縁として不可なるもの　136
一　自己に対する慈の修習　137
二　可愛者に対する慈の修習　139
三　一切者に対する慈の修習　139

nimittagahaṇaṁ 248
(3) Ānisaṁsa 266
9 Ānāpānasati 266
(1) Suttanta-padattha 267
(2) Soḷasavatthu 271
a Paṭhamacatukka-bhāvanā 277
i Gaṇanā 278
ii Anubandhanā 280
iii Phusanā 280
iv Thapanā 282
v Sallakkhaṇā 286
vi Vivaṭṭanā 286
vii Pārisuddhi 286
b Dutiyacatukka 287
c Tatiyacatukka 289
d Catutthacatukka 290
(3) Ānisaṁsa 291
10 Upasamānussati 293
(1) Suttanta-padattha 293
(2) Bhāvanā-naya 294
(3) Ānisaṁsa 294
9 Brahmavihāra-niddesa [VM 9] VM. 295
1 Mattābhāvanā 295
(1) Dose ādīnavo, khantiyaṁ ānisaṁso 295
(2) Ādito puggala-doso jānitabbo 295
(3) Na bhāvetabbārammaṇa 296
(4) Attani bhāvetabbā 296
(5) Piyapuggale bhāvetabbā 297
(6) Majjhatte bhāvetabbā 297

四　怨敵者に対する慈の修習　140
五　平等慈の修習　157
慈定の聖典の句義　159
種々の慈心解脱　161
慈修習の功徳　166
二　悲の修習　175
三　喜の修習　178
四　捨の修習　181
五　〔四梵住の〕雑論　182
第十品　無色の解釈　203
一　空無辺処業処　203
空無辺処業処の修習法　203
空無辺処業処の聖典の句義　207
二　識無辺処業処　215
識無辺処業処の修習法　215
識無辺処業処の聖典の句義　215
三　無所有処業処　218
無所有処業処の修習法　218
無所有処業処の聖典の句義　219
四　非想非非想処業処　222
非想非非想処業処の修習法　222
非想非非想処業処の聖典の句義　223
五　〔四無色定の〕雑論　229
第十一品　定の解釈　235
一　食厭想の修習　235
食厭想の語義　235
食厭想の修習法（十行相よりの観察）　236
食厭想の功徳　245
二　四界差別の修習　247

(7) Veri-puggale bhāvetabbā 298
(8) Sabbesu samacittatā 307
(9) Suttanta-padattha 308
(10) Mettācetovimutti 309
(11) Ānisaṁsa 311
2 Karuṇā-bhāvanā 314
3 Muditā-bhāvanā 316
4 Upekkhā-bhāvanā 317
5 Brahmavihārassa pakiṇṇaka-kathā 317
10 Āruppa-niddesa [VM 10] VM. 326
1 Ākāsānañcāyatana-kammaṭṭhāna 326
(1) Bhāvanānaya 326
(2) Suttanta-padattha 328
2 Viññāṇañcāyatana-kammaṭṭhāna 331
(1) Bhāvanānaya 331
(2) Suttanta-padattha 332
3 Ākiñcaññāyatana-kammaṭṭhāna 333
(1) Bhāvanānaya 333
(2) Suttanta-padattha 334
4 Nevasaññānāsaññāyatana-kammaṭṭhāna 335
(1) Bhāvanānaya 335
(2) Suttanta-padattha 335
5 Āruppānaṁ pakiṇṇaka-kathā 338
11 Samādhi-niddesa [VM 11] VM. 341
1 Āhāre paṭikūlasaññā-bhāvanā 341
(1) Padattha 341
(2) Bhāvanā-naya 341
(3) Ānisaṁsa 347
2 Catudhātuvavatthānassa bhāvanā 347

四界差別の語義　248
四界差別の聖典　248
(一)　大念処経の説　248
(二)　大象跡喩経の説　249
四界差別の修習法　253
聡慧者の修習法(一)　254
聡慧者の修習法(二)　255
極聡慧ならざる者の修習法　255
(一)　有体を簡略に　256
(二)　有体を分別して
(四界四十二部分の各別作意)　256
(三)　有相を簡略に　274
(四)　有相を分別して　275
十三行相による修習法　276
四界差別の功徳　287
定修習論の結語　295
八　何が定修習の功徳なりや　295
(一)　現法楽住　296
(二)　毘鉢舎那(無漏慧)　296
(三)　五神通　296
(四)　勝れたる有　297
(五)　滅尽定　297
第十二品　神変の解釈　300
一　神変論　301
十四行相よりの心の調練　301
神変修行の方規―聖典の句義　306
十神変　310
(一)　決意神変　318
(二)　変化神変　357

(1) Padattha 347
(2) Suttanta 347
a Mahāsatipaṭṭhāna-sutta 347
b Mahāhatthipadopama-sutta 348
(3) Bhāvanā-naya 351
a Tikkhapaññassa bhāvanā (1) 351
b Tikkhapaññassa bhāvanā (2) 352
c Nātitikkhapaññassa bhāvanā 352
d Sasambhāra-saṅkhepato 352
e Sasambhāra-vibhattito 353

f Salakkhaṇa-saṅkhepato 363
g Salakkhaṇa-vibhattito 364
h Terasa-ākārehi bhāvanā 364
(4) Ānisaṁsa 370
3 Samādhibhāvanā-nigamana 371
VIII Samādhibhāvanāya ko ānisaṁso 371
1 Diṭṭhadhammasukhavihāra 371
2 Vipassanā 371
3 Abhiññā 371
4 Bhavavisesa 372
5 Nirodhasamāpatti 372
12 Iddhividhā-niddesa [VM 12] VM. 373
1 Iddhividhañāṇa-kathā 373
(1) Cuddasa-ākārehi cittaparidamana 373
(2) Bhāvanā-vidhāna — ṣuttanta-padattha 376
Dasavidhā iddhi 378
a Adhiṭṭhānā iddhi 384
b Vikubbanā iddhi 405

(三)　意所成神変　357
第十三品　神通の解釈　369
二　天耳界論　369
三　他心智論　373
四　宿住随念智(天眼智)論　378
六種人の宿住随念　380
世界の破壊　386
(一)　火による破壊　386
(二)　水による破壊　393
(三)　風による破壊　394
世界破壊の理由　395
五　死生智論　401
諸神通の雑論(五神通及び未来分智・随業趣智)　416
(一)　神変智の所縁　417
(二)　天耳界智の所縁　418
(三)　他心智の所縁　419
(四)　宿住随念智の所縁　422
(五)　天眼智の所縁　424
(六)　未来分智の所縁　424
(七)　随業趣智の所縁　425

第64巻　清浄道論　三　　水野弘元訳

第十四品　蘊の解釈　1
慧の総説　1
一　何が慧なりや　2
二　何の義によりて〔それを〕慧となすや　2
三　何がその相・味・現起・足処なりや　4
四　慧には幾種ありや　4

c Manomayā iddhi 406

13 Abhiññā-niddesa [VM 13] VM. 407

2 Dibbasotadhātu-kathā 407

3 Cetopariyañāṇa-kathā 409

4 Pubbenivāsānussatiñāṇa-kathā 410

(1) Cha puggalānaṁ pubbenivāsānussati 411

(2) Loka-saṁvaṭṭa 414

a Āpo-saṁvaṭṭa 415

b Tejo-saṁvaṭṭa 420

c Vāyo-saṁvaṭṭa 420

(3) Saṁvaṭṭa-kāraṇa 421

5 Cutūpapātañāṇa-kathā 423

6 Abhiññānaṁ Pakiṇṇaka-kathā 429

(1) Iddhividhañāṇassa ārammaṇaṁ 429

(2) Dibbasotañāṇassa ārammaṇaṁ 430

(3) Cetopariyañāṇassa ārammaṇaṁ 431

(4) Pubbenivāsānussatiñāṇassa ārammaṇaṁ 433

(5) Dibbacakkhuñāṇassa ārammaṇaṁ 434

(6) Anāgataṁsañāṇassa ārammaṇaṁ 434

(7) Yathākammupagañāṇassa ārammaṇaṁ 434

14 Khandha-niddesa [VM 14] VM. 436

Paññā-uddesa 436

I Kā paññā 436

II Ken' aṭṭhena paññā 436

III Kān' assā lakkhaṇa-rasa-paccupaṭṭhāna-padaṭṭhānāni 438

IV Katividhā paññā 438

(一)　一法（一種）　5
(二)　二法（五種）　5
(三)　三法（四種）　6
(四)　四法（二種）　8
五　云何に〔それを〕修習すべきや　12
慧地の解釈　14
慧地の一　五蘊の解釈　14
一　色　蘊　15
(一)　二十四所造色の説明　15
(二)　色の一法乃至五法　27
二　識　蘊　32
(一)　八十九心　33
(二)　八十九心の十四作用　41
三　受　蘊　48
四　想　蘊　50
五　行　蘊　51
(一)　諸善心と相応する行　51
(二)　諸不善心と相応する行　61
(三)　諸異熟無記心と相応する行　67
(四)　諸唯作無記心と相応する行　68
六　五蘊に関する雑論　71
(一)　五蘊経の文句の解釈　71
(二)　五蘊に関する諸決定説　78
一　順序より　78
二　差別より　80
三　不増減より　81
四　譬喩より　82
五　二種の所見より　82
六　斯の如く見つゝある者の

1 Ekavidha (1) 438
2 Duvidha (1 ～ 5) 438
3 Tividha (1 ～ 4) 439
4 Catubbidha (1 ～ 2) 440
V Kathaṁ bhāvetabbā 443
Paññābhūmi-niddesa 443
〔I〕 Paññābhūmi ; Pañcakkhandha-niddesa 443
1 Rūpakkhandha 443
(1) Catuvīsati upādārūpāni 444
(2) Ekavidha ～ Pañcavidha 450
2 Viññāṇakkhandha 452
(1) Ekūnanavuti cittāni 452
(2) Cuddasa cittapavatti 457
3 Vedanākkhandha 460
4 Saññākkhandha 461
5 Saṅkhārakkhandha 462
(1) Kusala-cetasikā 462
(2) Akusala-cetasikā 468
(3) Vipāka-cetasikā 471
(4) Kiriyā-cetasikā 472
6 Pañcakkhandhānaṁ pakiṇṇaka-kathā 472
(1) Suttanta-padattha 472
(2) Viniccaya-kathā 476
i Kamato 476
ii Visesato 477
iii Anūnādhikato 478
iv Upamāto 478
v Daṭṭhabbo dvidhā 479
vi Evaṁ passaṁ tass' atthasiddhito 479

義の成就より　　　83
第十五品　処・界の解釈　　　　　　　　　88
　一　慧地の二　十二処の解釈　　　　　　88
　　（一）　義より　　　　　　　　　　　88
　　（二）　相より　　　　　　　　　　　91
　　（三）　限量より　　　　　　　　　 91
　　（四）　順序より　　　　　　　　　 91
　　（五）　簡略・詳細より　　　　　　　92
　　（六）　所見より　　　　　　　　　 93
　二　慧地の三　十八界の解釈　　　　　 95
　　（一）　義より　　　　　　　　　　　95
　　（二）　相等より　　　　　　　　　 96
　　（三）　順序より　　　　　　　　　 97
　　（四）　限量より　　　　　　　　　 97
　　（五）　数より　　　　　　　　　　 99
　　（六）　縁より　　　　　　　　　　100
　　（七）　所見より　　　　　　　　　101
第十六品　根・諦の解釈　　　　　　　　105
　一　慧地の四　二十二根の解釈　　　　105
　　（一）　義より　　　　　　　　　　105
　　（二）　相等より　　　　　　　　　107
　　（三）　順序より　　　　　　　　　107
　　（四）　別・無別より　　　　　　　108
　　（五）　作用より　　　　　　　　　108
　　（六）　地より　　　　　　　　　　109
　二　慧地の五　四諦の解釈　　　　　　110
　　（一）　分別より　　　　　　　　　111
　　（二）　語の分解より　　　　　　　111
　　（三）　相等より　　　　　　　　　113

15	Āyatana-dhātu-niddesa [VM 15]	VM. 481
	〔II〕 Paññābhūmi ; Dvādasāyatanāni	481
	1 Atthato	481
	2 Lakkhaṇato	482
	3 Tāvatvato	482
	4 Kamato	483
	5 Saṅkhepa-vitthārato	483
	6 Daṭṭhabbato	484
	〔III〕 Paññābhūmi ; Aṭṭhārasa dhātuyo	484
	1 Atthato	484
	2 Lakkhaṇādippabhedato	485
	3 Kamato	485
	4 Tāvatvato	486
	5 Saṅkhato	488
	6 Paccayato	488
	7 Daṭṭhabbato	489
16	Indriya-sacca-niddesa [VM 16]	VM. 491
	〔IV〕 Paññābhūmi ; Bāvīsatindriyāni	491
	1 Atthato	491
	2 Lakkhaṇādito	492
	3 Kamato	492
	4 Bhedābhedato	493
	5 Kiccato	493
	6 Bhūmito	493
	〔V〕 Paññābhūmi ; Cattāri ariya-saccāni	494
	1 Vibhāgato	494
	2 Nibbacanato	494
	3 Lakkhaṇādippabhedato	495

（四）	義より	114
（五）	義の要略より	115
（六）	不増減より	115
（七）	順序より	116
（八）	生等の決定より	119
	一　苦の解釈	119
	二　集の解釈	132
	三　苦の滅の解釈	133
	四　苦の滅に至る道の解釈	139
（九）	智作用より	143
（十）	内含せらるゝものゝ区別より	144
（十一）	譬喩より	145
（十二）	四法より	146
（十三）	空より	146
（十四）	一種等より	148
（十五）	同分・異分より	151

第十七品　慧地の解釈　　　　　　　　　　155
　慧地の六　縁起の解釈　　　　　　　　　155
　　一　縁起の語義　その一　　　　　　　156
　　二　縁起の語義　その二　　　　　　　160
　　三　各縁起支の解釈　　　　　　　　　164
　　　（一）　無明の縁より行あり　　　　166
　　　　一　説示の別より　　　　　　　　166
　　　　二　義より　　　　　　　　　　　171
　　　　三　相等より　　　　　　　　　　174
　　　　四　一種等より　　　　　　　　　175
　　　　五　支の差別より　　　　　　　　176
　　　　　（イ）　二十四縁の説明　　　　180
　　　　　（ロ）　無明と行との縁関係　　192

4 Atthato 496

5 Atthuddhārato 496

6 Anūnādhikato 497

7 Kamato 497

8 Jāti-ādīnaṁ nicchayato 498

(1) Dukkha-niddesa 498

(2) Samudaya-niddesa 506

(3) Dukkhanirodha-niddesa 506

(4) Dukkhanirodhagāminī-paṭipadā-niddesa 509

9 Ñāṇakiccato 510

10 Antogadhānaṁ pabhedato 511

11 Upamāto 512

12 Catukkato 512

13 Suññato 512

14 Ekavidhādito 514

15 Sabhāga-visabhāgato 516

17 Paññābhūmi-niddesa [VM 17] VM. 517

[VI] Paññābhūmi ; Paṭiccasamuppāda 517

1 Padattha (1) 518

2 Padattha (2) 520

3 Aṅgānaṁ atthavaṇṇanā 522

(1) Avijjā paccayā saṅkhārā 523

i Desanābhedato 523

ii Atthato 526

iii Lakkhaṇādito 528

iv Ekavidhādito 528

v Aṅgānaṁ vavatthānato 529

a Catuvīsati-paccayā 532

b Avijjā-saṅkhārānaṁ paccayā 541

(二)　行の縁より識あり　206
　一　行と識との関係　207
　二　異熟識の転起・結生としての活動　208
　三　三界諸趣の業と結生　211
　四　結生識と諸色法との関係　217
　五　行と識との縁関係　226
(三)　識の縁より名色あり　233
　一　名色の分別より　233
　二　有等に於ける転起より　233
　三　摂より　237
　四　縁より　238
(四)　名色の縁より六処あり　240
　一　名の縁　241
　二　色の縁　243
　三　名色の縁　244
(五)　六処の縁より触あり　245
(六)　触の縁より受あり　248
(七)　受の縁より渇愛あり　249
(八)　渇愛の縁より取あり　253
　一　義による分別より　254
　二　法の広略より　254
　三　順序より　256
(九)　取の縁より有あり　258
　一　義より　258
　二　法より　258
　三　意義あるより　259
　四　区分より　260
　五　包摂より　261
　六　何が何の縁なりや　261

(2) Saṅkhāra-paccayā viññāṇaṁ 545

i Saṅkhārā-viññāṇaṁ 545

ii Vipāka-viññāṇaṁ pavatti-paṭisandhi 546

iii Gati-kamma-paṭisandhi 548

iv Paṭisandhiviññāṇa-rūpa-dhamma 551

v Saṅkhāra-viññāṇānaṁ paccayā 556

(3) Viññāṇapaccayā nāmarūpaṁ 558

i Nāmarūpa-vibhāgato 558

ii Bhavādīsu pavattito 558

iii Saṅgahato 560

iv Paccayanayato 561

(4) Nāmarūpapaccayā saḷāyatanaṁ 562

i Nāma-paccaya 563

ii Rūpa-paccaya 564

iii Nāmarūpa-paccaya 565

(5) Saḷāyatana-paccayā phasso 565

(6) Phassapaccayā vedanā 566

(7) Vedanāpaccayā taṇhā 567

(8) Taṇhāpaccayā upādānaṁ 568

i Atthavibhāgato 569

ii Dhamma-saṅkhepa-vitthārato 569

iii Kamato 570

(9) Upādāna-paccayā bhavo 571

i Atthato 571

ii Dhammato 571

iii Sātthato 572

iv Bhedato 572

v Saṅgahato 573

vi Yaṁ yassa paccayo 573

七　何が何有に対していか様に縁となるや　264
(十)　有の縁より生あり　265
(十一)　生の縁より老死等あり　265
四　十二縁起の雑論　267
(一)　十二縁起の特質　267
一　愁等によりて無明は成就し居れり　268
二　この有輪は最初が知られず　269
三　作者なく受者あることなし　270
四　十二種の空性の故に空なり　270
(二)　三世両重の因果　271
一　二種有輪・三時　271
二　三連結・四摂　272
三　二十行相の輻　272
四　三輪転　275
(三)　縁起の決定説　275
一　諦の発生より　276
二　作用より　276
三　遮より　277
四　譬喩より　277
五　甚深の別より　279
六　理法の別より　281
第十八品　見清浄の解釈　286
慧体の一　見清浄　286
一　名色の観察　286
(一)　簡略法　286
(二)　四界差別法　287
(三)　十八界観察法　289
(四)　十二処観察法　290

vii Kiṁ kassa bhavassa kathaṁ paccayo 575

(10) Bhava-paccayā jāti 575
(11) Jāti-paccayā jarāmaraṇādi 575
4 Paṭiccasamuppādassa pakiṇṇaka-kathā 576
(1) Nimitta 576
i Sokādīhi avijjā siddhā 576
ii Bhavacakkaṁ aviditādi 577
iii Kāraka-vedaka-rahitaṁ 578
iv Dvādasavidha-suññatā 578
(2) Bhavacakkassa tayo kālā 578
i Dvidha-bhavacakka, tayo kālā 578
ii Tisandhi, catubhedasaṅgaha 579
iii Vīsati ākārāra 579
iv Tivaṭṭa 581
(3) Niyata-vāda 581
i Saccappabhavato 581
ii Kiccato 581
iii Vāraṇato 582
iv Upamāto 582
v Gambhīrabhedato 583
vi Nayabhedato 584
18 Diṭṭhivisuddhi-niddesa [VM 18] VM. 587
[I] Paññā ; Diṭṭhi-visuddhi 587
1 Nāmarūpa-dassana 587
(1) Saṅkhepato 587
(2) Vitthārato — Catudhātuvasena 588
(3) Aṭṭhārasadhātuvasena 589
(4) Dvādasāyatanavasena 590

(五)　五蘊観察法　290
(六)　簡略観察法　291
二　非色法を現起せしむる方法　291
(一)　触による非色法の現起　292
(二)　受による非色法の現起　293
(三)　識による非色法の現起　293
三　名色差別の経説と喩説　295
第十九品　度疑清浄の解釈　306
慧体の二　度疑清浄　306
一　名色の縁の把握　その一　306
(一)　色身の縁の把握　307
(二)　名身の縁の把握　307
(三)　三世に関する十六種の疑惑の捨断　307
二　名色の縁の把握　その二　308
三　名色の縁の把握　その三　309
四　名色の縁の把握　その四　309
五　名色の縁の把握　その五　310
業輪転─十二種の業　310
六　知遍知─法住智　314

第二十品　道非道智見清浄の解釈　319
慧体の三　道非道道智見清浄　319

三遍知　319
一　聚思惟に関する聖典　320
二　五蘊の無常等による思惟　323
(一)　各思惟の十一種　323
(二)　四十行相による五蘊の思惟　325

(5) Khandhavasena 590
(6) Saṅkhepato 590
2 Arūpadhammā upaṭṭhahanti 591
(1) Phassavasena 591
(2) Vedanāvasena 592
(3) Viññāṇavasena 592
3 Sutta-saṁsandanā 593
19 Kaṅkhāvitaraṇa-visuddhi-niddesa [VM 19] VM. 598
〔II〕 Paññā ; Kaṅkhāvitaraṇa-visuddhi 598
1 Nāmarūpassa paccaya-pariggahaṇaṁ (1) 598
(1) Rūpakāyassa 598
(2) Nāma-kāyassa 599
(3) Soḷasavidha-vicikicchappahāna 599
2 ibid. (2) 599
3 ibid. (3) 600
4 ibid. (4) 600
5 ibid. (5) 600
Kammavaṭṭa — vipākavaṭṭa 601
6 Ñātapariññā — Dhammaṭṭhiti-ñāṇa 603
20 Maggāmaggañāṇadassanavisuddhi-niddesa [VM 20] VM. 606
〔III〕 Paññā ; Maggāmaggañāṇa-dassana-visuddhi 606
Tisso Pariññā 606
1 Sammasana-suttanta 607
2 Pañcakkhandhā aniccādivasena sammasanaṁ 609
(1) Ekādasavidha-sammasana 609
(2) Cattāḷīsākārehi pañcakkhandha-sammasanaṁ 611

三　色・非色の思惟法　328
(一)　九行相による諸根の鋭利化　328
(二)　色の思惟法　329
一　業等起色　329
二　心等起色　331
三　食等起色　332
四　時節等起色　333
(三)　非色の思惟法　334
一　結生の場合　334
二　転起の場合　334
四　三相の提起　338
(一)　色の七法によりて　338
一　取捨より　338
二　齢の増大滅没より　339
三　食所成より　346
四　時節所成より　346
五　業生より　347
六　心等起より　347
七　法性色より　349
(二)　非色の七法によりて　350
一　聚より　350
二　双より　351
三　刹那より　351
四　順次より　352
五　見の除去より　352
六　慢の除滅より　352
七　欲求の奪取より　352
五　十八大観　354
六　生滅随観智　356

3 Rūpārūpasammasana-naya 613
(1) Nava-ākārā 613
(2) Rūpasammasana-naya 613
i Kammasamuṭṭhāna-rūpa 613
ii Cittasamuṭṭhāna-rūpa 615
iii Āhārasamuṭṭhāna-rūpa 616
iv Utusamuṭṭhāna-rūpa 616
(3) Arūpasammasana-naya 617
i Paṭisandhi-citta 617
ii Pavatti-citta 617
4 Tilakkhaṇāropana 618
(1) Rūpasattaka-vasena 618
i Ādāna-nikkhepanato 618
ii Vayo-vuḍḍhatthaṅgamato 619
iii Āhāramayato 623
iv Utumayato 623
v Kammajato 624
vi Cittasamuṭṭhānato 624
vii Dhammatā-rūpato 625
(2) Arūpasattaka-vasena 626
i Kalāpato 626
ii Yamakato 626
iii Khaṇikato 626
iv Paṭipāṭito 627
v Diṭṭhi-ugghāṭanato 627
vi Mānasamugghāṭanato 627
vii Nikanti-pariyādānato 627
5 Aṭṭhārasa mahāvipassanā 628
6 Udayabbayānupassanā-ñāṇa 629

(一)　五蘊の生滅観―五十相　357
(二)　縁と刹那とによる生滅観　358
一　四諦の理　358
二　縁起等の種々の理　359
七　十の観随染　363
(一)　光　明　364
(二)　智　367
(三)　喜　367
(四)　軽　安　367
(五)　楽　368
(六)　勝　解　368
(七)　策　励　368
(八)　現　起　368
(九)　捨　368
(十)　欲　求　369
三諦の差別　371
第二十一品　行道智見清浄の解釈　374
慧体の四　行道智見清浄　374
八智及び随順智　374
一　生滅随観智　374
二　壊随観智　376
三　怖畏現起智　382
四　過患随観智　385
五　厭離随観智　390
六　脱欲智　391
七　省察随観智　392
八　行捨智　397
(一)　空性の把握　397
(二)　行捨智よりの結果　403

(1) Pañcakkhandha-udayabbaya-dassana 630
(2) Paccayato khaṇato udayabbaya-dassanaṁ 631
i Cattāri saccāni 631
ii Paṭiccasamuppannā dhammā 632
7 Dasa vipassanūpakkilesā 633
(1) Obhāsa 634
(2) Ñāṇa 635
(3) Pīti 635
(4) Passaddhi 635
(5) Sukha 636
(6) Adhimokkha 636
(7) Paggaha 636
(8) Upaṭṭhāna 636
(9) Upekkhā 636
(10) Nikanti 636
8 Tiṇṇaṁ saccānaṁ vavatthānaṁ 638
21 Paṭipadāñāṇadassanavisuddhi-niddesa [VM 21] VM. 639
[IV] Paññā ; Paṭipadāñāṇadassana-visuddhi 639
1 Aṭṭha-ñāṇāni 639
2 Udayabbayānupassanā-ñāṇa 639
3 Bhaṅgānupassanā-ñāṇa 640
4 Bhayatupaṭṭhāna-ñāṇa 645
5 Ādīnavānupassanā-ñāṇa 647
6 Nibbidānupassanā-ñāṇa 650
7 Muñcitukamyatā-ñāṇa 651
8 Paṭisaṅkhānupassanā-ñāṇa 651
9 Saṅkhārupekkhā-ñāṇa 653
(1) Suññatā-pariggaha 653
(2) Vimokkha-kathā 657

一　三解脱門　403
二　七聖者の区分の縁　406
(三)　行捨智の三名　407
(四)　出起に至る観　408
(五)　出起に至る観の譬喩　411

(六)　行捨智による決定　416
一　覚支・道支・禅支の差別の決定　416

二　行道の差別の決定　418
三　解脱の差別の決定　419
九　随順智　421
経〔文〕との照合　423
第二十二品　智見清浄の解釈　430
慧体の五　智見清浄　430
一　四道智　430
(一)　須陀洹道智　430
一　須陀洹果　434
二　十九の観察　435
(二)　斯陀含道智　436
斯陀含果　437
(三)　阿那含道智　437
阿那含果　438
(四)　阿羅漢道智　438
阿羅漢果　438
二　智見清浄の威力　440
(一)　三十七菩提分の円満　440
(二)　出　起　444
(三)　力の結合　445

i Tīṇi vimokkhamukhāni 657
ii Satta ariyapuggalavibhāgāya paccayo 659
(3) Saṅkhārupekkhāñāṇassa tīṇi nāmāni 660
(4) Vuṭṭhānagāminī vipassanā 661
(5) Vuṭṭhānagāminiyā vipassanāya dvādasa upamā 663
(6) Saṅkhārupekkhāñāṇena niyamo 666
i Bojjhaṅga-maggaṅga-jhānaṅga-visesa-niyama 666
ii Paṭipadāvisesa-niyama 667
iii Vimokkhavisesa-niyama 668
10 Anuloma-ñāṇa 669
11 Sutta-saṁsandanā 671
22 Ñāṇadassanavisuddhi-niddesa [VM 22] VM. 672
[V] Paññā ; Ñāṇadassana-visuddhi 672
1 Cattāri magga-ñāṇāni 672
(1) Paṭhama-maggañāṇa 672
i Sotāpanna 675
ii Ekūnavīsati paccavekkhaṇāni 676
(2) Dutiya-maggañāṇa 676
Sakadāgāmin 677
(3) Tatiya-maggañāṇa 677
Anāgāmin 677
(4) Catuttha-maggañāṇa 677
Arahan 678
2 Ñāṇadassanavisuddhiyā anubhāvo 678
(1) Bodhipakkhiyānaṁ paripuṇṇabhāvo 678
(2) Vuṭṭhāna 681
(3) Balasamāyoga 682

（四） 煩悩の捨断 446
（五） 作 用 457
一 遍 知 463
二 捨 断 464
三 作 証 468
四 修 習 469
第二十三品 慧修習の功徳の解釈 476
六 何が慧修習の功徳なりや 476
一 煩悩の摧破 476
二 聖果の味の嘗味—果定の諸説明 477
三 滅定に入定する可能性—滅定の諸説明 482
四 応供養者たること等の成就 493
結 語 496

第65巻（I）一切善見律註序 長井真琴訳

一 序 偈 1
二 第一合誦 7
〔合誦因縁〕 7
〔一切仏語の分類〕 21
三 第二合誦 43
四 第三合誦 50
〔帝須長老〕 50
〔阿育王の帰仏〕 55
〔第三合誦次第〕 68
〔聖法の伝承〕 78
五 錫蘭島の仏教 87
〔摩哂陀の伝法〕 87
〔仏舎利請来〕 104
〔菩提樹移植〕 112

(4) Kilesappahāna 682
(5) Kiccāni 689
i Pariññā (tividhā) 692
ii Pahāna (tividhā) 693
iii Sacchikiriyā (tividhā) 696
iv Bhāvanā (dvidhā) 697
23 Paññābhāvanānisaṁsa-niddesa [VM 23] VM. 698
VI Paññābhāvanāya ko ānisaṁso 698
1 Nānākilesa-viddhaṁsana 698
2 Ariyaphalarasānubhavana 698
3 Nirodhasamāpatti-samāpajjana-samatthatā 702
4 Āhuneyyabhāvādi-siddhi 709
Nigamana 711

Samanta-pāsādikā

1 Vatthu-kathā VA. 1
2 Paṭhama-saṅgīti 3
(1) [Nidāna] 3
(2) [Sāsana] 16
3 Dutiya-saṅgīti 33
4 Tatiya-saṅgīti 37
(1) [Moggaliputta-ṭissa] 37
(2) [Asoka] 41
(3) [Tatiya-saṅgīti] 53
(4) [Dhamma-paramparā] 61
5 [Sīhaladīpe Buddha-sāsanaṁ] 69
(1) [Mahinda] 69
(2) [Dhātu-āgamana] 83
(3) [Bodhi-āgamana] 90

〔聖教の確立〕 123

第65巻（II） 摂阿毘達磨義論 水野弘元訳

一 摂心分別 1
一 十二不善心（一ノ二〜三） 1
二 十八無因心（一ノ四〜五） 2
三 二十四有因心（一ノ六〜七） 3
四 十五色界心（一ノ八〜九） 4
五 十二無色界心（一ノ一〇〜一一） 5
六 八出世間心（一ノ一二） 6
七 百二十一心（一ノ一四〜一五） 7
二 摂心所分別 10
一 五十二心所（二ノ二〜三） 10
二 共一切心所及び雑心所と相応する心（二ノ四〜五） 11
三 不善心所と相応する心（二ノ六〜七） 12
四 浄心所と相応する心（二ノ八〜九） 13
五 出世間心と相応する心所（二ノ一一〜一二） 14
六 色・無色界心と相応する心所（二ノ一三〜一四） 15
七 欲界浄心と相応する心所（二ノ一五〜一六） 16
八 不善心と相応する心所（二ノ一七〜一八） 17
九 無因心と相応する心所（二ノ一九〜二〇） 18
三 摂雑分別 21
一 受の摂（三ノ二〜三） 21
二 因の摂（三ノ四〜五） 22
三 作用の摂（三ノ六〜七） 22

(4) 〔Sāsana-patiṭṭhāna〕 101

Abhidhammattha-saṅgaha

1 Cittasaṅgaha-vibhāga [Abhsaṅg 1 1 ~ 7] JPTS (1884) 1
1 Dvādasa-kusalacittāni [1 §§ 2 ~ 3] 1
2 Aṭṭhārasāhetuka-cittāni [1 §§ 4 ~ 5] 2
3 Catuvīsati-shetuka-cittāni [1 §§ 6 ~ 7] 2
4 Paṇṇarasa-rūpāvacaracittāni [1 §§ 8 ~ 9] 3
5 Dvādasa-arūpāvacaracittāni [1 §§ 10 ~ 11] 3
6 Aṭṭha-lokuttaracittāni [1 §§ 12] 4
7 Ekavīsatisata-cittāni [1 §§ 14 ~ 15] 4
2 Cetasikasaṅgaha-vibhāga [Abhsaṅg 2 1 ~ 9] JPTS 6
1 Dvipaññāsa-cetasikā [2 §§ 1 ~ 2] 6
2 Cittuppāda — sabbacittasādhāraṇa-,
pakiṇṇaka-cetasikā [2 §§ 4 ~ 5] 6
3 Cittuppāda — akusala-cetasikā [2 §§ 6 ~ 7] 7
4 Cittuppāda — sobhaṇa-cetasikā [2 §§ 8 ~ 9] 7
5 Lokuttara-cetasikā [2 §§ 11 ~ 12] 8

6 Rūpāvacara-, arūpāvacara-cetasikā
[2 §§ 13 ~ 14] 8
7 Kāmāvacarasobhaṇa-cetasikā [2 §§ 15 ~ 16] 9

8 Akusala-cetasikā [2 §§ 17 ~ 18] 9
9 Ahetuka-cetasikā [2 §§ 19 ~ 20] 10
3 Pakiṇṇakasaṅgaha-vibhāga [Abhsaṅg 3 1 ~ 6] JPTS 11
1 Vedanā-saṅgaha [3 §§ 2 ~ 3] 11
2 Hetu-saṅgaha [3 §§ 4 ~ 5] 11
3 Kicca-saṅgaha [3 §§ 6 ~ 7] 12

四　門の摂（三ノ八〜九）　24
五　所縁の摂（三ノ一〇〜一一）　25
六　基の摂（三ノ一二〜一三）　26
四　摂路分別　29
一　六六法（四ノ二）　30
二　五門作用（四ノ三〜四）　30
三　欲界の意門作用（四ノ五〜六）　32
四　上二界・出世間の禅定作用（四ノ七〜八）　33
五　彼所縁の決定（四ノ九〜一〇）　34
六　速行の決定（四ノ一一〜一二）　34
七　人による路心の別（四ノ一三〜一四）　35
八　地による路心の別（四ノ一五〜一六）　36
五　摂離路分別　40
一　四地（五ノ二〜三）　40
二　四種結生（五ノ四〜七）　41
三　四業（五ノ八〜一一）　44
四　四種死と結生の次第（五ノ一二〜一六）　47
六　摂色分別　52
一　色の列挙（六ノ二〜三）　53
二　色の分別（六ノ四〜五）　54
三　色の等起（六ノ六〜七）　55
四　色の聚（六ノ八〜九）　56
五　転起の次第（六ノ一〇〜一三）　58
六　涅槃論（六ノ一四）　59
七　摂集分別　62
一　摂不善（七ノ二〜三）　63
二　摂雑（七ノ四〜五）　64
三　摂菩提分（七ノ六〜七）　65

4 Dvāra-saṅgaha [3 §§ 8 ~ 9] 13
5 Ārammaṇa-saṅgaha [3 §§ 10 ~ 11] 13
6 Vatthu-saṅgaha [3 §§ 12 ~ 13] 14
4 Vīthisaṅgaha-vibhāga [Abhsaṅg 4 1 ~ 8] JPTS 16
1 Cha-chakka [4 §§ 2] 16
2 Pañcadvāre vīthicittappavatti [4 §§ 3 ~ 4] 16
3 Kāmāvacara-manodvāre vīthicittappavatti [4 §§ 5 ~ 6] 17
4 Appanā-javana-vāra [4 §§ 7 ~ 8] 18
5 Tadālambaṇa-niyama [4 §§ 9 ~ 10] 18
6 Javana-niyama [4 §§ 11 ~ 12] 19
7 Puggala-bheda [4 §§ 13 ~ 14] 19
8 Bhūmi-bhāga [4 §§ 15 ~ 16] 20
5 Vīthimuttasaṅgaha-vibhāga [Abhsaṅg 5 1 ~ 4] JPTS 21
1 Bhūmi-catukka [5 §§ 2 ~ 3] 21
2 Paṭisandhi-catukka [5 §§ 4 ~ 7] 22
3 Kamma-catukka [5 §§ 8 ~ 11] 23
4 Cuti-paṭisandhikkama [5 §§ 12 ~ 16] 25
6 Rūpasaṅgaha-vibhāga [Abhsaṅg 6 1 ~ 6] JPTS 27
1 Rūpa-samuddesa [6 §§ 2 ~ 3] 27
2 Rūpa-vibhāga [6 §§ 4 ~ 5] 28
3 Rūpasamuṭṭhāna-naya [6 §§ 6 ~ 7] 28
4 Kalāpa-yojanā [6 §§ 8 ~ 9] 29
5 Rūpapavattikkama [6 §§ 10 ~ 13] 30
6 Nibbāna [6 §§ 14] 31
7 Samuccasaṅgaha-vibhāga [Abhsaṅg 7 1 ~ 4] JPTS 32
1 Akusala-saṅgaha [7 §§ 2 ~ 3] 32
2 Missaka-saṅgaha [7 §§ 4 ~ 5] 33
3 Bodhipakkhiya-saṅgaha [7 §§ 6 ~ 7] 34

四　摂一切（七ノ八～九） 66
八　摂縁分別 69
一　縁起法（八ノ二～六） 69
二　発趣法（八ノ七～一二） 71
三　施設（八ノ一四～一五） 75
九　摂業処分別 78
一　四十業処（九ノ二） 78
二　六行者と四十業処の適否（九ノ二） 79
三　三修習（九ノ三） 79
四　三相（九ノ四～五） 80
五　七種清浄（九ノ六～九） 82
六　三解脱門（九ノ一〇） 84
七　人の別（九ノ一一） 85
八　定の別（九ノ一二） 86

第65巻（Ⅲ） 阿育王刻文 宇井伯寿訳

（法　勅）

第一類　摩崖法勅 1
甲　十四章法勅 1
乙　別刻法勅 37
第二類　石柱法勅 48
甲　六章法勅 48
乙　第七章法勅 60
丙　一　皇后に関する法勅 68
二　コーサンビー法勅 69
第三類　小石柱法勅 71
一　サーンチー法勅 71

4 Sabba-saṅgaha [7 §§ 8 ~ 9] 34

8 Paccayasaṅgaha-vibhāga [Abhsaṅg 8 1 ~ 3] JPTS 36

1 Paṭiccasamuppāda-naya [8 §§ 2 ~ 6] 36

2 Paṭṭhāna-naya [8 §§ 7 ~ 12] 37

3 Paññatti [8 §§ 14 ~ 15] 39

9 Kammaṭṭhānasaṅgaha-vibhāga [Abhsaṅg 9 1 ~ 8] JPTS 41

1 Cattālīsa-kammaṭṭhānāni [9 §§ 2] 41

2 Sappāya-bheda [9 §§ 2] 41

3 Bhāvanā-bheda [9 §§ 3] 42

4 Gocara-bheda [9 §§ 4 ~ 5] 42

5 Visuddhi-bheda [9 §§ 6 ~ 9] 44

6 Vimokkha-bheda [9 §§ 10] 45

7 Puggala-bheda [9 §§ 11] 45

8 Samāpatti-bheda [9 §§ 12] 46

Inscriptions of Asoka

(Dhamma-lipi)

Rock Edict

(Girnār, Kālsī, Shābhāzgaṛhī,
Mānsehrā, Dhauli, Jaugaḍa, Sopārā)

Pillar Edict

(Delhi-Toprā, Delhi-Mīraṭh,
Lauṛiyā-Ararāj, Lauṛiyā-Nandangaṛh,
Rāmpurvā,
Allāhābād-Kosam)

Minor Pillar Edict

(Sāñcī,

二	サールナート法勅	72
三	藍毘尼園法勅	76
四	ニガーリサーガル法勅	77
第四類	**小摩崖法勅**	78
甲	一	78
	二	85
	三	86
乙	カルカッタ・バイラート法勅	89
丙	洞院刻文	92
附　録	**十車王刻文**	94

Sārnāth,
Lumbinī-vana,
Nigālī Sāgar)

Minor Rock Edict

(Rūpnāth, Sahasrām, Bairāṭ,
Maski,
Brahmagiri, Siddāpura, Jatiṅga-Rāmeśvara)
(Calcutta-Bairāṭ)
(Barābar)

(**Nāgārjunī**)

パーリ原典対照 **南伝大蔵経総目録**

初版印刷 ——— 2004年４月10日
初版発行 ——— 2004年４月20日

編　者 ———— 大蔵出版編集部
発行者 ———— 石原大道
発行所 ———— 大蔵出版株式会社
〒150-0011　東京都渋谷区恵比寿南2-16-6
サンレミナス202
電話　03－6419－7073　ファックス　03－5724－3503
印刷・製本 —— 富士リプロ株式会社

ISBN978-4-8043-0016-0 C3015